웹서버 프로그래밍

Apache MySQL PHP

김재호 지음

도서출판 홍릉

김재호

강릉원주대학교 컴퓨터공학과 교수

Apache MySQL PHP
웹서버 프로그래밍

인 쇄 : 2023년 8월 10일 초판 1쇄
발 행 : 2023년 8월 21일 초판 1쇄

저 자 : 김재호
발행인 : 송 준
발행처 : 도서출판 홍릉
주 소 : 01093 서울시 강북구 인수봉로 50길 10
등 록 : 1976년 10월 21일 제5-66호

전 화 : 02-999-2274~5, 903-7037
팩 스 : 02-905-6729
e-mail : hongpub@hongpub.co.kr
http://www.hongpub.co.kr
ISBN : 979-11-5600-115-7(93000)

정 가 : 25,000원

머리말

1989년 웹의 등장으로 기하급수적으로 인터넷의 사용은 늘어나게 되었습니다. 또한 다양한 웹브라우저들이 출시되면서 모든 사람들이 웹의 정보들을 편리하게 활용할 수 있게 되었습니다. 지난 30여 년 동안 지속적으로 발전한 웹은 단순히 정보를 활용하는 데 머무르지 않고 국가, 사회, 개인의 업무 처리에도 많은 변화를 가져왔습니다.

현재 대부분의 기관들은 웹으로 업무를 처리하고 있으며, 구성원들은 역시 언제 어디서나 웹을 통해 업무를 수행하고 있습니다. 이러한 큰 변화에는 많은 웹 개발자들의 노력이 있었기에 가능했습니다. 앞으로도 웹에서의 업무 처리는 지속될 것이며, 따라서 웹 개발자에 대한 수요도 꾸준히 증가할 것으로 생각됩니다.

이 책은 웹 프로그래밍 특히 웹서버 프로그래밍 개발에 필요한 기본 기술들을 설명하고 있습니다.

저자는 지난 20여 년간 대학에서 『웹서버 프로그래밍』이라는 과목으로 수업을 진행해 오면서 많은 경험과 자료로 축적해 왔습니다. 이렇게 축적된 경험과 자료를 바탕으로 저자가 추구하는 『웹서버 프로그래밍』 학습에 적합한 내용들을 정리하여 2년간의 준비 끝에 출간하게 되었습니다. 대학 교재로의 활용뿐만 아니라 개인 자습서로도 활용할 수 있도록 많은 노력을 기울였습니다.

웹 개발 분야가 여기에 수록된 내용보다 훨씬 더 다양하고 방대하지만, 이 책을 통해 독자들이 웹 개발에 대한 이해의 전환점이 되기를 기대하며, 더 많은 노력을 통해 웹 전문가로 성장하기를 진심으로 기원합니다.

이 책이 출간되기까지 많은 시간이 소요되었습니다. 끝까지 기다려주고 편집해 주신 도서출판 홍릉 관계자 여러분께 감사드립니다.

사랑하는 가족이 있어 이 책을 완성할 수 있었습니다. 아내 이현주, 아들 영재, 딸 영현에게 출간을 알리며 고마움을 전합니다.

2023년 8월

김재호

이 책의 특징

이 책은 웹서버 프로그래밍의 기본적인 동작 원리 등을 다양한 그림으로 설명해 놓았습니다. 인터넷-클라이언트-서버 간의 상호동작, PHP 동작, 변수 및 함수 동작 등 문장으로 설명하기 어려운 부분들을 도식화하여 이해도를 높이고 있습니다.

물론 각 장별로 다양한 소스코드를 제공함은 물론이고, 실제 사례를 통해 프로젝트 구성의 전체적인 이해를 돕는 데 많은 노력을 기울였습니다. 하나의 프로젝트는 많은 파일들이 서로 연관되어 있는데 이 파일들의 연결 관계를 도식화하여 설명하고 있습니다.

PHP-MySQL 연동 프로젝트 소스코드는 객체지향과 절차지향 방식 모두 제공하여 독자들의 코딩 스타일에 적합한 학습이 가능하도록 구성하였습니다.

또한 학습하는 도중에 머리를 식힐 수 있도록 상식적이지만 알쏭달쏭한 용어 등에 대해서 다루고 있습니다.

이 책에서 다루는 주요 내용

웹 개발분야는 Front-End 분야와 Back-End 분야로 구분합니다. Front-End 분야는 주로 HTML, CSS, Javascript 기술을 다루게 되고 『웹클라이언트 프로그래밍』이라고도 불립니다. 또한 Back-End 분야는 PHP(JSP, ASP), 웹서버, 데이터베이스 기술 등을 기본적으로 다루며 『웹서버 프로그래밍』이라고도 불립니다.

웹 개발자 입장에서 Front-End와 Back-End를 굳이 구분할 필요는 없습니다. 일반적으로 웹 개발자는 두 분야 모두를 수행합니다.

이 책에서는 Back-End 분야중에서 Apach, PHP, MairaDB(MySQL)에 대해 살펴봅니다. 개발환경은 XAMPP라는 통합패키지를 통해 설명하고 있습니다.

물론 Back-End 분야는 웹 프레임워크 등과 같은 더 많은 기술들이 존재하지만 별도의 개념과 분량이 필요하므로 이 책에서는 다루진 않습니다.

이 책을 학습하는 독자

이 책의 내용은 웹 개발 분야에 진출하고 싶은 초급자에게 적합하도록 구성되었습니다. 초급자는 Front-End 기술(HTML, CSS, Javascript)에 대해 기본적으로 알고 있어야 하며, 프로그래밍에 대한 기초 지식도 갖추고 있어야 합니다.

또한 웹서버 프로그램에 대한 이해도를 더욱 높이고 싶은 중급 이상의 웹 개발자에게도 도움이 될 수 있는 다양한 내용을 수록하고 있습니다.

책의 구성

본 도서는 14개 장으로 구성되어 있으며 다음과 같은 내용을 다루고 있습니다.

장	주요 내용
01장	인터넷, 클라이언트, 서버에 대한 기본 개념과 상호 동작 웹 개발 기술의 분류 및 주요 개념
02장	웹서버 프로그래밍을 수행하기 위한 개발환경(도구)의 소개 및 설치 과정 XAMPP Control Panel 사용 방법
03장	Apache 웹서버 설정과 관리를 위한 httpd.conf 파일 관리
04장	PHP 언어의 개념, 처리과정, 테스트 환경
05장	PHP 언어의 기본문법, 변수와 메모리와의 관계
06장	PHP 언어의 제어구조(if, while, for, foreache, switch)
07장	함수에 대한 기본개념과 주요 함수(내장, 수치, 문자열, 디렉터리, 파일 등) 함수 관련 용어(Parameter, Argument, Call-by-Value, Call-by-Reference)
08장	HTML Form에서 입력된 데이터를 PHP 언어에서 처리하는 방법 웹 브라우저와 세션/쿠키의 관계
09장	데이터베이스의 기본 개념과 MySQL 접속, 실행, 중지, 종료 방법 MySQL 셸 명령어, 연산자, 함수, SQL 사용 방법
10장	데이터베이스 정의 SQL, 테이블 처리 SQL, 필드 처리 SQL 사용 방법 필드 데이터 타입과 필드 옵션 사용 방법
11장	데이터 입력, 검색, 수정, 삭제를 위한 SQL 사용 방법 PK-FK 참조 무결성 처리 방법
12장	MySQL 명령문들이 PHP 언어에서 실행되기 위한 MySQLi 확장함수 사용 방법
13장	실전 프로젝트를 통한 CRUD(Create, Read, Update, Delete) 기능 구현 방법 프로젝트 파일의 계층 구조와 파일 간의 상호연계 도식화
14장	MySQL 클라이언트 프로그램 활용 방법 GUI 도구를 활용한 MySQL 관리 방법

소스코드

이 책의 학습을 위한 소스코드는 도서출판 홍릉 홈페이지(www.hongpub.co.kr)에서 내려받을 수 있습니다. 홈페이지에서 도서명 검색 후 보조자료를 다운로드하시기 바랍니다. (Chrome 웹브라우저 사용 권장)

이 책의 소스코드는 soruce.zip 파일로 압축되어 있습니다. 04장부터 13장까지 총 10개 폴더에 320개 파일로 구성되어 있습니다. source.zip 파일의 압축을 해제한 후에는 반드시 『\xampp\htdocs』 경로 밑에 저장되어야 정상적으로 실행됩니다.

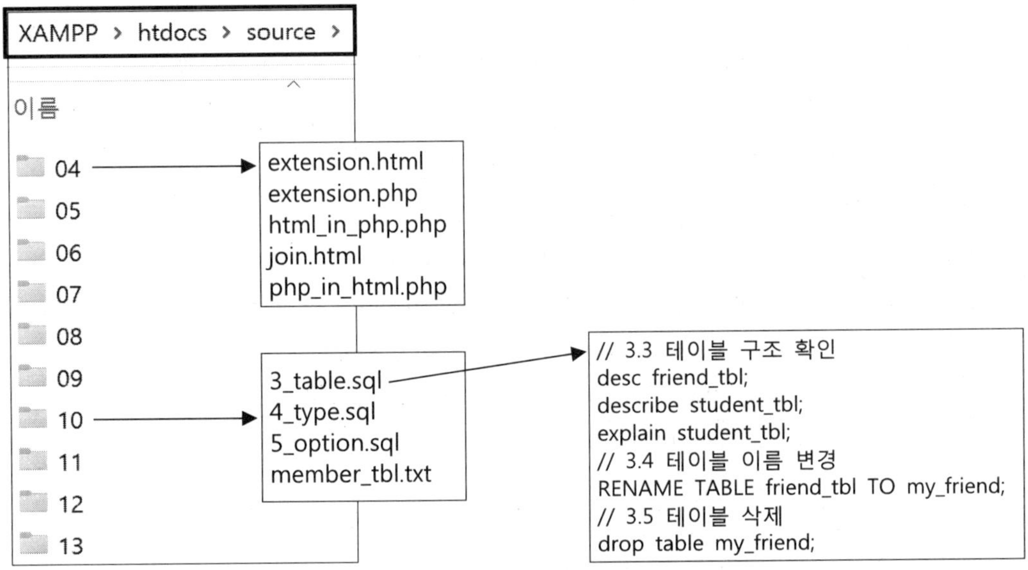

저장된 파일들의 실행은 웹 브라우저의 주소표시창에 파일의 경로를 정확하게 입력해야 정상적으로 실행됩니다. 예를 들어 04 폴더의 extension.php 파일은 다음과 같이 웹 브라우저에 URL을 입력해야 합니다.

```
http://localhost/soruce/04/extension.php
```

- 04 ~ 08 폴더 : 각 장에서 설명하고 있는 html, php, txt 파일들이 저장되어 있습니다.
- 09 ~ 11 폴더 : 각 장에서 사용된 SQL 명령문들은 절 단위의 파일로 저장하고, 각 파일 내에서도 세부적으로 구분하여 명령문들을 쉽게 찾아서 사용할 수 있도록 하였습니다.
- 12 ~ 13 폴더 : 각 장에서 사용되는 php 파일들과 데이터 파일(.dat)들이 저장되어 있습니다.

01 인터넷, 클라이언트, 서버

02 개발환경

03 Apache 웹서버 관리와 설정

04 PHP 동작의 이해

05 PHP 기본 문법

06 제어구조 : Control Structures

07 함수

08 HTML Form과 PHP의 연동

09 데이터베이스와 MariaDB

10 데이터 정의어 (데이터베이스/테이블 생성)

11 데이터 처리어(입력, 검색, 수정, 삭제)

12 PHP와 MySQL 연동

13 HTML-PHP-MySQL 연동 : CRUD 구현

14 클라이언트 프로그램과 GUI 소프트웨어

01.
인터넷, 클라이언트, 서버

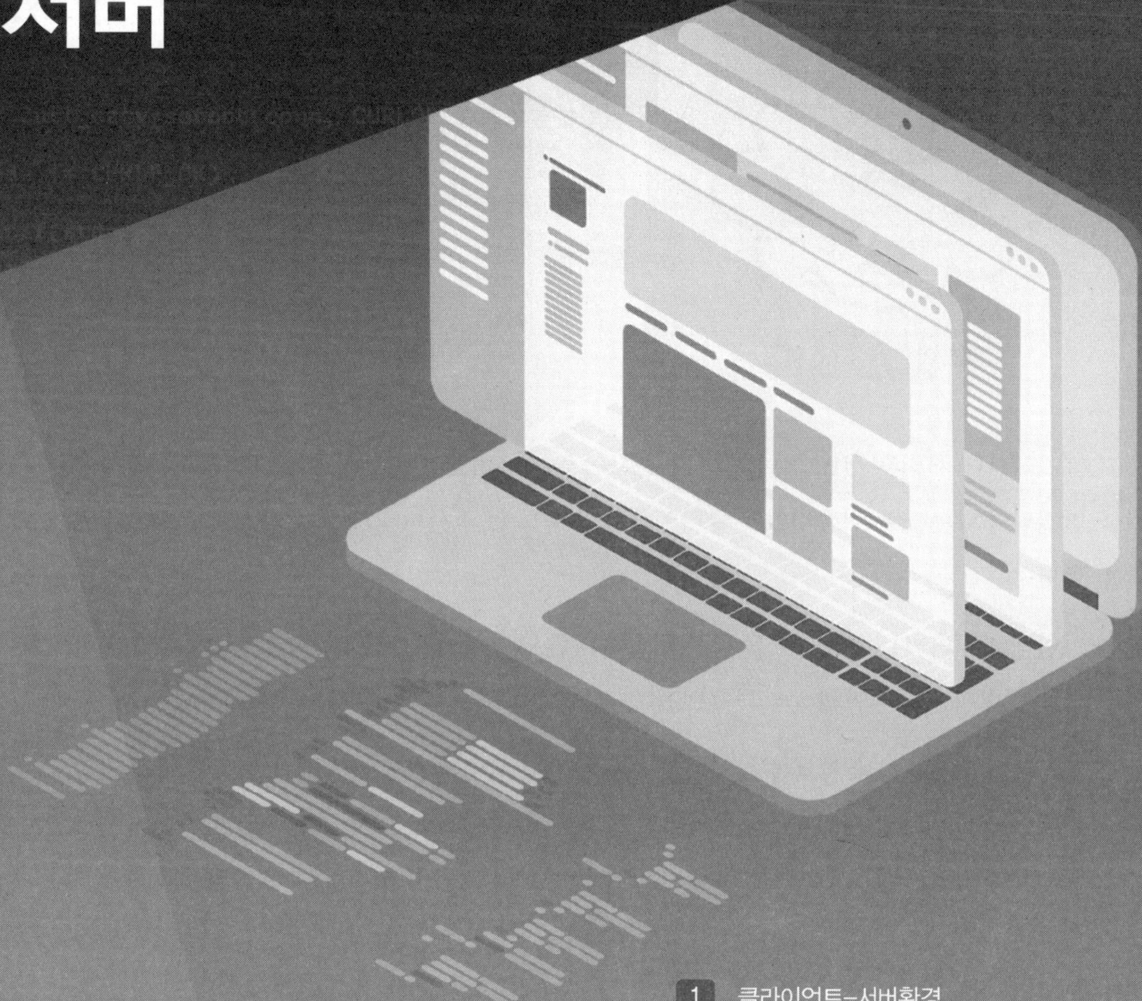

1. 클라이언트-서버환경
2. 클라이언트-서버 소프트웨어(프로그램)
3. 클라이언트-웹서버
4. 개발 기술, 웹 프로그래밍

Chapter 01

인터넷, 클라이언트, 서버

1. 클라이언트-서버 환경

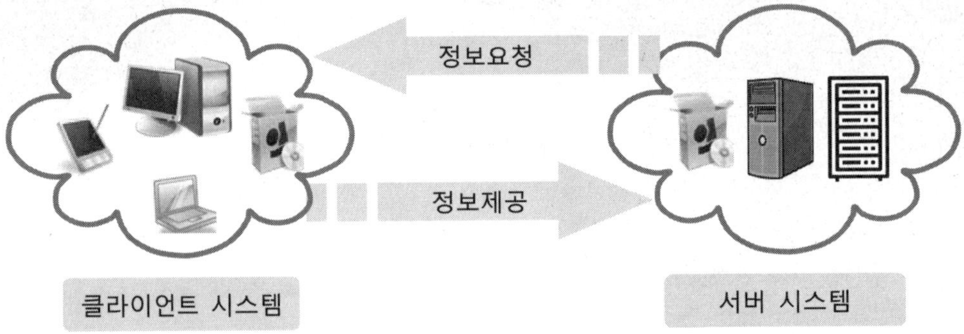

클라이언트-서버는 여러 대의 컴퓨터가 작업을 기능별로 분담하는 환경입니다. 인터넷에 연결되어 있는 모든 컴퓨터들은 클라이언트일 수도 있고 서버일 수도 있고, 둘 다일 수도 있습니다.

그런데 컴퓨터라는 하드웨어들이 동작을 하려면 당연히 소프트웨어가 설치되어 있어야 하는데 이렇게 하드웨어에 소프트웨어가 설치된 것을 시스템이라고 부르겠습니다.

클라이언트는 서버에 정보를 요청하는 시스템이고 서버는 클라이언트의 요청에 의해서 정보를 제공하는 시스템입니다. 즉 인터넷을 통해 클라이언트는 자신이 지정한 서버로부터 정보를 요청할 수 있고, 서버는 많은 정보를 저장하고 있다가 정보를 요청한 클라이언트에게 정보를 보낼 수 있습니다. 여기서 컴퓨터라고 하지 않고 시스템이라고 한 것은 이유가 있습니다. 컴퓨터라고 하면 단순히 하드웨어를 의미하지만, 시스템이라 함은 하드웨어와 소프트웨어를 합친 것으로 이해되기 때문입니다. 클라이언트-서버라고 하는 것은 좁은 의미로는 소프트웨어를 의미하는 것이 맞다고 볼 수 있습니다.

2. 클라이언트-서버 소프트웨어(프로그램)

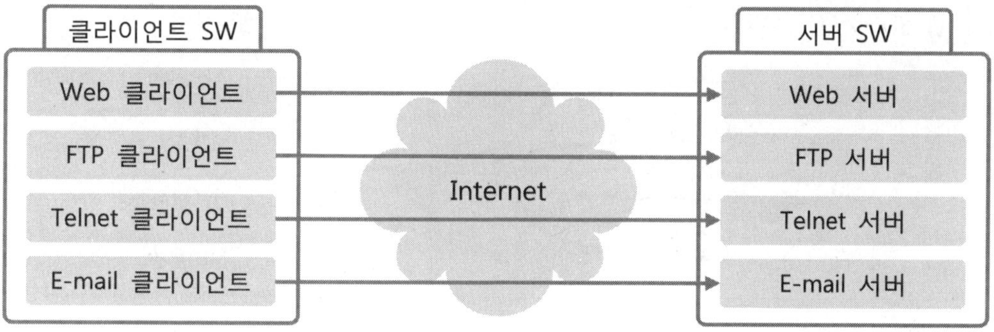

인터넷을 통해 활용할 수 있는 서비스는 여러 가지가 있습니다. 예를 들어 web, ftp, email, telnet 등이 있습니다. 이중 Web 서비스를 일반 사용자 이러한 서비스를 이용하거나 제공하기 위해서 각 서비스에 맞는 클라이언트용 소프트웨어를 사용해야 하며, 서버용 소프트웨어도 설치하여 동작시켜야 합니다. 따라서 각 서비스에 사용하는 클라이언트용, 서버용 소프트웨어가 별도 있습니다. 서버용 소프트웨어들은 시스템 관리자들이 사용하는 것이기 때문에 일반 사용자들은 알 필요는 없습니다.

인터넷 서비스	클라이언트 소프트웨어	서버 소프트웨어
웹(world wide web)	Chrome, Edge, Safari, Internet Explorer	Apache, IIS(windows), Sambar, Nginx
e-mail	Outlook, Eudora, MailTrim	MDaemon, IceWarp, FTgate
FTP (File Transfer Protocol)	FileZilla Client FlingFTP, ClassicFTP	IIS(windows), serv-u, War FTP, FileZilla Server, WS FTP
Telnet	Pineterm, Winterm, Netterm, telnet 클라이언트(win 10),	telnet 서버(win 10) telnet-server(Linux)

클라이언트 소프트웨어 사용자들은 서버 컴퓨터에 어떤 소프트웨어가 설치되었는지는 몰라도 됩니다. 사용자들은 원하는 서비스에 적합한 소프트웨어를 이용해 서버에 접속하기만 하면 됩니다.

3. 웹클라이언트-웹서버

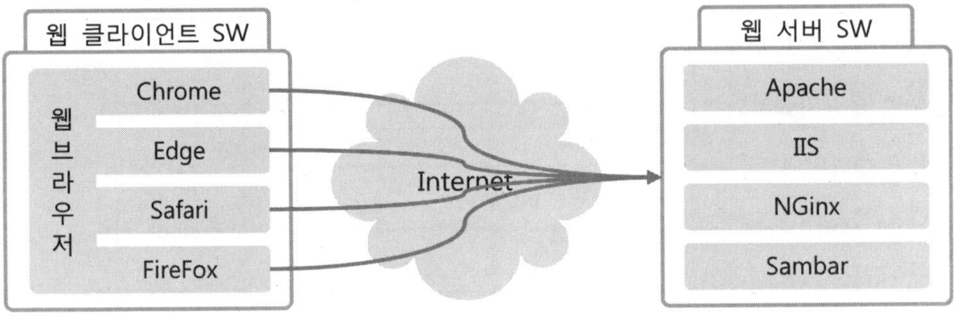

클라이언트 컴퓨터들이 인터넷에 연결되어 있다고 해도 웹 접속용 소프트웨어(chrome, edge, safari 등)가 설치되지 않으면 웹에 접속할 수 없게 됩니다. 또한 웹 접속용 소프트웨어로 접속을 시도해도 지정한 서버 컴퓨터에 정보를 제공할 수 있는 서버 소프트웨어가 실행되어 있지 않다면 클라이언트에 정보를 제공할 수 없게 됩니다. 웹클라이언트 소프트웨어를 일반적으로 웹브라우저라고 불립니다. 웹클라이언트와 웹서버 관련 소프트웨어들은 위의 표를 참조하세요.

이렇게 웹 관련 소프트웨어가 클라이언트/서버에 설치되면 사용자들은 웹서비스를 이용할 수 있게 됩니다. 위 그림을 보면 사용자는 웹브라우저의 주소창에 자신이 원하는 사이트 예를 들어 www.naver.com 같은 사이트 주소를 입력하여 웹서버 접속되면 원하는 정보를 웹브라우저 화면으로 볼 수 있습니다.

4. 웹 개발 기술, 웹 프로그래밍

웹 개발자 즉 웹 프로그래머가 되기 위해서는 위에서 설명한 클라이언트 기술 분야와 서버 기술 분야를 구분할 줄 알아야 합니다. 클라이언트 분야 개발자와 서버 분야 개발자의 역할이 분리되어 있는 것은 아니지만, 각각의 기술을 구분하여 이해하는 것은 매우 중요합니다. 특히 웹 개발자로 처음 시작하는 사람들에게 웹서비스 시스템의 동작환경을 이해하는데 많은 도움을 줍니다. 단순히 개발 기술들이 어떤게 있다가 아니라, 각 개발 기술들이 서로 어떻게 동작하고 또 시스템 내에서는 어떤 역할을 하는지에 대한 이해가 중요합니다.

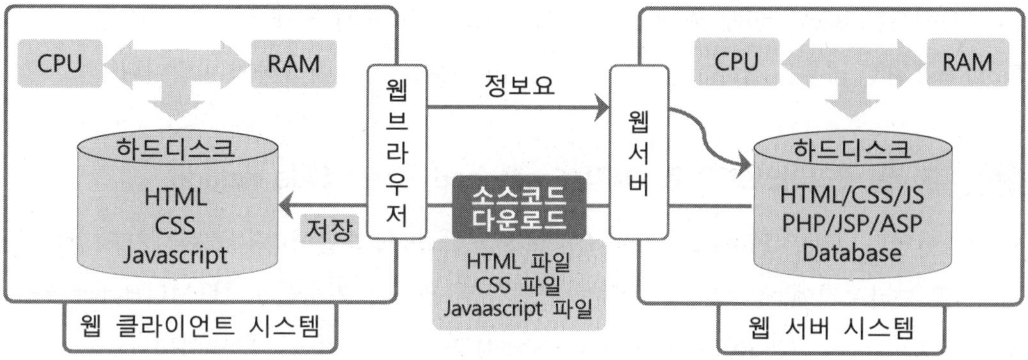

위 <그림>에서 사용자는 웹 브라우저를 통해 웹 서버에 접속해서 정보를 가져옵니다. 이때 HTML, CSS, Javascript 파일들은 클라이언트 시스템의 하드디스크에 다운로드 되고 CPU, Memory 장치들을 이용하여 웹브라우저에서 실행됩니다. 이렇게 하는 이유는 모든 파일들을 웹서버에서 실행하게 하면 웹서버에 너무 많은 작업량이 몰리기 때문에 부하가 걸릴 수 있기 때문입니다.

이런 방식으로 동작되는 프로그램들을 Client Side Include 라고 하며 이러한 기술 분야를 Front-end 기술이라고도 합니다.

반면에 PHP, JSP, ASP 등의 파일들은 서버 시스템의 CPU, Memory 장치들을 이용하여 실행되고 그 결과가 웹 브라우저에 전송됩니다. 이런 방식으로 동작되는 프로그램들을 Server Side Include 라고 하며 이러한 기술 분야를 Back-end 기술이라고도 합니다.

이것이 Front-end(Client Side Include)와 Back-end(Server Side Include)를 구분하는 기준이라고 보면 됩니다.

정리하면, 웹 서비스와 관련된 모든 파일들은 웹서버 시스템에 저장되어 있지만 Client Side Include 관련 파일들은 웹클라이언트 시스템에 다운로드되어 실행되고, Server Side Include 관련 파일들은 웹서버 시스템에서 실행된다는 겁니다.

비록 동작환경의 이해를 위해 Front-end(Client Side Include)와 Back-end(Server Side Include)를 구분하고는 있지만 웹 개발자에게는 두가지 모두를 수행해야 하기 때문에 큰 의미는 없습니다. 즉 대부분의 웹 개발자들은 Front-end와 Back-end 모두를 담당하게 됩니다.

다만 학습순서는 Front-end(Client Side Include) 관련 기술들을 먼저 학습해야 합니다.

본 도서에서는 Back-end에 해당되는 Server Side Include 관련 내용을 다루고 있습니다. Front-end 관련 내용을 접하지 않은 독자들은 이 부분을 먼저 학습하기 바랍니다.

4.1 웹 클라이언트 프로그래밍, Front-end, Client Side Include

웹 클라이언트 개발은 Front-end 또는 Client Side Include 개발이라고 표현하기도 합니다. 주로 웹 브라우저에 정보를 보여주기 위해서 사용되는 기술들로 HTML(Hyper Text Markup Language), CSS(Cascading Style Sheet), Javascript 기술들을 말합니다.

HTML은 웹 정보 또는 콘텐츠들이 잘 보여지기 위해 구조를 설정하는 기술입니다.

CSS는 웹 브라우저에 정보 또는 콘텐츠들의 배치와 일관된 디자인과 관리를 하기 위한 기술입니다. HTML, CSS 기술은 약간은 디자인과 관련된 분야이긴 하지만 웹 개발자들은 당연히 알고 있어야 합니다. 아무리 좋은 정보들도 시각적으로 어색하게 표현되거나 배치되어 있으면 사용자들로부터 외면받기 때문이죠. 물론 웹 그래픽이라는 디자인 분야가 별도로 있기는 하지만 이건 또 다른 직업군입니다.

Javascript는 프로그래밍 언어입니다. Javascript는 웹 브라우저에 보이는 정보들을 사용자의 반응에 따라 동적으로 보여지도록 하기 위해 사용되는 기술이며 웹 개발자라면 누구나 알고 있어야 하는 중요한 기술입니다. Front-end 개발, Client Side Include 개발이라고 하는 것의 핵심이 바로 Javascript 프로그래밍 언어를 통한 개발이라고 할 수 있습니다. 물론 Front-end 분야에 더 많은 설명이 필요합니다만, 다른 자료들을 참고하기 바랍니다.

Client Side Include 용어에 대해 좀 살펴보겠습니다. Include 대신 Program, Script라는 용어로 사용하기도 하며 이들 용어에서도 느껴지듯이 프로그래밍 코드입니다. 한마디로 웹 클라이언트 시스템에서 실행되는 프로그램이라는 의미이며, Front-end 프로그램과 같은 의미로 사용됩니다. 여기에서 사용되는 프로그래밍 언어는 앞서 언급한 Javascript 언어외에도 VBScript 언어도 있습니다만, Javascript 언어가 압도적으로 많이 사용됩니다.

Javascript 언어와 관련된 Client Side Include에 대해 좀 더 자세히 살펴보겠습니다. 앞서 설명한 대로 Client Side Include는 웹 브라우저에 정보를 보여주기 위한 것이라고 했는데 어떤 것들이 있는지 알아보겠습니다.

우선 Client Side Include는 클라이언트 시스템에서 처리되어 웹브라우저에서 실행됩니다. 다운로드되기 때문에 모든 소스코드들은 공개 됩니다. Client Side Include 파일들은 클라이언트 시스템에서 실행되기 때문에 혼자서 실습할 경우에는 웹서버에 접속하지 않고도 실습이 가능합니다. 즉 HTML, CSS, Javascript 학습은 웹서버뿐만 아니라 인터넷에 연결되어 있지 않아도 가능합니다.

웹 사이트에 접속하다 보면 Popup 윈도우 생성, 메뉴구성, 화면전환효과, 버튼롤오버 등의 기능을 보게 되는데 이런 것들을 Javascript 언어로 프로그래밍 하는 겁니다.

다시 한번 강조하지만 Client Side Include는 웹클라이언트 시스템에서 실행되지만, 소스코드 자체는 웹서버 시스템에 저장되어 있다는 점을 명심하세요.

4.2 웹 서버 프로그래밍, Back-end, Server Side Include

일반적으로 웹 개발자라고 하면 웹 서버 프로그래밍 개발자를 말하며 Back-end 개발자라고도 합니다. Back-end 프로그래밍에서 개발된 파일 또는 소스코드를 Server Side Include 라고 하며, Include 대신 Program, Script 라는 용어를 사용하기도 합니다. 웹 서버 시스템에서 실행되는 프로그램이라는 의미이며, 주로 데이터베이스와 연관된 프로그램입니다.

개발에 사용되는 대표적인 프로그래밍 언어로는 PHP(Professional Hypertext Preprocessor), JSP(Java Server Page), ASP(Active Server Page) 등이 있으며, 본 도서에서는 PHP 언어에 대해 학습합니다.

Server Side Include(Back-end) 파일들은 클라이언트에 소스코드가 전송되지 않기 때문에 보안유지 가능하며 주요 역할은 다음과 같습니다.

- 데이터베이스의 데이터 삽입, 수정, 검색
- 게시판, 회원가입/인증
- 정보보안 기능

Server Side Include 파일들은 웹서버가 동작하는 환경에서 실행되기 때문에 혼자서 실습할 경우에는 인터넷이 연결되어 있어야 합니다.

Back-end 분야에 관련된 기술들은 매우 다양하며 본 도서에서 다루는 PHP 언어는 가장 기본적이며, Back-end 분야의 일부에 불과하기 때문에 보다 자세한 내용은 다른 자료를 참고하기 바랍니다.

4.3 웹서버

웹서버 시스템은 컴퓨터(CPU, Memory, Harddisk)와 웹서버 소프트웨어로 구성됩니다. 컴퓨터만으로는 웹서비스를 할 수 없으며, 웹서버라는 소프트웨어가 설치되어 있어야 웹서비스가 가능합니다. 웹서버를 하드웨어 즉 컴퓨터를 지칭하기도 하지만 엄밀하게 말하면 소프트웨어라고 볼 수 있습니다. 즉 컴퓨터 전원이 켜져 있어도 웹서버 소프트웨어가 실행되지 않게 되면 접속이 불가능합니다.

웹서버 소프트웨어에는 Apache, IIS(Internet Information Server), Sambar 등이 있는데 Apache가 가장 많이 사용됩니다. 본 도서에서도 Apache 웹서버를 이용하여 학습합니다.

웹서버는 클라이언트 시스템의 웹브라우저가 웹사이트에 접속 또는 정보를 요청할 때 반드시 통과해야할 대문과 같은 역할을 합니다. 웹서버 관리자는 웹서버 소프트웨어를 상황에 맞게 설정하여 웹사이트를 관리합니다.

웹서버 관리는 프로그래밍 분야와 밀접한 관련은 없지만 Back-end 분야라고 볼 수 있습니다. 웹서버 관리에 대한 이해가 되어야만 프로그램 개발시에 적절한 대응을 할 수 있기 때문입니다.

4.4 데이터베이스 관리시스템(DBMS : Data Base Management System)

9장에서 자세하게 살펴봅니다.

02.
개발환경

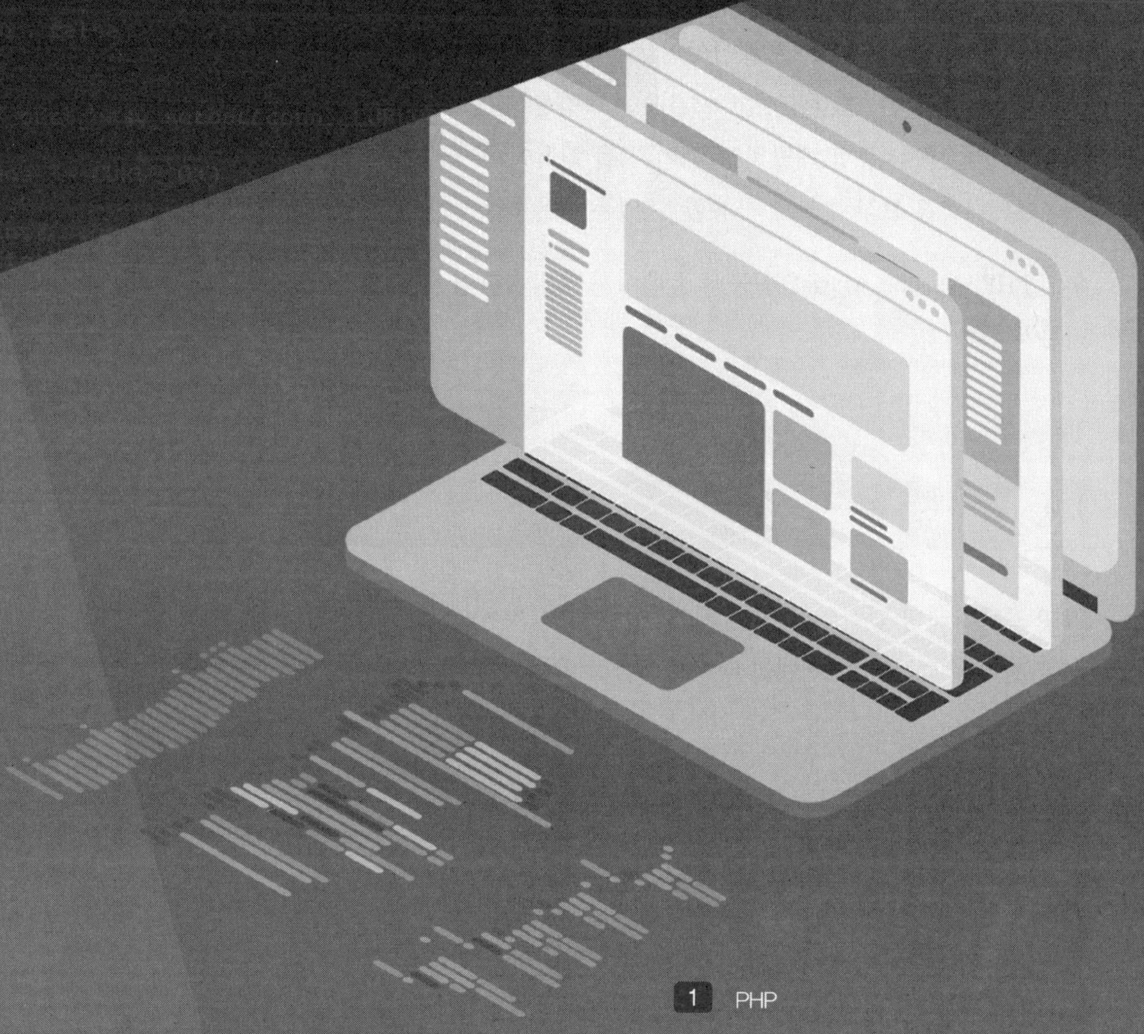

1. PHP
2. Apache
3. MariaDB
4. 통합 패키지
5. XAMPP 통합 패키지 설치

Chapter

02 개발환경

웹서버 프로그램을 개발하기 위해서는 관련 소프트웨어들이 컴퓨터에 설치되어야 하는데 본 도서에서는 프로그래밍 언어는 PHP, 웹서버는 Apache, DBMS는 MariaDB(MySQL)을 이용합니다. 이것들은 소프트웨어이며 개발도구라고 불리기도 합니다. 개발도구들은 각각 별도로 설치할 수도 있지만 상호 연결을 설정하는 과정들이 복잡하기 때문에 이들을 한번에 설치할 수 있는 통합 개발환경(패키지)을 이용하여 구축합니다. 여기에 제시하고 있는 소프트웨어들은 모두 무료로 사용할 수 있는 오픈소스입니다.

우선 PHP, Apache, MariaDB 공식 홈페이지를 방문하여 각 개발도구들의 최근 동향을 살펴봅시다.

1. PHP

PHP 프로그래밍 언어의 공식 홈페이지는『https://www.php.net』입니다. 접속해보면 다음의 화면이 나오는데 PHP 엔진 다운로드뿐만 아니라 PHP 학습 매뉴얼도 제공하고 있습니다.

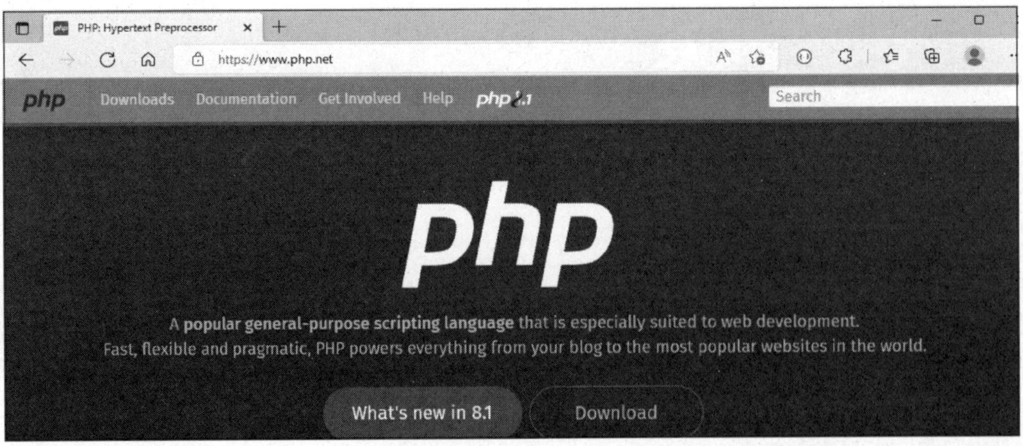

우선 Downloads 매뉴를 클릭하면 다음과 같이 다운로드 가능한 목록이 제시됩니다. 현재

안정된 최신 버전은 8.1.7 이고, Windows 설치용은 맨 아래에 있으며 이것을 클릭하면 다음의 압축파일이 다운로드 됩니다. 본 도서에서는 통합 패키지를 설치하기 때문에 PHP 엔진의 개별적인 설치는 하지 않습니다.

php-8.1.7.tar.gz

```
Current Stable PHP 8.1.7 (chanelog) ¶
 · php-8.1.7.tar.gz (sig) [19,252Kb]                              09 Jun 2022
   sha256: 5f0b422a117633c86d48d028934b8dc078309d4247e7565ea34b2686189abdd8
 · php-8.1.7.tar.bz2 (sig)  [15,101Kb]                            09 Jun 2022
   sha256: b816753eb005511e695d90945c27093c3236cc73db1262656d9fadd73ead7e9d
 · php-8.1.7.tar.xz (sig) [11,444Kb]                              09 Jun 2022
   sha256: f042322f1b5a9f7c2decb84b7086ef676896c2f7178739b9672afafa964ed0e5
 · Windows downloads
```

매뉴얼은 Documentation 메뉴 ➔ English 링크를 클릭하면 영문 PHP 사용법에 대한 설명이 나옵니다. PHP 문법에 대한 모든 내용을 수록하고 있습니다.

```
Language Reference ¶
 · Basic syntax
   · PHP tags
   · Escaping from HTML
   · Instruction separation
   · Comments
 · Types
   · Introduction
   · Booleans
   · Integers
   · Floating point numbers
```

2. Apache

Apache 웹서버의 공식 홈페이지는『https://apache.org』입니다. 접속해보면 다음의 화면이 나옵니다.

상단의 Downloads 메뉴를 클릭하면 Apache 웹서버를 다운로드할 수 있지만 여러 번 링크를 클릭해야 해서 다음의 URL을 통해 직접 접속해서 다운로드할 수 있습니다.

https://www.apachehaus.com/cgi-bin/download.plx

위 URL 페이지에서 Apache 2.4.54이 최신 버전으로 등록되어 있으며 이것을 클릭하면 다음의 파일이 다운로드 됩니다. 본 도서에서는 통합 패키지를 설치하기 때문에 Apache 웹서버의 개별적인 설치는 하지 않습니다.

httpd-2.4.54-o111p-x86-vs17.zip

3. MariaDB

MariaDB DBMS의 공식 홈페이지는『https://mariadb.org』입니다. 접속해보면 다음의 화면이 나오는데 MariaDB 소프트웨어 다운로드뿐만 아니라 학습 매뉴얼도 제공하고 있습니다.

우선 Download 버튼을 클릭하면 다음과 같이 다운로드를 위한 선택목록이 제시됩니다. 사용자 환경에 적합한 항목을 선택하여 다운로드 할 수 있습니다.

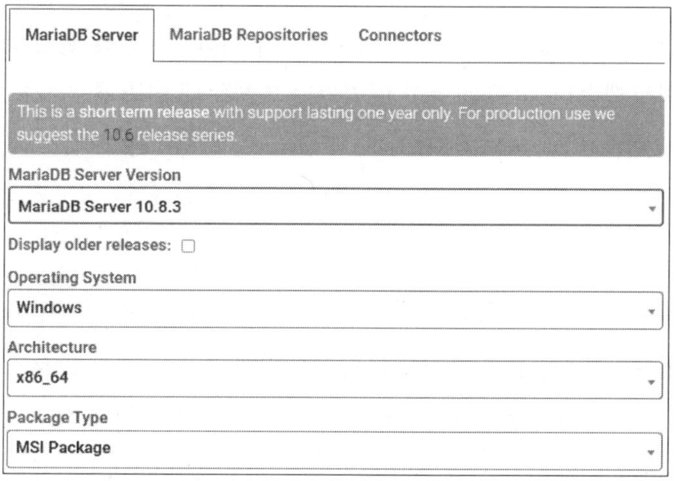

다음의 파일이 다운로드되는데 안정적인 최신 버전은 10.8.3입니다. 본 도서에서는 통합 패키지를 설치하기 때문에 MariaDB의 개별적인 설치는 하지 않습니다.

mariadb-10.8.3-winx64.msi

매뉴얼은 상단의 Documentation 메뉴를 클릭하면 PDF 파일로 다운로드할 수 있는 페이지가 나옵니다.

MariaDB vs MySQL
MySQL 핵심개발자들이 MySQL에 대한 오라클의 라이센스 정책이 자신들과 맞지 않는다는 이유로 오라클사를 탈퇴해서 만든 것이 MariaDB 입니다.
MariaDB는 MySQL의 소스코드를 그대로 사용하여 개발했기 때문에 모든 기능이 동일합니다. 차이점은 라이센스 정책인데 MySQL은 소유권이 오라클에 있어서 기업에서 상업적으로 사용하는데 비용이 발생하지만, MariaDB는 오라클사와 무관하기 때문에 무료 사용이 가능합니다.(엔터프라이즈 버전은 유료지만 무료의 범위가 넓습니다.)

4. 통합 패키지

지금까지 개발도구들의 각 공식 홈페이지에서 설치파일을 다운로드하는 과정을 살펴봤습니다. 앞에서 설명했듯이 이들 개발도구들을 개별적으로 설치하면 상호 연결시키는 과정이 필요하기 때문에 설명이 복잡할 수 있습니다. 따라서 이들 3가지 개발도구들을 통합하여 한 번에 설치하는 과정을 살펴보겠습니다. 이를 통합 패키지라고 하는데 여러 종류가 있습니다. 대표적인 통합 패키지는 XAMPP, LAMP, MAMP, WAMP 등이 있으며 이것을 서버 스택이라고도 합니다.

4.1 XAMPP

XAMPP는 X(Cross) Apache MariaDB Php Perl 용어들의 약어입니다. X(Cross)는 크로스 플랫폼을 의미하는 것으로 아키텍처가 동일한 컴퓨터(예를 들어 x86 아키텍처)에 설치된 다양한 운영체제(Windows, Linux, OS X)에서 문제없이 동작되는 프로그램 또는 소프트웨어를 말합니다. 따라서 XAMPP는 모든 운영체제에서 동작되는 통합 패키지입니다. 나머지 약어는 아파치 웹 서버, MariaDB DBMS, PHP 언어, Perl 언어입니다.

XAMPP 통합 패키지는 가장 많이 사용되고 있는 PHP 프로그램 개발환경이며, 여기에는 Apache, MariaDB(MySQL), PHP 뿐만 아니라 Control Panel(서버 통합관리 도구), phpMyAdmin(웹기반 DB 관리 도구) 등도 포함되어 있어 웹 개발에 편리성을 제공하고 있습니다.

4.2 LAMP/MAMP/WAMP

공통적으로 사용되는 AMP는 XAMPP와 마찬가지로 Apache MySQL Php 용어들의 약어입니다. L, M, W 등의 영문 첫글자만 다릅니다.

통합 패키지	서버 스택	운영체제
LAMP	Linux Apache MySQL Php	Linux 운영체제에서 동작
MAMP	Mac Apache MySQL Php	Mac 운영체제에서 동작
WAMP	Windows Apache MySQL Php	Windows 운영체제에서 동작

5. XAMPP 통합 패키지 설치

본 도서에서는 웹 개발환경 구성을 위한 XAMPP 통합 패키지를 이용합니다. 설치된 개발도구들을 통해 Apache 웹서버, PHP 언어, MariaDB DBMS 등의 학습을 진행합니다.

XAMPP 통합 패키지의 공식 홈페이지는 『https://www.apachefriends.org』입니다. 접속해 보면 다음과 같은 메인 페이지가 표시됩니다.

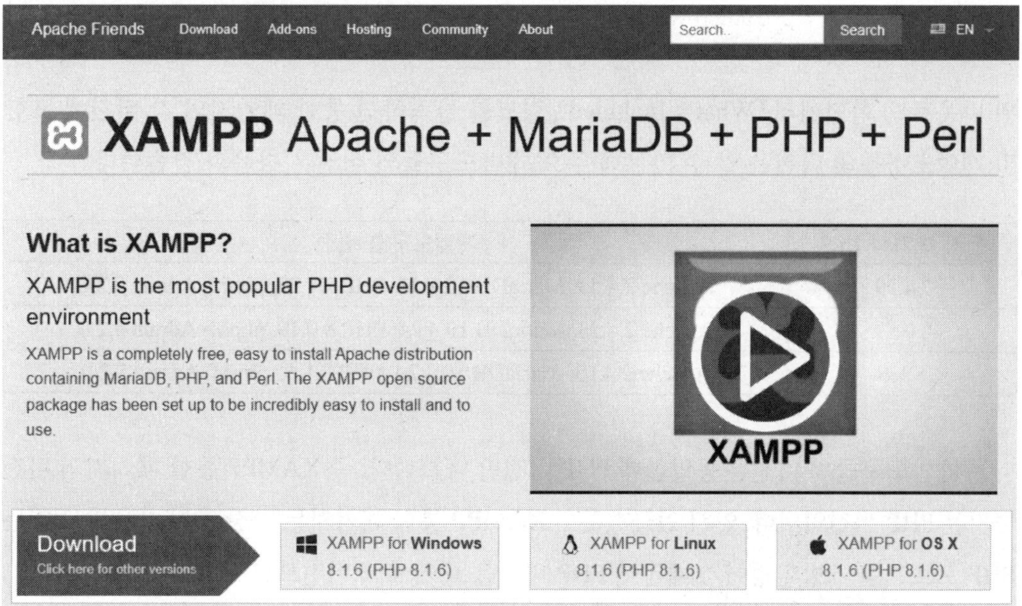

Download 메뉴를 클릭하면 각 운영체제별 그리고 통합 패키지 버전별로 다운로드 가능한 목록이 표시됩니다. 사용자에 적합한 운영체제와 패키지 버전을 클릭하면 됩니다.

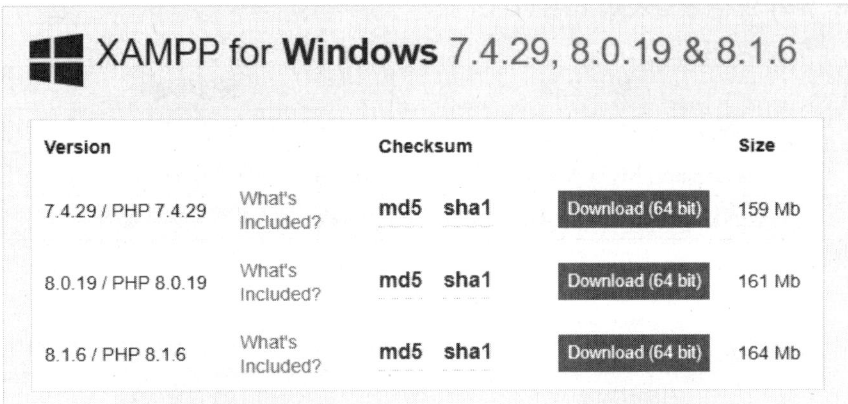

XAMPP 통합 패키지는 크로스 플랫폼이기 때문에 Windows, Linux, OS X 등의 운영체제를 지원하고 있습니다. 여기서는 Windows의 최신 버전인 8.1.6을 다운로드 합니다.

다운로드를 하면 다음과 같이 파일이 저장되는데, 파일이름에 버전 숫자 8.1.6이 표시되어 있습니다.

xampp-windows-x64-8.1.6-0-VS16-installer.exe

위 다운로드 화면에서『What's Included?』링크를 클릭하면 통합 패키지의 각 버전에 포함된 개발도구들의 버전을 알 수 있는데 주요 개발도구들의 버전은 다음과 같습니다.

통합 패키지 버전	개발도구별 버전
7.4.29	Apache 2.4.53, MariaDB 10.4.24, PHP 7.4.29, phpMyAdmin 5.2.0
8.0.19	Apache 2.4.53, MariaDB 10.4.24, PHP 8.0.19, phpMyAdmin 5.2.0
8.1.6	Apache 2.4.53, MariaDB 10.4.24, PHP 8.1.6, phpMyAdmin 5.2.0

다른 개발도구들의 버전은 동일한데 PHP 버전만 다릅니다. 즉 XAMPP 통합 패키지의 버전 숫자는 PHP 버전입니다. 앞서 언급했듯이 XAMPP 통합 패키지는 가장 많이 사용되고 있는 PHP 프로그램 개발환경이기 때문에 PHP 버전을 패키지의 버전으로 표시하고 있습니다.

각 개발도구 공식 홈페이지에서의 버전들은 PHP 8.1.7, Apache 2.5.54, MariaDB 10.8.3 이었는데 통합 패키지에 들어있는 것들 보다는 최신입니다. 최신 버전들을 모아서 통합 패키지 파일을 만들기 위해선 아무래도 시간이 좀 걸리겠죠.

다운로드된 파일인 『xampp-windows-x64-8.1.6-0-VS16-installer.exe』을 실행하여 사용자의 컴퓨터에 설치가 진행됩니다. 기본적으로 Yes, Next 버튼만을 클릭하면 설치는 됩니다.

5.1 XAMPP 설치

① 설치 초기화면에서 [Next] 버튼을 클릭합니다.

② 설치할 개발도구(컴포넌트)를 선택하는 화면에서 필요한 항목만 체크합니다.

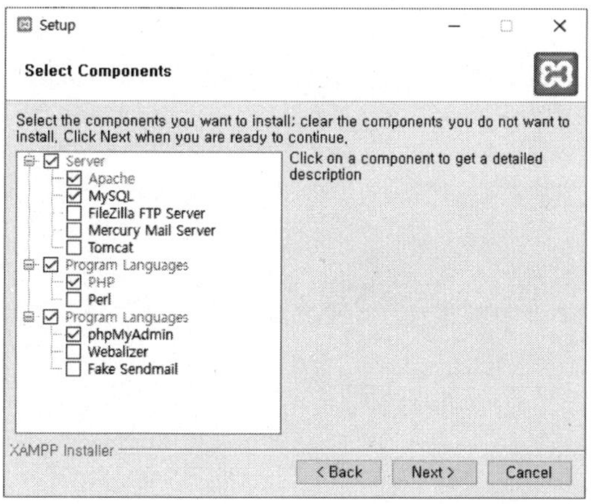

③ 설치 경로를 지정할 수 있는데, 그대로 유지해도 되고 사용자 컴퓨터 환경에 따라 수정 해도 됩니다.

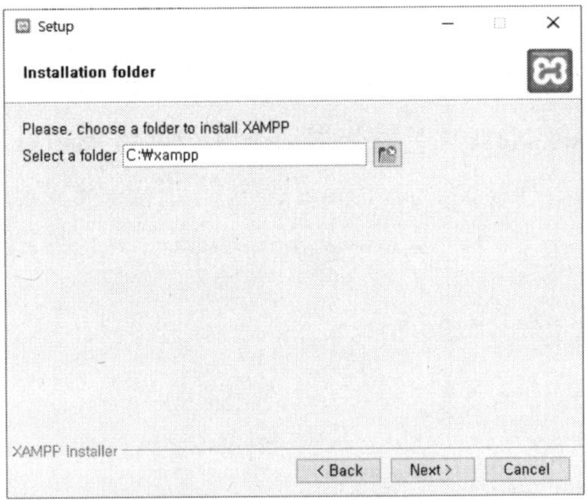

④ 언어 선택 화면에서 English 항목 그대로 유지하고 [Next] 버튼을 클릭합니다.

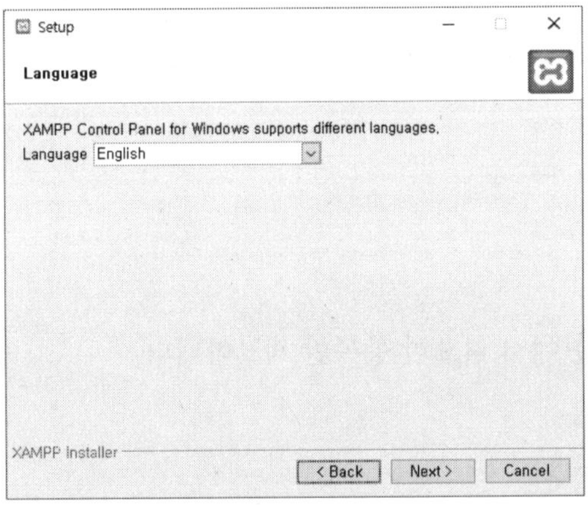

⑤ 간단한 소개 화면이 표시되고 [Next] 버튼을 클릭후 『Ready to Install』화면에 다시 [Next] 버튼을 클릭하면 드디어 설치가 시작됩니다.

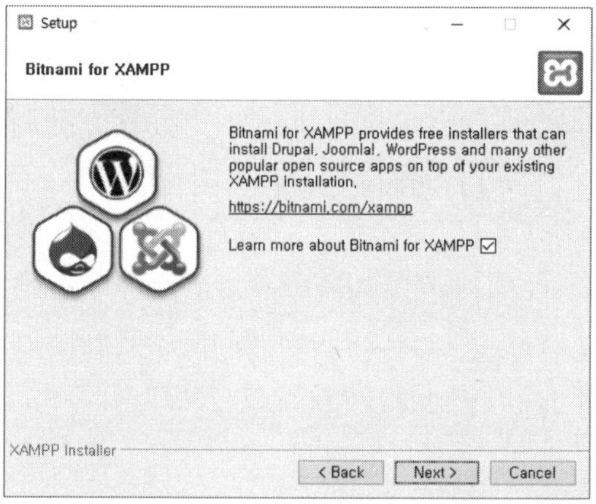

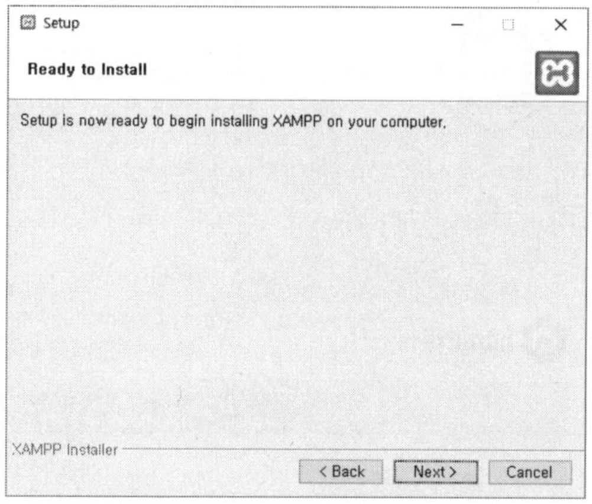

⑥ 설치과정이 진행됩니다.

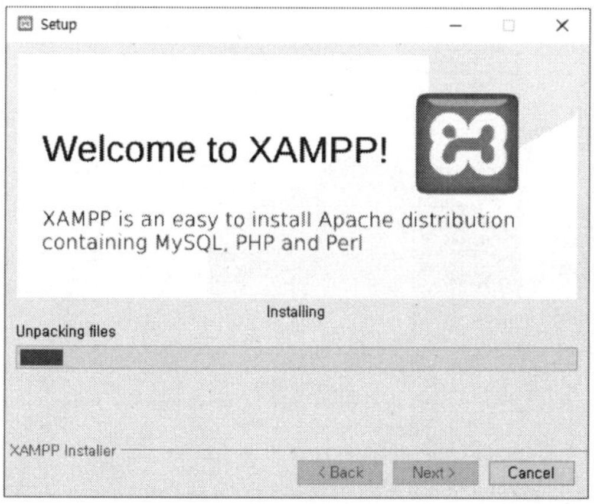

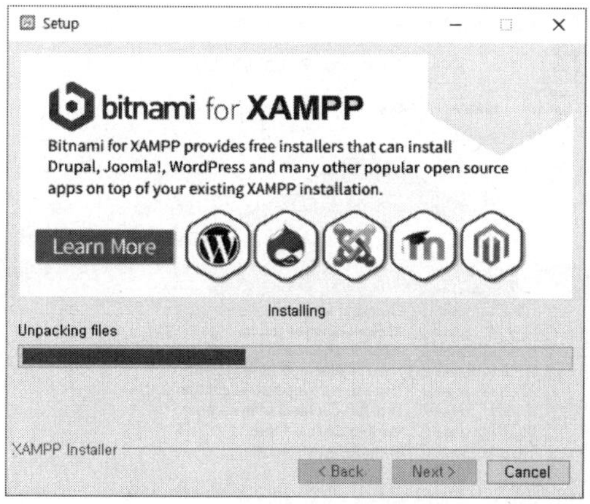

⑦ 설치 완료 직전에 [Windows 보안 경고] 윈도우가 표시될 수 있는데, 하단의 [액세스 허용] 버튼을 클릭합니다.

⑧ 설치 완료 화면입니다. [Finish] 버튼을 클릭하면 설치 화면 사라집니다.

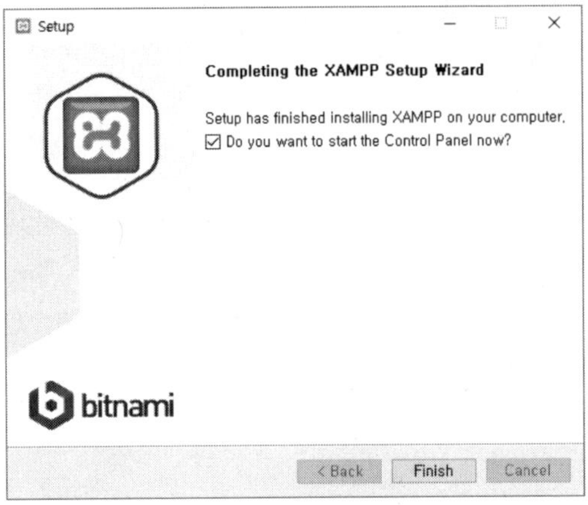

⑨ 위 화면에서 사라지면서 [XAMPP Control Panel] 윈도우가 나타납니다. 이 윈도우의 세부 항목들은 사용자마다 다를 수 있지만 설정을 변경하면 됩니다.

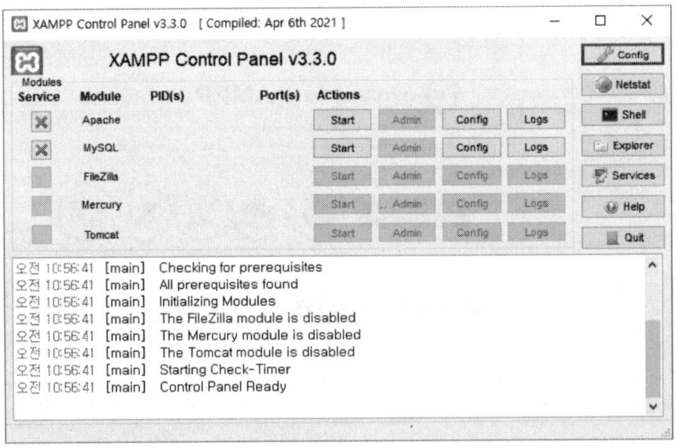

5.2 XAMPP Control Panel 활용

XAMPP Control Panel은 윈도우 시작 메뉴에서 XAMPP 그룹에서 선택할 수도 있고, XAMPP 패키지가 설치된 폴더에서 xampp-control.exe 파일을 실행하여 동일한 윈도우를 동작시킬 수 있습니다. 버전은 3.3.0입니다.

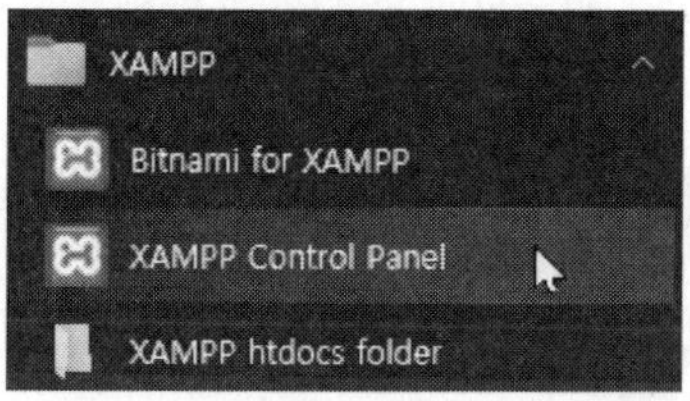

XAMPP Control Panel은 Apache, PHP, MariaDB 등의 개발도구들을 편리하게 관리하고 설정할 수 있도록 구성된 프로그램입니다.

5.2.1 Apache 웹서버 시작/중지

XAMPP Control Panel을 실행하여 Apache 모듈의 [Start] 버튼을 클릭하면 [Stop]으로 변경되면서 웹서버가 시작됩니다.

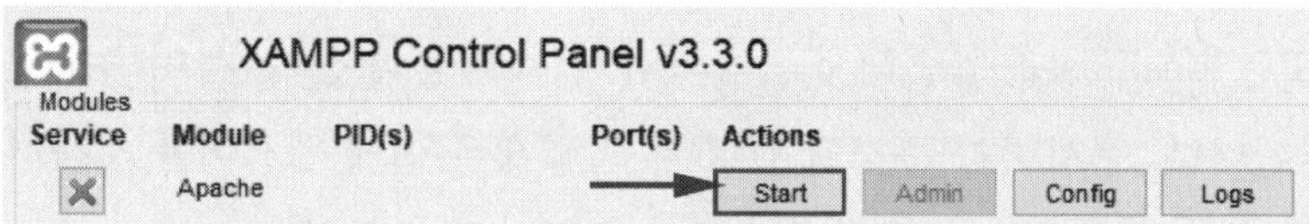

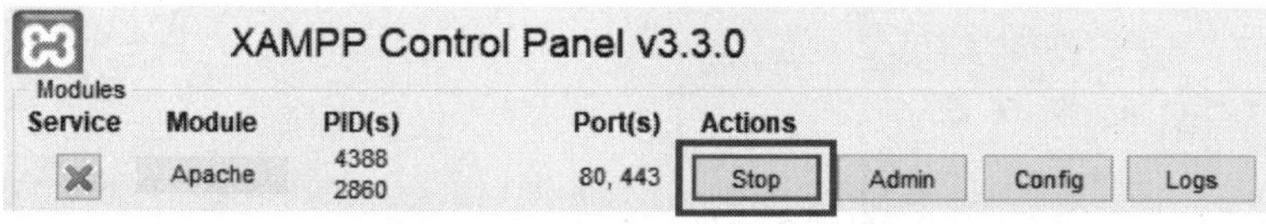

Apache 웹서버가 정상적으로 동작하는지 확인해 봅시다. 우선 웹브라우저 주소창에 127.0.0.1 또는 localhost를 입력해 봅니다. 다음과 같이 사이트에 연결되면 웹서버가 정상적으로 동작하는 겁니다.

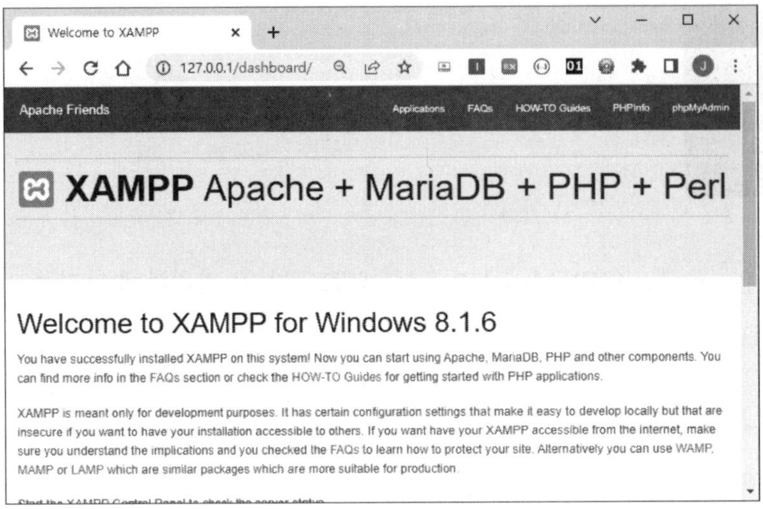

이번에는 [Stop] 버튼을 클릭해서 웹서버를 중지시키고 다시 웹브라우저를 새로 고침하거나 주소창에 127.0.0.1 또는 localhost를 입력해서 접속해 봅니다. 다음과 같이『사이트에 연결할 수 없음』으로 표시됩니다. 웹서버가 중지된 겁니다. 이렇게 손쉽게 웹서버를 시작하고 중지시킬 수 있습니다. MySQL 서버도 같은 방법으로 시작과 중지를 할 수 있습니다.

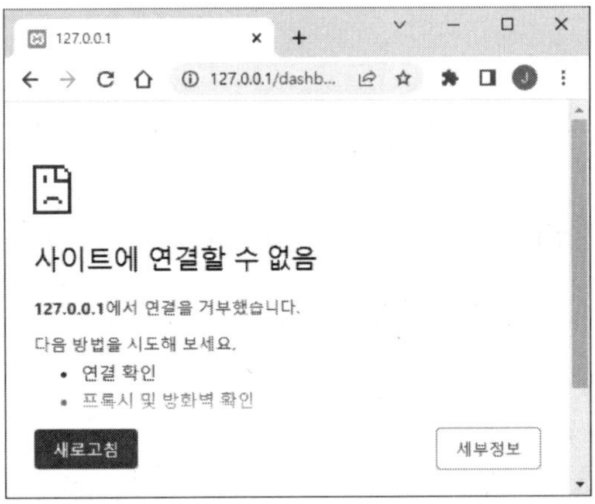

Apache 웹서버를 보다 세부적으로 관리하고 설정하는 방법은 3장에서 살펴보겠습니다.

5.2.2 Apache/MySQL 자동실행

Apache/MySQL 서버의 실행은 Control Panel의 [Start] 버튼을 클릭하여 실행됩니다. 이런 방법이 불편할 경우 자동으로 실행하는 방법이 있습니다. 2가지 방법이 있는데 용도가 다릅니다.

① [Config] 버튼을 이용하는 방법

Control Panel의 우측상단에 [Config] 버튼을 클릭하면 다음과 같은 윈도우 표시됩니다. 여기에서 Apache, MySQL 항목을 체크하고 [Save] 버튼을 클릭하면 됩니다.

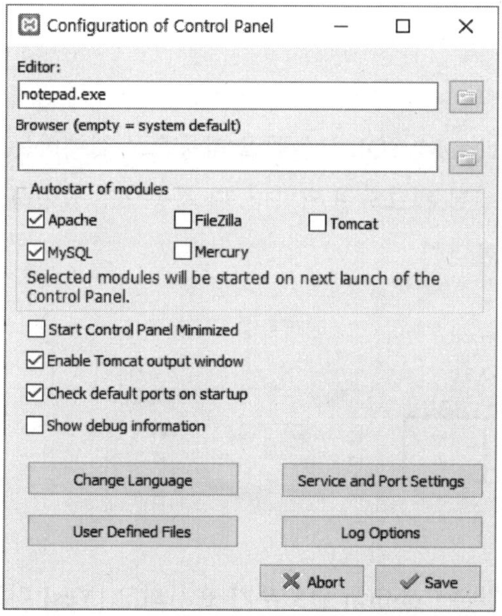

다음으로 Control Panel을 종료하고 다시 실행하면 체크된 항목들의 서비스가 실행됩니다. 반드시 Control Panel을 재실행해야 합니다. 아래 윈도우처럼 Apache와 MySQL이 실행되는 것을 알 수 있습니다.

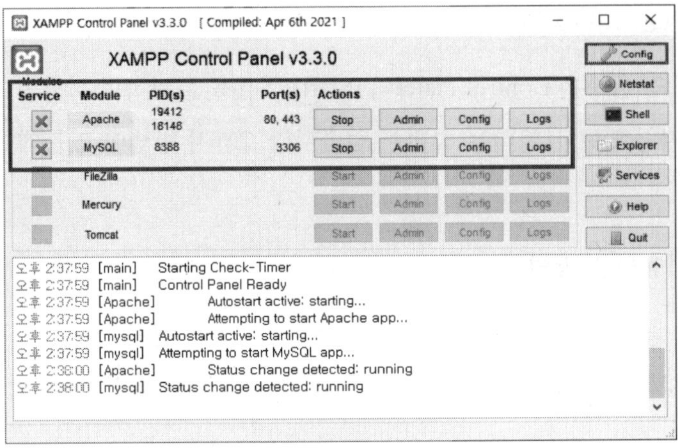

② Service 항목을 이용하는 방법

이 방법은 컴퓨터가 부팅될 때 Apache, MySQL 모듈들을 자동으로 실행하는 방법입니다. Control Panel의 왼쪽에 서비스 항목 체크하면 됩니다. 단 자동으로 실행하고자 하는 서버들은 반드시 중지되어 있어야 합니다.

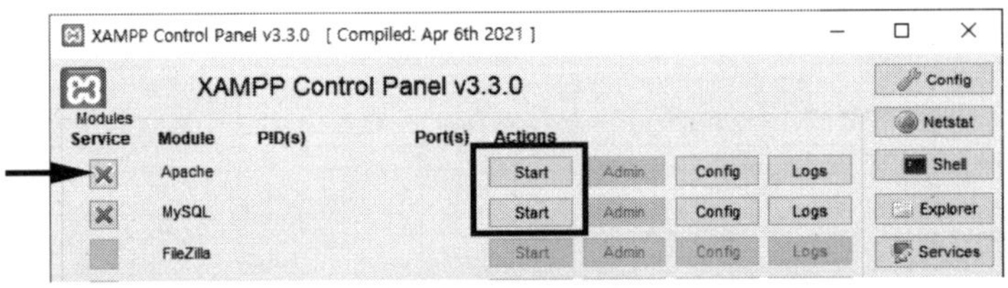

빨간 [×] 버튼을 클릭하면 다음과 같은 Confirm 윈도우가 표시되고 [Yes] 버튼을 클릭하면 녹색 [✔] 버튼으로 변경됩니다. 이렇게 설정되면 컴퓨터가 부팅될 때마다 선택된 서비스들이 자동으로 실행됩니다.

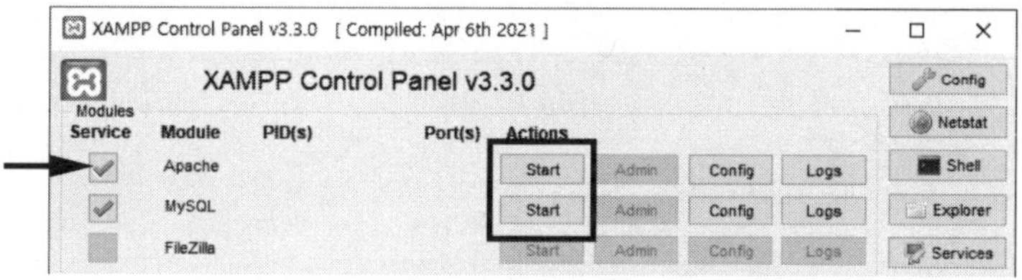

주의할 점은 자동실행된 서비스들이 계속 동작하게되면 CPU, Memoory를 사용하기 때문에 컴퓨터 성능에 영향을 줄 수도 있고, 외부 접속이 허용될 수 있습니다. 따라서 일부러 중지해야 하는 불편함이 있기 때문에 항상 서비스를 운영하는 컴퓨터가 아니라면 설정하지 않는 것이 좋습니다.

XAMPP Control Panel 사용법에 대한 세부적인 내용은 Apache, PHP, MySQL 파트에서 설명합니다.

03.

Apache 웹서버 관리와 설정

1 Apache 웹서버 구성 파일 : httpd.conf

2 웹서버 루트 폴더 및 초기 파일

Chapter

03 Apache 웹서버 관리와 설정

XAMPP Control Panel을 이용하여 Apache 웹서버를 편리하게 관리하고 설정할 수 있습니다.

1. Apache 웹서버 구성 파일 : httpd.conf

구성 파일은 시스템 관리나 인터넷 서비스 등에 필요한 구성을 설정해 놓는 일종의 환경 설정 파일입니다.

여기서 잠시 httpd 파일 이름 뒤에 있는『d』라는 철자에 대해 알아보겠습니다.『d』는 daemon의 약자로 사전적으로는 악령 또는 그리스 신화에서 초자연적인 존재를 의미한다고 합니다. IT분야에서는 사용자가 직접 제어하지 않고, 백그라운드에서 돌면서 여러 작업을 하는 프로그램을 의미합니다. 같은 의미로 상주 프로그램(resident program)이란 단어로 사용되기도 합니다. 나중에 살펴볼 MySQL도 mysqld라는 이름으로 백그라운드 작업 목록에 등록되어 수행합니다.

Apaceh 웹서버는 httpd.conf 파일을 이용하여 여러 가지 환경을 미리 설정해 놓고 있습니다. 흔히 기본값이라고 불리는 형태로 말이죠. 이들 기본값은 웹사이트의 운영 환경에 맞게 변경 즉 재설정할 수 있습니다. 어쩌면 재설정하는 것이 당연합니다. XAMPP의 기본 설정은 공개된 정보이기 때문에 외부에서의 해킹 등으로 문제가 될 수 있기 때문입니다. 웹서버 관리자는 반드시 재설정해야 합니다.

단, 이러한 재설정들은 웹사이트 운영에 영향을 미치기 때문에 정말 조심해서 다뤄야 합니다. 본 도서의 독자들은 학습하는 단계라서 큰 문제가 되지 않고, 설령 문제가 생기더라도 다시 설치하면 되지만 현업 실무에서는 정말 주의해야 합니다. 어쨌든 여러분들도 반드시 httpd.conf 파일 원본은 복사해 놓으세요.

우선 이러한 재설정은 구성 파일을 수정해야 하는데, 이 구성 파일의 이름은 httpd.conf이며, 다음의 경로에 저장되어 있습니다.

C:\xampp\apache\conf

httpd.conf 파일은 Control Panel을 통해서도 쉽게 불러올 수 있습니다. [Config] 버튼을 클릭하여 나오는 화면에서 Apache(httpd.conf)를 선택하면 미리 설정된 편집기(메모장)를 통해 httpd.conf 파일을 불러옵니다.

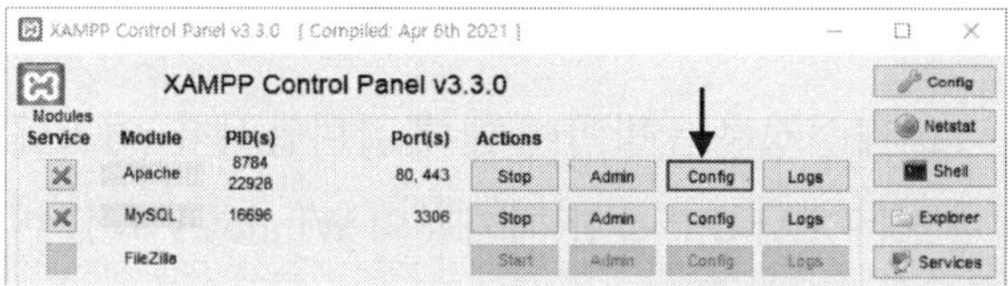

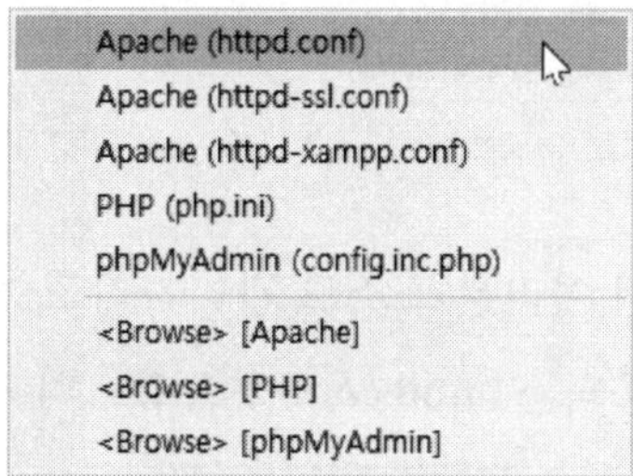

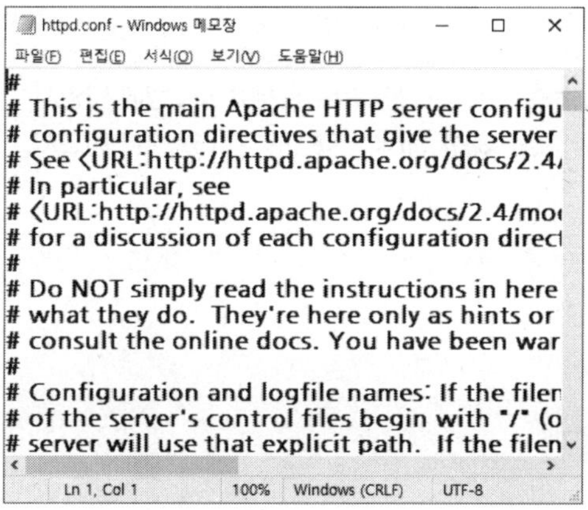

미리 설정된 편집기는 Control Panel의 [Config] 버튼을 통해 변경할 수 있습니다.

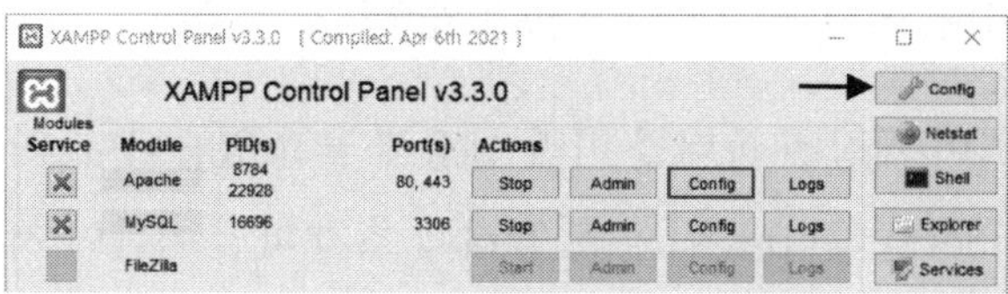

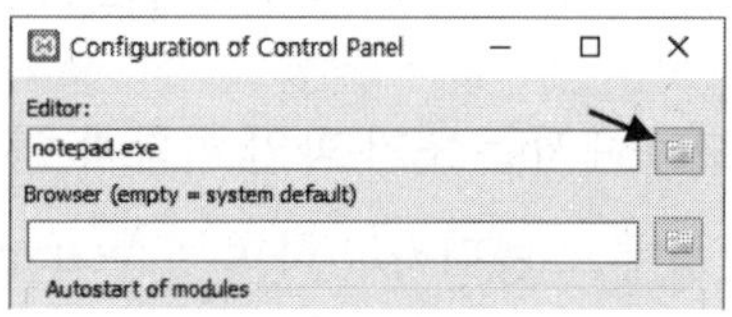

또한 아래 화면처럼 <Browser> [Apache]를 선택하면 윈도우 탐색기가 실행되어 httpd.conf 파일이 있는 경로가 나타납니다. 물론『C:\xampp\apache\conf』경로로 연결되겠지요.

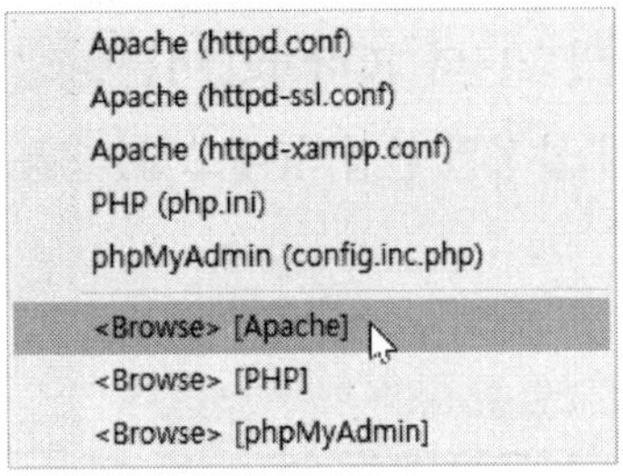

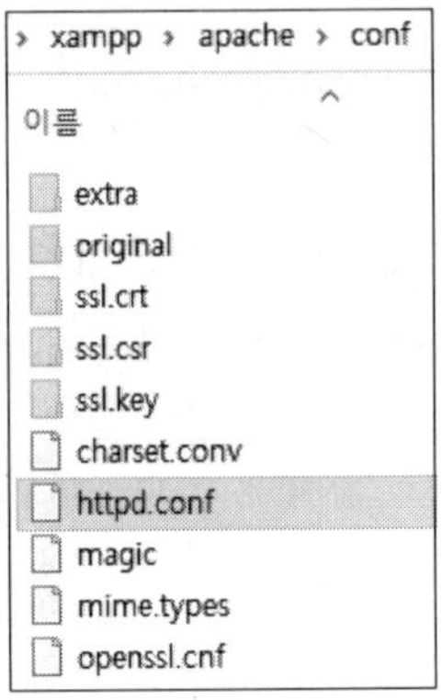

자 그럼 여러분 스스로 관리자라고 가정하고 재설정하는 방법에 대해 살펴봅시다. 여기에서 사용되는 httpd.conf 소스코드의 라인 번호는 XAMPP 통합 패키지의 Windows 최신 버전인 8.1.6 기준입니다. httpd.conf 파일을 열어보면 총 566 라인으로 구성되어 있습니다. # 표시는 주석이며 # 표시 없는 라인을 재설정 합니다.

> httpd.conf 파일이 변경되면 반드시 저장되어야 하며, 변경된 내용으로 웹서버 시스템에 반영시키려면 Control Panel에서 [Stop] 버튼을 클릭후 [Start] 해야 합니다. 즉 변경된 내용으로 반드시 다시 시작해야 합니다.

2. 웹서버 루트 폴더 및 초기 파일

웹브라우저에 사이트 주소만를 입력하여 접속을 요청하면 그 사이트의 웹서버는 홈페이지의 시작 내용 즉 메인 페이지를 전송합니다. 이렇게 전송되는 메인 페이지를 초기 파일이라고 부릅니다. 그럼 이 초기 파일은 무엇이며, 어디에 저장되어 있을까요?

XAMPP에서는 초기 파일 이름과 이 파일이 저장된 폴더를 미리 설정해 놓고 있습니다. 이 폴더를 루트 폴더라고 하며『C:\xampp\htdocs』입니다. 이 루트 폴더에 초기 파일 이름이 저장되어 있는데 index.php라는 이름으로 설정되어 있습니다. 이러한 루트 폴더의 이름이나 경로 그리고 초기 파일의 이름을 웹서버 관리자는 재설정할 수 있습니다.

2.1 웹사이트 초기 파일 이름 변경

httpd.conf 파일을 열어서 DirectoryIndex 단어로 검색을 하면 다음과 같이 라인 286번에서 찾아집니다. DirectoryIndex 단어 뒤에 index.php index.pl index.cgi 등 많은 파일들이 나열되어 있는데, 이 파일들이 바로 초기 파일이며 루트 폴더인『C:\xampp\htdocs』폴더에 저장되어야 합니다.

이 웹사이트에 브라우저로 접속하게 되면 웹서버는『C:\xampp\htdocs』루트 폴더로 이동하여 나열된 파일이 있는지 확인하고, 있으면 그 파일 또는 처리결과들이 웹클라이언트에게 전송됩니다.(Client Side면 파일을 전송하고, Server Side면 처리결과를 전송)

```
285  <IfModule dir_module>
286      DirectoryIndex index.php index.pl index.cgi index.asp index.shtml
                      index.html index.htm
287                   default.php default.pl default.cgi default.asp
                      default.shtml default.html default.htm
288                   home.php home.pl home.cgi home.asp home.shtml home.html home.htm
289  </IfModule>
```

모두 있을 필요는 없고 1개 파일만 있으면 됩니다. 2개 이상이 파일들이『C:\xampp\htdocs』루트 폴더에 있는 경우에는 가장 먼저 나열된 파일이 선택되어 처리결과가 전송됩니다. 즉 나열된 파일 이름들의 순서대로 선택 우선순위가 정해집니다. 만약 index.php 파일이 없다면 index.pl 파일이 선택되고, index.pl 파일이 없다면 index.cgi 파일이 선택되고... 이렇게 선택 됩니다. 나열된 파일 이름들은 웹 관리자만 알고 있는 내용입니다.

초기 파일이 필요한 이유는 사이트 주소만 입력해도 홈페이지의 내용을 확인할 수 있도록 하기 위해서입니다. 즉 사이트 주소 예를 들어『http://naver.com』주소만 입력해도 홈페이지의 내용이 보이는 이유는 등록된 초기 파일이 동작하기 때문입니다. 이렇게 하면 초기 파일의 이름을 외부에서 알 수 없도록 할 수 있습니다.

그럼 httpd.conf 파일을 변경해서 테스트 해보죠(변경된 httpd.conf 파일을 저장한후, 웹서버의 재시작은 필수입니다). 286 라인에 있는 index.php 파일이 있고, 이 파일이 초기 파일입니다. 웹브라우저에서『127.0.0.1』또는『localhost』접속하면 index.php 파일이 실행되었기 때문에 아래와 같은 내용이 출력된 겁니다. 입력하는데 좀 불편하지만『127.0.0.1/index.php』

형태로 접속해도 문제 없겠죠?

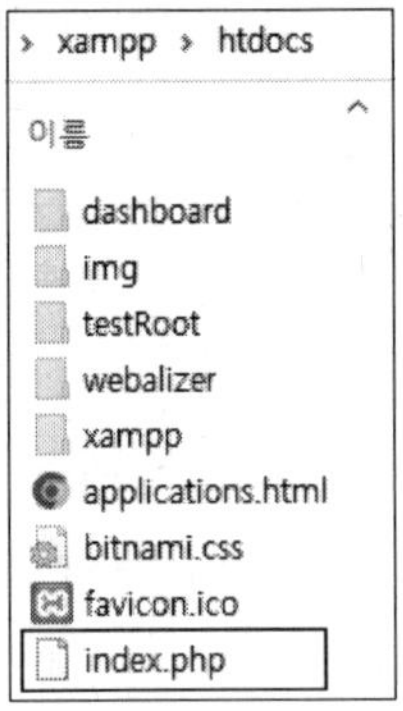

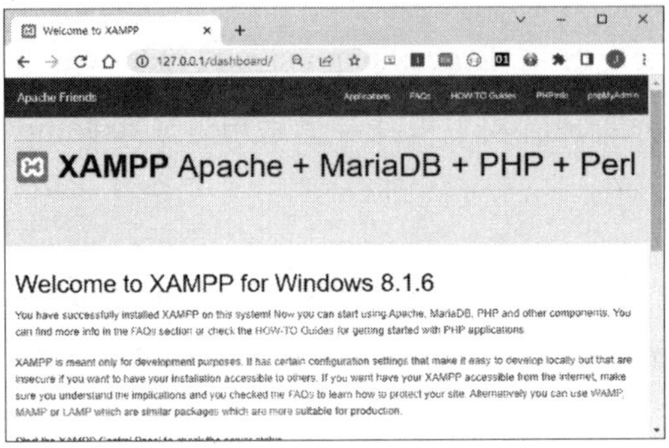

케이스 1 여기에서 index.php 파일 이름을 삭제하고 접속하면 파일들의 목록들이 표시되는데 어쨌든 index.php 파일이 없어서 제대로 출력되지 않을 겁니다.

286	DirectoryIndex index.pl index.cgi index.asp index.shtml **index.html** index.htm \

index.php 삭제하고 접속

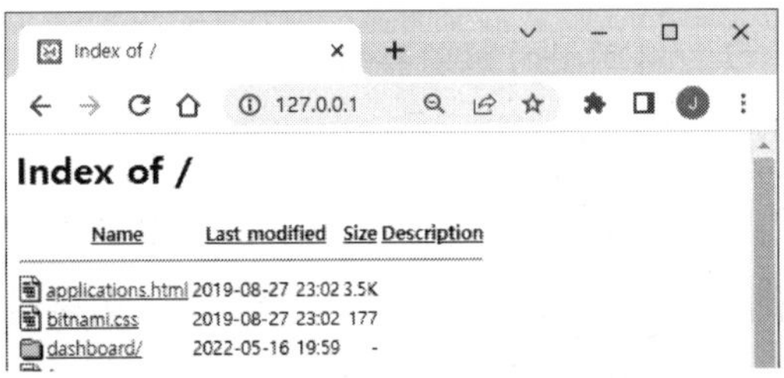

케이스 2 이번에는 변경된 286 라인의 5번째 우선순위인 index.html 파일을 간단하게 만들어서 『C:\xampp\htdocs』 루트 폴더에 저장하고 『127.0.0.1』로 접속해 보겠습니다. index.html 파일이 5번째 우선순위이지만 앞 순위의 파일들이 없기 때문에 index.html 파일의 내용이 선택되어 출력됩니다.

index.html 파일	<h2> 안녕하세요. index.html 파일입니다. </h2>

index.html 파일 생성후 접속

만약 목록에서 삭제했던 index.php 파일 이름을 원래대로 1순위로 등록하면 당연히 index.php 파일의 내용이 출력되겠지만 그럼에도 index.html 파일을 출력되게 하려면 어떻게 해야 할까요? 바로 주소창에 『127.0.0.1』 대신 『127.0.0.1/index.html』 방식으로 접속하면 됩니다.

```
DirectoryIndex index.php index.pl index.cgi index.asp index.shtml
index.html index.htm \
```

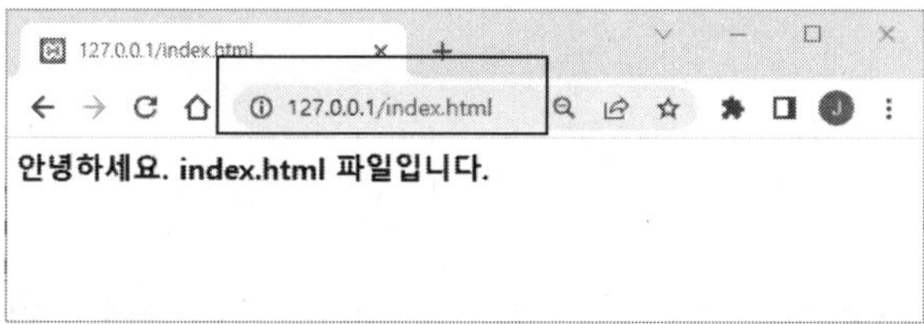

케이스 3 httpd.conf 파일의 DirectoryIndex 부분에 나열된 파일 이름들만 사용해야하는 건 아닙니다. 웹사이트 개발자 또는 관리자가 임의대로 파일 이름을 만들 수 있습니다. 예를 들어 myhome.php, gwnu.pl, homepage.html, 등등. 외부에서 전혀 알 수 없겠죠?

2.2 웹서버 루트 폴더 재설정

Apache 웹서버의 루트 폴더는 『C:\xampp\htdocs』 이며, 해당 사이트의 모든 홈페이지 관련 파일들은 이 폴더 및 그 하위 폴더에 저장됩니다. 그러나 이 루트 폴더는 공개된 정보이기 때문에 보안을 위해 변경하여 재설정할 필요가 있습니다.

httpd.conf 파일을 열어서 DocumentRoot 단어로 검색을 하면 다음과 같이 라인 252번에서 찾아집니다. 코드에서 보듯이 루트 폴더는『C:\xampp\htdocs』경로에 기본 값으로 설정되어 있습니다. 252번 라인만 변경해도 되지만, 253번 라인도 함께 수정해야 합니다.

```
252  DocumentRoot "C:/xampp/htdocs"
253  <Directory "C:/xampp/htdocs">
 :          :
 :          :
279  </Directory>
```

케이스 1 htdocs 루트 폴더 이름을 abc 이름으로 변경해서 웹브라우저를 통해 127.0.0.1에 접속해 봅니다.『C:/xampp/htdocs』폴더는 더 이상 존재하지 않기 때문에 접속되지 않습니다.

다음과 같이『DocomentRoot』부분의『C:/xampp/htdocs』폴더를『C:/xampp/abc』폴더로 변경해서 웹브라우저를 통해 127.0.0.1에 접속해 봅니다. 이제 정상적으로 접속됩니다. 당연히 abc 라는 폴더 이름으로 변경된 걸 외부에서는 전혀 모릅니다.

```
252  DocumentRoot "C:/xampp/abc"
253  <Directory "C:/xampp/abc">
 :          :
 :          :
279  </Directory>
```

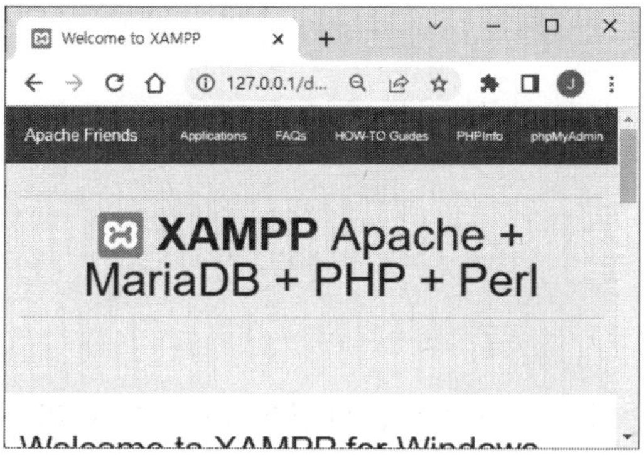

케이스 2 이번에는 C: 드라이브를 D: E: 와 같은 다른 드라이브에 홈페이지 파일을 저장해 놓겠습니다. 여기서는 H: 드라이브에 abc 폴더를 이동하고, httpd.conf 파일의 DocumentRoot 부분을『H:/abc』으로 변경했습니다. 정상적으로 접속됩니다. 당연히 H: 드라이브 및 abc 폴더 이름으로 변경된 걸 외부에서는 전혀 모릅니다.

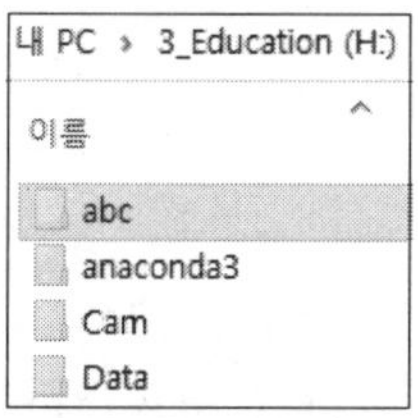


```
252   DocumentRoot "H:/abc"
253   <Directory "H:/abc">
 :         :
 :         :
279   </Directory>
```

케이스 3 웹사이트 초기 파일 설정의 (케이스 1)에서 목록에 나열된 초기 파일이 없을 경우『C:\xampp\htdocs』루트 폴더에 저장되어 있는 모든 파일들의 목록이 표시됩니다. 이것을 디렉토리 인덱싱(Directory Indexing) 이라고 하는데, 이렇게 루트 폴더뿐만 아니라 하위 폴더들의 파일 목록을 제공하는 것은 보안에 매우 취약합니다. 이렇게 표시되는 이유는 278번 라인에 Require all granted 문장 때문입니다. 이 문장은 253번 라인에 있는 디렉토리(폴더) 목록표시를 허용한다는 의미입니다.

```
253   <Directory "C:/xampp/htdocs">
 :         :
 :         :
278       Require all granted
279   </Directory>
```

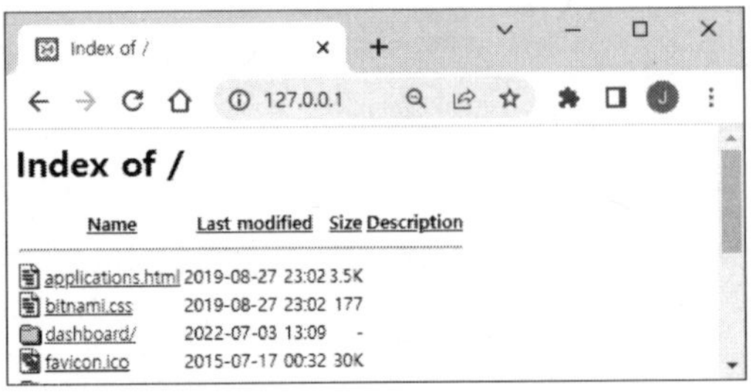

이 문제를 해결하기 위해 278번 라인을 허용한다는 의미의 granted 단어를 거부함을 의미하는 denied으로 변경하거나, #을 이용해 주석 처리하여 웹브라우저 접속하면 Forbidden 메시지가 표시되면서 파일 목록을 확인할 수 없게 됩니다.

```
253  <Directory "C:/xampp/htdocs">
 :        :
 :        :
278      Require all denied
278      # Require all granted
279  </Directory>
```

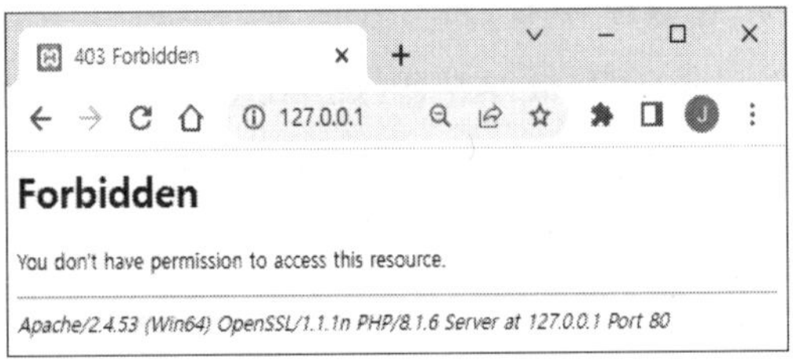

2.3 포트 설정

1장에서 설명했듯이 인터넷을 통해 활용할 수 있는 서비스들은 여러 가지가 있습니다. Web, FTP, Telnet, E-mail 등이 있죠. 이러한 서비스들은 하나의 서버시스템에 설치되어 동작될 수 있고, 또 실제로도 그렇게 운영하고 있습니다. 즉 하나의 컴퓨터에 여러 개의 서버 소프트웨어들을 설치하여 인터넷 서비스들을 제공할 수 있습니다.

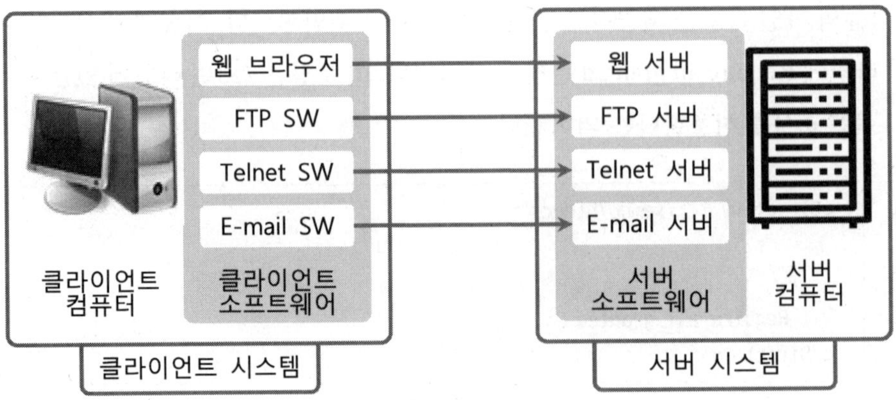

그렇다면 인터넷 회선 하나로 여러 개의 서비스 즉 여러 개의 서버들에 접속할 수 있을까요? 이해를 돕기 위해 케이블 TV를 생각해 보겠습니다. 케이블 TV는 하나의 회선으로 많은 채널을 통해 방송 콘텐츠를 제공합니다. 사용자는 원하는 방송 콘텐츠를 보기 위해 채널을 선택하게 됩니다.

이와 유사한 방식으로 인터넷 서비스들도 접속하게 됩니다. 인터넷 연결을 위해 컴퓨터에는 네트워크 카드가 있습니다. 이 네트워크 카드는 컴퓨터에 설치된 여러 서버에 접속될 수 있도록 포트(port)라는 것이 있고, 이 포트가 케이블 TV의 채널과 비슷한 역할을 합니다. 사용자가 웹서비스를 이용하려면 웹포트에 접속되고, FTP 서비스를 이용하려면 FTP 포트에 접속되는 거죠. 이렇게 접속되는 포트의 개수는 총 16비트 즉, 65,536개(0~65,535) 정도인데, 이중에서 Web, FTP, Telnet, E-mail 등의 인터넷 서비스를 위해 다음과 같이 포트 번호를 미리 할당해 놨습니다(시스템 포트).

인터넷 서비스	웹		FTP	Telnet	E-mail
	http	https			
포트 번호	80	443	21	23	25

웹의 시스템 포트는 80번이네요. 이 번호를 웹 주소 뒤에 콜론과 함께 :80을 추가하여 127.0.0.1:80 형태로 해도 접속이 됩니다. 원래 127.0.0.1로 접속하는 것과 같습니다.

이외에도 더 많은 시스템 포트 번호들이 있는데, 이 포트 번호들은 사용하면 안됩니다. 네트워크 포트와 시스템 포트에 대해서는 다른 자료를 참고하기 바랍니다.

그럼 웹 포트를 재설정해 보겠습니다. httpd.conf 파일을 열어서 Listen 단어로 검색을 하면 다음과 같이 라인 59번에서 찾아집니다. 59번 라인은 포트를 사용해서 접속하는 방법을 나타내는 주석문이고, 60번 라인에 80 이라는 웹 기본 포트를 원하는 포트 번호로 변경하면 됩니다. 여기서는 8080으로 재설정해 보겠습니다.

```
59  #Listen 12.34.56.78:80
60  Listen 80
```

➔

```
59  #Listen 12.34.56.78:80
60  Listen 8080
```

수정된 httpd.conf 파일을 저장 후 Apache 웹서버를 다시 시작해서, 127.0.0.1로 접속하면 다음과 같이 접속되지 않습니다. 웹 포트를 8080으로 재설정했기 때문에 127.0.0.1:8080으로 해야 접속이 됩니다.

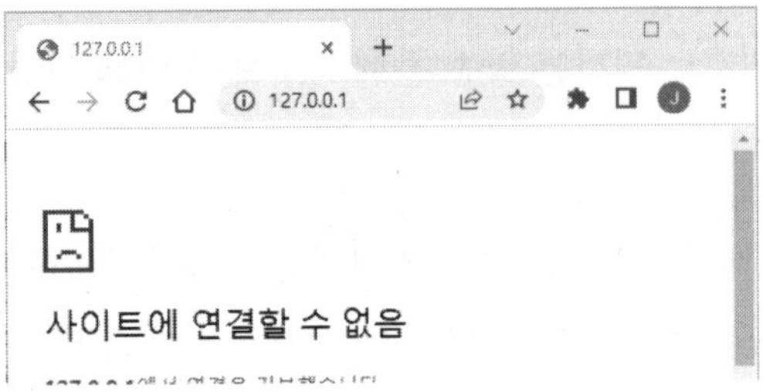

다음과 같이 Listen 라인을 하나 더 추가하면 어떻게 될까요? 이렇게 하면 2개의 포트번호로 모두 접속이 가능합니다.

```
#Listen 12.34.56.78:80
Listen 80
LIsten 8080
```

웹 포트 번호를 재설정해야 이유는 사용자의 웹접속은 차단한 상태에서 웹관리자만 알고 있는 포트로 접속하여 작업하는 상황들이 있기 때문입니다. 웹 서버를 관리하다 보면 이렇게 해야 하는 경우가 종종 발생하곤 합니다.

지금까지 httpd.conf 파일을 이용하여 Apache 웹서버 관리와 설정에 대해 알아보았습니다. 웹서버 관리에 있어 가장 기본적인 내용이며, 보다 세부적인 설정에 대해서는 다른 자료들을 통해서 확인하기 바랍니다.

04.

PHP 동작의 이해

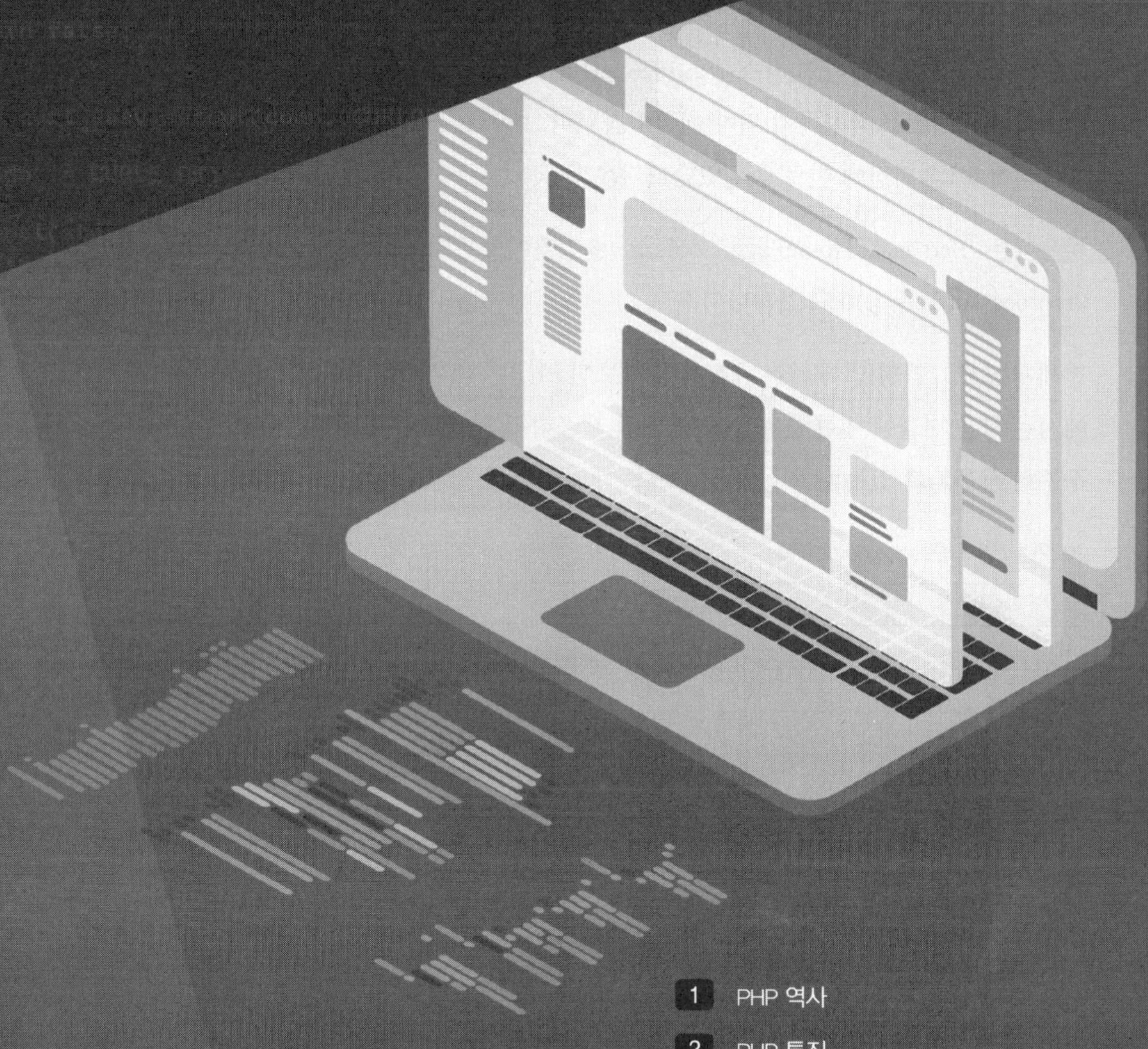

1. PHP 역사
2. PHP 특징
3. PHP 웹 프로그램 처리 과정
4. PHP 프로그램 실행을 위한 테스트 환경

Chapter

04 PHP 동작의 이해

1. PHP 역사

PHP는 덴마크계 캐나다인 라스무스 러도프(Rasmus Lerdorf)가 1995년에 만든 것으로, 간편하게 웹사이트를 작성하기 위해 개발했습니다. 1995년 PHP 1.0 버전을 시작으로 개발이 계속되어 8.1.7 버전에 이르게 되었습니다.

처음에는 Personal HomePage tools의 줄임말이었는데, 현재는 Personal Hypertext Preprocessor로 사용하고 있습니다.

전세계 프로그래밍 언어 사용비율을 살펴보면 PHP는 13위 정도입니다. tiobe.com 사이트에서는 사용 비율에 대한 순위 정보를 매달 제공하고 있는데, PHP 언어는 10위권 내외에서 꾸준히 사용되고 있는 대표적인 웹사이트 개발언어입니다.

2022년 7월 기준/tiobe.com 발췌

순위	프로그래밍 언어	사용비율
1	Python	12.20%
2	C	11.91%
3	Java	10.47%
4	C++	9.63%
5	C#	6.12%
6	Visual Basic	5.42%
7	JavaScript	2.09%
8	SQL	1.94%
9	Assembly language	1.85%
10	Swift	1.55%
11	Classic Visual Basic	1.33%
12	Delphi/Object Pascal	1.32%
13	PHP	1.25%

2. PHP 특징

PHP는 웹사이트를 제작하기 위해 만들어진 언어로써 HTML/CSS와 함께 사용됩니다. PHP 언어처럼 웹사이트를 제작하는 언어들은 ASP, JSP 등이 있습니다.

ASP(Active Server Page)는 마이크로소프트사의 프로그래밍 언어인 BASIC을 기반으로 만들어진 웹 프로그래밍 언어이며 마이크로소프트사의 IIS(Internet Information Service)라는 웹 서버에서만 동작합니다.

JSP는 Java 언어를 기반으로 해서 만들어진 웹 프로그래밍 언어이기 때문에 Java의 모든 기능을 사용할 수 있습니다.

보통 PHP는 중소 규모의 웹사이트 개발에 적합하고, JSP는 대규모 웹사이트 개발에 적합하다고 알려져 있습니다. 또한 PHP의 경우 연동되는 (Linux, Apache, MySQL)들이 무료이기 때문에 개발 및 비용은 ASP, JSP에 비해 저렴하다고 합니다.

다음의 표는 각 언어들의 최적화된 환경을 제시했지만 운영 상황에 따라서 다를 수도 있으니 참고만 하기 바랍니다.

언어	운영체제	웹서버
PHP	MS Windows, Linux, MacOS	Apache
ASP	MS Windows	IIS
JSP	MS Windows, Linux, MacOS	Apache Tomcat

PHP 언어의 특징에 대해 자세히 살펴보겠습니다.

- PHP 언어는 C 언어를 기반으로 해서 개발된 웹 프로그래밍 언어로써 C 언어의 기본 문법 및 제어 구조와 매우 유사합니다.
- PHP 엔진은 오픈소스이기 때문에 누구나 무료로 사용할 수 있습니다.
- PHP로 구축된 웹 사이트의 동작 속도가 빠르고 성능이 좋은 편이어서 접속자가 많아도 사이트 운영에 큰 문제가 없습니다.
- PHP 엔진은 다양한 하드웨어와 운영체제에서 사용되며 플랫폼 독립적입니다. Linux, MS Widows, MacOS 등의 운영체제제도 지원하므로 대부분의 플랫폼에서 사용할 수 있습니다.

3. PHP 웹 프로그램 처리 과정

PHP는 Apache와 같은 웹서버를 통해서만 실행이 가능하며, MySQL과 같은 DBMS와 연동해서 동작합니다. 따라서 PHP 프로그래밍을 위해서는 Apache, MySQL을 학습해야 합니다. 아울러 Front-end 기술인 HTML Form에 대해서도 기본적으로 학습되어 있어야 합니다.

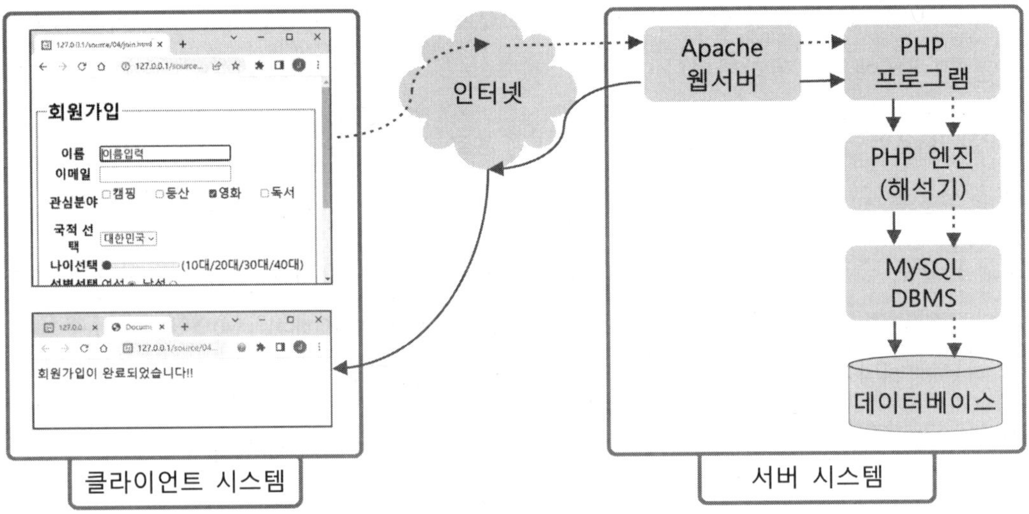

위 그림의 회원가입 사례로 PHP 프로그램이 어떻게 동작하는지 설명하겠습니다.

① 서버 시스템에 회원가입을 신청하면 사용자의 웹브라우저에 회원가입 HTML Form이 표시됩니다.

② 사용자는 회원가입 폼에 내용을 입력하여 가입 관련 내용을 서버 시스템에 전송하여 처리 요청을 합니다.

③ 전송된 회원가입 정보는 Apache 웹서버를 거쳐서 미리 만들어 놓은 회원가입 PHP 프로그램에 전달됩니다.

④ 회원가입 PHP 프로그램은 PHP 엔진(해석기)에서 처리되어 MySQL DBMS를 통해 신규 회원으로 데이터베이스에 저장됩니다.

⑤ 여기서 회원가입 처리는 종료되지만, 사용자에게 잘 처리되었다는 메시지를 전달할 필요가 있습니다. 이러한 안내 메시지는 클라이언트의 웹브라우저가 이해할 수 있어야 하기 때문에 HTML 형태로 전송되어야 합니다.

⑥ 이를 위해 PHP 프로그램은 HTML 태그를 전송할 수 있는 형태로 작성됩니다. 이렇게 작성된 PHP 프로그램(회원가입 PHP 프로그램과 다를 수 있습니다)은 Apache 웹서버를 거쳐서 클라이언트의 웹브라우저에 전송됩니다. 또한 이 PHP 프로그램은 처리된 결과를 HTML 내용만으로 전송하기 때문에 소스코드는 공개되지 않습니다.

⑦ 클라이언트의 웹브라우저는 HTML 내용을 전달받아 사용자에게 보여줍니다.

따라서 PHP 학습을 위해서는 기본적으로 HTML, 웹서버(Apache), 데이터베이스(MySQL)에 대해 알고 있어야 합니다.

4. PHP 프로그램 실행을 위한 테스트 환경

PHP 프로그램은 반드시 Apache 웹서버가 동작되는 시스템 환경에서 실행됩니다. 이를 좀 더 구체적으로 살펴보겠습니다.

우선 본 도서의 독자들은 대부분 한 대의 컴퓨터로 테스트를 진행할 겁니다. 따라서 한 대의 컴퓨터에 Apache 웹서버, PHP 엔진, MySQL 서버 등 서버 환경이 설치되어 있고, 동시에 웹브라우저와 같은 클라이언트 프로그램이 설치되어 있는 환경입니다.

컴퓨터 1대에서 PHP 프로그램 테스트

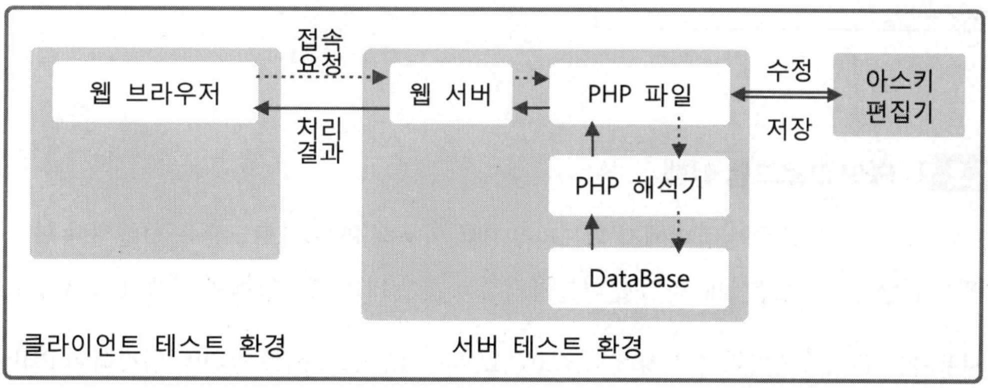

테스트 과정은 독자 여러분이 개발자 역할과 사용자 역할을 동시에 수행합니다. 사용자는 웹브라우저를 이용하여 PHP 프로그램에 접속하는 역할을 하게 됩니다.

4.1 PHP 프로그램 작성

PHP 프로그램은 어떤 ASCII 편집기로도 작성이 가능합니다. VS Code, Atom, Sublime 등 많은 ASCII 편집들이 있는데, 본 도서에서는 편집기에 대한 설명은 하지 않습니다. 대부분 무료이니 사용해 보고 자신에게 맞는 것을 선택하면 됩니다.

아직은 PHP 문법에 대해서 본격적으로 학습하는 단계가 아니기 때문에 단순히 PHP 소스 코드를 어떻게 테스트하는 것인지 이해만 하고 넘어가겠습니다.

참고로 여기서 부터는 XAMPP 통합 패키지는 H: 드라이브에 설치했다고 가정합니다.

① 우선 테스트를 위한 폴더를 생성합니다. 루트 폴더인 『H:\xampp\htdocs』 하위에 phptest 라는 폴더를 생성합니다.

② 편집기를 사용하여 다음과 같이 간단한 PHP 코드를 작성해서 first.php 파일 이름으로 『H:\xampp\htdocs\phptest』 폴더에 저장합니다. 파일의 확장자는 반드시 php로 지정합니다.

first.php	<?php echo "<h2>PHP Test</h2>"; ?>

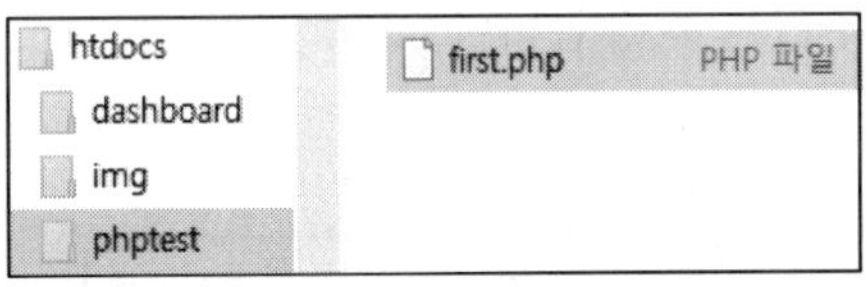

4.2 PHP 프로그램 실행

반드시 웹서버가 동작중인 상태에서 웹브라우저를 이용해 PHP 프로그램을 실행해야 합니다. 윈도우 탐색기에 있는 php 파일을 더블클릭하는 것은 PHP 프로그램의 실행이 아닙니다.

① 사용자는 웹브라우저의 주소창에 『127.0.0.1/phptest/first.php』를 정확히 입력하여 PHP 프로그램에서 처리된 결과를 확인합니다.

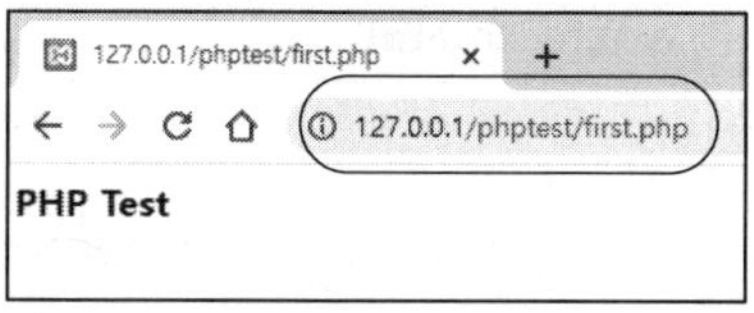

혹시『사이트를 연결할 수 없음』이라는 메시지가 나오면 Apache 웹서버가 동작하는지를 확인하세요. 그리고『Not Found』라는 메시지가 표시되는 것은 폴더 이름이나 파일 이름을 잘못 표기한 경우입니다.

② 프로그램에 수정사항이 발생하면 ASCII 편집기를 이용해서 수정하고 저장후 웹브라우저에서 확인합니다. 이런 과정을 반복하면 프로그램을 완성해 나갑니다.

이렇게 여러분들은 개발자 역할과 정보를 요청하는 사용자 역할을 동시에 수행하면서 PHP 프로그램의 테스트 과정을 진행합니다.

4.3 PHP 언어와 HTML과의 관계

1장에서 살펴본 것처럼 PHP 프로그램은 서버 시스템에 설치되어 있는 PHP 엔진에서 실행되는 Server Side Include입니다. 반면 HTML 파일은 서버 시스템에 저장은 되어 있지만 클라이언트 시스템에 다운로드되어 웹브라우저에서 실행되는 Client Side Include입니다. 이 내용들을 이해하고 있어야 PHP 언어와 HTML과의 관계를 파악할 수 있습니다.

4.3.1 PHP 프로그램 파일의 확장자

이미 알고 있듯이 PHP 파일의 확장자는 .php이고 HTML 파일의 확장자는 .html입니다. 이 파일의 확장자는 매우 중요합니다. 파일의 확장자가 무엇이냐에 따라 이 파일을 실행하는 소프트웨어가 결정됩니다. 예를 들어 확장자가 .hwp인 파일은 혼글 소프트웨어로 실행되고, 확장자가 .xlsx인 파일은 Excel 소프트웨어로 실행됩니다. 너무 당연하죠.

이렇듯이 확장자가 .php인 파일은 PHP 엔진에서 실행되고, 확장자가 .html인 파일은 웹브라우저에서 실행됩니다. 다음의 소스 코드를 보겠습니다. 동일한 소스코드의 내용을 extension.php, extension.html 확장만 달리해서 저장했습니다. 이 파일들의 저장경로는『/xampp/htdocs/source/04』폴더입니다.

extension.php

```
<!doctype html>
<html>
 <head>
  <meta charset="UTF-8">
  <title>파일의 확장자</title>
 </head>
 <body>
  <h2>파일의 확장자는 </h2>
  <?php
    echo "<h2>매우 중요합니다.</h2>";
  ?>
 </body>
</html>
```

extension.html

```
<!doctype html>
<html>
 <head>
  <meta charset="UTF-8">
  <title>파일의 확장자</title>
 </head>
 <body>
  <h2>파일의 확장자는 </h2>
  <?php
    echo "<h2>매우 중요합니다.</h2>";
  ?>
 </body>
</html>
```

이 파일들을 웹브라우저를 이용하여 접속 요청하면 다음과 같은 처리과정을 통해 그 결과가 웹브라우저에 표시됩니다.

먼저 extension.php 파일을 요청하기 위해 웹브라우저 주소창에 『127.0.0.1/source/04/extension.php』을 입력합니다. 확장자가 .php인 파일은 PHP 엔진이 PHP 언어의 문법에 맞게 해석하고 웹브라우저에 처리 결과만 전달합니다. 예를 들어 파일에서 <?php .... ?> 부분을 PHP 엔진이 처리하여 결과인 <h2>...</h2> 코드만을 웹브라우저에 전달합니다.

echo 명령문은 인용부호에 들어있는 내용을 웹브라우저에 그대로 전달하는 기능을 합니다.

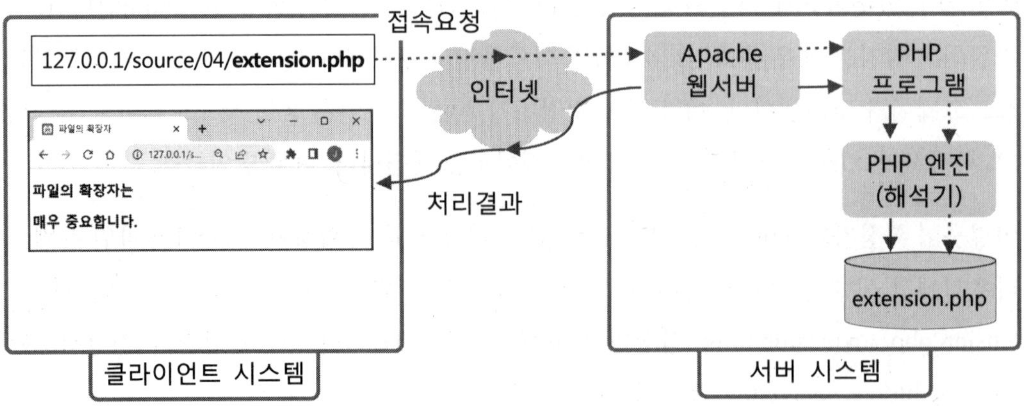

위 웹브라우저의 결과화면에 표시된 내용을『페이지 소스보기』로 확인하면 다음과 같이 표시됩니다. <h2>매우 중요합니다.</h2> 표시된 부분이 <?php ... ?> 부분을 PHP 엔진이 해석하여 웹브라우저에 전달한 코드입니다.

```
<!doctype html>
<html>
 <head>
  <meta charset="UTF-8">
  <title>파일의 확장자</title>
 </head>
 <body>
  <h2>파일의 확장자는 </h2>
  <h2>매우 중요합니다.</h2>
 </body>
</html>
```

이번에는 extension.html 파일을 요청하기 위해 웹브라우저 주소창에『127.0.0.1/source/04/extension.html』을 입력합니다. 확장자가 .html 파일은 클라이언트 시스템의 웹브라우저에서 실행되는 파일이므로 PHP 엔진의 처리 없이 클라이언트 시스템에 다운로드 됩니다. 다운로드 된 파일은 웹브라우저에서 실행되는데 뭔가 이상하게 출력됩니다. <?php 부분을 웹브라우저가 제대로 해석하지 못하기 때문입니다.

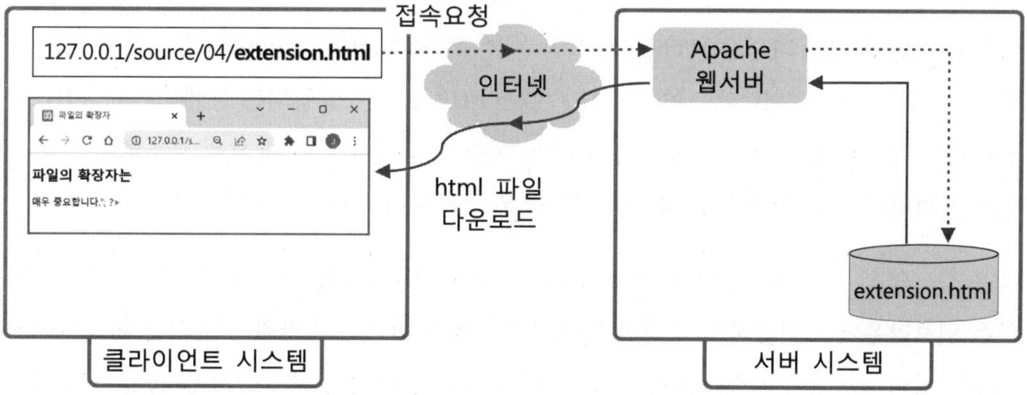

위 웹브라우저의 결과화면에 표시된 내용을『페이지 소스보기』로 확인하면 다음과 같이 표시됩니다. extension.html 파일과 동일한 소스가 표시됩니다. <?php ... ?> 부분의 소스코드가 그대로 노출됩니다. 서버쪽 소스코드를 노출시키는 건 보안상 매우 위험합니다. 따라서 비록 html 내용으로 작성된 파일이더라도 php 코드가 포함된 파일들은 반드시 .php 확장자로 관리해야 합니다.

```
<!doctype html>
<html>
 <head>
  <meta charset="UTF-8">
  <title>파일의 확장자</title>
 </head>
 <body>
  <h2>파일의 확장자는 </h2>
  <?php
    echo "<h2>매우 중요합니다.</h2>";
  ?>
 </body>
</html>
```

이렇게 웹사이트 파일들의 확장자는 매우 중요하므로 반드시 주의가 필요합니다. 결론적으로 서버쪽에서 실행되는 파일의 확장자는 .php로 지정하고, 클라이언트쪽에서 실행되는 파일들은 .html로 지정해야 합니다.

4.3.2 HTML 구조 내에서 PHP 코드

이전에서 PHP 예제 파일은 HTML 파일의 기본 구조(<html>...</html>)를 갖추고 있습니다. 전체적으로는 HTML 코드이지만 그 속에서 PHP 코드가 삽입되는 형태인거죠. PHP 엔진에서 처리되는데는 아무 문제가 없습니다. 어떤 상황에서 이런 방식을 사용해야 한다는 원칙은 없습니다만 아마도 HTML 코드가 많은 상황에서 쓰인다고 볼 수 있습니다.

다음 코드의 파일 이름은 php_in_html.php이며 2개 숫자를 곱하기 하는 내용입니다. 이 파일을 웹브라우저를 이용하여 요청하면 PHP 엔진에서 처리하여 곱하기 결과를 웹브라우저에 표시합니다. 『페이지 소스보기』를 하면 곱하기 하는 수식은 나타나지 않고 곱하기 결과만 출력됩니다.

php_in_html.php

```
<html lang="en">
 <head>
 </head>
 <body>
  <?php
    $op1 = 123;    $op2 = 456;
    $multi = $op1 * $op2;
    echo "$op1, $op2 곱하기 결과 : $multi";
  ?>
 </body>
</html>
```

웹브라우저 출력

→ 123, 456 곱하기 결과 : 56088

페이지 소스보기

```
<html lang="en">
 <head>
 </head>
 <body>
  123, 456 곱하기 결과 : 56088
 </body>
</html>
```

<?php ... ?> 부분은 <body>와 </body> 사이에 작성되어 있습니다. 다른 위치에 있어도 실행에는 문제없지만 소스코드의 구조상 <body>와 </body>에 작성하는 것이 좋습니다.

4.3.3 PHP 구조 내에서 HTML 코드

다음 코드의 파일 이름은 html_in_php.php이며 첫 번째 라인부터 <?php 로 시작에서 ?>로 마무리 됩니다. 그 안에서 2개 숫자를 곱하기 하는 코드들이 작성되었습니다. 이 파일을 웹브라우저를 이용하여 요청하면 PHP 엔진에서 PHP 코드를 처리하여 곱하기 결과를 웹브라우저에 표시합니다.『페이지 소스보기』를 하면 곱하기 하는 수식은 나타나지 않고 곱하기 결과만 출력됩니다.

HTML 태그인 <i>가 echo 문을 통해 웹브라우저에 전달됩니다. PHP 프로그램은 보통 이런 구조로 작성되는게 일반적입니다.

결론적으로 PHP 프로그램은 전체적으로는 PHP 구조로 작성하면서 웹브라우저에 출력이 필요한 위치에서 echo 문을 이용해 HTML 태그나 출력 내용을 작성하면 됩니다.

<table>
<tr><th colspan="2">html_in_php.php</th></tr>
<tr><td rowspan="2"><pre><?php
   $op1 = 123; $op2 = 456;
   $multi = $op1 * $op2;
   echo "<i>";
   echo "$op1, $op2 곱하기 결과 : $multi";
?></pre></td><td>웹브라우저 출력
→ 123, 456 곱하기 결과 : 56088</td></tr>
<tr><td>페이지 소스보기
<i>123, 456 곱하기 결과 : 56088</td></tr>
</table>

05. PHP 기본 문법

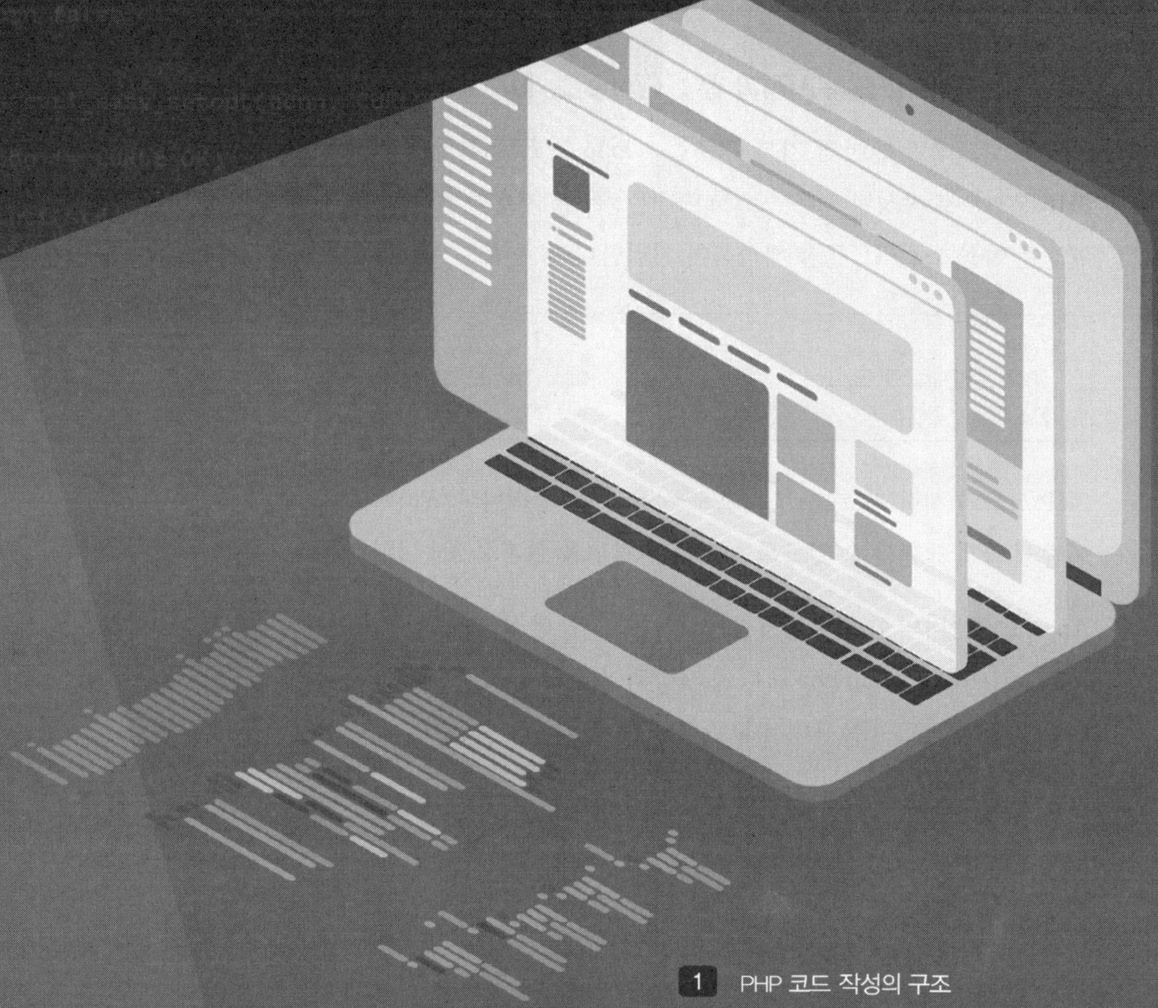

Chapter

05 PHP 기본 문법

1. PHP 코드 작성의 구조

1.1 PHP 코드의 시작과 끝 : <?php ... ?>

PHP 프로그래밍 언어의 기본 구조는 <?php 기호로 시작해서 ?> 기호로 마무리됩니다. PHP 문법으로 작성된 모든 소스코드들은 <?php 기호와 ?> 기호 사이에 놓이게 되며, PHP 엔진은 이들 소스코드들을 해석하여 처리합니다.

```
<?php
  PHP 문법 소스코드
?>
```

```
<?
  PHP 문법 소스코드
?>
```

PHP 코드의 시작 기호를 <? 기호도 사용할 수 있습니다. 권장하는 표현 방법은 아니지만 이렇게 짧게 표현할 수 있도록 설정하는 방법을 살펴보겠습니다.

Apache 웹서버의 환경 설정처럼 PHP 언어도 환경 설정을 할 수 있는데 이와 관련된 파일은 『php.ini』 이며 \xampp\php 폴더에 저장되어 있습니다. 이 파일도 매우 중요한 파일이기 때문에 원본은 반드시 복사해서 보관해야 합니다.

php.ini 파일을 편집기로 불러와서 short_open_tag 단어로 검색하면 다음과 같이 147번 라인과 198번 라인에서 찾아집니다. 147번 라인은 주석이므로 제외하고 198번 라인을 변경하면 재설정됩니다.

198번 라인의 short_open_tag 초기값은 Off 값으로 설정되어 있는 이를 On 값으로 재설정합니다.

/xampp/php/php.ini

```
; short_open_tag
;   Default Value: On
  ... <생략> ...
; https://php.net/short-open-tag
short_open_tag=Off
```

/xampp/php/php.ini

```
; short_open_tag
;   Default Value: On
  ... <생략> ...
; https://php.net/short-open-tag
short_open_tag=On
```

주의할 점은 이렇게 php.ini 파일을 변경하면 저장해야 하며, 동시에 Apache 웹서버를 재시작해야 재설정 내용이 반영됩니다.

이렇게 설정하면 <?php 기호와 <? 기호를 이용하여 PHP 코드의 시작을 알릴 수 있습니다. 다만 <? 시작 기호는 다른 언어들의 기호들과 혼동이 있을 수 있기 때문에 원래 기본값인 Off으로 유지하는 것이 좋습니다.

1.2 문장 구분

PHP 코드에서 한 문장의 끝은 세미콜론(;) 기호로 구분됩니다. 각 문장들의 끝을 ; 기호로 종료하면 한 줄에 이어서 작성해도 정상적으로 처리됩니다.

다음의 2개의 파일들은 동일하게 처리되지만, 코드의 가독성을 위해 각 라인을 분리해서 작성하는 것이 좋습니다.

separate_line.php

```
<?php
  echo "<p>Hello-1</p>";
  echo "<p>Hello-2</p>";
?>
```

one_line.php

```
<?php
  echo "<p>Hello-1</p>"; echo "<p>Hello-2</p>";
?>
```

1.3 공백과 Enter(개행)

들여쓰기 등을 위한 여러 개의 공백은 한 개와 동일합니다. 또한 각 문장들은 ; 기호로 구분되므로 개행도 무시됩니다. 이러한 공백, 개행 등은 코드의 가독성을 위해 사용되는 것으로 코드의 실행에는 영향을 주지 않습니다.

다음의 2개의 파일들은 동일하게 처리됩니다.

<table>
<tr><th>space_enter_1.php</th><th>space_enter_2.php</th></tr>
<tr><td><pre><?php
  $age = 21;
      $nation="Korea";

  echo $age, $nation;
?></pre></td><td><pre><?php $age=21;$nation="Korea";echo $age,$nation;?></pre></td></tr>
</table>

1.4 주석(Comment)

주석은 프로그램을 개발할 때 코드들에 대한 설명을 기록하기 위해 사용되며, 주석 처리된 문장들은 코드로 인식되지 않습니다. 1줄 주석(//, #), 2줄 이상 주석(/* */)을 사용할 수 있습니다.

- // 주석내용 : 1줄 주석
- # 주석내용 : 1줄 주석
- /* 주석내용 */ : 2줄 이상 주석

<table>
<tr><th>comment.php</th><th>결과</th></tr>
<tr><td><pre>// echo 문 테스트-1
echo "<p>Hello PHP-1</p>";
echo 문 테스트-2
echo "<p>Hello PHP-2</p>";
/* echo 문 테스트-3
echo "<p>Hello PHP-3</p>";
*/</pre></td><td>Hello PHP-1

Hello PHP-2</td></tr>
</table>

3번째 echo 문은 2중 이상 주석 기호 내부에 있기 때문에 실행되지 않습니다.

2줄 이상 주석 기호를 이중으로 사용하면 에러가 발생하니 주의해야 합니다.

comment_error.php	결과
/* echo 문 테스트-3 /* echo "<p>Hello PHP-3</p>"; */ */	Parse error: syntax error, unexpected token "*"

1.5 대문자와 소문자

알파벳의 대문자와 소문자는 같은 경우도 있고 다른 경우도 있습니다. PHP 키워드인 <?php, echo, if, print 등은 <?PHP, ECHO, IF, PRINT와 같이 사용해도 됩니다. 그러나 사용자가 정의한 변수명, 상수명은 대소문자를 구별합니다(case sensitive). 예를 들어 $Name과 $name은 다른 변수입니다. 그런데 사용자가 정의한 함수명은 대소문자를 구별하지 않습니다(case insensitive). add() 함수와 ADD() 함수는 동일합니다. 좀 헷갈리죠? 어쨌든 잘 구분해야 합니다.

1.6 PHP 변수명

PHP 변수명은 다른 언어와 달리 $ 기호를 이용하여 변수명을 만듭니다. 변수명에 대한 자세한 내용은 3절의 PHP 변수를 참고하세요.

1.7 처리 결과의 출력

Php 프로그램의 처리 결과는 웹브라우저에 출력됩니다. 출력을 위해 주로 echo, print, printf 등을 이용합니다.

1.7.1 echo 문

문자열이나, 변수, 상수에 저장된 값들을 출력하기 위해 사용되며 HTML 태그를 포함하여 웹브라우저에 전송하는 함수입니다. echo 문은 여러 개의 인수를 출력할 수 있습니다.

(1) 문자열 출력

출력되는 문자열은 인용부호를 이용하여 출력합니다. 단일, 이중 인용부호 모두 사용 가능합니다.

echo_1.php	결과
echo "PHP 학습"; echo ‘HTML과 echo함수’; echo "웹브라우저 출력";	PHP 학습HTML과 echo함수웹브라우저 출력

(2) 변수 출력

변수명으로만 출력이 가능하며, 이중 인용부호, 괄호 등을 이용하여 출력합니다.

echo_2.php	결과
$str1 = "PHP 학습"; $str2 = "HTML과 echo함수"; $str3 = "웹브라우저 출력"; echo $str1; echo "$str2"; echo ($str3);	PHP 학습HTML과 echo함수웹브라우저 출력

또한 변수는 다른 문자열과 함께 출력할 수 있습니다. 변수와 문자열 공백없이 출력하기 위해 {} 기호를 사용합니다.

echo_3.php	결과
$str1 = "PHP 학습"; echo "$str1 HTML과 echo 함수"; echo " "; echo "{$str1}HTML과 echo 함수";	PHP 학습 HTML과 echo 함수 PHP 학습HTML과 echo 함수

(3) HTML 태그 출력

인용부호를 이용하여 문자열이나, HTML 태그를 포함하여 웹브라우저에게 전송하면, 웹브라우저는 태그의 기능을 해석하여 출력합니다.

echo_4.php	결과
echo "PHP 학습 "; echo "<font size=5>HTML과 echo함수</font> "; echo "웹브라우저 출력";	PHP 학습 HTML과 echo함수 웹브라우저 출력

(4) 여러 개의 인수 출력

여러 개의 인수를 콤마(, : 인수 나열) 연산자 또는 점(. : 문자열 결합) 연산자로 연결하여 출력합니다.   기호는 개수만큼 웹브라우저에 공백을 표시합니다.

echo_5.php	결과
$str1 = "PHP 학습 "; echo $str1, "HTML과 echo함수 "; echo $str1. "HTML과 echo함수 "; echo "HTML과 echo함수", "웹브라우저 출력";	PHP 학습 HTML과 echo함수 PHP 학습 HTML과 echo함수 HTML과 echo함수웹브라우저 출력

1.7.2 print 문

echo 문과 동일한 방법으로 사용하지만, 인수는 1개만 가능하며 괄호는 사용하지 않습니다.

print_1.php	결과
$str1 = "PHP 학습"; print "$str1 HTML과 echo 함수"; print " "; print "{$str1}HTML과 echo 함수";	PHP 학습 HTML과 echo 함수 PHP 학습HTML과 echo 함수

print_2.php	결과
$str1 = "PHP 학습 "; print $str1, "HTML과 echo함수 ";	Parse error: syntax error, unexpected token "," in

1.6.3 printf() 함수

printf() 함수는 정수, 실수, 문자열을 다양한 형태로 출력하는 함수입니다. % 기호와 함께 각 형태를 나타내는 지시 문자를 통해 출력을 설정합니다.

다음 표는 데이터 타입에 따라 사용 가능한 지시 문자를 나타냅니다.

데이터 타입	지시 문자
int	d, u, c, o, x, X, b
float	e, E, f, F, g, G, h, H
string	s

데이터 타입	지시 문자
b	정수를 이진수로 표현
c	정수를 아스키 문자로 표현
d	정수를 10진수로 표현
e	정수를 e지수로 표현
u	정수를 부호없는 10진수로 표현
f	정수를 부동소수점으로 표현
o	정수를 8진수로 표현
s	문자열로 표현
x	정수를 16진수(소문자)로 표현
X	정수를 16진수(대문자)로 표현
+, -	정수의 부호(+, -) 표현

다음 코드는 각 지시 문자에 따른 출력

printf.php	결과
`$a =  54321;  $b = -54321;  $c = 72;`	
`printf("%%b = '%b'", $a);`	`%b = '1101010000110001'`
`printf("%%c = '%c'", $c);`	`%c = 'H'`
`printf("%%d = '%d'", $a);`	`%d = '54321'`
`printf("%%e = '%e'", $a);`	`%e = '5.432100e+4'`
`printf("%%u = '%u'", $a);`	`%u = '54321'`
`printf("%%f = '%f'", $a);`	`%f = '54321.000000'`
`printf("%%o = '%o'", $a);`	`%o = '152061'`
`printf("%%s = '%s'", $a);`	`%s = '54321'`
`printf("%%x = '%x'", $a);`	`%x = 'd431'`
`printf("%%X = '%X'", $a);`	`%X = 'D431'`
`printf("%%+d = '%+d'", $a);`	`%+d = '+54321'`
`printf("%%+d = '%+d'", $b);`	`%+d = '-54321'`

2. 변수에 대한 고찰

2.1 변수와 메모리 주소

변수와 상수는 수치나 문자열 같은 값들을 저장하는 기억장소입니다. 변수는 값들이 변경될 수 있는 기억장소이며, 상수는 한번 지정한 값을 변경할 수 없는 기억장소입니다.

이러한 기억장소를 메모리(RAM : 주기억장치)의 물리적 주소라고 하며, 변수의 이름은 곧 메모리 주소입니다. 이러한 메모리 주소로 프로그래밍에 사용하는 것은 표기하기도 어렵고 기억하기도 불가능합니다. 따라서 메모리 주소를 사람이 기억하기 편하도록 만든 것이 변수명입니다.

2.1.1 변수없는 프로그래밍

변수없이 프로그래밍을 한다면 다음과 같이 메모리의 물리적 주소에 값을 할당하고, 연산을 수행해야 합니다. 1개의 메모리 주소에 저장되는 값의 크기는 1바이트이며, 여기서 저장되는 값은 2바이트 정수형이라고 가정합니다.

코드에서의 & 기호는 메모리 주소라는 것을 표기하기 위해 사용되는 일반적인 표기법입니다.

코드

```
&AF4C11 = 23
&AF4C13 = 45
&AF4C15 = &AF4C11 + &AF4C13
```

메모리 주소	값 저장공간(1Byte)
:	
AF4C11	23
AF4C12	
AF4C13	45
AF4C14	
AF4C15	68
AF4C16	
:	

2.1.2 변수있는 프로그래밍

하지만 위와 같이 변수없이 프로그래밍 한다는 것은 사실상 불가능 합니다. 변수를 이용하여 프로그래밍하면 다음과 같이 간단하게 작성할 수 있습니다(메모리의 시작주소가 변수명에 할당됩니다).

코드

```
a = 23
b = 45
c = a + b
```

변수명		메모리 주소	값 저장공간(1Byte)
		:	
a	→	AF4C11	23
		AF4C12	
b	→	AF4C13	45
		AF4C14	
c	→	AF4C15	68
		AF4C16	
		:	

따라서 프로그램 코드에서 변수가 만들어지면 컴퓨터 시스템에서는 각 변수의 메모리 주소와 값 저장 공간이 확보됩니다. 저장 공간의 크기는 변수의 데이터 타입에 따라 정해지기도 하고 변하기도 합니다.

흔히 얘기하는 메모리 용량은 메모리 주소의 개수이며, 따라서 메모리 용량이 1MB 라면 약 백만개의 메모리 주소가 있다고 보면 됩니다.

변수에 값을 할당하는 일반적인 방법은 다음과 같습니다. = 기호를 기준으로 왼쪽에 있는 것을 Left_value, 오른쪽을 있는 것을 Right_value라고 부릅니다.

```
Left_value = Right_value
```

그래서 변수명을 lvalue 또는 메모리 주소라고도 합니다. Refernce(참조) 단어도 같은 의미로 사용되는 용어입니다.

2.2 기억장소와 데이터 타입

하나의 메모리 주소에는 1바이트 크기의 값이 저장됩니다. 메모리에 저장되는 데이터는 그 타입에 따라 다양한 크기를 가지게 되는데 시스템 또는 프로그래밍 언어마다 차이는 있지만 정수형은 4 바이트, 실수형은 8바이트, 문자열은 저장한 글자 수 만큼의 바이트 길이를 가진다고 가정합니다.

따라서 정수형 4바이트를 저장하기 위해서는 메모리 주소 4개가 필요한 셈이죠.

2.2.1 데이터 타입의 크기

예를 들어 **정수형이 4바이트일 경우** int_num 변수에 59 값을 저장하면 다음과 같이 기억장소가 할당됩니다. int_num 변수의 메모리 주소 0206FA7E 이며, 저장되는 값은 비록 작은 정수이지만 4바이트 공간이 할당됩니다.

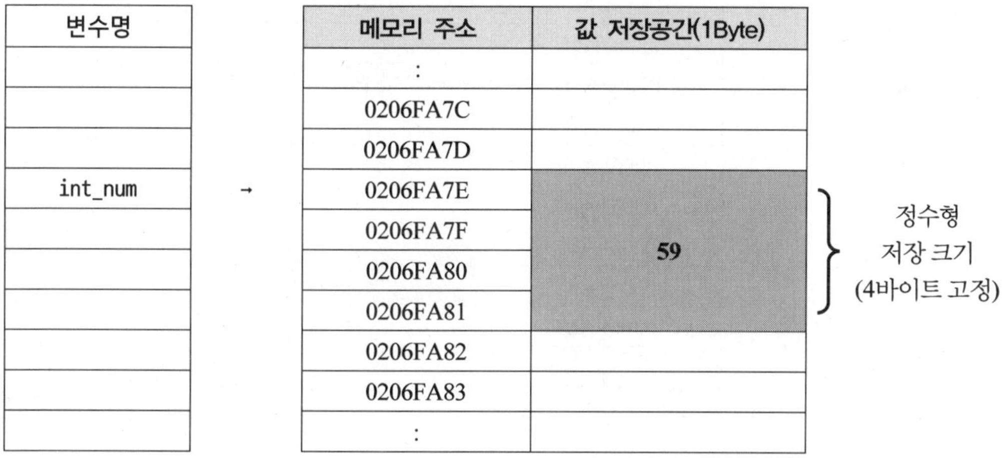

마찬가지로 **실수형이 8바이트일 경우** float_num 변수에 5.9 값을 저장하면 다음과 같이 기억장소가 할당됩니다. float_num 변수의 메모리 주소 0206FA7C 이며, 저장되는 값은 비록 작은 실수이지만 8바이트 공간이 할당됩니다.

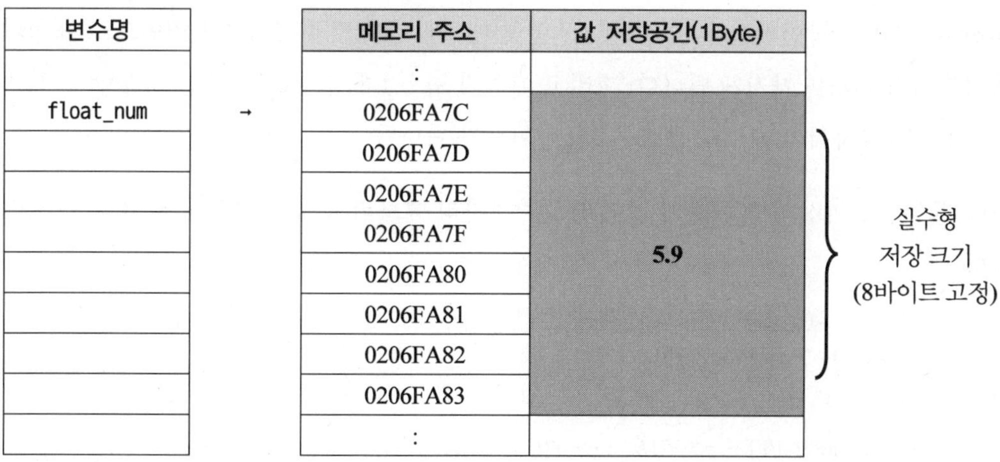

문자형일 경우에는 문자열의 길이가 정해져 있지 않기 때문에 몇 바이트가 할당될지는 알 수 없지만 **1개의 문자는 1바이트**입니다. 따라서 1개의 메모리 주소에 1개의 문자가 저장됩니다.

string 변수에 'school' 값을 저장하면 다음과 같이 기억장소가 할당됩니다. string 변수의 메모리 주소 0206FA7D 이며, 저장되는 값은 6바이트 공간이 할당됩니다. string 변수에 다른 문자열이 할당되면 당연히 그 만큼의 크기를 가집니다.

변수명		메모리 주소	값 저장공간(1Byte)
		:	
		0206FA7C	
string	→	0206FA7D	s
		0206FA7E	c
		0206FA7F	h
		0206FA80	o
		0206FA81	o
		0206FA82	l
		0206FA83	
		:	

문자열 저장 크기 (가변형)

2.2.2 메모리 주소와 용량

위에서 살펴본 메모리 주소는 편의상『0206FA7C』형태의 16진수로 표현되어 있는데, 이것을 통해서 메모리 용량을 알 수 있습니다.

우선 이 주소는 16진수 8자리로 구성되어 있으며, 16진수 1자리는 2의 4승에 해당됩니다. 16진수 2자리는 당연히 2의 8승 이겠죠? 만약 메모리 주소가 16진수 2자리만으로 표현되면 256개의 주소를 가지게 됩니다. 그리고 메모리 주소 1개에는 1바이트를 저장할 수 있으므로 16진수 2자리의 메모리 용량은 256바이트가 됩니다.

이런 방식으로 계산하면 아래와 같이 16진수 8자리 메모리 주소의 용량을 알아낼 수 있습니다.

```
16진수 1자리 : 0 ~ F ⇒ 2^4 ⇒ 16B
16진수 2자리 : 00 ~ FF ⇒ 2^8 ⇒ 256B
16진수 4자리 : 0000~FFFF  ⇒ 2^16 ⇒ 65,536 ⇒ 64KB
16진수 8자리 : 00000000~FFFFFFFF ⇒ 2^32 ⇒ 4,294,967,295 ⇒ 4GB
```

2진수와 10진수와의 상관관계

2진수와 10진수 표현에 있어서 서로 재미있는 상관관계가 있습니다.

모두 알다시피 2^1=2, 2^2=4, 2^3=8, ... 2^10=1,024입니다. 여기서 1,024에서 작은 수를 버리면 1,000(천)이 됩니다. 천을 나타내는 길이 단위를 보통 Kilo라고 하죠. 이를 정리하면 다음과 같습니다.

2^10 ⇒ 1,000 ⇒ 1K(Kilo)

위와 같은 관계를 이용해 다음과 같은 표현이 가능합니다.

2^16 ⇒ (2^6)*(2^10) ⇒ 64*1,000 ⇒ 64K

10승을 기준으로 지수를 분리하면 손쉽게 계산할 수 있습니다. 다음을 계속 보죠.

2^20 ⇒ (2^10)*(2^10) ⇒ 1,000*1,000 ⇒ 1,000,000(백만) ⇒ 1M(Mega)

백만을 나타내는 단어는 Mega입니다.

2^10=1,000=1K, 2^20=1,000,000=1M 이 두 표기에서 뭐가 보이나요?

2의 10승씩 늘어날수록 십진수의 콤마(,)도 하나씩 추가됨과 동시에 표현하는 단위도 바뀝니다.

이를 계속 표현해 보면 다음과 같습니다.

2^10 ⇒ 1,000(천) ⇒ 1K(Kilo)

2^20 ⇒ (2^10)*(2^10) ⇒ 1,000K ⇒ 1,000,000(백만) ⇒ 1M(Mega)

2^30 ⇒ (2^10)*(2^20) ⇒ 1,000M ⇒ 1,000,000,000(십억) ⇒ 1G(Giga)

2^40 ⇒ (2^10)*(2^30) ⇒ 1,000G ⇒ 1,000,000,000,000(조) ⇒ 1T(Tera)

2^50 ⇒ (2^10)*(2^40) ⇒ 1,000T ⇒ 1,000,000,000,000,000(천조) ⇒ 1P(Peta)

2^60 ⇒ (2^10)*(2^50) ⇒ 1,000P ⇒ E(Exa)

2^70 ⇒ (2^10)*(2^60) ⇒ 1,000E ⇒ Z(Zetta)

2^80 ⇒ (2^10)*(2^70) ⇒ 1,000Z ⇒ Y(Yotta)

2^90 ⇒ (2^10)*(2^80) ⇒ 1,000Y ⇒ R(Ronna)

2^100 ⇒ (2^10)*(2^90) ⇒ 1,000R ⇒ Q(Quetta)

이러한 단위에 바이트(B)를 붙이면 128KB, 256MB, 512GB, 4TB 등과 같이 메모리, 하드디스크의 용량을 표현할 수 있습니다.

2.3 기본형 변수와 참조형 변수

2.3.1 기본형 변수

메모리 주소와 관련되어 지금까지 살펴본 변수의 데이터 타입은 정수형, 실수형, 문자형 등이며 이를 기본형 변수라고 합니다. 기본형 변수는 메모리 저장공간에 변수의 값 자체가 직접 보관됩니다. 앞서 살펴봤던 기본형 변수의 메모리 구조를 스택(Stack) 이라고 합니다.

변수명
int_num

→

스택	
메모리 주소	값 저장공간(1Byte)
:	
0206FA7E	59
0206FA7F	
:	

2.3.2 참조형 변수

이러한 기본형 변수와 달리 참조형(주소형) 변수는 저장공간에 보관되는 값의 형태가 다릅니다. 참조형 변수는 배열, 객체, 함수와 같이 저장되는 값의 형태가 복합적인 변수를 말합니다.

다음과 같이 배열명 ary, 객체명 instance, 함수명 add 으로 선언된 코드가 있다고 가정합니다. 보다시피 기본형 변수의 값들보다 복잡하죠.

```
ary = [21, 54, 31]; // 배열
instance = object {      // 객체
  name : '홍길동',
  addr : '원주시'
}
add = function(a, b) {  // 함수
sum = a+ b;
}
```

그렇다면 참조형 변수의 값들은 메모리 주소가 어떻게 배정될까요? 참조형 변수의 값들은 복잡하기 때문에 스택 메모리에서 처리할 수 없고 Heap 메모리라는 공간을 확보하여 관리됩니다.

다음 그림을 보겠습니다.

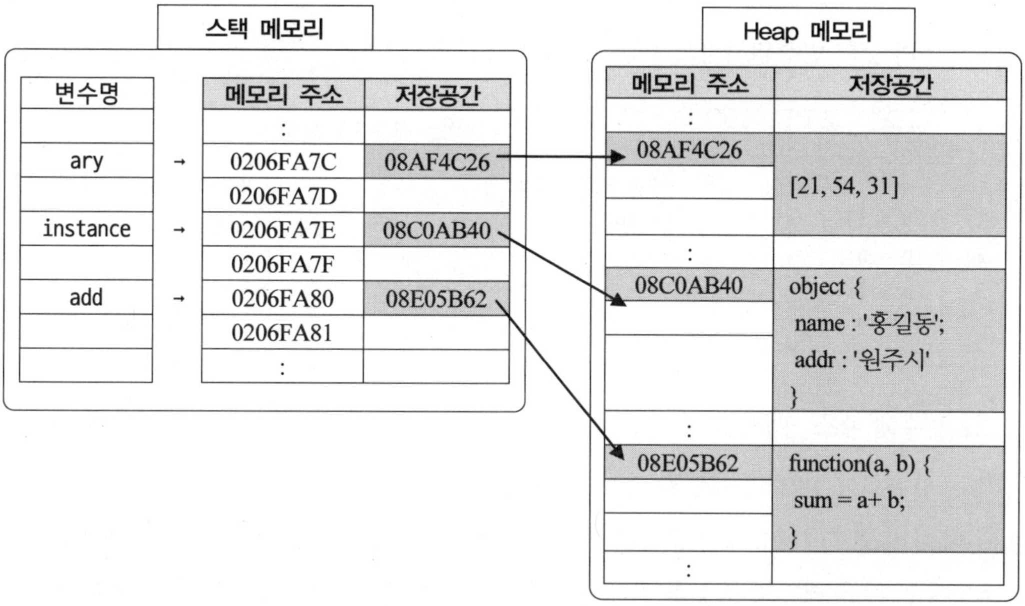

우선 ary, instance, add 참조형 변수에는 기본형 변수와 마찬가지로 스택 메모리 주소가 배정되고, 저장공간에는 값이 아닌 별도로 확보한 Heap 메모리 주소를 보관합니다.

따라서 참조형 변수가 호출되면 스택의 저장공간에 보관된 Heap 메모리의 주소 이동하여 Heap 메모리에서 처리됩니다.

이렇게 참조형 변수의 저장공간에 값이 아닌 Heap 메모리의 주소가 보관되기 때문에 참조형 변수라고 불립니다. 앞에서 참조와 주소는 같은 의미라고 설명했습니다.

2.4 변수, 주소, 값

할당 연산자 = 기호의 왼쪽에 있는 변수을 lvalue라고 표현했고, 이는 메모리 주소와 동일하다고 설명한 바 있습니다.

2.4.1 일반형 변수, 주소, 값

아래 코드에서처럼 a, b 변수에 값을 할당해서 실행하면 시스템에서는 각 변수에 메모리 주소를 자동적으로 배정하고 그 메모리 주소에 값을 저장합니다. 시스템에서는 a 변수에

456ABF 메모리 주소를 배정하고 10을 할당합니다. b = a 문장에 의해 b 변수에 456AC0 메모리 주소를 배정하고 10 값을 b 변수에 할당하게 됩니다. a, b 변수는 다르기 때문에 이후에 b 변수의 값이 변경되더라도 a 변수와는 관계가 없습니다.

코드		기억장소(메모리) 상황

1
2
3
	a = 10;
	b = a;
	b = 20;
		2번 라인 실행 → 3번 라인 실행

2번 라인 실행

변수	메모리주소	값
a	456ABF	10
b	456AC0	10

3번 라인 실행

변수	메모리주소	값
a	456ABF	10
b	456AC0	20

2.4.2 변수에 주소 할당

변수에 할당되는 값을 메모리 주소로도 지정할 수 있습니다. 변수의 주소는 & 기호로 나타내는데 아래 코드에서 b=&a; 문장은 a 변수의 주소값을 b 변수에 할당합니다. 이렇게 되면 a, b 변수는 같은 메모리 주소을 공유하여 사용하기 때문에 어떤 하나의 변수 값을 변경하게 되면 다른 변수도 변경되게 됩니다.

코드		기억장소(메모리) 상황

1
2
3
	a = 10;
	b = &a;
	b = 20;
		2번 라인 실행 → 3번 라인 실행

2번 라인 실행

변수	메모리주소	값
a	456ABF	10
b	456ABF	

3번 라인 실행

변수	메모리주소	값
a	456ABF	20
b		

다음 PHP 코드의 4번 라인에서 $b 변수 출력은 10인데 이것은 $b 변수에 $a 변수 값인 10 값이 할당되서가 아니라, $b 변수와 $a 변수가 메모리 주소를 공유하기 때문입니다.

5번 라인에서 $b 변수에 20을 할당하면 $a 변수의 값도 20을 변경됩니다. 이것 역시 $a 변수와 $b 변수가 메모리 주소를 공유하기 때문이지요.

assign.php	결과
`$a=10;`	
`$b=&$a;`	
`echo "\$a 변수값:", $a, " ";`	`$a 변수값:10`
`echo "\$b 변수값:", $b, " ";`	`$b 변수값:10`
`$b=20;`	
`echo "\$a 변수값:", $a, " ";`	`$a 변수값:20`
`echo "\$b 변수값:", $b, " ";`	`$b 변수값:20`

사실 이런 코드는 실제로 많이 사용되는 것은 아니지만 변수와 메모리 시스템과의 관계 및 참조형 변수를 이해하는데 매우 중요합니다.

2.4.3 참조형 변수, 주소, 값

참조형 변수의 주소와 값 할당에 대해 구체적으로 살펴보겠습니다.

(1) 배열

다음과 같이 배열이 선언되었다고 가정합니다.

```
1   aryA = [21, 54, 31]; // aryA[0]=21, aryA[1]=54, aryA[2]=31
2   aryB = aryA; // aryB[0]=21, aryB[1]=54, aryB[2]=31
3   aryA[0] = 99;
4   print aryA, aryB;
```

1~2번 라인의 문장에 의해 aryA, aryB 배열은 동일한 메모리 주소를 가지게 됩니다.

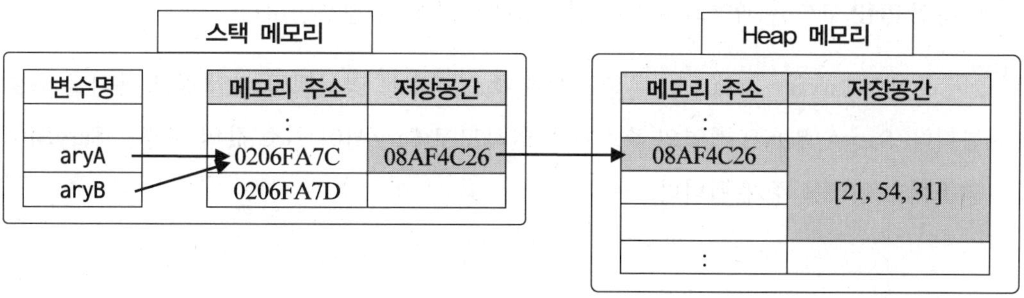

3번 라인에서 aryA[0] 원소의 값을 수정하게 되면 aryB 배열에 영향을 주게 됩니다. 따라서 aryA, aryB 배열은 동일한 값을 출력하게 됩니다.

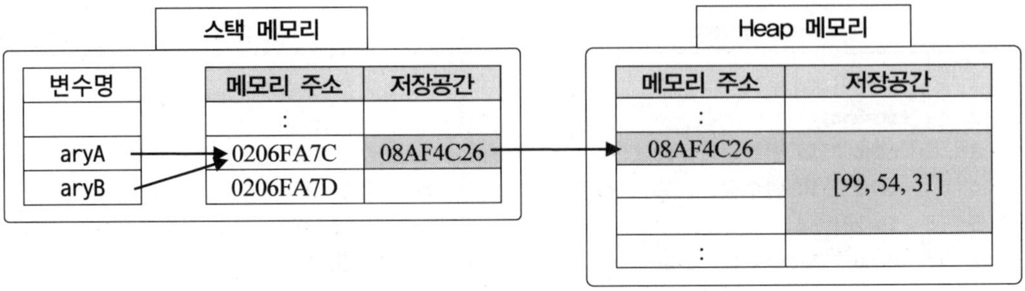

다만, 이러한 처리는 참조형 변수의 일반적인 경우이며, 프로그래밍 언어에 따라 다를 수 있습니다.

특히 PHP 언어에서는 배열의 복사는 기본적으로 값을 복사합니다. 배열의 복사를 참조 방식으로 하려면 명시적으로 & 기호를 표기해야 합니다.

다음의 PHP 코드를 살펴봅니다.

2번 라인의 $aryB = $aryA; 문장으로 배열 복사가 수행되고, $aryA[0] 원소의 값 변경이 있지만 $aryB[0] 값은 변경되지 않습니다.

	array_reference_1.php	결과
1	`$aryA = [21, 54, 31];`	
2	`$aryB = $aryA;`	
3	`$aryA[0] = 99;`	
4	`echo "\$aryA[0] : {$aryA[0]}  ";`	aryA[0] : 99
5	`echo "\$aryB[0] : {$aryB[0]}  ";`	aryB[0] : 21

다음의 PHP 코드는 배열의 복사를 참조방식으로 하는 경우입니다.

2번 라인의 $aryB = &$aryA; 문장처럼 & 주소 기호로 명시적인 배열 참조 복사를 수행합니다. $aryA, $aryB 배열의 주소가 동일하므로 $aryA[0] 원소 값의 변경은 $aryB[0] 원소에도 영향을 주게 됩니다.

array_reference_2.php	결과
`$aryA = [21, 54, 31];`	
`$aryB = &$aryA ;`	
`$aryA[0] = 99;`	
`echo "\$aryA[0] : {$aryA[0]}  ";`	aryA[0] : 99
`echo "\$aryB[0] : {$aryB[0]}  ";`	aryB[0] : 99

(2) 객체

PHP 언어에서 객체의 복사는 참조방식으로 수행되기 때문에 다음과 같은 PHP 코드로 설명하겠습니다.

	object_reference_1.php	결과
1	`class friend {`	
2	`  var $name = "홍길동";`	
3	`  var $addr = "원주시";`	
4	`}`	friend Object
5	`$instanceA = new friend();`	([name] => 이순신 [addr] => 마포구)
6	`$instanceB = $instanceA;`	friend Object
7	`$instanceA->name = "이순신";`	([name] => 이순신 [addr] => 마포구)
8	`$instanceA->addr = "마포구";`	

1~6번 friend 객체의 $instanceA 인스턴스를 생성하고 이것을 $instanceB에 복사합니다. 객체는 참조형 변수이기 때문에 $instancA와 $instanceB는 주소를 공유합니다. 따라서 다음 그림과 같이 수행됩니다.

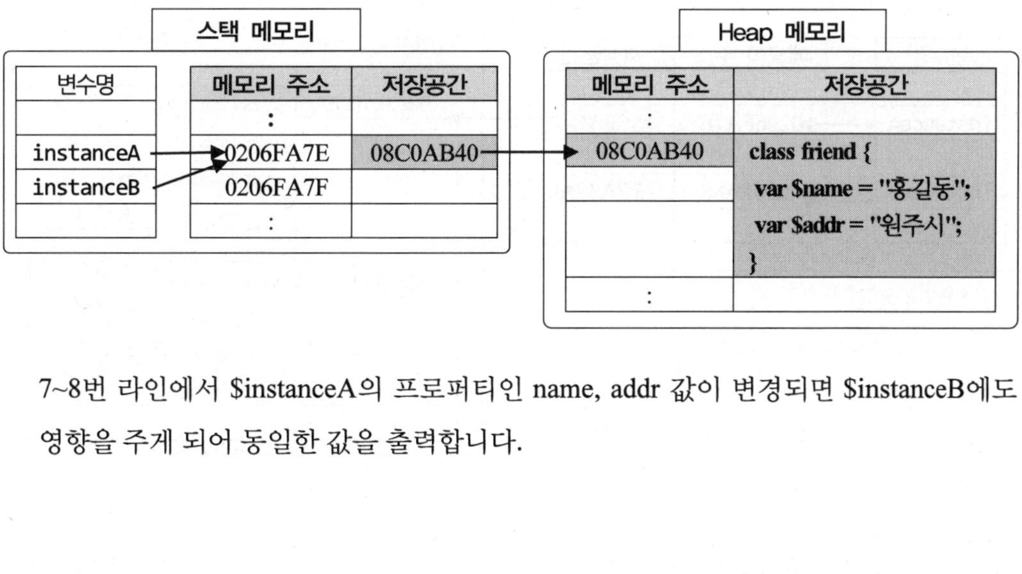

7~8번 라인에서 $instanceA의 프로퍼티인 name, addr 값이 변경되면 $instanceB에도 영향을 주게 되어 동일한 값을 출력합니다.

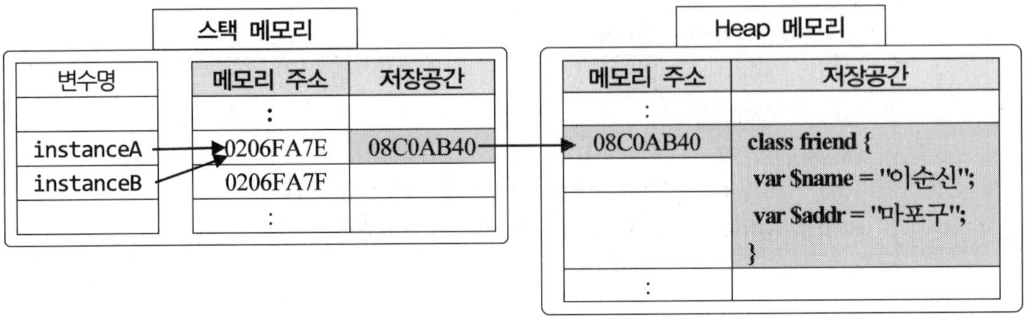

만약 다음 코드의 6번 라인처럼 객체를 복사하지 않고 $instanceB 인스턴스를 생성하면 어떻게 될까요?

object_reference_2.php	결과

<pre>1 class friend {
2   var $name = "홍길동";
3   var $addr = "원주시";
4 }
5 $instanceA = new friend();
6 $instanceB = new friend();
7 $instanceA->name = "이순신";
8 $instanceA->addr = "마포구";</pre>
	friend Object
	([name] => 이순신 [addr] => 마포구)
	friend Object
	([name] => 이순신 [addr] => 마포구)

두 개의 $instanceA와 $instanceB는 당연히 다른 인스턴스이므로 다음 그림처럼 메모리 주소도 다르며, 서로에게 영향을 주지 않습니다.

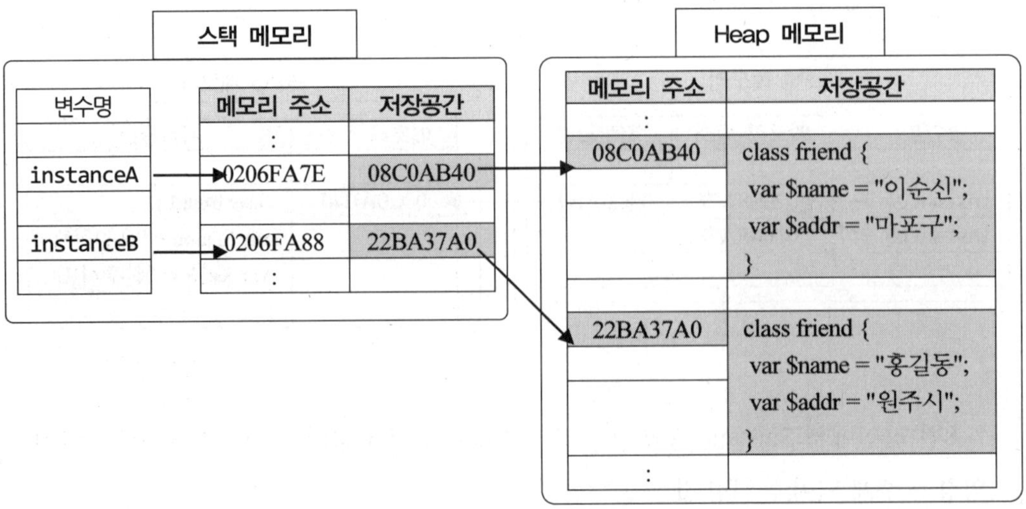

3. PHP 변수

3.1 변수명 생성 규칙

PHP 언어에서 변수명을 만들기 위해서는 지켜야 할 규칙이 있습니다.

- 변수명 앞에는 반드시 $ 기호를 붙여야 합니다.
- 변수명은 영문자 또는 _ (밑줄) 기호로만 시작해야 합니다.
- 변수명의 나머지 부분은 영문자, 숫자, _ 기호로 구성해야 합니다.
- 변수명은 대소문자를 구분합니다(Case Sensitive). 즉 $name과 $Name은 다른 변수명입니다.

가능한 변수명		불가능한 변수명	
$Name $salaryYear $salary_2022	$_ID $manOfYear $age_of_people	name $88_age $age-of-people	$#name $ name $age of people

3.2 PHP 변수의 유연성

C와 같은 언어에서와 달리 PHP 변수는 미리 선언할 필요가 없으며, 데이터 타입도 정의할 필요가 없습니다. 이것을 느슨한(loosly) 데이터 타입이라고 합니다. 또한 변수에 정수 값를 저장한 후에 실수 값를 저장할 수 있고 문자열 값을 저장할 수도 있습니다. 이를 데이터에 기반한 데이터 타입의 자동 설정이라고 하는데 즉, 수시로 저장되는 데이터 타입에 따라 변수의 데이터 타입도 결정됩니다.

datatype_1.php	설명
`$a = "Hello PHP";   var_dump($a);`	`string(9) "Hello PHP"`
`$b = 10;            var_dump($b);`	`int(10)`
`$a = 10.1;          var_dump($a);`	`float(10.1)`
`$b = "Web Server";  var_dump($b);`	`string(10) "Web Server"`

3.3 변수에 저장되는 데이터 값

변수에 저장되는 데이터 값의 형태는 2절에서 살펴본 바와 같이 논리값, 정수, 실수, 문자열, 배열, 객체, 함수 등으로 PHP 언어에서 사용되는 데이터 타입들이 모두 가능합니다.

변수에 저장된 값들이 어떤 데이터 타입인지를 확인하기 위해서는 is_ 키워드로 시작하는 함수를 사용합니다. 즉 is_int, is_float, is_string 등의 함수를 정수형 변수인지, 실수형 변수인지를 확인할 수 있습니다. is_ 관련 함수는 인수에 해당되는 변수나 값이 참 또는 거짓인지를 판정하여 true 또는 false 값으로 반환하는 함수입니다.

다음 예제는 is_int 함수 등에 변수명을 인수로 하여 그 변수의 데이터 타입이 무엇인지를 확인합니다.

datatype_2.php	결과
`$var_1 = "Hello PHP";`	
`var_dump(is_int($var_1));`	bool(false)
`var_dump(is_string($var_1));`	bool(true)
`$var_2 = 10;`	
`var_dump(is_int($var_2));`	bool(true)
`var_dump(is_float($var_2));`	bool(false)
`$var_3 = 10.1;`	
`var_dump(is_int($var_3));`	bool(false)
`var_dump(is_float($var_3));`	bool(true)

3.4 미리 정의된 변수(Predifined Variables)

미리 정의된 변수는 PHP 프로그램의 처리과정에서 발생하는 데이터 값이 보관되는 변수들을 참조하는 변수입니다. PHP 시스템에서 미리 만들어 놓고 모든 PHP 프로그램에서 사용할 수 있는 일종의 내장 변수명입니다. 자세한 설명을 사용하는 장/절에서 설명합니다.

미리 정의된 변수에 슈퍼 전역 변수(Super Global Varaibles)와 일반 미리 정의된 변수로 구분되는데, 슈퍼 전역 변수는 대문자로 표현되는 특징이 있습니다.

미리 정의된 변수에 대한 목록은 다음 표에 제시합니다.

미리 정의된 변수		역할 및 기능
슈퍼 전역 변수	$GLOBALS	전역 범위에서 사용되는 모든 변수들을 참조
	$_SERVER	서버 정보 및 실행시 발생되는 환경 정보들을 참조
	$_GET	HTTP GET 방식에 사용되는 변수들을 참조
	$_POST	HTTP POST 방식에 사용되는 변수들을 참조
	$_FILES	HTTP 업로드시 파일 변수들을 참조
	$_REQUEST	HTTP 요청시 발생되는 정보들을 참조
	$_SESSION	세션 처리시 사용되는 변수들을 참조
	$_ENV	PHP 파서 동작시 발생하는 환경변수들을 참조
	$_COOKIE	쿠키 처리시 사용되는 변수들을 참조
일반 기정의 변수	$http_response_header	HTTP 응답 헤더 정보들을 참조
	$argc	커맨드 라인 환경에서 argument 개수 반환
	$argv	커맨트 라인 환경에서 argument 명칭을 배열로 반환

4. 상수

상수는 값을 한번 할당하면 나중에 변경할 수 없습니다. 상수명은 영문자나 _(밑줄) 기호로 시작해야 하며, 이어서 영문자, 숫자, _ 기호가 나올 수 있습니다. 상수명은 대소문자가 구별(case sensitive)되며 대문자로 만드는 것이 관례입니다. 상수에는 정수, 실수, 문자열, 배열이 저장될 수 있습니다.

4.1 const 키워드로 상수 만들기

다음 코드는 실수형 상수와 배열형 상수를 정의하는 예제입니다. var_dump() 함수를 이용하여 상수의 데이터 타입을 확인할 수 있습니다.

constant_1.php

```
const TAX = 0.15;
const FRUITS = array('apple', 'grape');
echo var_dump(TAX);
echo var_dump(FRUITS);
echo FRUITS[1];
```

결과

```
float(0.15)
array(2) { [0]=> string(5) "apple"
[1]=> string(5) "grape" }
grape
```

4.2 define() 함수로 상수 만들기

define() 함수의 첫 번째 argument로 상수명을 표기하는데 반드시 인용부호를 이용해야 합니다.

constant_2.php

```php
define("TAX", 0.15);
define("HELLO", "Good Moring");
echo var_dump(TAX), "<br>";
echo var_dump(HELLO);
```

결과

```
float(0.15)
string(12) "Good Morning"
```

4.3 미리 정의된 상수

PHP 언어에서는 코드가 실행되면서 많은 값들이 발생하게 되는데 이값들은 미리 정의된 상수에 저장됩니다.

4.3.1 핵심 상수

PHP 엔진이 설치되면서 시스템과 연관된 정보들을 값으로 보관하는 PHP 모듈 상수입니다. 다음은 미리 정의된 핵심 상수들중 일부입니다.

핵심 상수	기능
PHP_VERSION	설치된 PHP 버전을 나타내는 상수
PHP_OS	운영체제를 나타내는 상수
PHP_OS_FAMILY	세부 운영제체를 나타내는 상수
PHP_MAXPATHLEN	경로가 포함된 파일이름의 최대 길이를 나타내는 상수
PHP_INT_SIZE	정수의 크기를 바이트 단위로 나타내는 상수

다음 코드는 핵심 상수들의 값을 나타내는 예제입니다.

constant_3.php

```php
echo PHP_VERSION, "<br>";
echo PHP_OS, "<br>";
echo PHP_OS_FAMILY, "<br>";
echo PHP_MAXPATHLEN, "<br>";
echo PHP_INT_SIZE, "<br>";
```

결과

```
8.1.6
WINNT
Windows
2048
8
```

4.3.2 매직 상수

매직 상수는 컴파일 또는 실행할 때 발생되는 값이며, 어떤 코드를 언제 실행했는냐에 따라 다른 값을 나타냅니다. 상수명 앞뒤에 _(밑줄) 기호 2개씩 포함됩니다.

다음은 미리 정의된 매직 상수들중 일부입니다.

매직 상수	기능
__LINE__	파일 내에서 현재 라인번호를 나타내는 상수
__DIR__	파일명을 포함하고 있는 폴더명을 나타내는 상수
__FILE__	폴더를 포함한 파일명을 나타내는 상수

다음 코드는 매직 상수들의 값을 나타내는 예제입니다.

constant_4.php	결과
`<?php`	
`echo __LINE__, " ";`	2
`echo __DIR__, " ";`	H:\xampp\htdocs\source\05
`echo __FILE__, " ";`	H:\xampp\htdocs\source\05\constant-4.php
`echo __LINE__, " ";`	5
`?>`	

5. 데이터 타입

변수(Variable)와 상수(Constant)는 수치나 문자열같은 값들을 저장하는 기억장소입니다. 변수는 값들이 변경될 수 있는 기억장소이며, 상수는 한번 지정한 값을 변경할 수 없는 기억장소입니다. 데이터 타입은 이들 변수와 상수에 저장되는 값들의 형태(정수, 실수, 문자열, Bool 등)를 의미합니다.

PHP 언어는 느슨한(loosly) 데이터 타입이므로 int, string 등과 같은 선언을 하지 않으며, 타입 변환도 자유롭습니다.

5.1 데이터 타입

데이터 타입은 기본형과 혼합형으로 나뉘는데, 기본형에는 논리형(boolean), 정수(integer), 실수(float), 문자열(string)들이 있으며, 혼합형에는 배열(arary), 객체(object), 함수(function) 등이 있습니다.

5.1.1 데이터 타입 관련 함수

(1) var_dump 함수

변수의 데이터 타입과 값에 관련된 정보를 출력하는 함수입니다. 다음 코드는 변수에 할당된 값의 데이터 타입과 값을 출력합니다.

<table>
<tr><th>dump.php</th><th>결과</th></tr>
<tr><td>

```
$a = 123;
$b = 1.23;
$c = "name";
$d = array("a", "b", "c");
var_dump($a); echo "<br>";
var_dump($b); echo "<br>";
var_dump($c); echo "<br>";
var_dump($d);
```

</td><td>

```
int(123)
float(1.23)
string(4) "name"
array(3) { [0]=> string(1) "a" [1]=> string(1)
"b" [2]=> string(1) "c" }
```

</td></tr>
</table>

(2) gettype() 함수

변수의 데이터 타입을 반환하는 함수입니다. 반환하는 형태는 boolean, integer, double, string, array, object, NULL, unknown type 등의 문자열입니다.

<table>
<tr><th>gettype.php</th><th>결과</th></tr>
<tr><td>

```
$a = 123;
$b = 1.23;
$c = "name";
$d = array("a", "b", "c");
echo gettype($a), "<br>";
echo gettype($b), "<br>";
echo gettype($c), "<br>";
echo gettype($d), "<br>";
```

</td><td>

```
integer
double
string
array
```

</td></tr>
</table>

(3) settype() 함수

변수의 타입을 변환하는 함수입니다. 변수의 값과 변환되는 타입에 따라 변환이 적용되지 않는 경우도 있으며, 정상적으로 변환되면 값도 변경됩니다.

setype.php	결과

$a = 123;
$b = 1.23;
$c = "name";
$d = array("a", "b", "c");
settype($a, "string"); var_dump($a);
settype($b, "integer");var_dump($b);
settype($c, "array");var_dump($c);
settype($d, "string");var_dump($d);
	string(3) "123"
	int(1)
	array(1) { [0]=> string(4) "name" }
	
	Warning: Array to string conversion in on line 9
	string(5) "Array

(4) 타입 자동 변환

PHP 언어의 변수는 원래와 다른 데이터 타입의 값을 저장하면 자동으로 변환됩니다.

gettype.php	결과
$a = 123; echo gettype($a), " "; $a = 1.23; echo gettype($a), " "; $a = "name"; echo gettype($a), " "; $a = array("a", "b", "c"); echo gettype($a), " ";	integer double string array

5.2 기본형 데이터 타입

5.2.1 논리형 : Booleans

논리형은 참과 거짓을 판정하기 위해 사용되는 true(참), false(거짓) 2가지 값만을 저장할 수 있습니다. 대소문자를 구별하지 않기 때문에 TRUE, False 값도 같은 의미를 가집니다. 주의할 점은 true, false는 키워드이기 때문에 “true”, “false”와 같이 인용부호 속에 표기하면 참, 거짓의 의미가 사라지고 단순히 문자열로 인식된다는 점입니다.

bool_1.php	결과

`$var_1 = false;`
`$var_2 = "false";`
`var_dump((bool) $var_1);`
`var_dump((bool) $var_2);`
`echo gettype($var_1);`
`echo gettype($var_2);`
	
	`bool(false)`
	`string(5) "false"`
	`boolean`
	`string`

데이터 타입에 따라 참, 거짓의 의미는 다르게 표현됩니다. 아래 표시된 값들만 false를 의미하는데 이외의 모든 값들은 true입니다.

데이터 타입	flase 값	데이터 타입	false 값
논리형	false	문자형	" ", "0"
정수형	0	배열	원소없는 배열
실수형	0.0	NULL	NULL

아래 코드에서 false 값으로 처리되는 라인은 1, 3, 5, 7, 8, 9번입니다.

	bool_2.php	결과
1	`var_dump((bool) false);`	`bool(false)`
2	`var_dump((bool) "false");`	`bool(true)`
3	`var_dump((bool) 0);`	`bool(false)`
4	`var_dump((bool) -1);`	`bool(true)`
5	`var_dump((bool) 0.0);`	`bool(false)`
6	`var_dump((bool) 0.1);`	`bool(true)`
7	`var_dump((bool) "");`	`bool(false)`
8	`var_dump((bool) "0");`	`bool(false)`
9	`var_dump((bool) array());`	`bool(false)`
10	`var_dump((bool) array(5));`	`bool(true)`

이런 논리형 값은 다음 코드의 제어문(if, while) 등에서 true, false 값을 확인하는데 사용되기도 합니다. 1번 라인 if 조건식의 false 값은 거짓이므로 2번 라인의 echo 문을 처리하고, 3번 라인 if 조건식의 "a"값은 참이므로 3번 라인의 echo 문을 처리합니다.

bool_3.php	결과
if (false) { echo "true "; }	
else { echo "false "; }	false
if ("a“) { echo "true "; }	true
else { echo "false "; }	

5.2.2 정수형 : Interger

음수가 포함된 정수값을 표현하는 데이터 타입으로 중요한건 정수값의 범위입니다. MS-Windows와 같은 운영체제가 32bit, 64bit 인지에 따라 정수값의 범위에 차이가 납니다. 10진수로 900경에 해당되는 숫자네요.

운영체제	범위(10진수)
32비트	-2,147,483,648 ~ 2,147,483,647
64비트	-9,223,372,036,854,775,808 ~ 9,223,372,036,854,775,807

아래 코드에서 PHP의 기정의 상수(시스템 상수)인 PHP_INT_MIN, PHP_INT_MAX 등을 이용하여 현재 운영체제에서의 정수의 최솟값, 최대값을 알아낼 수 있습니다.

다음의 코드에서 PHP_INT_SIZE 시스템 상수의 값은 현재 테스트되는 시스템의 운영체제가 8Byte 즉 64bit 시스템임을 알려줍니다.

integer_1.php	결과
echo PHP_INT_SIZE;	8
echo PHP_INT_MIN;	-9223372036854775808
echo number_format(PHP_INT_MAX);	9223372036854775807

정수는 10진수 외에도 2진수, 8진수, 16진수로도 표현할 수 있습니다. 2진수, 8진수, 16진수의 표기는 맨앞에 숫자 0이 위치하고 2번째에 각각 b(Binary), o(Octal), x(heXadec) 알파벳으로 몇 진수 인지를 구분합니다. 8진수의 경우에는 o 알파벳을 사용하지 않아도 됩니다. 다음 코드는 10진수 4567 값에 해당되는 각 진수의 표기법입니다.

integer_2.php	결과
`$int_dec = 4567;`	4567
`$int_octal = 0o10727;`	4567
`$int_hexa = 0x11D7;`	4567
`$int_bin = 0b0001000111010111;`	4567

5.2.3 실수형 : float

실수값 표현을 위한 데이터 타입으로 부동소수점 방식으로 표기됩니다. 실수를 표현하기 위해서 8Byte의 공간을 사용하며, 소수점 이하 14자리까지의 정밀도를 가지면서 최대 1.8e308 값을 표현할 수 있습니다. 실수는 매우 큰수를 표현하기 때문에 지수표기법을 사용하면 간단하게 표현할 수 있습니다.

운영체제	범위(10진수)
32비트	2.2250738585072E-308 ~ 1.7976931348623E+308
64비트	2.2250738585072E-308 ~ 1.7976931348623E+308

float.php	결과
`$float_1 = 1.234;`	1.234
`$float_2 = 1.2e3;`	1200
`$float_3 = 7E-10;`	7.0E-10

5.2.4 문자열 : string

문자열을 저장하기 위한 데이터 타입입니다. 문자 1개는 1바이트에 해당되며, 문자열의 최대 길이는 32bit 시스템에서 2,147,483,647 개이며 64bit 시스템에서는 제한이 없습니다.

문자열 데이터는 작은 따옴표, 큰 따옴표 쌍 내부에 작성됩니다.

작은 따옴표 속의 문자열에서 작은 따옴표를 표현하거나, 큰 따옴표 속의 문자열에서 큰 따옴표를 표현하려면 \ (백슬래시) 기호를 이용하면 됩니다.

string.php	결과
echo '작은 따옴표 문자열 ';	작은 따옴표 문자열
echo "큰 따옴표 문자열 ";	큰 따옴표 문자열
echo '작은 따옴표 \\' 표기 ';	작은 따옴표 ' 표기
echo "큰 따옴표 \\" 표기 ";	큰 따옴표 " 표기

\ 기호는 이스케이프 시퀀스(Escape Sequence) 기능을 알리는 것으로 표현이 안되는 문자나 기능을 표현하기 위해 큰 따옴표 속에서 사용합니다. 단 이 기능들은 콘솔 등 텍스트 형태로 문자열을 출력할 때 사용되며, 웹브라우저에는 적용되지 않습니다.

시퀀스	기능
\n	줄바꿈(Newline, 아스키코드 10번)
\r	줄바꿈(carriage Return, 아스키코드 13번)
\t	수직탭(horizontal Tab, 아스키코드 9번)
\v	수평탭(Vertical tab, 아스키코드 11번)
\e	ESC 키(아스키코드 27번)
\f	페이지바꿈(Form feed 아스키코드 12번)
\\	백슬래시
\$	달러 기호
\"	double-quote

5.3 혼합형 데이터 타입

언어에 따라 다르지만 배열, 객체, 함수는 혼합형 데이터 타입입니다. 배열과 객체는 5장의 7절과 8절에서 설명하고, 함수는 7장에서 설명합니다.

6. 연산자(Operators)

연산자는 값들을 연산하는데 사용하는 기호입니다. 연산 대상 즉 피연산자(operand)의 형태나, 연산된 결과값의 형태에 따라 산술연산자, 비교연산자, 논리연산자 등으로 구분하기도 합니다.

6.1 연산자 우선순위

여러개의 연산자들이 나열되어 계산을 할 경우, 어떤 연산자가 먼저 처리되는지를 고려해야 합니다. 즉 연산자가 나열된 순서가 아닌 우선순위가 높은 연산자가 먼저 계산됩니다. 예를 들어 2 + 3 * 4 계산식에서 * 연산자는 + 연산자보다 우선순위가 높기 때문에 먼저 계산된 후에 그 결과값을 이용하여 + 연산자가 수행됩니다. 따라서 결과값은 14입니다. 물론 + 연산자를 먼저 수행하려면 (2 + 3) * 4 같이 괄호를 이용하면 됩니다.

아래 표는 우선순위가 가장 높은 괄호를 제외한 연산자들의 우선순위를 나열한 것입니다. 위쪽에 있는 연산자들이 우선순위가 높으며, 동일한 라인에 있는 연산자들 중에는 왼쪽에 있는 연산자가 높습니다.

<table>
<tr><th></th><th>⇦ 높음 우선순위 낮음 ⇨</th></tr>
<tr><td rowspan="20">⇧
높음

우선순위

낮음
⇩</td><td>clone new</td></tr>
<tr><td>**</td></tr>
<tr><td>++ -- (int) (float) (string) (array) (object) (bool) @</td></tr>
<tr><td>instanceof</td></tr>
<tr><td>!</td></tr>
<tr><td>* / %</td></tr>
<tr><td>+ - .</td></tr>
<tr><td><< >></td></tr>
<tr><td>< <= > >=</td></tr>
<tr><td>== != === !== <> <=></td></tr>
<tr><td>&</td></tr>
<tr><td>^</td></tr>
<tr><td>|</td></tr>
<tr><td>&&</td></tr>
<tr><td>||</td></tr>
<tr><td>??</td></tr>
<tr><td>?:</td></tr>
<tr><td>= += -= *= **= /= .= %= &= |= ^= <<= >>= ??=</td></tr>
<tr><td>and</td></tr>
<tr><td>xor</td></tr>
<tr><td>or</td></tr>
</table>

6.2 할당 연산자(Assignment Operators)

변수나 상수 등에 값을 할당하는 연산자로 = 기호를 사용합니다.

연산자	사용예	설명
=	$age = 10 $count = $i	$age 변수에 10을 대입 $count 변수에 $i 변수의 값을

3절의 변수 설명에서 할당 연산자 = 기호의 왼쪽에 있는 변수을 lvalue라고 표현했고, 이는 메모리 주소와 동일하다고 설명한 바 있습니다.

6.3 산술 연산자(Arithmetic Operators)

산술 연산자는 수치 계산에 사용되는 연산자입니다. 일상에서 사용되는 계산과 동일합니다.

연산자	사용예	의미	연산자	사용예	의미
+	+$a	양수 연산자	*	$a * $b	곱하기 연산자
-	-$a	음수 연산자	/	$a / $b	나누기 연산자
+	$a + $b	더하기 연산자	%	$a % $b	나머지 연산자
-	$a - $b	빼기 연산자	**	$a ** $b	거듭제곱 연산자

%(Modulo) 연산자는 정수만을 처리하기 때문에 소수점 부분은 버리고 정수만으로 계산합니다. 또한 첫 번째 피연산자가 음수일 경우에만 결과값을 음수로 처리합니다.

arithmetic.php	결과
$a=7;	
echo (-$a), " ";	-7
echo ($a**5), " ";	16807
echo ($a % 4.9), " ";	3
echo ($a % 4), " ";	3
echo (-$a % 4), " ";	-3
echo ($a % -4), " ";	3
echo (-$a % -4), " ";	-3

6.4 증감 연산자(Incrementing/Decrementing Operators)

어떤 변수를 1로 증가하거나, 1로 감소하는 연산을 수행하는 연산자입니다. 예를 들어 ++$a 연산은 $a 변수의 값을 1로 증가시키는 것이며 $a=$a+1 문장과 동일합니다. 증감 연산자는 변수의 뒤에 있을 수도 있습니다. $a++ 연산은 $a 변수값으로 먼저 처리후 1 증가시킵니다.

증감 연산자는 문자열에도 사용할 수 있습니다. “” 인용부호에 안에 있는 문자열을 1 증감 할 수 있는데 영문자의 경우 알파벳 순서에서 1을 증감합니다.

연산자	사용예	의미
++	$b = ++$a	$a 변수 값을 1 증가하여 $b 변수에 저장 ($b=$a+1)
	$d = $c++	$c 변수 값을 $d 변수에 저장한 후 $c 변수값 1 증가 ($d=$c; $c=$c+1)
--	$b = --$a	$a 변수 값을 1 감소하여 $b 변수에 저장 ($b=$a+1)
	$d = --$c	$c 변수 값을 $d 변수에 저장한 후 $c 변수값 1 감소 ($d=$c; $c=$c-1)

incre_decre.php

```php
$a = 10;
$b = ++$a;
echo "a 변수 값 : $a", "<br>";
echo "b 변수 값 : $b", "<br>";
$c = 20;
$d = $c++;
echo "c 변수 값 : $c", "<br>";
echo "d 변수 값 : $d", "<br>";
$e = "30";
$e--;
echo "e 변수 값 : $e", "<br>";
$f = "abc";
 ++$f;
echo "f 변수 값 : $f", "<br>";
```

결과

```
a 변수 값 : 11
b 변수 값 : 11
c 변수 값 : 21
d 변수 값 : 20
e 변수 값 : 29
f 변수 값 : abd
```

6.5 문자열 연결 연산자(String Operators)

여러 문자열들을 합치는 연산자로 .(dot) 기호를 사용합니다. 다음 코드는 $nation 변수와 $city 변수의 문자열을 하나의 문자열로 연결합니다.

```
dot.php
$nation = "대한민국";
$city = "원주시";
echo $nation . $city;
```

결과

```
대한민국원주시
```

6.6 비트 연산자(Bitwise Operators)

피연산자들의 값을 2진수로 바꿔서 각 비트끼리 계산하여 10진수 값으로 나타내는 연산자입니다.

<table>
<tr><th>연산자</th><th>사용예</th><th>의미</th></tr>
<tr><td>|</td><td>$a | $b</td><td>$a, $b 변수의 2진수 값을 각 비트끼리 or 연산</td></tr>
<tr><td>&</td><td>$a & $b</td><td>$a, $b 변수의 2진수 값을 각 비트끼리 and 연산</td></tr>
<tr><td>^</td><td>$a ^ $b</td><td>$a, $b 변수의 2진수 값을 각 비트끼리 xor 연산
(각 비트 값이 서로 다를 경우(배타적)에만 1로 연산)</td></tr>
<tr><td>~</td><td>~$a</td><td>$a 변수의 2진수 값을 0은 1로, 1은 0으로 연산</td></tr>
<tr><td><<</td><td>$a << $b</td><td>$a 변수의 2진수 값을 $b 변수의 숫자만큼 왼쪽으로 이동하고
오른쪽을 0으로 채우고 연산</td></tr>
<tr><td>>></td><td>$a >> $b</td><td>$a 변수의 2진수 값을 $b 변수의 숫자만큼 오른쪽 비트들을
버리고 연산</td></tr>
</table>

다음 코드에서 11~13번 라인은 변수의 값을 2진수로 지정하여 ^(xor) 연산을 수행한 결과입니다.

```
bit_operator_1.php
01 $a = 45; //이진수 00101101
02 $b = 74; //이진수 01001010
03 $or = $a ¦ $b;
04 $and = $a & $b;
05 $xor = $a ^ $b;
06 $not = ~$a;
07 echo "or 변수 : ".$or."<br>";
08 echo "and 변수 : ".$and."<br>";
09 echo "xor 변수 : ".$xor."<br>";
10 echo "not 변수 : ".$not."<br>";
11 $d = 0b00101101;// 10진수 45
12 $e = 0b01001010;// 10진수 74
13 $f = $d ^ $e;
14 echo $f;
```

결과

```
or 변수 : 111
and 변수 : 8
xor 변수 : 103
not 변수 : -46
103
```

<<, >> 연산자는 비트 이동 연산자(shift operator)라고 합니다.

bit_operator_2.php

```php
$a = 45; //이진수 00101101
$b = 3;
$left_shift = $a << $b;  // 이진수 00101101000
$right_shift = $a >> $b; // 이진수 00101
echo $left_shift."<br>";//왼쪽으로 $b 비트 이동후 값
echo $right_shift."<br>";//왼쪽으로 $b 비트 이동후 값
```

결과

```
360
5
```

비트 연산자에 의한 2진수 계산을 위해서 Windows에서 제공하는 계산기 프로그램을 활용해 보세요. 이 계산기 프로그램을 프로그래머용으로 선택하면 2진수뿐만 아니라 8진수, 16진수, 비트 시프트 계산도 가능하며 각 진수들 간의 변환도 쉽게 할 수 있습니다.

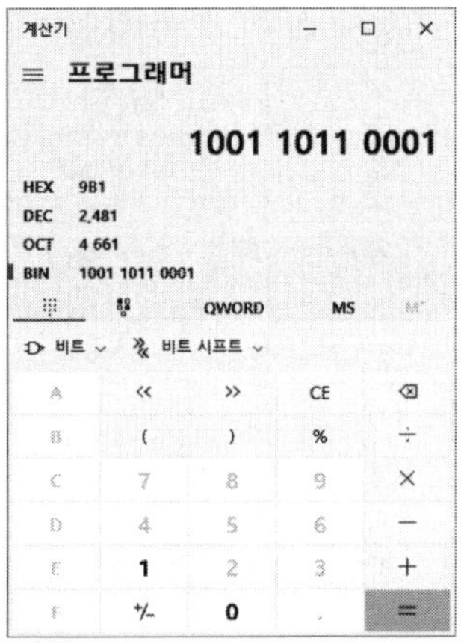

6.7 비교 연산자

피연산자들의 크기를 비교하는 연산자입니다. 연산의 결과는 반드시 참(true, 1) 또는 거짓(false, 0) 2가지 형태로만 나타납니다. 주로 if 문이나 while 문과 같이 논리적으로 판단해야 하는 문장에서 사용됩니다.

연산자	사용예	설명
==	$a == $b	$a와 $b 변수의 값이 같으면 true
===	$a === $b	$a와 $b 변수의 값과 데이터 타입이 같으면 true
!=	$a != $b	$a와 $b 변수의 값이 다르면 true
<>	$a <> $b	$a와 $b 변수의 값이 다르면 true
!==	$a !== $b	$a와 $b 변수의 값과 데이터 타입이 다르면 true
<	$a < $b	$a 변수 값이 $b 변수 값보다 작으면 true
>	$a > $b	$a 변수 값이 $b 변수 값보다 크면 true
<=	$a <= $b	$a 변수 값이 $b 변수 값보다 같거나 작으면 true
>=	$a >= $b	$a 변수 값이 $b 변수 값보다 같거나 크면 true
<=>	$a <=> $b	$a가 $b보다 크면 1. 같으면 0. 작으면 -1

PHP 언어에서는 데이터 타입 변환이 자동으로 이루어지기 때문에 비교 대상이 되는 수치 문자열은 수치로 변환되어 연산됩니다. 다만 연산할 때만 적용되며 변수의 원래 데이터 타입은 그대로 유지됩니다.

다음 코드에서 echo 문은 1 값으로 참으로 확인할 수 있고, 거짓 값은 출력되진 않지만 비교 연산의 결과값은 거짓입니다. var_dump() 함수를 이용하여 비교 연산의 참, 거짓을 true, false 값으로 확인할 수 있습니다.

comparison_operator.php

```php
$a = 10;
$b = "10";
echo ($a == $b)."<br>";
echo ($a != $b)."<br>";//false 면 출력되지 않음
echo ($a === $b)."<br>";//false 면 출력되지 않음
echo ($a !== $b)."<br>";
var_dump($a == $b);
var_dump($a != $b);
```

결과

```
1


1
bool(true)
bool(false)
```

`var_dump($a === $b);`	`bool(false)`
`var_dump($a !== $b);`	`bool(true)`
`var_dump(1 <=> 1);`	`int(0)`
`var_dump(1 <=> 2);`	`int(-1)`
`var_dump(2 <=> 1);`	`int(1)`
`echo(1 <=> 1);`	`0`
`echo(1 <=> 2);`	`-1`
`echo(2 <=> 1);`	`1`

6.8 논리 연산자

피연산자의 논리값(참, 거짓)로 연산을 하며, 결과값도 논리값이 됩니다. 피연산자들은 변수뿐만 아니라, 수식도 가능합니다.

연산자	사용예	설명
and	$a and $b	$a, $b 변수의 논리값이 모두 true면 true (논리곱)
or	$a or $b	$a, $b 변수의 논리값중 하나만 true면 true (논리합)
xor	$a xor $b	$a와 $b 변수의 논리값이 서로 다르면 true (배타적 논리합)
!	!$a	$a 변수의 논리값을 역
&&	$a && $b	$a, $b 변수의 논리값이 모두 true면 true (논리곱)
||	$a || $b	$a, $b 변수의 논리값중 하나만 true면 true (논리합)

6.8.1 and와 &&, or와 ||

and/or 연산자와 &&/|| 연산자는 각각 동일한 기능을 하는 연산자입니다. 차이점은 연산 우선순위에 있습니다.

다음 코드에서 3번 라인 $c 변수의 논리값은 false가 되어야 하지만 true로 연산됩니다. and 연산자의 연산우선순위는 = 연산자보다 낮기 때문에 $c=$a 코드가 먼저 실행되고 끝나버립니다. 따라서 and 연산자를 사용하려면 4번 라인과 같이 ( ) 기호로 감싸서 우선순위를 높여야 합니다. 반면에 5번 라인에서와 같이 &&, || 연산자들은 = 연산자보다 우선순위가 높기 때문에 $a&&$b 코드가 먼저 수행되어 결과값을 $e 변수에 할당합니다.

logical_operator.php	결과
$a = true;	
$b = false;	
$c = $a and $b;	
$d = ($a and $b);	
$e = $a && $b;	
var_dump($c);	bool(true)
var_dump($d);	bool(false)
var_dump($e);	bool(false)

6.9 실행 연산자(Execution Operators)

실행 연산자는 [`] 키에 해당되는 백틱 기호입니다. 실행 연산자는 셸 명령어를 웹브라우저에서 실행되도록 하며, shell_exec() 함수와 동일한 기능을 합니다.

다음 코드는 윈도우 셸 명령어의 실행 결과를 웹 브라우저에 출력하는 예제입니다.

excute.php	결과
$output = \`dir\`; echo "<pre>$output</pre>";	H 드라이브의 볼륨: Education H:\xampp\htdocs\source\05 디렉터리 2022-09-22 오후 02:32 . 2022-09-22 오후 02:32 ..
$output = shell_exec(\`dir\`;); echo "<pre>$output</pre>";	2022-07-13 오전 11:24 188 arithmetic.php 2022-09-21 오전 11:15 178 autotype.php 2022-07-14 오전 11:25 387 bit-operator.php 2022-07-09 오전 11:07 49 bool.php : : :

6.10 3항 연산자(Ternary Operator)

3항 연산자는 if else 문이 1회만 사용될 경우와 동일한 수행을 하며 코드를 간결하게 작성하기 위해 사용됩니다.

3항 연산자	if 문
(조건문) ? (문장_A) : (문장_B)	if (조건문) { 문장_A } else { 문장_B }

다음 코드는 $point 변수의 값이 90 이상일 경우와 아닐 경우 각각에 대한 문자열을 출력하는 예제이며, 동일한 처리를 하는 if else 문의 코드입니다.

ternary.php	if_else_1.php	결과

$point = 88;
echo ($point >= 90)? "A 학점": "B 학점";
	$point = 88;
	if ($point >= 90) {
	   echo "A 학점";
	 } else {
	   echo "B 학점";
	 }
		B 학점

7. 배열

배열은 동일한 변수명으로 여러 개의 값들을 표현하기 위해 사용되며 일종의 데이터 타입니다. 여러 개의 값들은 인덱스라고 불리는 키 값으로 구분하게 되며, 인덱스에는 연속적인 숫자 인덱스와 문자열 인덱스가 있습니다. 인덱스를 문자열로 구성한 배열을 연관 배열(associative array)라고 합니다.

7.1 1차원 배열

배열의 생성 방법은 다음과 같이 array 키워드를 이용하는 방법과 array 키워드 없이 [ ] 기호를 이용한 방법 있습니다.

연관 배열에서는 Key와 Value 사이에는 => 기호를 이용하여 연결합니다.

숫자 인덱스	$ary_name = array(value_1, ..., value_n);
	$ary_name = [value_1, ..., value_n];
연관 배열	$ary_name = array("key" => value_1, ..., "key" => value_n);
	$ary_name = ["key" => value_1, ..., "key" => value_n];

7.1.1 숫자 인덱스 배열 생성 및 출력

인덱스의 번호는 다른 프로그래밍 언어와 마찬가지로 0부터 시작합니다.

다음 코드는 배열을 생성하여 출력하는 예제입니다.

array_1.php		결과
1	`$ary1 = array(12, 34, 56);`	
2	`$ary2 = [12, 34, 56];`	
3	`$ary3 = array("Kim", "Lee", "Park");`	
4	`$ary4 = ["Kim", "Lee", "Park"];`	
5	`print_r ($ary1[0]);`	12
6	`print_r ($ary2);`	Array([0] => 12 [1] => 34 [2] => 56)
7	`echo ($ary3[2]);`	Park
8	`echo ($ary4);`	Warning: Array to string conversion in

- 5번 라인 : print_r 함수로 $ary1 배열 변수의 첫 번째(인덱스 0) 원소 출력
- 6번 라인 : $ary2 배열 변수의 모든 원소 출력
- 7번 라인 : echo 함수로 $ary3 배열 변수의 세 번째(인덱스 2) 원소 출력.
- 8번 라인 : echo 함수는 배열의 전체 내용을 출력하지 못함.

7.1.2 연관 배열의 생성

연관 배열의 인덱스는 문자열이며 일반적으로 원소의 값과 연관된 단어로 표기합니다. 인덱스와 값은 => 기호를 이용하여 연결합니다. 또한 인덱스 단어는 인용부호를 이용하여 표기하며 단일, 이중 모두 가능합니다.

array_2.php

```
1   $ary1 = array("Kor"=>89, "Eng"=>86, "Math"=>91);
2   $ary2 = ['Kor'=>89, 'Eng'=>86, 'Math'=>91];
3   $ary3 = array("Company"=>"Kia", "Model"=>"Niro",
    "Year"=>2022);
4   $ary4 = ['Company'=>"Kia", 'Model'=>"Niro",
    'Year'=>2022];
5   print_r ($ary1["Eng"]);
6   print_r ($ary2);
7   print_r ($ary3["Model"]);
8   print_r ($ary4);
```

결과

```
86
Array ( [Kor] => 89
[Eng] => 86 [Mat] => 91 ) Niro
Array ( [Company] => Kia
[Model] => Niro
[Year] => 2022 )
```

- 1~4번 라인 : 인용부호를 이용하여 연관 배열의 인덱스 표기
- 5번 라인 : print_r 함수로 $ary1 배열 변수의 Eng 인덱스 원소 출력
- 6, 9번 라인 : $ary2 배열 변수의 모든 원소 출력
- 7번 라인 : echo 함수로 $ary3 배열 변수의 Model 인덱스 원소 출력.

7.2 2차원 배열

1차원 배열이 여러 줄 모여서 구성된 것이 2차원 배열입니다. 1차원 배열과 마찬가지로 array 키워드를 이용하는 방법과 array 키워드 없이 [ ] 기호를 이용한 방법 있습니다.

구분	형식

숫자 인덱스	`$ary_name = array( array (value_1, . . . ., value_n),`
	`array (value_1, . . . ., value_n),`
	`: :`
	`array (value_1, . . . ., value_n) );`

숫자 인덱스	`$ary_name = [[value_1, . . . ., value_n],`
	`[value_1, . . . ., value_n],`
	`: :`
	`[value_1, . . . ., value_n] ];`

연관 배열	`$ary_name = array("key1" => array (key11 => value_1, . .value_n),`
	`"key2" => array (key11 => value_1, . .value_n),`
	`: :`
	`"keym" => array (key11 => value_1, . .value_n) );`

연관 배열	`$ary_name = ["key1" => [key11 => value_1, . . , key1n => value_n],`
	`["key2" => [key11 => value_1, . . , key1n => value_n],`
	`: :`
	`["keym" => [key11 => value_1, . . , key1n => value_n] ];`

예제를 통해 2차원 배열을 살펴보겠습니다.

다음은 학생 1명의 성적표를 표로 나타낸 것입니다. 이렇게 학생이름과 과목명 3개가 있다고 가정합니다.

과목 / 이름	Kor	Eng	Math
student_1	89	86	91

이 표를 $student_1 배열명으로 선언하여 1차원 배열로 표현하면 다음과 같습니다.

```
$student_1 = array("Kor"=>89, "Eng"=>86, "Math"=>91);
```

많은 학생들이 성적표가 있을 때 다음과 같은 표 형태로 표현할 수 있는데, student_1 부터 student_n 까지 1차원 배열명이 n개가 필요합니다.

과목 / 이름	Kor	Eng	Math
student_1	89	86	91
student_2	86	79	81
:	:	:	:
student_n	74	69	86

이 표를 1차원 배열로 각각 선언하면 다음과 같습니다.

```
$student_1 = array("Kor"=>89, "Eng"=>86, "Math"=>91);
$student_2 = array("Kor"=>86, "Eng"=>79, "Math"=>81);
     :                  :          :           :
$student_n = array("Kor"=>89, "Eng"=>86, "Math"=>91);
```

그런데 변수명이 n개까지 많아져서 프로그래밍하는데 복잡해집니다. 따라서 배열명 1개로 2차원 배열로 재구성하면 다음과 같이 선언할 수 있습니다.

```
$student = array( "student_1" => array ("Kor"=>89, "Eng"=>86, "Math"=>91),
                  "student_2" => array ("Kor"=>86, "Eng"=>79, "Math"=>81),
                             :                  :                :
                  "student_n" => array ("Kor"=>74, "Eng"=>69, "Math"=>86)
                            );
또는
$student = [ "student_1" => ["Kor"=>89, "Eng"=>86, "Math"=>91],
             "student_2" => ["Kor"=>86, "Eng"=>79, "Math"=>81],
                          :          :            :
             "student_n" => ["Kor"=>89, "Eng"=>86, "Math"=>91]
           ];
```

$student는 배열명이고 student_1, student_2 등은 학생 이름으로 구성됩니다.

다음 코드는 연관 배열을 $student 배열명을 선언하고 foreach 구문으로 출력하는 예제입니다.

array_std_1.php

```
$student = array("student_1" => array ("Kor"=>89, "Eng"=>86, "Math"=>91),
                 "student_2" => array ("Kor"=>86, "Eng"=>79, "Math"=>81),
                 "student_3" => array ("Kor"=>74, "Eng"=>69, "Math"=>86)
                 );
echo "<table border=1><tr><th>Name<th>Kor<th>Eng<th>Math";
foreach ($student as $key1 => $value1) {
    echo "<tr><td>{$key1}";
        foreach ($value1 as $key2 => $value2) {
                 echo "<td>{$value2}";
        }
        echo "<br>";
}
```

위 코드의 수행 결과는 다음과 같습니다.

Name	Kor	Eng	Math
student_1	89	86	91
student_2	86	79	81
student_n	74	69	86

- 1~4번 라인 : 3명 학생의 성적을 연관 2차원 배열로 구성
- 6번 라인 : $student 배열명을 기준으로 각 행에 대한 키와 값을 추출

$key1	$value1
student_1	array ("Kor"=>89, "Eng"=>86, "Math"=>91)
student_2	array ("Kor"=>86, "Eng"=>79, "Math"=>81)
student_3	array ("Kor"=>89, "Eng"=>86, "Math"=>91)

- 7번 라인 : 학생 이름에 해당되는 $student 배열의 $key 값 출력
- 8번 라인 : student_1, student_2, student_3 각각을 기준으로 키와 값을 추출.

위 예제에서 중요한 부분은 8번 라인입니다. 2차원 배열이기 때문에 다음 표와 같이 student 배열명의 $value1 값은 $key2와 $value2의 배열명 역할을 합니다.

student_1	
$key2	$value2
Kor	89
Eng	86
Math	91

student_2	
$key2	$value2
Kor	86
Eng	79
Math	81

student_3	
$key2	$value2
Kor	74
Eng	69
Math	86

배열이 연관 배열이 아닐 경우에는 for 구문과 숫자 인덱스를 이용하여 동일한 결과를 수행합니다. 학생 이름 값인 $student_1 등을 값으로 지정하여 각 행을 선언합니다.

array_std_2.php

```
$student = array(array ("student_1", 89, 86, 91),
                 array ("student_2", 86, 79, 81),
                 array ("student_3", 74, 69, 86)
                 );
echo "<table border=1><tr><th>이름<th>국어<th>영어<th>수학";
for ($i=0; $i<count($student); $i++) {
     echo "<tr>";
     for ($j=0; $j<count($student[0]); $j++) {
          echo "<td> {$student[$i][$j]} ";
     }
     echo "<br>";
}
```

- 6번 라인 : count() 함수를 이용하여 $student 배열의 1차 원소 수(3개)만큼 for 문 수행
- 8번 라인 : count() 함수를 이용하여 $student[0] 배열의 원소 수(4개)만큼 for 문 수행

다음 코드는 숫자 인덱스 배열을 foreach 구문을 이용하여 동일한 작업을 수행하는 예제입니다.

array_std_3.php

```
1   $student = array(array ("student_1", 89, 86, 91),
2                    array ("student_2", 86, 79, 81),
3                    array ("student_3", 74, 69, 86)
4                   );
5   echo "<table border=1><tr><th>이름<th>국어<th>영어<th>수학";
6   foreach ($student as $key1 => $value1) {
7       echo "<tr>";
8         foreach ($value1 as $key2 => $value2) {
9                echo "<td>{$value2}";
10        }
11        echo "<br>";
12  }
```

- 6번, 8번 라인 : 배열 원소의 수를 계산하지 않고 foreach 구문으로 항목이 없을 때까지 값 추출

8. 객체

객체는 자체적으로 속성(변수)과 기능(메서드, 함수)들로 구성된 단위 프로그램입니다. 함수는 하나의 기능만을 수행하고, 객체는 여러 개의 메서드들로 구성될 수 있는 때문에 함수보다 많은 기능을 수행할 수 있습니다.

다른 프로그래밍 언어와 마찬가지로 PHP 언어에도 객체에 대해 많은 개념들이 있습니다. 본 도서에서는 PHP 객체의 기본적인 동작과 사용법에 대해서만 살펴봅니다.

8.1 클래스

클래스는 객체를 만들어 내기 위한 설계도입니다. 이 설계도에는 속성(변수)과 기능(메서드, 함수)들이 정의되며, 이 설계도를 만들기 위해 필요한 키워드가 class입니다.

다음과 같이 class 키워드를 통해 클래스를 만들려면 클래스 이름, 속성, 기능을 정의합니다. 속성은 일종의 변수이며 필드, 멤버변수로 불리기도 합니다. 기능은 함수의 역할을 하며 객체지향에서는 메서드라고 합니다.

속성은 초기값 설정도 가능하며 메서드의 param1 등 파라메터는 선택 항목입니다. public 키워드로 선언된 속성은 클래스의 외부에서도 접근할 수 있습니다.

```
class cls_name {
  public $property_1;
  public $property_2;
  function method_1() {
          처리 코드
  }
  function method_2() {
          처리 코드
  }
}
```

```
class object_name {
  public $property_1 = "초기값";
  public $property_2 = "초기값";
  function method_1(param1, param2, ..) {
          처리 코드
  }
  function method_2(param1, param2, ..) {
          처리 코드
  }
}
```

8.2 객체의 생성

정의된 클래스를 프로그램 코드에서 사용하려면 객체를 생성해야 합니다. 클래스로부터 객체를 만드는 과정을 클래스의 인스턴스화라고 하며, 클래스로부터 만들어진 객체를 그 클래스의 인스턴스라고 합니다. 따라서 객체와 인스턴스는 같은 의미로 사용되기도 합니다.

인스턴스는 일종의 변수이며 new 키워드를 사용해 생성합니다.

```
$instance_name = new class_name;
```

클래스를 정의할 때 속성에 지정된 초기값은 수정되지 않습니다. 이 초기값은 인스턴스에 의해 변경될 수 있지만, 클래스에 설정된 초기값은 그대로 유지됩니다.

8.3 객체의 속성과 메서드 사용

객체(인스턴스)의 속성과 메서드를 사용하기 위해서는 -> 기호를 사용합니다.

```
$instance_name->property_1;
$instance_name->method_1();
```

주의할 점은 클래스에서 속성을 정의할 때는 $ 기호를 표기하지만 인스턴스에서 사용할 때는 $ 기호를 표기하지 않습니다.

다음 코드는 속성의 초기값과 메서드로 구성된 baseball 클래스를 정의하는 예제입니다. baseball 클래스의 인스턴스를 생성하여 초기값을 출력합니다.

	object_1.php	결과
01	`class baseball {`	
02	`  public $name = "홍길동";`	
03	`  public $team = "LG Twins";`	
04	`  function hello() {`	
05	`      echo "KBO 기록실 ";`	
06	`  }`	
07	`}`	
08	`$player = new baseball();`	
09	`echo $player->hello();`	KBO 기록실
10	`echo $player->name;`	홍길동
11	`echo $player->team;`	LG Twins

- 1~7번 라인 : baseball 클래스 생성
- 2~3번 라인 : $name, $team 속성에 초기값 지정
- 8번 라인 : baseball 클래스의 인스턴스 변수인 $player 생성
- 9~11번 라인 : $player의 hello() 메서드 실행 결과 출력
- 10~11번 라인 : $player 인스턴스에 저장된 객체의 초기값 출력

다음 코드는 2개의 메서드로 구성된 player 클래스를 활용하는 예제입니다. 2개의 인스턴스를 생성하여 상황에 적절한 메서드를 호출합니다.

object_2.php

```
01 class baseball {
02   public $name;
03   public $team;
04   function hit_avg($atbat, $hit) {
05       return $hit/$atbat;
06   }
07   function er_avg($inning, $er) {
08       return ($er*9)/$inning;
09   }
10 }
11 $hitter = new baseball;
12 $pitcher = new baseball;
13 $hitter->name = "홍길동 타자";
14 $hitter->team = "LG Twins";
15 $avg = $hitter->hit_avg(257, 97);
16 $pitcher->name = "이순신 투수";
17 $pitcher->team = "두산 베어스";
18 $er = $hitter->er_avg(155, 58);
19 printf("{$hitter->name}({$hitter->team}) 타율 : %0.3f", $avg);
20 printf("{$pitcher->name}({$pitcher->team}) 방어율 : %2.2f", $er);
```

결과

```
홍길동 타자(LG Twins) 타율 : 0.377
이순신 투수(두산 베어스) 방어율 : 3.37
```

- 1~10번 라인 : baseball 클래스 생성
- 2~3번 라인 : 속성 선언
- 4~6번 라인 : 2개의 인자를 가지는 hit_avg() 메서드 정의
- 7~9번 라인 : 2개의 인자를 가지는 er_avg() 메서드 정의
- 11~12번 라인 : baseball 클래스의 객체 변수(인스턴스)인 $hitter, $pitcher 생성
- 13~15번 라인 : $hitter 객체의 속성 값을 설정하고 hit_avg() 메서드 호출
- 16~18번 라인 : $pitcher 객체의 속성 값을 설정하고 er_avg() 메서드 호출
- 19~20번 라인 : $hitter, $pitcher 객체들의 속성과 메서드의 실행결과 출력

웹 브라우저에 표시되는 웹 사이트는 배경, 글자, 표 등에 색상을 사용하게 되는데 이러한 색상은 영어 단어를 사용하는 방법과 RGB(Red Green Blue) 16진수, 10진수 값을 사용하는 방법이 있습니다.
영어 단어를 사용할 경우, white, black, yellow 등를 사용할 수 있지만 많은 색상을 표현하기엔 한계가 있으며 다양한 색상을 표현하기 위해서는 RGB 값을 사용해야 합니다.
RGB 값은 빛(광원)의 삼요소인 Red, Green, Blue 각각에 8비트(256단계)씩 할당하여, 각 8비트 조합에 의해 총 24비트(16,777,216 색상)로 표현되는 16진수 또는 10진수 값입니다. 실제 색상을 거의 표현할 수 있다고 하여 True Color라고 합니다.
16진수 한자리는 4비트가 필요하고 RGB 각각에는 8비트가 할당된다고 했으니 16진수 2자리가 필요합니다.

```
R:G:B ⇒ 8비트:8비트:8비트 ⇒ FF:FF:FF ⇒ FFFFFF
```

16진수 0 값은 모니터 픽셀 한개의 빛(광원)이 없는 상태를 의미하기 때문에, 000000 값은 Black으로 모니터에 표현됩니다. 또한 F 값은 빛(광원)의 최대 밝기를 의미하기 때문에, FFFFFF 값은 White로 표현됩니다. 따라서 000000에서부터 FFFFFF까지 총 16,777,216 개의 색상을 표현할 수 있습니다. 16진수 값임을 나타내기 위해 색상값 앞에 # 기호를 표시합니다. 10진수로 나타낼 경우는 RGB 각각에 0~255 숫자를 사용하여 RGB() 함수에 표기하는데, 주로 16진수 방법을 사용합니다.

`<body bgcolor="#87CEEB">`	`<body bgcolor="RGB(135,206,235)">`

다음은 주요 색상의 영어 단어와 RGB 값을 나타낸 것입니다.

색상	색상 단어	RGB 값	색상	색상 단어	RGB 값
흰색	white	FFFFFF	노란색	yellow	FFFF00
빨강색	red	FF0000	자홍색	megenta	FF00FF
녹색	green	00FF00	청녹색	cyan	00FFFF
파란색	blue	0000FF	검정색	black	000000
보라색	violet	EE82EE	자주색	purple	A020F0
하늘색	skyblue	87CEEB	핑크색	pink	FFC0CB
갈색	brown	A52A2A	주홍색	coral	FF7F50
아이보리색	ivory	FFFFF0	카키색	khaki	F0E68C
베이지색	beige	F5F5DC	회색	gray	BEBEBE

True Color에는 32비트라는 것이 있는데, 24비트와 색상 개수는 동일하지만 알파 채널(투명도) 8비트가 추가된 것입니다.

06.

제어구조 : Control Structures

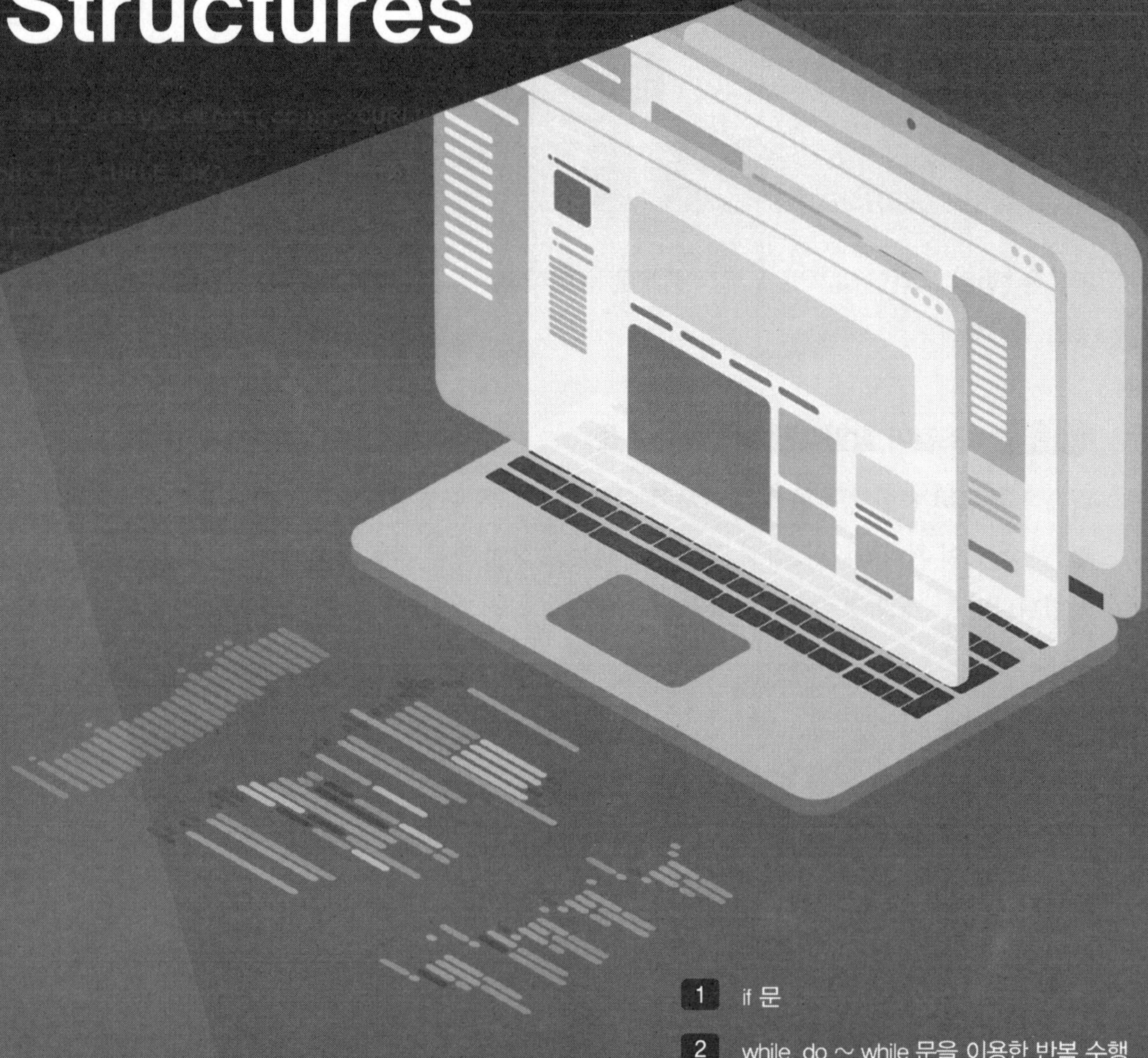

1. if 문
2. while, do ~ while 문을 이용한 반복 수행
3. for 문을 이용한 반복 처리
4. foreach 문
5. switch ~ case 문
6. break, continue 문

Chapter 06

제어구조 : Control Structures

제어 구조는 프로그램이 수행되는데 가장 필수적인 조건 분기, 반복 처리 등의 코드 블록입니다.

1. if 문

if 문은 "만약 조건이 맞으면 A 코드 블록을 실행하고, 아니면 B 코드 블록을 실행"하는 기능을 합니다.

1.1 조건이 참일때만 처리하는 if 문

다음은 조건이 참인 경우만을 처리하기 위해 사용하는 구조입니다. 「조건식_A」문이 참이면「문장_1」이 처리됩니다. 참일 경우 처리되는 문장이 여러 개일 경우에는 ② 방식으로 작성합니다만 한 개일 경우에도 사용합니다.

①	②

if (조건식_A)
        문장_1;
	if (조건식_A) {
	        문장_1;
	        문장_2;
	}

if.php	결과
`$point_A = 95;`	
`$point_B = 88;`	
`if ($point_A >= 90)`	
`   echo "A 학점";`	A 학점
`if ($point_B < 90) {`	
`   echo "B 학점";`	B 학점
`   echo "열심히";`	열심히
`}`	

1.2 조건이 참, 거짓일 때 처리하는 if 문 : if ~ else

조건이 참, 거짓일 때 각각을 별도로 처리하기 위해서 if ~ else 문을 사용합니다.

```
if ( 조건식_A ) {
   문장_1;
} else {
   문장_2;
}
```

ifelse_1.php

```
$point = 88;
if ($point >= 90) {
   echo "A 학점"; // 90 이상이면 수행
}  else echo {
   echo "B 학점"; // 90 미만이면 수행
}
```

결과

B 학점

1.3 조건식이 여러 개일 때 처리하는 if 문 : if ~ else if, if ~ elseif

조건식들을 여러 개 연결해서 처리하기 위한 구조입니다. 첫 번째 if 문의 조건식이 거짓일 때 추가 조건식을 위해 else if 문을 이용합니다. else if는 elseif 처럼 붙여서 사용해도 동일하게 기능합니다.

①

```
if ( 조건식_A ) {
   문장_1;
} else if ( 조건식_B ) {
   {
      문장_2;
   }
   : :
   } else {
      문장_n;
   }
```

②

```
if ( 조건식_A ) {
   문장_1;
} elseif ( 조건식_B ) {
   {
      문장_2;
   }
   : :
   } else {
      문장_n;
   }
```

1.4 중첩 if 문

조건식들을 여러 개 연결해서 처리하기 위한 구조입니다. 첫 번째 if 문의 조건식이 true일 때 추가 조건식을 위해 중첩 if 문을 사용합니다.

```
if ( 조건식_A ) {
   if ( 조건식_B ) {
   문장_1;
   } else {
   문장_2;
   }
else {
}
```

ifelse_3.php

```
$a = 75;
$b = 88;
if ($a >= 70) {
   if ($b >= 80) {
      echo "2 과목 통과";
   } else {
      echo "1 과목 통과";
   }
} else {
   echo "통과 실패";
}
```

결과

2 과목 통과

1.5 조건식의 형태

논리 연산자를 이용하여 여러 개의 조건식을 하나의 조건식으로 표현할 수 있습니다. 예를 들어 80 이상인 조건과 90 미만인 조건은 다음과 같이 하나의 조건식으로 표현됩니다.

```
if ($point < 90) ) {
   if ($point >= 80)
}
```

→

```
if ( ($point < 90) && ($point >= 80) )
```

if_logical.php	결과

`$point = 88;`
`if ( ($point < 90) && ($point >= 80) ){`
`  echo "B 학점";`
`}`
	B 학점

2. while, do ~ while 문을 이용한 반복 수행

while 문과 do ~ while 문은 코드 블록을 반복 수행하기 위한 루프 구조입니다.

2.1 while 문

조건식이 true일 동안 코드 블록을 반복적으로 수행합니다. while 문은 조건식을 먼저 연산하기 때문에 flase면 코드 블록을 수행하지 않고 빠져 나갑니다.

일반적으로 ① 형식처럼 코드 블록을 { .. } 기호로 감싸서 사용합니다만, ② 형식처럼 while(조건식); ~~ endwhile; 문을 사용할 수도 있습니다.

①	②

`while (조건식) {`
`  코드 블록`
`}`
	`while (조건식):`
	`  코드 블록`
	`endwhile;`

다음 2개의 코드는 동일하게 수행됩니다. 조건식이 true 이라면 코드 블록이 수행되고 조건식이 false면 while 문을 빠져 나갑니다.

while_1.php	while_2.php	결과

`$i = 1;`
`while ($i <= 10) {`
`  echo $i++;`
`}`
	`$i = 1;`
	`while ($i <= 10):`
	`  echo $i++;`
	`endwhile;`
		12345678910

2.2 do ~ while 문

조건식이 true일 동안 코드 블록을 반복적으로 수행합니다. while 문은 조건식을 나중에 연산하기 때문에 코드 블록은 최소한 한 번은 수행됩니다.

```
do {
  코드 블록
} while (조건식);
```

dowhile_1.php 코드는 코드 블록을 먼저 수행후 while 문의 조건식이 연산됩니다. dowhile_2.php 코드는 do ~ while 문이 무한 반복처리되는 것을 방지하기 위해 break 문을 사용한 경우입니다.

dowhile_1.php	결과	dowhile_2.php	결과

`$i = 1;`
`do {`
`    echo $i++;`
`} while ($i > 0);`
	무한
	반복
		`$i = 1;`
		`do {`
		`    echo $i++;`
		`    if ($i > 5) break;`
		`} while ($i <= 10);`
			1
			2
			3
			4
			5

3. for 문을 이용한 반복 처리

3.1 단일 for 문

for 문은 코드 블록을 반복 처리하기 위한 루프 구조입니다.

일반적으로 ① 형식처럼 코드 블록을 { .. } 기호로 감싸서 사용하지만 ② 형식처럼 for(): ~~ endfor; 문을 사용할 수도 있습니다.

①	②

`for (초기값; 조건식; 증가값) {`
`  코드 블록`
`}`
	`for (초기값; 조건식; 증가값):`
	`  코드 블록`
	`endfor;`

for_1.php 코드는 조건식이 true일 때까지 코드 블록이 수행되며, for_2.php는 증가값을 2씩 증가시키는 경우입니다.

for_1.php

```
for ($i=1; $i<=10; $i++) {
    echo $i;
}
```

for_2.php

```
for ($i=1; $i<=10; $i=$i+2):
    echo $i;
endfor;
```

for_3.php 코드는 for 문을 종료할 조건식이 없는 경우이며, break 문을 이용하여 종료할 수 있습니다.

for_4.php 코드는 코드 블록을 무한 반복으로 수행하는 for 문이며 break 문을 이용하여 종료할 수 있습니다.

for_3.php

```
for ($i=1; ; $i++) {
    if ($i > 10) break;
    echo $i;
}
```

for_4.php

```
$i=1;
for (; ;) {
    if ($i > 10) break;
        echo $i;
    $i++;
}
```

3.2 중첩 for 문

for 문 내부에 for 문을 삽입하여 중첩된 for 문을 구성할 수 있습니다. 중첩 for 문은 다음과 같이 2차원 형태의 데이터를 처리하는데 사용됩니다. 물론 3중첩 이상의 for 문 구조도 가능합니다.

과목 / 학생번호	국어	영어	수학
std_1	89	86	91
std_2	86	79	81
std_2	74	69	86

이 표의 데이터 값이 score 배열 변수에 저장되었다고 가정할 때 학생번호별 총점를 구하는

코드는 for_5.php와 같습니다. 또한 과목별 총점을 구하는 코드 for_6.php와 같습니다.

for_5.php

```
$student = [ ["std_1", 89, 86, 91],
             ["std_2", 86, 79, 81],
             ["std_3", 74, 69, 86] ];
echo "<table border=1><tr><th>이름<th>국어<th>영어<th>수학<th>총점";
for ($i=0; $i<3; $i++) {
    echo "<tr><td> {$student[$i][0]}";
       $sum=0;
       for ($j=1; $j<4; $j++) {
                echo "<td> {$student[$i][$j]} ";
                $sum = $sum + $student[$i][$j];
       }
       echo "<td> $sum";
}
echo "</table>";
```

4. foreach 문

foreach 문은 배열이나 객체와 같이 하나의 변수명에 복수의 값를 저장하는 구조에 사용됩니다. 배열과 객체에 있는 많은 값들의 추출은 반복적인 작업이며, 이때 foreach 문을 사용합니다. 배열 원소 각각에 대해 for 문을 수행한다고 이해하면 됩니다.

foreach 문은 다음과 같이 2가지 문법이 있습니다.

①	foreach (반복구조 as $value) {
	    처리 문장
	}

②	foreach (반복구조 as $key => $value) {
	    처리 문장
	}

설명	- 반복구조 : 배열명(객체명) - $key : 인덱스 값이 저장되는 변수명 - $value : 각 항목의 값이 저장되는 변수명

①, ② 문법의 차이는 인덱스를 코드에서 사용할 지의 여부입니다. 즉 인덱스를 코드에서 사용 ② 문법을 사용합니다.

주의할 점은 처리 문장에서 각 원소의 값을 변경해도 원래 배열에는 기본적으로 반영되지 않습니다. 처리 문장을 통해 각 원소의 값도 변경하려면 &(주소) 기호를 이용해야 합니다.

4.1 숫자 인덱스 배열 처리

다음 코드는 $num_arr 배열의 각 원소 값을 $value 변수에 저장하여 2를 곱하는 예제입니다.

foreach_1.php

```
01 $num_arr = array(3, 5, 7);
02 foreach ($num_arr as $value) {
03     $value = $value * 2;
04     echo "$value <br>";
05 }
06 print_r($num_arr);
```

결과

```
6
10
14
Array ( [0] => 3 [1] => 5 [2] => 7 )
```

- 2~5번 라인 : $num_arr 배열의 각 원소의 값을 $value 변수에 저장하여 2를 곱함
- 6번 라인 : 배열의 정보 확인. 원래 배열의 데이터 값에 변경 없음

다음 코드는 주소를 이용하여 원래 배열의 원소 값을 변경하는 예제입니다.

foreach_2.php

```
01 $num_arr = array(3, 5, 7);
02 foreach ($num_arr as &$value) {
03     $value = $value * 2;
04     echo "$value <br>";
05 }
06 print_r($num_arr);
```

결과

```
6
10
14
Array ( [0] => 6 [1] => 10 [2] => 14 )
```

- 2번 라인 : $num_arr 배열 원소를 $value 변수의 주소로 지정
- 6번 라인 : 배열의 정보 확인. $value 변수의 주소에 2를 곱했기 때문에 원래 배열의 데이터 값이 변경됨.

다음 코드는 ② 문법을 이용하여 인덱스를 코드에서 사용하는 예제입니다.

foreach_3.php

```
01 $num_arr = array(3, 5, 7);
02 foreach ($num_arr as $key => $value) {
03     echo "{$key} => {$value} <br>";
04 }
```

결과

```
0 => 3
1 => 5
2 => 7
```

- 2번 라인 : 인덱스 키 값을 $key 변수에 저장
- 3번 라인 : $key 변수의 값 사용

4.2 연관 배열 처리

연관 배열의 키 값은 문자열인 배열입니다.

다음 코드는 연관 배열의 각 원소 값을 출력하는 예제입니다.

foreach_4.php

```
01 $car_arr = array('Company'=>'Hyundai', 'car'=>'Santefe',
   'year'=>'2022');
02 foreach ($car_arr as $value) {
03     echo "{$value} <br>";
04 }
```

결과

```
Hyundai
Santefe
2022
```

- 1번 라인 : Company를 키, Hyundai를 값으로 지정하는 $car_arr 연관배열 선언
- 2번 라인 : $car_arr 연관배열의 값을 $value 변수에 저장하여 foreach 구문으로 반복수행
- 3번 라인 : $value 변수에 저장된 연관배열의 값들(Hyundai, Santefe, 2022) 출력

다음 코드는 연관 배열의 각 키 값과 원소 값을 출력하는 예제입니다.

foreach_5.php

```
01 $car_arr = array('Company'=>'Hyundai', 'car'=>'Santefe',
   'year'=>'2022');
02 foreach ($car_arr as $key => $value) {
03     echo "{$key} => {$value} <br>";
04 }
```

결과

```
Company => Hyundai
car => Santefe
year => 2022
```

- 2번 라인 : $car_arr 연관배열의 키와 값을 각각 $key, $value 변수에 저장하여 foreach 구문으로 반복수행
- 3번 라인 : $key 변수에 저장된 연관배열의 키들(Company, car, year)과 $value 변수에 저장된 연관배열의 값들(Hyundai, Santefe, 2022) 출력

5. switch ~ case 문

switch ~ case 문은 중첩된 if 문처럼 동작합니다. 다만 조건식의 true, false 값으로 코드 블록을 수행하지 않고 여러 개의 특정 값(1, 2, ..)에 따라 코드 블록을 수행합니다.

식의 값이 값_1에 해당되면 코드 블록_A를 수행하고 switch 문을 종료합니다. 값_1, 값_2, .. 등 어떤 값에도 해당되지 않으면 default 문의 코드 블록_N을 수행하고 종료합니다. 각 case 구조에 break 문이 없으면 아래쪽의 case 문이 실행된다는 점을 주의합니다. default 문을 생략해도 됩니다.

```
switch (식) {
    case 값_1:
        코드 블록_A;
        break;
    case 값_2:
        코드 블록_B;
        break;
    case 값_3:
        코드 블록_C;
        break;
      :
    default:
        코드 블록_N;
        break;
}
```

switch.php

```
1   $fruits = "banana";
2   switch ($fruits) {
3       case "apple":
4           echo "사과 선택";
5           break;
6       case "banana":
7           echo "바나나 선택";
8           break;
9       case "grape":
10          echo "포도 선택";
11          break;
12      default:
13          echo "과일 없음";
14                  break;
15  }
```

결과

```
바나나 선택
```

- 2번 라인 : $fruits 변수에 저장된 값을 기준으로 case

6. break, continue 문

코드 블록이 반복 수행되는 도중에 중단하거나(break), 건너뛸 수(continue) 있습니다.

6.1 break 문

반복 코드 블록 내에서 break 문을 만나게 되면 코드 블록의 반복 수행이 종료됩니다. do ~ while 문이나 for 문에서의 사용을 참고하기 바랍니다.

6.2 continue 문

continue 문은 특정 조건이 true면 현재 반복 수행을 건너띄고 다음 반복 수행으로 넘어갑니다.

continue.php 코드에서 2번 라인의 $i%2 연산은 $i 변수값이 홀수일 때 1(true)이 되므로 3번 라인의 continue 문이 처리되어 현재의 반복 수행은 건너띄고 다음 반복으로 넘어가게 됩니다. $i 변수값이 짝수일 때 0(false)값이 되므로 continue 문은 처리되지 않고 5번 라인을 수행하게 됩니다.

	continue.php	결과
01	`for ($i=1; $i<=10; $i++) {`	
02	`  if ($i % 2) { // $i 값이 홀수면 1(true), 짝수면 0(false)`	2
03	`    continue; // 현재의 반복수행 코드블록 건너띔`	4
04	`  }`	6
05	`  echo $i;`	8
06	`}`	10

07. 함수

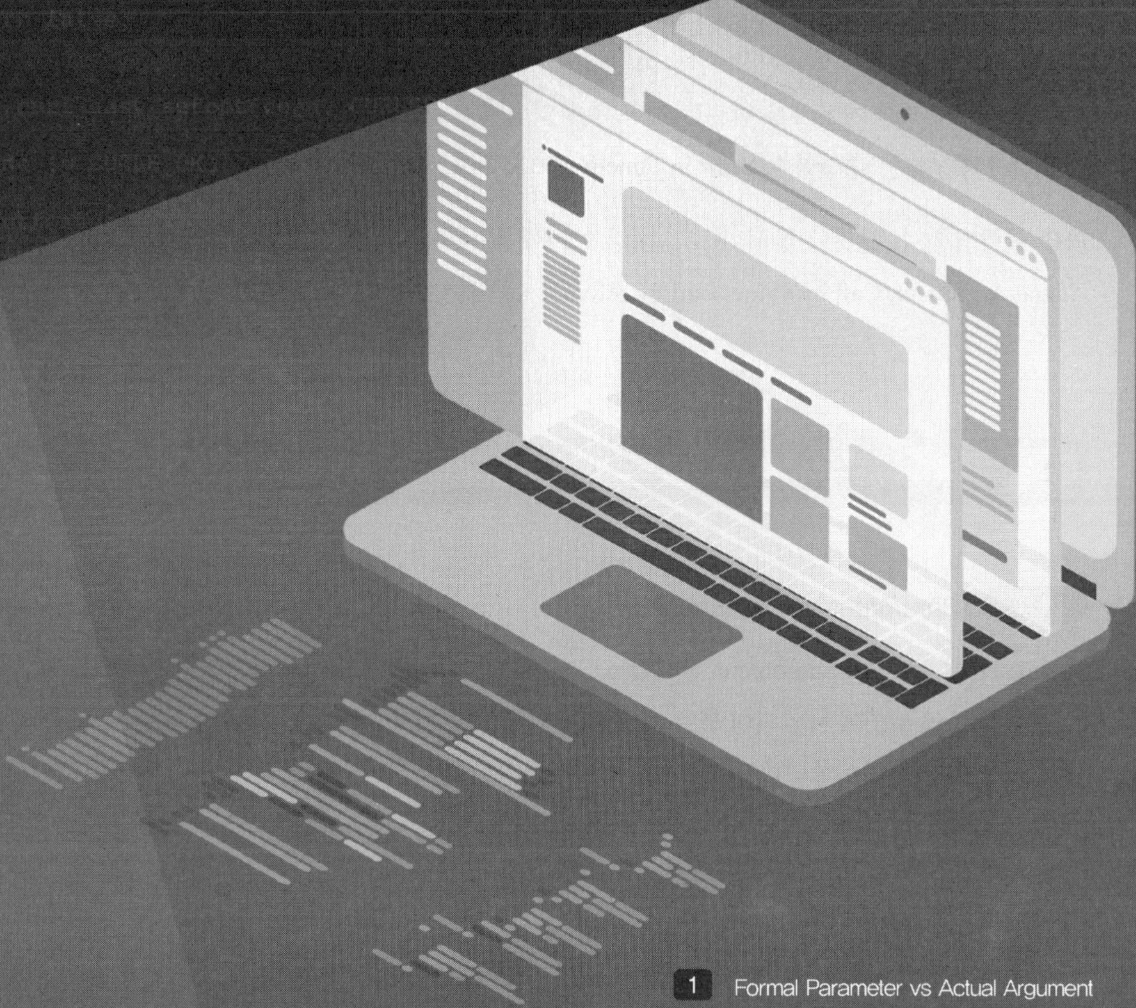

Chapter

07 함수

함수는 자주 사용되는 코드 블록을 미리 만들어 놓은 작은 단위의 프로그램입니다. 이렇게 만들어 놓은 함수들을 다른 프로그램들에서 함수 이름만 호출하여 손쉽게 활용할 수 있습니다.

함수에는 프로그램 개발자가 만드는 사용자 정의 함수(User Defined Function)와 PHP 시스템에서 제공하는 내장함수(Built-in Function)으로 나뉩니다.

PHP 언어의 함수 설명에 앞서 프로그래밍 언어에서 사용되는 용어인 Formal Parameter, Actual Argument, Call by value, Call by reference 등에 살펴봅니다.

1. Formal Parameter vs Actual Argument

1.1 Parameter vs Argument

parameter(매개변수)와 argument(실제값)의 명칭을 구분하지 않고 사용하지만, parameter는 함수의 정의 부분에 나열되어 있는 변수들을 의미하며, argument는 함수를 호출할 때 전달되는 실제 값을 의미합니다.

parameter : 함수정의 (a, b)	argument : 함수호출 (a, b)

function add (a, b)
{
  return a + b;
}
	sum(a, b);

add() 함수의 정의 부분에 있는 a, b는 parameter라고 표현하며, 함수 호출 부분에 있는 a, b는 argument라고 표현하는 것이 일반적입니다.

제1장 제2장 제3장 제4장 제5장 제6장 제7장 제8장 제9장 제10장 제11장 제12장 제13장 제14장

1.2 Formal vs Actual

또한 parament, argument 단어의 의미를 보다 명확히 하기 위해 각각 formal, actual 단어를 추가하기도 합니다. 즉 formal parameter와 actual argument로 표현합니다.

formal parameter는 함수를 정의하는 형식(formal)에 사용되는 변수(parameter)이고, actual argument는 함수를 호출할 때 실제(actual)로 전달되는 값(argument)라고 이해하면 됩니다.

영어 단어	한글 단어	의미
Formal Parameter	매개변수, 형식인자	함수 정의에 사용되는 변수명
Actual Argument	실인수(인자), 전달인수(인자), 전달값	함수 호출에 사용되는 실제값

※ F와 P 그리고 변수의 발음이 유사하다고 생각한다면 기억하기 편리합니다.

2. 값 전달(call by value) vs 주소 전달(call by address)

5장의 2절 변수에 대한 고찰에서도 설명했듯이 변수가 생성되면 = 기호를 기준으로 왼쪽 변수명(Left_value)은 주소(address) 또는 참조(Reference)이며, 오른쪽은 변수에 저장되는 값이라고 했습니다.

Left_value = Right_value	$score = 99

함수를 호출할 때도 이 개념이 적용됩니다. 함수의 argument로 변수명이 사용될 때 2가지 방식으로 전달되는데, 『값(Right_value)에 의한 호출』과 『주소(address, reference)에 의한 호출』입니다.

『값(Right_value)에 의한 호출』을 call by value라고 하며, 『주소(address, reference)에 의한 호출』을 call by address(reference)라고 하며, 프로그래밍 언어에서는 2가지 방식을 모두 지원합니다.

다음 코드를 이용하여 call by value, call by address 방식을 비교하여 설명합니다.

함수 정의	함수 호출

function augment(x)
{
  return x++;
}
	a = 10;
	augment(a);

2.1 값에 의한 호출(call by value)

call by value 방식은 함수를 호출할 때 argument 변수에 저장된 실제 값을 parameter 변수에 전달하여 함수를 실행하는 방식입니다.

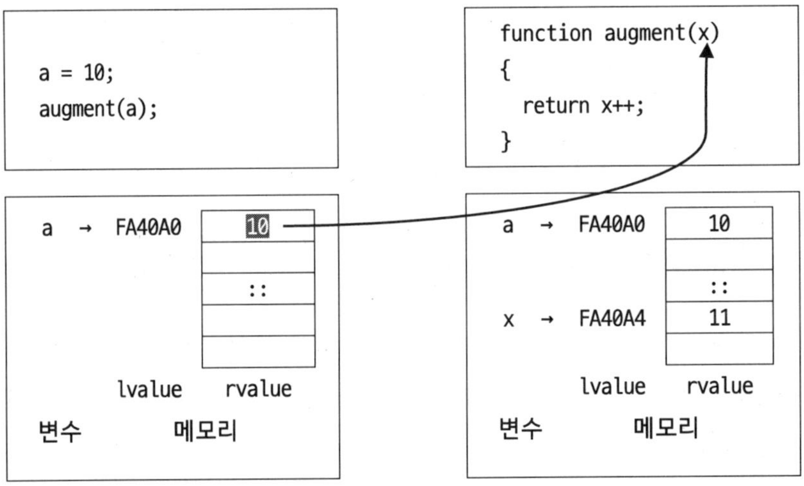

위의 그림에서 augment() 함수를 호출할 때 argument 변수로 a를 이용하면 a에 저장된 10이라는 실제 값이 parameter 변수 x에 전달됩니다. x의 값을 1로 증가시킨 후 메모리의 변수 값의 상황을 살펴보면 a 변수의 값은 변화가 없습니다. 즉 argument 변수 a와 parameter 변수 x는 다른 변수입니다.

2.2 주소에 의한 호출(call by address)

call by value 방식은 함수를 호출할 때 argument 변수의 주소 값을 parameter 변수에 전달하여 함수를 실행하는 방식입니다.

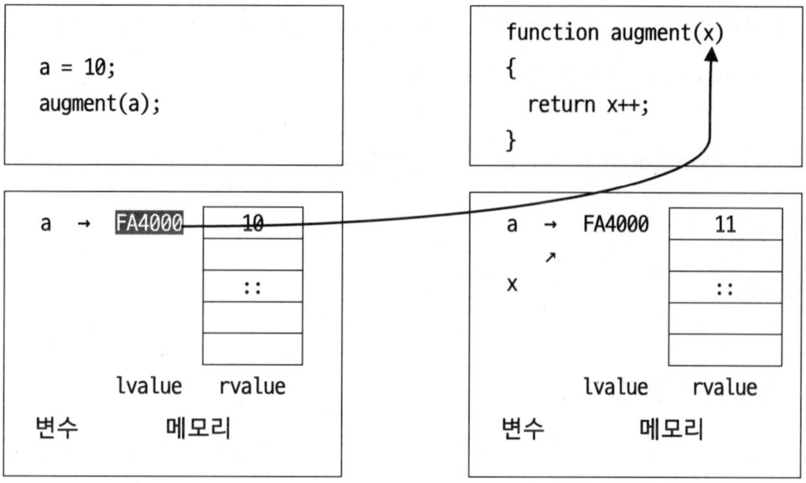

위의 그림에서 augment() 함수를 호출할 때 argument 변수로 a를 이용하면 a 변수의 주소 값이 parameter 변수 x에 전달됩니다. 이렇게 되면 argument 변수 a와 parameter 변수 x는 같은 주소를 공유하게 됩니다. 따라서 x의 값을 1로 증가시킨 후 메모리의 변수 값의 상황을 살펴보면 a 변수의 값도 변화가 있습니다. 즉 argument 변수 a와 parameter 변수 x는 같은 메모리를 사용하는 변수입니다.

Call By Value	Call By Reference
- argument의 실제 값을 parameter에 전달 - 함수 내부에서 paramenter 값이 변경되도 외부 값은 바뀌지 않음 - 장점 : argument 값에 영향을 주지 않기 때문에 안전함 - 단점 : 메모리 사용량이 늘어남	- argument의 주소 값을 parameter에 전달 - 함수 내부에서 paramenter 값이 변경되면 외부의 argument 값도 바뀜. - 장점 : 값 복사가 없으므로 빠름 - 단점 : argument 값에 영향을 주기 때문에 감안하여 코딩해야 함

3. 사용자(개발자) 정의 함수(User-Defined Function)

3.1 사용자 정의 함수 생성

PHP 언어에서는 function 키워드를 이용하여 함수명을 정의합니다. 함수명은 변수명을 만드는 방식과 동일하게 영문자와 _ 기호를 활용하여 만듭니다.

다음과 같이 함수 이름으로 user_func로 지정하고, user_func 함수 내부에서 사용될 변수(매개변수, parameter)도 지정할 수 있습니다.

```
function user_func($param_1, $param_2, ... $param_n)
{
     코드 블록;
}
```

3.2 함수의 사용(호출)

미리 정의된 함수는 함수명을 호출하여 사용할 수 있고, 필요한 경우 매개변수에 전달될 값을 지정할 수 있습니다.

user_func 함수에 전달인수(실인수, argument) 값을 이용하여 다음과 같이 함수를 호출합니다.

```
user_func($arg_1, $arg_2, ... $arg_n);
```

3.3 매개변수(parameter)와 초깃값

함수를 정의할 때 매개변수는 없을 수도 있으며, 매개변수에 초깃값을 미리 지정할 수 있습니다.

다음 코드에서 sum 함수의 매개변수는 2개이고 2번째 매개변수는 초깃값이 할당되어 있습니다.

	param_init.php	결과
01	`function sum($param1, $param2=10)`	
02	`{`	
03	`  $result = $param1 + $param2;`	
04	`  return $result;`	
05	`}`	
06	`echo sum(10);`	20
07	`echo sum(10,20);`	30

- 6번 라인 : 실인수 1개로 sum 함수를 호출하면 초깃값으로 함수를 수행
- 7번 라인 : 실인수 2개로 sum 함수를 호출하면 초깃값은 무시되고 실인수 값으로 함수를 수행

3.4 함수 실행과 return 문

return 문은 함수 실행의 결과를 호출한 코드에 전달하는 기능을 하지만 return 문없이 실행 결과를 전달할 수도 있습니다. 주의할 점은 return 문은 함수를 종료하는 것이기 때문에 return 문 이하의 코드들은 무시된다는 점입니다.

다음 코드에서 sumB 함수는 return 문 없이 결과값을 전달하고 있습니다. sumC 함수는 11번 라인의 return 문으로 함수는 종료됩니다. 따라서 곱하기 연산을 하는 12번 라인의 return 문은 실행되지 않습니다.

	return.php	결과
01	`function sumA($param1, $param2)`	
02	`{`	
03	`    return($param1 + $param2);`	
04	`}`	
05	`function sumB($param1, $param2)`	
06	`{`	
07	`    echo($param1 + $param2);`	
08	`}`	
09	`function sumC($param1, $param2)`	
10	`{`	
11	`    return($param1 + $param2);`	
12	`    return($param1 * $param2);`	
13	`}`	
14	`echo sumA(10,20);`	30
15	`$result = sumB(10,20);`	30
16	`echo sumC(10,20);`	30

3.5 call by value

PHP 언어에서는 함수의 값 전달 방식은 기본적으로 call by value 방식을 사용합니다.

다음의 코드를 보겠습니다. 5번 라인에서 $arg 변수 값을 1로 설정하고, 6번 라인에서 addFive() 함수를 call by value 방식으로 호출합니다. $arg 변수의 1 값이 $param 매개변수에 전달되어 함수가 수행됩니다. 또한 7번 라인의 $arg 변수 값에는 변화가 없습니다.

당연하게도 $arg 변수와 $param 변수는 전혀 다른 변수입니다. call by value 방식으로 함수가 수행되기 때문이지요.

	call_value.php	결과
01	`function addFive($param)`	
02	`{`	
03	`    return($param = $param + 5);`	
04	`}`	
05	`$arg=1;`	
06	`echo addFive($arg);`	6
07	`echo $arg;`	1

3.6 call by reference(address)

다음 코드를 보겠습니다. call_value.php 코드와 동일지만 1번 라인의 매개변수 앞에 & 기호가 추가됩니다. & 기호는 주소를 나타낸다고 설명한 바 있습니다. 함수를 정의할 때 &$param 형태로 매개변수를 지정하게 되면 $arg 변수의 주소 값을 전달받게 됩니다. 이렇게 되면 $param 변수와 $arg 변수는 메모리 주소를 공유하기 때문에 각 변수들의 값 변경은 다른 변수에도 영향을 주게 됩니다. 따라서 7번 라인의 $arg 변수 값은 3번 라인에서 변경된 $param 변수 값과 동일하게 됩니다.

	call_address.php	결과
01	`function addFive(&$param)`	
02	`{`	
03	`    return($param = $param + 5);`	
04	`}`	
05	`$arg=1;`	
06	`echo addFive($arg);`	6
07	`echo $arg;`	6

이렇게 PHP 언어에서는 함수 호출시 call by reference 방식으로 수행하려면 매개변수에 & 기호를 이용합니다.

비록 call_address.php 코드처럼 함수가 수행되기를 의도하지는 않았겠지만, call by address 방식과 call by value 방식의 이해는 매우 중요합니다.

4. 내장 함수(Built-in Function)

PHP 언어에서 제공하는 내장 함수는 매우 방대하여 본 도서에서는 자주 사용되는 함수를 위주로 설명합니다.

모든 내장 함수는 매개변수를 가지게 되며, 수행된 결과를 반환합니다. 이때 매개변수와 반환 값의 데이터 타입이 정의되어 있습니다.

예를 들어 ceil 함수의 경우 매개변수는 int 또는 float(int|float)의 숫자($num)형입니다. 또한 ceil 함수의 반환값은 float 형입니다.

```
float ceil(int|float $num)
```

다른 예로 ord 함수의 경우에는 매개변수는 $character(문자열중 하나의 문자)이며 반환값은 int 형입니다.

```
int ord(string $character)
```

앞으로 설명될 내장 함수의 기본 형식은 위의 예와 같이 표현합니다.

5. 수치 함수

5.1 수학 함수

수학 함수는 삼각 함수, 지수 함수, 로그 함수 등 복잡한 수학 공식을 간편하게 처리할 수 있는 함수입니다.

대표적인 수학 함수를 다음 표에 제시하였으며, 더 많은 함수들은 다른 자료를 활용하기 바랍니다.

함수	설명
float sin(float $num)	$num의 사인값 반환
float cos(float $num)	$num의 코사인값 반환
float tan(float $num)	$num의 탄젠트값 반환
float exp(float $num)	$num의 e 지수값 반환
float log(float $num)	$num의 자연 로그값 반환
float log10(float $num)	$num의 상용 로그값 반환
int|floatabs(int|float $num)	$num의 절대값 반환
float pi()	Pi 값 반환
float rad2deg(float $num)	$num 라디언의 각도값 반환
float deg2rad(float $num)	$num 각도의 라디언값 반환
float sqrt(float $num)	$num의 제곱근 반환

다음 코드는 대표적인 수학 함수들의 사용 사례입니다.

math_1.php	결과
echo sin(30);	-0.30481062110222
echo cos(60);	-0.95241298041516
echo tan(45);	1.6197751905439
echo exp(10);	22026.465794807
echo log(2);	0.69314718055995
echo log10(100);	2
echo abs(-11);	11
echo pi();	3.1415926535898
echo rad2deg(1);	57.295779513082
echo deg2rad(57.295);	0.99998639493015
echo pow(3, 7);	2187
echo sqrt(5);	2.2360679774998

5.2 소수점 함수

소수점 처리를 위한 함수이며 ceil 함수는 소수점이 포함된 정수의 상위 정수값을 계산하고, floor 함수는 하위 정수값을 계산합니다. round 함수는 일반적인 반올림 함수입니다.

함수	설명
float ceil(int|float $num)	$num의 상위 올림 정수값 반환
float floor(int|float $num)	$num의 하위 내림 정수값 반환
float round(int|float $num, int $precision)	$num의 반올림 정수값 반환

다음 코드에서 round 함수는 소수점 자리수 단위 반올림이 가능합니다.

math_2.php	결과
`echo ceil(5.11);`	5
`echo floor(5.95);`	5
`echo round(5.57);`	6
`echo round(5.54, 1);`	5.5

5.3 최소값, 최대값

함수의 인수로 나열된 숫자중에서 최소값, 최대값을 찾아냅니다.

함수	설명
mixed min(mixed $value, mixed ...$values)	인수 목록의 최소값 반환
mixed max(mixed $value, mixed ...$values)	인수 목록의 최대값 반환

다음 코드에서 배열 원소의 최소값, 최대값을 찾아내기 위해 배열을 함수의 인수로 사용 가능합니다.

math_3.php	결과
`echo min(3, 1, 6, 4, 7, 2);`	1
`echo min(array(3, 1, 6, 4, 7, 2));`	1
`echo max(3, 1, 6, 4, 7, 2);`	7
`echo max(array(3, 1, 6, 4, 7, 2));`	7

5.4 진수 함수

10진수(decimal)를 2진수(binary), 8진수(octal), 16진수(hexdecimal)로 변환하기 위한 함수입니다.

함수	설명
string decbin(int $num)	$num(10진수)을 2진수로 반환
string decoct(int $num)	$num(10진수)을 8진수로 반환
string dechex(int $num)	$num(10진수)을 16진수로 반환
int|float bindec(string $binary_string)	$binary_string을 10진수로 반환
int|float octdec(string $octal_string)	$octal_string을 10진수로 반환
int|float hexdec(string $hex_string)	$hex_string을 10진수로 반환

10진수로 변환하는 함수들의 인수는 기본적으로 문자열로 전달해야 합니다. 다만 2진수와 8진수는 문자열이 아니어도 처리되지만 16진수는 반드시 문자열로 전달해야 합니다.

math_4.php	결과
echo decbin(13)." ";	1101
echo decoct(13)." ";	15
echo dechex(13)." ";	d
echo bindec("101011")." ";	43
echo octdec("714")." ";	460
echo hexdec("ad7")." ";	2775

5.5 숫자의 출력

number_format() 함수는 일련의 숫자에 소수점, 콤마 등을 삽입하기 위해 사용되는 함수입니다.

```
string number_format(float $num, 소수점자리수, 소수점기호, 천단위기호)
```

다음 코드에서 number_format() 함수는 기본적으로 천단위 콤마가 표시됩니다. 4번 라인에서 2번째(반드시 정수 표기), 3번째 인수를 이용하여 소수점의 위치와 모양을 달리 표현했습니다. 5번 라인은 천단위 기호를 @로 변경하여 출력했습니다.

	math_5.php	결과
01	$num = 123456798;	
02	echo number_format($num);	123,456,798
03	echo number_format($num, "2");	123,456,798.00
04	echo number_format($num, "3", "_");	123,456,798_000
05	echo number_format($num, "0", "", "@");	123@456@798

6. 문자열 함수

문자열을 다양한 형태로 재구성하는데 사용하는 함수입니다. 대표적인 문자열 함수는 다음과 같습니다.

함수	설명
string chr($ascii_num)	$ascii_num(10진수) 값을 문자로 반환
int ord(string $character)	$character 문자를 ASCII(10진수) 값으로 반환
string nl2br(string $string)	$string 문자열의 \n 을 태그로 반환
array explode(string $separator, string $string)	$string 문자열을 $separator 기호로 분리하여 분리된 분리된 문자열들은 배열로 반환
string implode(string $separator, array $array)	$array 배열의 문자열을 $seperator 기호로 결합하여 문자열로 반환
int strlen(string $string)	$string 문자열의 길이를 바이트 단위로 반환

6.1 nl2br() 함수 : 웹브라우저에서 줄바꿈

다음 코드에서 3번 라인 문자열 5번 라인의 nl2br(newline to br) 함수를 이용하여 \n 기호를
 태그로 변환하여 문자열을 재구성합니다.

	string_1.php	결과
01	`echo chr(65);`	A
02	`echo ord("a");`	97
03	`$string = "PHP \n Web Site";`	
04	`echo $string;`	PHP Web Site
05	`echo nl2br($string);`	PHP Web Site

6.2 explode() 함수 : 문자열 분리

다음 코드에서 3번 라인의 explode 함수는 공백을 기준으로 $string1 변수의 문자열을 분리하여 $ary 배열에 저장합니다. 6번 라인에서는 / 기호를 기준으로 $string2 변수의 문자열을 분리하여 배열 형태로 저장합니다.

string_2.php	결과
`$string1 = "PHP JSP ASP";`	
`$string2 = "PHP/JSP/ASP";`	
`$ary = explode(" ", $string1);`	$ary[0]=PHP,$ary[1]=JSP, $ary[2]=ASP
`echo $ary[0], $ary[1], $ary[2];`	array(3) { [0]=> string(3) "PHP" [1]=>
`var_dump (explode("/", $string2));`	string(3) "JSP" [2]=> string(3) "ASP" }

6.3 implode() 함수 : 문자열 결합

다음 코드에서 2번 라인의 implode 함수는 $ary 배열의 원소들을 <= 기호를 이용하여 하나의 문자열로 반환합니다. 또한 strlen 함수를 이용하여 $language 변수에 저장된 문자의 개수를 반환합니다.

	string_3.php	결과
01	`$ary = ['PHP', 'JSP', 'ASP'];`	
02	`$language = implode("<=", $ary);`	
03	`echo $language;`	PHP<=JSP<=ASP
04	`echo strlen($language);`	13

7. 날짜/시간 함수

날짜와 시간 정보를 반환하는 함수입니다. 이런 정보들은 timestamp를 계산하여 나타내는데, timestamp 값은 Unix 시스템의 원년인『1970년 1월 1일 0시 0분 0초』에서 1초 단위로 계산된 값입니다. Unix 시스템의 원년부터 프로그램이 실행되는 시점까지의 초단위 값은 time() 함수를 통해 확인됩니다.

date() 함수는 timestamp 값을 이용하여 PHP 프로그래밍이 실행되는 시점의 날짜를 다양한 형식으로 출력합니다. date() 함수의 기본 형식은 다음과 같습니다.

```
string date(string $format)
```

date() 함수로 출력되는 형식($format)은 다음과 같습니다. 년, 월, 시, 분, 초 등을 다양한 형태를 출력하기 위해 형식 문자를 이용하는데 인용부호로 감싸서 표현합니다.

구분	형식 문자	설명	출력 형태
날짜 요일	d	날짜를 2자리 숫자로 표현(leading 0 포함)	01 ~ 31
	j	날짜를 숫자로 표현	1 ~ 31
	D	요일을 3개 알파벳으로 표현	Mon ~ Sun
	l	요일을 영어 단어로 표현	Monday ~ Sunday
	N	요일을 숫자로 표현(1은 월요일)	1 ~ 7
	w	요일을 숫자로 표현(0은 일요일)	0 ~ 6
월	F	월을 영어 단어로 표현	January ~ December
	m	월을 2자리 숫자로 표현(leading 0 포함)	01 ~ 12
	n	월을 숫자로 표현	1 ~ 12
	M	월을 3개 알파벳으로 표현	Jan ~ Dec
	t	월의 일수를 표현	28 ~ 31
연도	Y	연도를 4자리 숫자로 표현	1999, 2022
	y	연도를 2자리 숫자로 표현	01, 22
시간	a	오전, 오후를 소문자로 표현	am, pm
	A	오전, 오후를 대문자로 표현	AM, PM
	g	시간을 12시간 단위로 표현	1 ~ 12
	G	시간을 24시간 단위로 표현	0 ~ 23
	h	시간을 12시간 단위로 표현(leading 0 포함)	01 ~ 12
	H	시간을 24시간 단위로 표현(leading 0 포함)	00 ~ 23
분/초	i	분을 표현(leading 0 포함)	00 ~ 59
	s	초를 표현(leading 0 포함)	00 ~ 59
전체 일시	c	2022-07-18T12:17:31+02:00	
	r	Mon, 18 Jul 2022 12:17:31 +0200	
time()		1970년 1월 1일 0시 0분 0초부터 누적된 초단위 값 출력	

다음 코드는 date() 함수와 형식 문자를 이용하여 날짜, 시간 등을 다양한 형태로 출력한 예제입니다.

datetime.php	결과
echo time()." ";	1658140587
echo date("Y년 n월 j일(D)")." ";	2022년 7월 18일(Mon)
echo date("d-m-Y")." ";	18-07-2022
echo date("A h시 i분 s초")." ";	PM 12시 36분 27초
echo date("A h:i:s")." ";	PM 12:36:27
echo date("Y-F-d h:i:s(A)")." ";	2022-July-18 12:36:27(PM)
echo date("c")." ";	2022-07-18T12:36:27+02:00
echo date("r");	Mon, 18 Jul 2022 12:36:27 +0200

지금까지 자주 사용되는 내장 함수들의 기본적인 내용에 대해서 살펴봤습니다. 이외에도 파일/디렉토리 함수, 데이터베이스 함수, 네트워크 함수, 세션 함수 등 다양한 분야에 많은 함수들이 있습니다. 이들 함수들은 각 분야가 설명되는 장/절에서 소개합니다.

8. 디렉터리(폴더) 함수

디렉터리 함수는 디렉터리의 내부에 있는 파일들의 목록을 보거나, 디렉터리 변경, 생성, 삭제하는 하는 함수입니다.

8.1 readdir() : 파일 목록 추출

디렉터리의 파일 목록을 추출하기 위해서는 디렉터리 열기, 읽기, 닫는 과정이 기본적으로 필요합니다.

디렉토리 열기		파일 목록 추출		디렉토리 닫기
opendir()	→	readdir()	→	closedir()

이와 관련된 함수들의 설명은 다음과 같습니다.

함수	설명
resource opendir($directory)	$directory의 디렉터리를 열어서 시스템 자원으로 반환
bool closedir($dir_handle)	$dir_handle에 지정된 시스템 자원의 디렉터리를 닫음
bool is_dir($directory)	$directory에 저장된 이름이 디렉터리인지 점검
string readdir($dir_handle)	$dir_handle에 지정된 시스템 자원에서 디렉터리(파일) 목록을 문자열로 반환

다음 코드는 h:/xampp/htdocs 디렉터리를 열어서 readdir() 함수를 이용하여 파일 목록을 출력하는 예제입니다(드라이브 h는 사용자에 맞게 설정하세요).

readdir.php

```
01  $dir_name = "h:/xampp/htdocs";
02  $dir_handle = opendir($dir_name);
03  echo "{$dir_handle}<br>";
04  if(is_dir($dir_name)){
05    echo "{$dir_name}는 디렉터리<br>";
06  }
07  else { echo "{$dir_name}는 파일"; }
08  while($dir_output = readdir($dir_handle))
09  {  echo "{$dir_output}<br>"; }
10  closedir($dir_handle);
```

브라우저 출력 결과

```
Resource id #3
h:/xampp/htdocs는 디렉터리
.
..
applications.html
bitnami.css
dashboard
:  :  :
sqldata
webalizer
xampp
```

- 1번 라인 : h:/xampp/htdocs 디렉터리 문자열을 $dir_name 변수에 저장
- 2번 라인 : $dir_name 디렉터리를 opendir() 함수로 열고 그 시스템 자원을 $dir_handle 변수에 저장
- 4번~7번 라인 : $dir_name 변수에 저장된 문자열이 디렉터리인지를 점검
- 8번 라인 : $dir_handle 시스템 자원에서 readdir() 함수로 한줄씩 읽어서 $dir_output 변수에 저장
- 9번 라인 : $dir_output 변수에 저장된 디렉터리명 또는 파일명을 출력
- 10번 라인 : $dir_handle 시스템 자원을 종료(닫기)

8.2 scandir() 함수 : 파일 목록 배열형태 추출

scandir() 함수는 파일 목록을 배열형태로 추출하는 함수이며, 파일 열기/닫기 하지 않습니다.

함수	설명
array scandir($directory, 1)	$directory에 지정된 시스템 자원에서 디렉터리(파일) 목록을 배열로 반환 opendir(), closedir() 함수 사용하지 않음 정렬 옵션인 1 값을 사용하여 내림차순 정렬

다음 코드는 h:/xampp/htdocs 디렉터리를 scandir() 함수를 이용하여 파일 목록을 배열 형태로 출력하는 예제입니다.

scandir.php		브라우저 출력 결과	
		2번 라인 결과	4번라인 결과
01 02 03 04 05	$dir_name = "h:/xampp/htdocs"; $dir_handle = scandir($dir_name); print_r($dir_handle); $dir_handle = scandir($dir_name,1); print_r($dir_handle);	Array ([0] => . [1] => .. [3] => bitnami.css : : : [13] => webalizer [14] => xampp)	Array ([0] => xampp [1] => webalizer [2] => sqldat : : : [13] => .. [14] => .)

- 1번 라인 : h:/xampp/htdocs 디렉터리 문자열을 $dir_name 변수에 저장
- 2번 라인 : $dir_name 디렉터리를 scandir() 함수로 열고 결과를 $dir_handle 배열 변수에 저장
- 3번 라인 : print_r() 함수로 $dir_handle 배열 변수의 내용 출력
- 4번 라인 : $dir_name 디렉터리를 scandir() 함수의 내림차순 옵션으로 열고 결과를 $dir_handle 배열 변수에 저장
- 5번 라인 : print_r() 함수로 $dir_handle 배열 변수의 내용 출력

8.3 디렉터리 생성과 삭제

디렉터리의 생성은 mkdir(), 삭제는 rmdir() 함수를 이용하여 수행합니다.

함수	설명
bool mkdir($directory)	$directory에 지정된 디렉터리 생성
bool rmdir($directory)	$directory로 지정된 디렉터리 삭제

디렉터리의 생성 또는 삭제는 is_dir() 함수로 해당 디렉터리의 존재 여부를 확인하고 수행합니다. is_dir() 함수에 지정된 디렉터리가 False면 존재하지 않는다는 의미이기 때문에 mkdir() 함수로 생성할 수 있고, True면 존재한다는 의미이기 때문에 rmdir() 함수로 삭제할 수 있습니다.

is_dir(dir_name)			
	False	→	mkdir()
	True	→	rmdir()

8.3.1 mkdir() 함수 : 디렉터리 생성

mkdir은 『make directory』의 약어이며 지정한 이름으로 디렉터리를 생성합니다. 디렉터리가 생성되는 경로는 mkdir() 함수가 수행되는 파일의 위치와 동일합니다. 다른 경로에 생성하려면 경로명을 정확히 지정해야 합니다.

다음 코드는 mkdir() 함수를 이용하여 myfolder 디렉터리를 생성하는 예제입니다.

mkdir.php

```
01  $dir_name = "myfolder";
02  if(is_dir($dir_name)){
03     echo "{$dir_name} 디렉터리가 이미 존재함";
04  }
05  else {
06     mkdir($dir_name);
07     echo "{$dir_name} 디렉터리 생성됨";
08  }
```

브라우저 출력 결과

myfolder 디렉터리 생성됨

- 1번 라인 : 생성할 myfolder 디렉터리명을 $dir_name 변수에 저장
- 2~4번 라인 : is_dir() 함수로 생성하고자 하는 디렉터리의 존재 여부를 확인
- 5~8번 라인 : 생성하고자 하는 디렉터리가 없으면 mkdir() 함수로 디렉터리 생성되며, 생성되는 경로는 mkdir.php 함수의 경로와 동일

8.3.2 rmdir() 함수 : 디렉터리 삭제

rmdir은 『remove directory』의 약어이며 지정한 이름의 디렉터리를 삭제합니다. 삭제되는 디렉터리는 기본적으로 rmdir() 함수가 수행되는 파일과 동일한 경로에 있어야 합니다. 다

른 경로의 디렉터리를 삭제하려면 경로명을 정확히 지정해야 합니다.

다음 코드는 rmdir() 함수를 이용하여 myfolder 디렉터리를 삭제하는 예제입니다.

rmdir.php	브라우저 출력 결과

01 $dir_name = "myfolder";
02 if(is_dir($dir_name)){
03   rmdir($dir_name);
04   echo "{$dir_name} 디렉터리 삭제됨";
05 }
06 else {
07   echo "삭제할 {$dir_name} 디렉터리 없음";
08 }
	myfolder 디렉터리 삭제됨

- 1번 라인 : 삭제할 myfolder 디렉터리명을 $dir_name 변수에 저장
- 2~5번 라인 : 삭제하고자 하는 디렉터리의 존재 여부를 확인하고 존재하면 rmdir() 함수로 삭제되며, 삭제되는 경로는 rmdir.php 함수의 경로와 동일
- 6~8번 라인 : 삭제하고자 하는 디렉터리가 없으면 문자 출력

9. 파일처리 함수

파일처리는 파일의 생성, 읽기, 쓰기, 삭제 등의 수행입니다. 파일처리 함수들이 수행되려면 파일을 열고, 닫는 과정이 기본적으로 필요합니다.

fopen() 함수의 반환 값은 resource 즉, 시스템 자원입니다. 이 시스템 자원을 변수에 저장하여 파일 읽기, 쓰기, 추가, 닫기 등을 수행합니다.

$filesize() 함수는 파일의 크기를 알아내기 위한 함수이며, 바이트 수를 반환합니다.

처리하려는 파일이 기존에 존재하는 지를 점검하기 위해 is_file(), file_exists() 함수를 사용합니다.

함수	설명
resource fopen($filename, $mode)	$filename의 파일을 열어서 시스템 자원으로 반환
bool fclose($file_handle)	$file_handle에 지정된 시스템 자원의 파일을 닫음
int filesize($filename)	$filename 파일의 크기를 바이트 수로 반환
bool is_file($filename)	$filename에 저장된 이름이 파일인지 점검
bool file_exists($filename)	$filename에 저장된 이름이 파일 또는 디렉터리인지 점검

fopen() 함수의 $mode 옵션의 설명을 다음과 같습니다.

$mode	설명
r	읽기 전용. 읽기 위치(파일포인터)는 파일의 처음. 파일이 없으면 에러
r+	읽기/쓰기. 읽기/쓰기 위치(파일포인터)는 파일의 처음. 파일이 없으면 에러
w	쓰기 전용. 파일이 있으면 내용을 삭제하고, 없으면 새 파일 생성
w+	읽기/쓰기. 파일이 있으면 내용을 삭제하고, 없으면 새 파일 생성
a	추가 전용. 추가 위치(파일포인터)는 파일의 끝. 파일이 없으면 새 파일 생성
a+	읽기/추가. 읽기/추가 위치(파일포인터)는 파일의 끝. 파일이 없으면 새 파일 생성
x	쓰기 전용으로 생성. 파일이 있으면 에러, 없을 때 새 파일 생성
x+	읽기/쓰기용으로 생성. 파일이 있으면 에러, 없을 때 새 파일 생성

파일의 내용을 처리하기 위해서는 파일 열기, 파일 처리(읽기/쓰기), 파일 닫기 과정이 기본적으로 필요합니다.

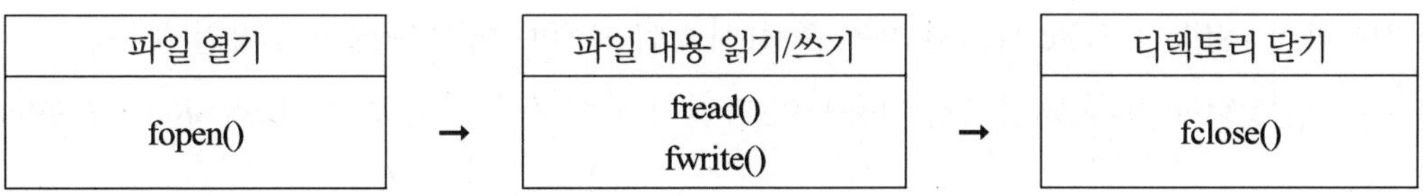

9.1 파일내용 읽기

파일 내용을 읽기 위해서는 fopen() 함수의 모드를 r 또는 r+로 설정해야 합니다.

함수	설명
string fread($file_handle, $length)	$file_handle 정보를 이용하여 $length 바이트 수만큼 문자를 읽음
string fgetc($file_handle)	파일 포인터에서 문자 단위로 읽음
string fgets($file_handle)	파일 포인터에서 라인 단위로 읽음

다음 파일들은 fread(), fgetc(), fgets() 각 함수 예제에 사용되는 텍스트 파일입니다.

fread.txt	fgetc.txt	fgets.txt
fread line-1 fread line-2 	getc line-1 getc line-2	gets line-1 gets line-2

9.1.1 fread() 함수 : 파일 읽기

다음 코드는 fread() 함수를 이용하여 fread.txt 파일의 내용을 읽어서 그대로 출력하는 예제입니다.

	fread.php	브라우저 출력 결과
01	$file_name = "fread.txt";	
02	$file_handle = fopen($file_name, "r");	Resource id #3
03	echo "{$file_handle} ";	fread.txt 파일의 내용
04	$contents = fread($file_handle, filesize($file_name));	fread line-1
05	echo "{$file_name} 파일의 내용 {$contents}";	fread line-2
06	fclose($file_handle);	

- 1번 라인 : $file_name 변수에 파일 이름 지정
- 2번 라인 : $file_name 파일을 r(읽기) 모드로 열고 그 시스템 자원을 $file_handle 변수에 저장
- 3번 라인 : $file_handle 시스템 자원 출력(시스템 자원이 어떤 형태인지 확인해 봄)
- 4번 라인 : $file_handle 정보를 이용하여 파일의 바이트 수 만큼 읽어서 $contents 변수에 저장
- 5번 라인 : $contents 변수에 저장된 내용을 출력
- 6번 라인 : 시스템 자원을 닫음(파일 이름을 닫지 않고 시스템 자원을 닫음)

9.1.2 fgetc() 함수 : 문자 단위 추출

다음 코드는 fgetc() 함수를 이용하여 getc.txt 파일의 내용을 읽어서 문자 단위로 출력하는 예제입니다.

	fgetc.php	브라우저 출력 결과
01	`$file_name = "fgetc.txt";`	g
02	`$file_handle = fopen($file_name, "r");`	e
03	`while ($char = fgetc($file_handle)){`	t
04	`    echo "$char  ";`	c
05	`}`	:

- 1번 라인 : $file_name 변수에 파일 이름 지정
- 2번 라인 : $file_name 파일을 r(읽기) 모드로 열고 그 시스템 자원을 $file_handle 변수에 저장
- 3번 라인 : $file_handle 정보에서 fgetc() 함수를 이용하여 1개 문자를 읽어서 $char 변수에 저장. while 구문으로 파일 끝까지 읽음.
- 4번 라인 : 읽은 1개 문자 출력

9.1.3 fgets() 함수 : 라인 단위 추출

다음 코드는 fgets() 함수를 이용하여 gets.txt 파일의 내용을 읽어서 라인 단위로 출력하는 예제입니다.

	fgets.php	브라우저 출력 결과
01	`$file_name = "fgets.txt";`	
02	`$file_handle = fopen($file_name, "r");`	gets line-1
03	`while ($str = fgets($file_handle)){`	gets line-2
04	`    echo "$str  ";`	gets line-3
05	`}`	

- 1번 라인 : $file_name 변수에 파일 이름 지정
- 2번 라인 : $file_name 파일을 r(읽기) 모드로 열고 그 시스템 자원을 $file_handle 변수에 저장
- 3번 라인 : $file_handle 정보에서 fgets() 함수를 이용하여 1개 라인을 읽어서 $str 변수에 저장. while 구문으로 파일 끝까지 읽음.
- 4번 라인 : 읽은 1개 라인 출력

9.2 파일에 내용 쓰기

파일에 내용을 쓰기 위해서는 fopen() 함수의 모드를 w, w+, a, a+, x, x+ 중 하나로 설정해야 합니다.

함수	설명
int fwrite($file_handle, $string)	$file_handle 정보를 이용하여 $string 문자열을 쓰기

다음 파일들은 w, a+, x 각 모드로 fwrite() 함수의 예제에 사용되는 텍스트 파일입니다.

fwrite_w.txt	fwrite_aplus.txt	fwrite_x.txt
write w-mode line-1 write w-mode line-2	write a-mode line-1 write a-mode line-2	write x-mode line-1 write x-mode line-2

9.2.1 fwrite() 함수 – w 모드

다음 코드는 w 모드와 fwrite() 함수를 이용하여 기존 파일에 문자열을 쓰기하는 예제입니다. 기존 파일이 없으면 지정된 파일명으로 생성합니다.

fwrite_w.php		fwrite_w.txt 파일 내용

01
02
03
04
	$file_name = "fwrite_w.txt";
	$file_handle = fopen($file_name, "w");
	fwrite($file_handle, "new text write-w");
	fclose($file_handle);
		--실행 전
		write w-mode line-1
		write w-mode line-2
		--실행 후
		new text write-w

- 1번 라인 : $file_name 변수에 파일 이름 지정
- 2번 라인 : $file_name 파일을 w(쓰기) 모드로 열고 그 시스템 자원을 $file_handle 변수에 저장
- 3번 라인 : $file_handle 정보에서 fwrite() 함수를 이용하여 기존 파일에 새로운 문자열을 쓰기(기존 파일 내용은 삭제됨)

9.2.2 fwrite() 함수 – a+ 모드

다음 코드는 a+ 모드와 fwrite() 함수를 이용하여 기존 파일의 끝에 문자열을 추가하는 예제

입니다. a, a+ 모드의 파일 포인터는 파일 끝에 있으므로 읽기를 하면 파일의 내용이 표시되지 않습니다. 기존 파일이 없으면 지정된 파일명으로 생성합니다.

fwrite_aplus.php

```php
01  $file_name = "fwrite_aplus.txt";
02  $file_handle = fopen($file_name, "a+");
03  fwrite($file_handle, "new text write-aplus");
04  $contents = fgets($file_handle);
05  echo "{$contents}";
06  fclose($file_handle);
```

fwrite_aplus.txt 파일 내용

```
--실행 전
write aplus-mode line-1
write aplus-mode line-2
--실행 후
write aplus-mode line-1
write aplus-mode line-2
new text write-aplus
```

- 1번 라인 : $file_name 변수에 파일 이름 지정
- 2번 라인 : $file_name 파일을 a+(읽기/추가) 모드로 열고 그 시스템 자원을 $file_handle 변수에 저장
- 3번 라인 : $file_handle 정보에서 fwrite() 함수를 이용하여 기존 파일의 끝에 새로운 문자열을 추가
- 4번 라인 : fgets() 함수를 이용하여 파일의 내용을 읽어서 $contents 변수에 저장
- 5번 라인 : $contents 변수의 값을 출력. 파일 포인터가 파일의 끝에 있으므로 출력할 내용은 없음

9.2.3 fwrite() 함수 - x 모드

다음 코드는 x 모드와 fwrite() 함수를 이용하여 새로운 파일을 생성하고 문자열을 쓰기하는 예제입니다. x 모드는 새로운 파일만 생성하는 방식으로 기존 파일(fwrite_x.txt)이 있으면 에러가 발생합니다.

fwrite_x.php

```php
$file_name = "fwrite_x.txt";
$file_handle = fopen($file_name, "x");
fwrite($file_handle, "new text write-x");
fclose($file_handle);
```

브라우저 출력내용

```
Warning: fopen(fwrite_x.txt): Failed
to open stream: File exists ......
Fatal error: Uncaught TypeError:
fwrite(): Argument #1 ....
```

08. HTML Form과 PHP의 연동

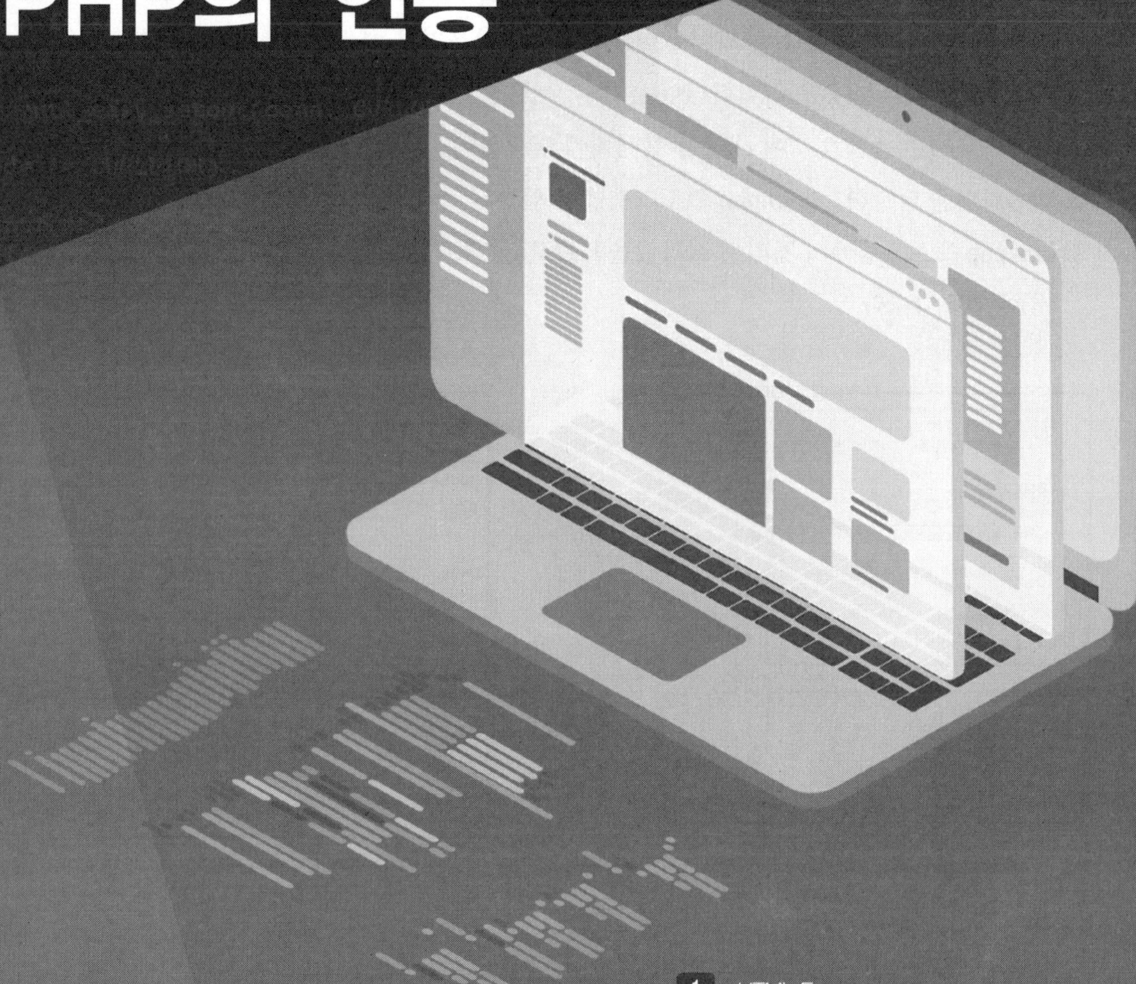

1 HTML Form
2 폼 데이터와 웹브라우저 주소창
3 폼 데이터와 php 프로그램
4 파일 업로드
5 쿠키와 세션

Chapter

08 HTML Form과 PHP의 연동

4장에서 살펴봤던 내용과 비슷한 그림을 다시한번 설명하겠습니다. 우선 클라이언트에서 서버에 회원가입 요청을 하면 서버에서는 ① 회원가입을 위한 form.html 파일을 클라이언트에 전송합니다(다운로드). 클라이언트에서는 웹브라우저를 이용하여 form.html 파일을 실행하고 사용자는 내용을 입력합니다.

② 웹브라우저는 폼에 입력된 내용을 웹서버에 전송하여 처리 요청을 합니다.

③ 회원가입을 담당하는 join.php 프로그램에서 입력된 폼 데이터를 처리합니다.

④ join.php 프로그램에서 처리된 결과값을 HTML 형태로 만들어서 클라이언트(웹브라우저)에 전송합니다.

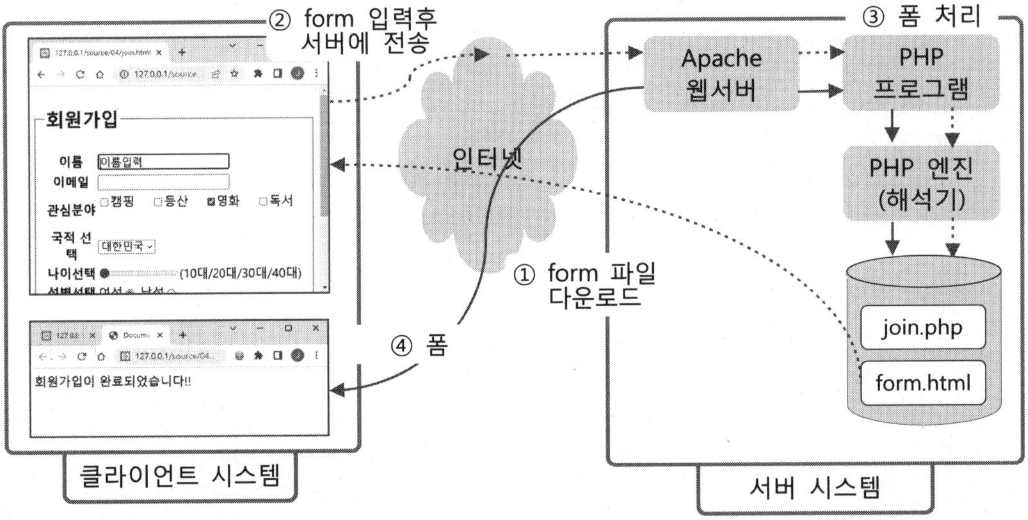

위 설명에서처럼 웹사이트 개발을 위한 PHP 프로그램은 HTML Form과 밀접한 관계가 있습니다. 본 장에서는 HTML Form의 데이터가 어떻게 PHP 프로그램에서 처리되는지를 살펴봅니다. 따라서 여러분은 HTML Form에 대해서 알고 있어야 합니다.

1. HTML Form

1.1 Form 태그의 속성

다음은 폼의 일반적인 구조입니다. 여기서 폼은 name, method, action 속성을 가지고 있으며 PHP 프로그램과 연동되는데 매우 중요한 속성들입니다.

```
<form name="m_join" method="post" action="join.php">
  <input type=text name="m_name">
  <input type=radio>
</form>
```

1.1.1 name 속성

HTML 파일에는 목적에 따라 여러 개의 폼을 가질 수 있는데, name 속성은 폼들을 구분하기 위한 속성입니다. 당연히 name 속성의 값은 달라야 합니다.

또한 입력 항목들의 name 속성 또한 중요합니다. 각 항목에 입력된 데이터들은 name 속성의 값에 보관되어 php 프로그램에 전달됩니다. 위 코드에서 텍스트 박스에 입력된 값들은 name의 속성값인 m_name에 보관되어 join.php 파일에 전달됩니다.

1.1.2 method 속성

method 속성은 입력된 폼의 항목들을 어떤 방식으로 처리할 지를 지정하는 속성입니다. 속성값에는 get, post 중 하나가 지정되며, 이들의 차이점은 다음과 같습니다.

get	post
- 전송되는 데이터 크기는 4KB 이하 - 웹브라우저의 주소창에 전송되는 데이터가 표시됨 - 서버의 데이터베이스에 있는 정보를 단순히 가져오기 위한 목적으로 사용 - 정보검색 등을 처리하는 프로그램에 데이터를 전송하는 방식 - PHP 파일에서 $_GET[" "] 전역변수로 처리	- 전송되는 데이터의 크기는 무제한 - 웹브라우저의 주소창에 전송되는 데이터가 표시되지 않음 - 서버의 데이터베이스에 데이터를 저장, 삭제, 수정, 삽입하기 위한 목적으로 사용 - 회원가입, 게시판, 로그인, 회원인증 등을 처리하는 프로그램에 데이터를 전송하는 방식 - PHP 파일에서 $_POST[" "] 전역변수로 처리

1.1.3 action 속성

action 속성은 폼에서 입력된 항목들을 처리할 PHP 프로그램 파일 이름을 속성값으로 지정합니다. 서버내 저장된 폴더명도 포함해야 합니다. 결국 폼 파일과 php 파일이 연동되는 과정을 이해해야 합니다.

1.2 폼 파일 만들기

폼 파일은 기본적으로 html 파일로 만들지만, php 파일로도 만들 수 있습니다. 다음 4개 파일은 동일하게 수행됩니다.

1.2.1 html 확장자

form_1.html 파일은 HTML 태그로 구성된 파일이며, 웹브라우저에 다운로드 되어 클라이언트 시스템에서 실행됩니다.

1.2.2 php 확장자 : HTML 태그로만 작성

form_2.php 파일은 form_1.html 파일의 내용과 동일하지만 확장자를 php로 지정했습니다. php 코드없이 HTML 태그로만 작성해도 확장자를 php로 지정할 수 있습니다.

1.2.3 php 확장자 : 여러 개의 echo 문 사용

form_3.php 파일은 여러 개의 echo 문을 사용하여 한 줄씩 웹브라우저에 전달합니다. 웹브라우저에 표시되는 내용은 html 확장자 파일과 동일하지만 동작 환경은 다릅니다. 즉 서버의 php 엔진에서 처리되어 echo 문으로 웹브라우저에 전달합니다.

php로 폼파일을 만들 경우 주의할 점은 인용부호입니다. echo 함수의 " " 기호 내부에 있는 html 태그의 속성값은 ' ' 기호를 사용해야 합니다.

1.2.4 php 확장자 : HTML 태그 전체를 echo 문 사용

form_3.php 파일은 echo 문을 한개만 사용하여 HTML 태그 전체를 웹브라우저에 전달합니다. 웹브라우저에 표시되는 내용은 html 확장자 파일과 동일하지만 동작 환경은 다릅니다. 즉 서버의 php 엔진에서 처리되어 echo 문으로 웹브라우저에 전달합니다.

form_1.html

```
<html>
 <body>
  <form method="get">
    검색<input type="text" size="10">
    <input type="submit">
  </form>
 </body>
</html>
```

form_2.php

```
<html>
 <body>
  <form method="get">
    검색<input type="text" size="10">
    <input type="submit">
  </form>
 </body>
</html>
```

form_3.php

```
<?php
echo "<html><body>";
echo "<form method='get'>";
echo "검색<input type='text' size='10'>";
echo "<input type='submit'>";
echo "</form>";
echo "</body></html>";
?>
```

form_4.php

```
<?php
echo "<html><body>
<form method='get'>
  검색<input type='text' size='10'>
  <input type='submit'>
</form>
</body></html>";
?>
```

1.3 html 파일의 실행 : 하드디스크에서 실행, 인터넷으로 실행

다음과 같이 폼을 생성하는 search_form.html 파일이 있습니다. 이 파일에는 2개의 폼이 있고 모두 get 방식이며, name 속성값을 각각 sale, info으로 지정했습니다. 또한 각 폼의 전송 버튼인 [판매검색], [학교검색]을 클릭하면 수행될 서버의 php 파일을 search_sale.php, search_info.php로 지정했습니다.

다만, 2개의 폼이 있지만 전송 버튼은 한 번에 하나만 클릭됩니다. 즉 1개의 파일에 여러 개의 폼들이 있을 수 있을 수 있으며 각각의 폼을 수행하는 버튼을 지정합니다.

search_form.html

```
<form name="sale" method="get" action="search_sale.php">
  상품검색 <input type="text" name="item" size=10><br>
  셀러검색 <input type="text" name="seller" size=10><br>
         <input type=submit value="판매검색">
</form>
<hr width=200 align=left color=blue>
<form name="info" method="get" action="search_info.php">
  대학검색 <input type="text" name="univ" size=10><br>
  고교검색 <input type="text" name="high" size=10><br>
         <input type=submit value="학교검색">
</form>
```

1.3.1 하드디스크에서 직접 실행

여기서의 폼은 html 파일에 작성됐기 때문에 인터넷 연결과 관계없이 하드디스크에서 직접 실행할 수 있습니다. 이럴 경우 웹서버를 거치지 않았기 때문에 action 속성의 php 프로그램은 수행되지 않습니다. 주소창에 입력된 파일경로 확인해 보면 하드디스크의 경로가 표시된 걸 알 수 있습니다.

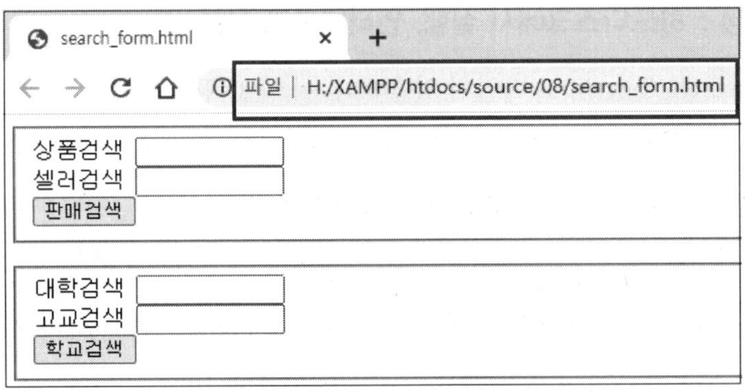

1.3.2 인터넷 접속을 통한 실행

html 파일의 폼 데이터가 php 프로그램에서 처리되려면 인터넷을 통해 웹브라우저에서 웹서버에 요청하는 방식으로 폼 파일이 수행되어야 합니다.

다음 그림처럼 주소창에는 인터넷 접속으로 html 폼 파일을 요청해야 합니다.

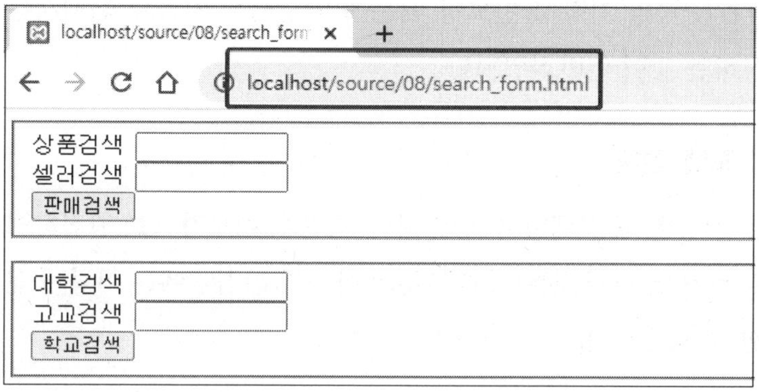

2. 폼 데이터와 웹브라우저 주소창

get 방식에서는 폼에 입력한 데이터가 주소창에 표시됩니다. search_form.html 파일을 통해 주소창에 데이터가 어떻게 표시되는지 알아봅니다.

2.1 get 방식으로 데이터 전송

다음 코드는『폼에 입력된 내용을 get 방식으로 search_sale.php 파일에 전달』한다는 의미입니다.(아직은 search_sale.php 파일은 작성되지 않은 상태입니다.)

```
<form name="sale" method="get" action="search_sale.php">
```

이 폼의 입력 항목에 다음과 내용을 입력하여 전송(판매검색) 버튼을 누르고 주소창을 확인합니다.

2.2 주소창에 표시되는 한글

폼 파일을 통해 한글 데이터를 GET 방식으로 전달할 때 파일의 인코딩에 따라 주소창에 한글의 형태가 다르게 표시됩니다. 파일 저장시 인코딩 때문에 발생되는 것으로 웹에서는 UTF-8 인코딩 방식으로 저장하는 것이 일반적입니다.

2.2.1 아스키 편집기의 저장 포맷 선택

저장 포맷은 아스키 편집기로 저장할 때 선택할 수 있습니다. 다음은 메모장으로 편집하여 저장할 때 인코딩을 선택하는 방법을 나타내는데, 대부분의 아스키 편집기에는 이렇게 인코딩으로 저장 포맷을 선택할 수 있습니다.

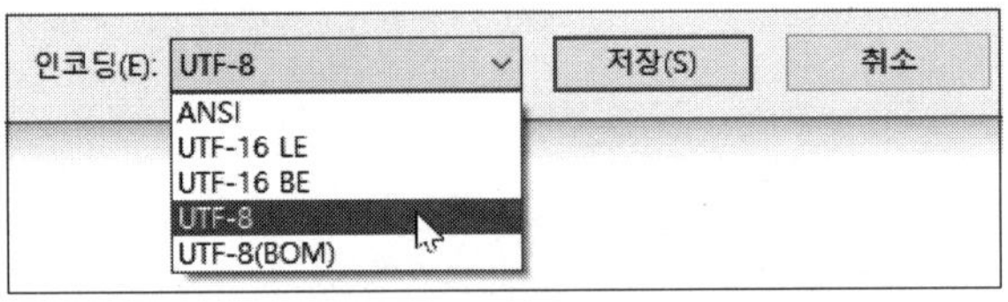

2.2.2 인코딩 방식 : ANSI, UTF-8

다음은 search_form_ansi.html, search_form_utf8.html 파일을 실행하여 영문, 한글 데이터를 서버에 전달하는 화면입니다.

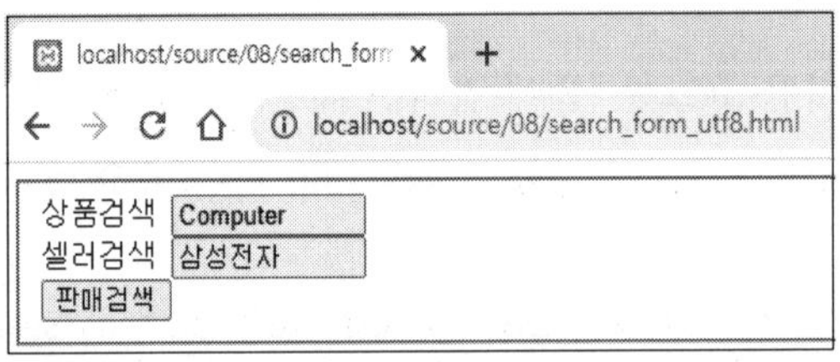

위의 폼 파일을 ANSI 또는 UTF-8 인코딩 방식으로 저장했을 때 한글이 주소창에 표시되는 형태를 나타냅니다.

저장포맷	한글 입력 표기
ANSI	http://localhost/source/08/search_sale.php?item=Computer&seller=%BB%EF%BC%BA%C0%FC%C0%DA
UTF-8	http://localhost/source/08/search_sale.php?item=Computer&seller=삼성전자

(1) ANSI 인코딩

『%BB%EF%BC%BA%C0%FC%C0%DA』 부분은 폼파일을 ANSI 방식으로 인코딩했을 때『삼성전자』에 해당됩니다. UTF-8 코드는 3바이트로 1개의 한글을 표시합니다. 이것을 분리하면 다음 표와 같습니다

한글	삼	성	전	자
ANSI 인코딩	%BB%EF	%BC%BA	%C0%FC	%C0%DA

(2) UTF–8 인코딩

그럼 파일이 UTF-8 포맷으로 저장되었다고 가정합니다.

우선 http://127.0.0.1/phptest/search_sale.php 부분은 폼 데이터를 처리할 인터넷 주소가 포함된 프로그램 이름입니다. 나머지 부분들은 다음 표의 설명과 같습니다.

한글	삼	성	전	자
UTF-8	삼	성	전	자

2.2.3 웹 브라우저에서의 한글 깨짐

html, php 파일들이 웹 브라우저에서 다음과 같이 한글이 깨지는 현상이 발생합니다.

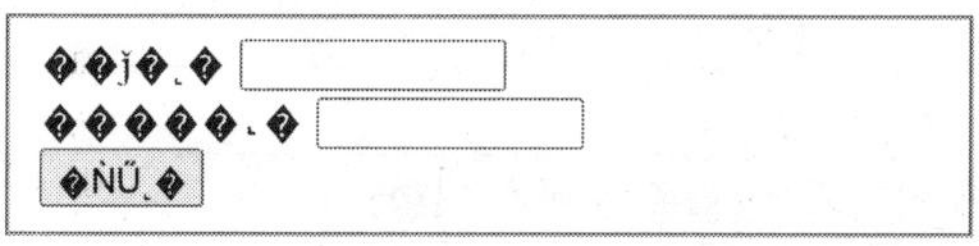

이것은 파일에서 선언한 인코딩 방식과 파일을 저장할 때의 인코딩 방식이 서로 달라서 발생합니다.

html 파일의 예로 들면 html 파일의 선언부인 <meta> 태그의 charset 속성값은 euc-kr 또는 utf-8 방식으로 지정될 수 있습니다. 이때 euc-kr 값으로 선언하면 파일저장 인코딩은 ANSI 방식을 선택해야 하고, utf-8 값이라면 UTF-8 방식을 선택해야 합니다. 이것이 일치하지 않으면 웹 브라우저에서 한글이 깨지는 현상이 발생하게 됩니다.

charset 선언	<head> <meta charset="euc-kr"> </head>	<head> <meta charset="utf-8"> </head>
파일 저장 인코딩 방식	ANSI	UTF-8

편집기에서도 한글이 깨지는 현상이 발생하는 경우도 있는데, 이것도 위와 같이 일치하지 않아서 발생하게 됩니다.

다만 요즘은 웹 브라우저에서 UTF-8 방식을 사용하기 때문에 편집기에서도 기본 인코딩 방식을 UTF-8 방식을 선택하여 저장하지만, 한글 깨짐 현상이 발생하면 파일 선언부와 저장 인코딩 방식을 반드시 확인하기 바랍니다.

2.3 주소창에 표시되는 URL

앞에서 살펴봤던 주소창에 표시되는 URL은 다음과 같이 표시됩니다.

```
http://localhost/source/08/search_sale.php?item=Computer&seller=삼성전자
```

이 URL을 구분하여 살펴보면 다음과 같습니다.

URL 구분	설명
?	프로그램과 입력된 항목을 구분하는 기호
item	텍스트 박스의 name 속성에 지정된 값(일종의 변수 역할)
=	폼에 입력한 값을 할당하는 기호
Computer	폼에 입력한 값
&	입력 항목들을 구분하는 기호
seller	텍스트 박스의 name 속성에 지정된 값(일종의 변수 역할)
=	폼에 입력한 값을 할당하는 기호
삼성전자	폼에 입력한 값

결국 『Computer 문자열을 item에 저장하고, 삼성전자 문자열은 seller에 저장하여 search_sale.php 프로그램에 전송』한다는 의미입니다.

3. 폼 데이터와 php 프로그램

인터넷을 통해 전송된 폼 데이터는 php 프로그램에서 처리되는데 get, post 방식에 따라 다릅니다. get 방식으로 전송된 데이터는 php 프로그램에서 $_GET[" "]으로 처리하고 post 방식으로 전송된 데이터는 php 프로그램에서 $_POST[" "]으로 처리합니다. 폼 입력항목의 name 속성값은 " " 기호 안에 표기됩니다.

HTML	PHP 처리
<form method = 'get'> <input type=text name='first_name'>	$_GET['first_name']
<form method = 'post'> <input type=text name='first_name'>	$_POST['first_name']

3.1 get 방식을 처리하는 php 프로그램

3.1.1 폼 데이터 그대로 처리

다음의 method_get_1.**html** 파일에서 다음과 같은 폼을 생성합니다. 전송된 데이터를 action 속성에 지정된 method_get_1.**php** 파일에서 처리합니다.

method_get_1.html	출력
<form method="get" action="method_get_1.php"> 이름 <input type="text" name="name" size=10> 나이 <input type="text" name="age" size=10> <input type=submit><input type=reset> </form>	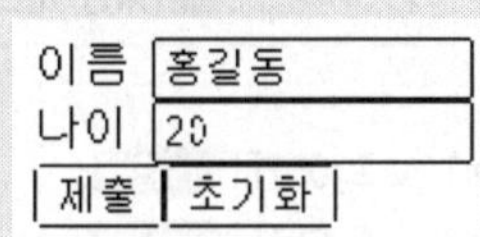

get 방식으로 데이터를 전송하면 웹브라우저의 주소표시줄에는 다음과 표시됩니다.

주소표시줄	method_get_1.php?name=홍길동&age=20

전송된 데이터는 name에 홍길동, age에 20입니다. 다음의 method_get_1.php 파일에서 글로벌 전역변수인 $_GET[" "]를 이용하여 name과 age를 php 변수로 변환합니다. 따라서 $u_name="홍길동", $u_age="20"으로 저장됩니다. 처리결과를 echo 함수를 이용하여 웹

브라우저에 전송합니다.

method_get_1.php	출력
$u_name = $_GET["name"]; $u_age = $_GET["age"]; echo "당신의 이름은 {$u_name}, 나이는 {$u_age}세 입니다 ";	당신의 이름은 홍길동, 나이는 20세 입니다

3.1.2 폼 데이터 계산

다음은 입력된 2개의 숫자를 곱해서 처리 결과를 알려주는 코드를 작성해 봅시다.

method_get_2.**html** 파일은 다음과 같이 폼을 구성하고 입력된 숫자를 actin 속성에 지정된 method_get_2.**php** 파일에 전송합니다.

method_get_2.html	출력
<form method="get" action="method_get_2.php"> 숫자1 <input type="text" name="num1" size=5> X 숫자2 <input type="text" name="num2" size=5> <p><input type=submit value="곱하기"> <input type=reset> </form>	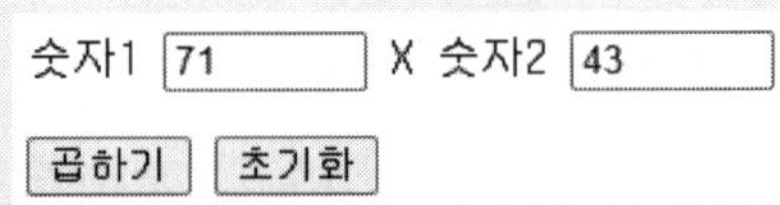

method_get_2.**php** 파일에서는 폼 파일에서 전달된 데이터를 php 변수로 처리하여 계산합니다.

method_get_2.php	출력
<?PHP $my_num1 = $_GET["num1"]; $my_num2 = $_GET["num2"]; $multi = $my_num1 * $my_num2; echo "{$my_num1} X {$my_num2} = $multi"; ?>	71 X 43 = 3053

전송된 데이터는 num1에 71, num2에 43입니다. 다음의 method_get_2.**php** 파일에서 글로벌 전역변수인 $_GET[" "]를 이용하여 num1과 num2를 php 변수로 변환합니다. 따라서 $my_num1="71", $my_num2="43"으로 저장됩니다. 처리결과를 echo 함수를 이용하여 웹 브라우저에 전송합니다.

이들 예제에는 post 방식을 사용할 필요는 없지만, get 방식 대신 post 방식을 사용해도 처리되는 결과는 동일하며 앞서 설명한 바와 같이 주소창에 데이터가 표시되지 않고 처리됩니다.

3.2 post 방식을 처리하는 php 프로그램

method 속성을 post로 지정하여 데이터를 method_post.php 파일에 전송합니다. post 방식으로 데이터를 전송할 경우에 웹브라우저의 주소표시줄에는 아무것도 표시되지 않습니다.

method_post.html	출력

<form method="post" action="method_post.php">
  이름 <input type="text" name="name" size=10>
 	
  나이 <input type="text" name="age" size=10>
 	
    <input type=submit><input type=reset>
</form>
	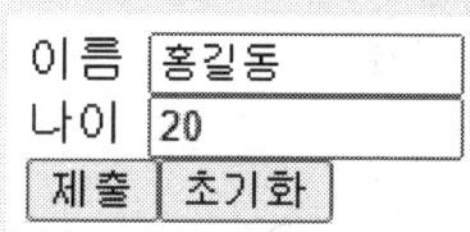

post 방식으로 데이터를 전송할 경우에 웹브라우저의 주소표시줄에는 데이터가 표시되지 않습니다.

주소표시줄	method_post.php

get 방식에서의 $_GET[" "] 대신에 $_POST[" "]을 사용합니다.

method_post.php	출력
$u_name = $_POST["name"]; $u_age = $_POST["age"]; echo "당신의 이름은 {$u_name}, 나이는 {$u_age}세 입니다 ";	당신의 이름은 홍길동, 나이는 20세 입니다

3.3 체크박스 데이터 처리

다음 코드에서 체크박스 항목들이 복수개이므로 name 속성값을 sports[]와 같이 배열로 지정했습니다. 체크박스 항목들은 인덱스 배열로 전송되며 각 배열 원소에 저장되는 값(문자열)은 축구, 농구, 야구가 아니라 value 속성의 값인 Soccer, Basketball, Baseball 이라는 점에 주의하세요.

form_check.html

```
<form method=post action=form_check.php>
  <label>[스포츠 선택]</label><br>
  <input type=checkbox name="sports[]" value="Soccer">축구
  <input type=checkbox name="sports[]" value="Basketball">농구
  <input type=checkbox name="sports[]" value="Baseball">야구
  <p><input type=submit value="전송">
</form>
```

출력

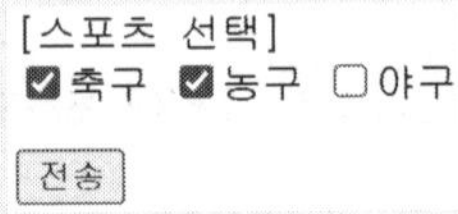

아래 코드에서 isset 함수로 체크된 항목이 있는지 우선 점검하고 진행합니다. 전송된 데이터를 2번 라인에서 php 변수화($myspo) 처리 후 for 문을 통해 체크된 배열 항목을 출력합니다.

form_check.php

```
01    if(isset($_POST['sports'])) {
02      $myspo = $_POST['sports'];
03      for($i=0; $i<count($myspo); $i++) {
04          $output = $myspo[$i];
05          echo $output." 선택 <br/>";
06        }
07    } else echo "선택 스포츠 없음";
```

출력

```
Soccer 선택
Basketball 선택
```

3.4 라디오버튼 데이터 처리

라디오버튼은 선택되는 항목은 1개이며, name 속성은 동일한 값(nation)으로 지정해야 합니다.

form_radio.html

```
<form method=get action=form_radio.php>
  <label>[국가 선택]</label><br>
  <input type=radio name="nation" value="한국">Korea
  <input type=radio name="nation" value="미국">USA
  <input type=radio name="nation" value="영국">England
  <p><input type=submit value="전송">
</form>
```

출력

아래 코드에서 isset 함수로 체크된 항목이 있는지 우선 점검하고 진행합니다. 전송된 데이터를 2번 라인에서 php 변수화($mynation) 처리 후 선택된 항목을 출력합니다.

form_radio.php

```
if(isset($_GET['nation'])) {
  $mynation = $_GET['nation'];
  echo $mynation." 선택";
} else echo "선택 국가 없음";
```

출력

한국 선택

3.5 select 항목 데이터 처리

select 항목에서 선택되는 데이터 1개이며, name 속성은 select 태그에서 지정합니다.

form_select.html

```
<form method=get action="./form_select.php">
   <label>[국가선택]</label><br>
   <select name="nation">
      <option value="한국">Korea
      <option value="미국">USA
      <option value="영국">England
    </select>
    <p><input type=submit value="전송">
</form>
```

출력

전송된 데이터를 1번 라인에서 php 변수화($mynation) 처리 후 선택된 항목을 출력합니다.

form_select.php

```
01  $mynation = $_GET['nation'];
02  echo $mynation;
```

출력

미국 선택

3.6 여러 줄(textarea) 데이터 처리

textarea 폼에는 줄바꿈(Enter 키)하여 여러 줄을 입력할 수 있습니다.

form_textarea.html

```
<form method=post action="./form_textarea.php">
   <label>응원글 입력</label><br>
   <textarea name="posting">
   </textarea>
   <p><input type=submit value="글 전송">
</form>
```

출력

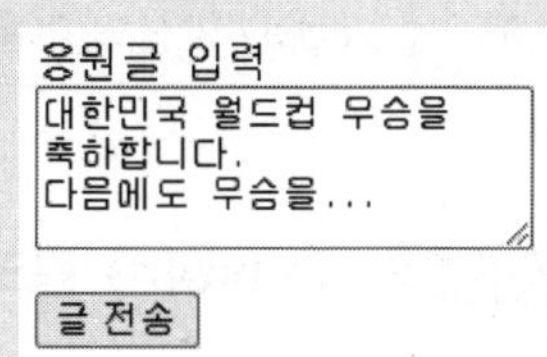

전송된 데이터를 1번 라인에서 php 변수화($mybbs) 처리 후 선택된 항목을 출력합니다. Enter 키에 의한 줄 바꿈은 웹브라우저에서는 무시되기 때문에 nl2br() 함수를 이용하여
 태그로 변환하여 웹브라우저에 전달합니다. 처리결과의 소스보기를 하면
 태그가 들어간 것을 확인할 수 있습니다.

form_textarea.php		출력
01 02	$mybbs = $_POST['posting']; echo nl2br($mybbs);	대한민국 월드컵 우승을 축하합니다. 다음에도 우승을...

3.7 hidden 데이터 처리

<input> 태그의 hidden 타입을 이용하면 사용자가 입력하지 않은 데이터를 전송할 수 있습니다.

<input> 태그의 type 속성을 hidden으로 지정하면 valeue 속성의 문자열은 웹브라우저에는 보이지 않지만 php 프로그램에 전송됩니다.

form_hidden.html	출력
<form method="post" action="form_hidden.php"> 이름 <input type="text" name="name" size=10> <input type="**hidden**" name="id" value="**A011**"> <input type=submit> </form>	

폼에서 hidden 타입으로 전송된 데이터를 php 변수화($u_id) 처리 후 출력합니다.

form_hidden.php	출력
$u_name = $_POST["name"]; $u_id = $_POST["id"]; echo "당신의 이름은 {$u_name}, ID는 {$u_id} 입니다";	당신의 이름은 홍길동, ID는 A011 입니다

3.8 <a href=> 링크로 데이터 전달

HTML <a> 태그의 링크를 클릭하면 데이터가 서버로 전달되도록 할 수 있습니다. <a> 태그로 데이터를 서버에 전달할 경우에는 GET 방식이 사용됩니다.

다음 ahref.html 코드는 ahref.php 파일에 number 속성의 값으로 123456을 전달합니다.

```
<a href=ahref.php?number=123456>링크로 데이터 전달</a>
```

위 코드는 다음과 같은 과정으로 처리됩니다.

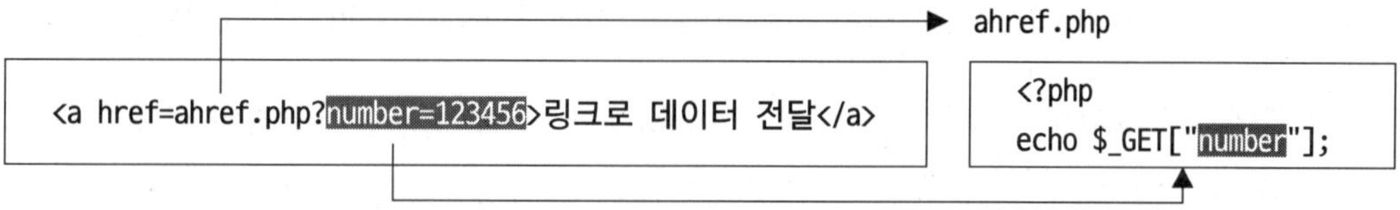

처리되는 과정은 다음 그림과 같이 ahref.html 파일의 링크를 클릭하면 ahref.php 파일에 데이터를 전달됩니다.

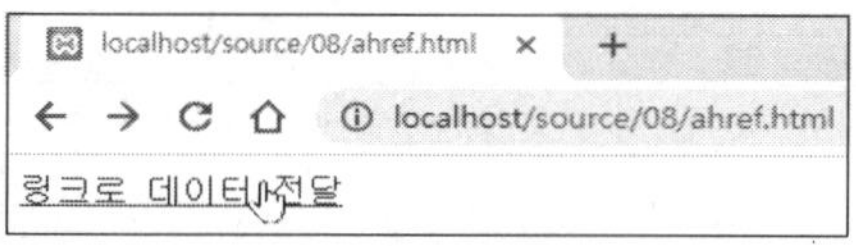

3.9 form 태그의 action 속성 값으로 php 코드 전달

다음은 form_action.html 파일입니다.

```
<form action=form_action.php?number=123456 method=post>
      <input type=submit value='수정'>
</form>
```

폼의 action 속성에 연결된 파일명은 form_action.php 이며, number 속성의 123456 값이 전달됩니다. 주의할 점은 method 속성에는 post로 지정하지만, 데이터가 노출되어 전달되기 때문에 $_GET 방식으로 처리해야 합니다.

```
<form action=form_action.php?number=123456 method=post>
```

form_action.php

```
<?php
$subject = $_GET["number"];
```

3.10 php 코드를 폼 데이터로 전달

지금까지 html 파일에서 폼 데이터를 전송하여 처리하는 방법을 살펴보았습니다.

php 파일에서도 hidden 속성을 이용하여 다른 php 코드를 데이터로 지정하여 전송할 수 있습니다.(html 파일에서는 php 코드가 실행되지 않습니다)

다음 코드는 hidden으로 지정된 id의 값을 value 속성으로 php 코드인 <?php echo $id_num; ?>으로 설정하여 form_value_result.php 파일에 전달합니다.

form_value.php

```
01  <html>
02    <body>
03      <?php
04          $id_num="A011";
05      ?>
06      <form method="post" action="form_value_result.php">
07          이름 <input type="text" name="name" size=10><br>
08          <input type="hidden" name="id"
            value="<?php echo $id_num; ?>">
09      <input type=submit>
10      </form>
11    </body></html>
```

출력

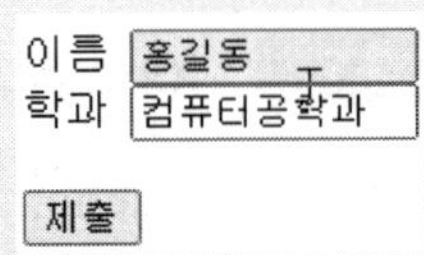

- 3~5번 라인 : $id_num 변수에 값을 저장하는 php 코드
- 8번 라인 : value 속성의 값을 4번 라인의 php 변수($id_num) 값으로 지정하여 프로그램에 전달

form_value_result.php	출력
$u_name = $_POST["name"]; $u_id = $_POST["id"]; echo "당신의 이름은 {$u_name}, ID는 {$u_id} 입니다";	당신의 이름은 홍길동, ID는 A011 입니다

* value="<?php echo --- ?>" 형태의 코드는 php 파일에서 자주 활용되는 코드입니다.

4. 파일 업로드

사용자 파일을 서버에 전송하는 것을 업로드라고 하며, <form> 태그를 통해 수행합니다. 파일 업로드를 위해서는 우선 php.ini 환경설정 파일에서 관련된 설정을 해야 합니다.

php.ini 환경설정 파일은『/xampp/php/php.ini』폴더나 xampp 컨트롤 판넬에서 확인할 수 있습니다.

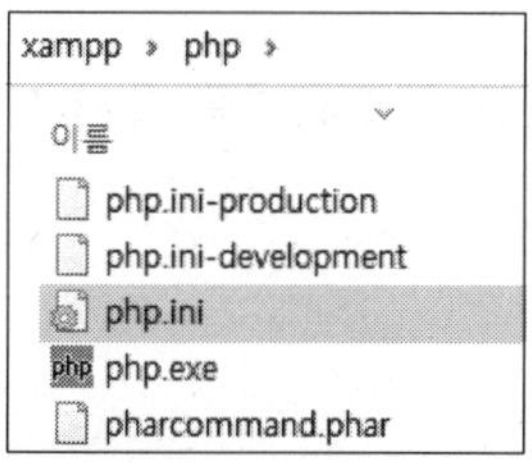

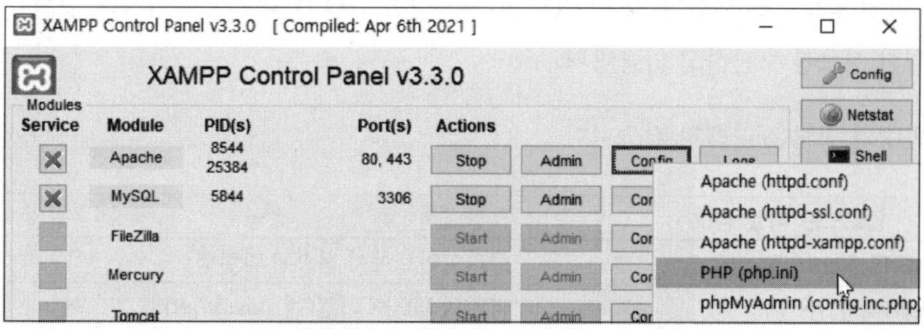

php.ini 파일을 편집기로 실행하여 upload 키워드로 검색하면 834번 라인부터 파일 업로드 관련 설정 내용이 나옵니다.

839, 844, 848, 851번 라인이 중요한 부분인데 일반적인 설정이 이미 되어 있기 때문에 수정할 부분은 없지만, 각 부분에 대한 의미는 알아둘 필요가 있습니다.

```
834  ; File Uploads ;
 :     :
839  file_uploads=On
 :     :
844  upload_tmp_dir="H:\xampp\tmp"
 :     :
848  upload_max_filesize=40M
 :     :
851  max_file_uploads=20
```

- 839 라인은 서버에서 파일 업로드를 가능 여부를 설정하는 부분입니다. file_uploads 속성 기본값은 On 이며, 파일 업로드를 허용하지 않으려면 Off 값으로 설정합니다.
- 844 라인은 업로한 파일을 임시로 저장하는 폴더를 지정합니다.
- 848 라인은 업로드 파일의 최대 크기를 지정합니다.
- 851 라인은 한번 전송으로 업로드되는 파일들의 최대 개수를 지정합니다.

기본 설정 값으로 예제를 수행하겠습니다. 만약 설정을 수정하면 Apache 웹서버를 다시 시작해야 합니다.

4.1 $_FILES 전역 배열 변수

$_FILES는 파일 업로드를 위한 전역 배열(연관) 변수이며, HTTP POST 방식으로 업로드된 파일에 대한 정보를 보관하고 있습니다.

연관 배열 변수의 정보는 다음과 같습니다.

업로드된 파일 정보	설명
$_FILES['userfile']['name']	클라이언트에서 전송된 파일명
$_FILES['userfile']['type']	파일의 MIME 타입(예 : image/gif)
$_FILES['userfile']['size']	파일의 크기(바이트 수)
$_FILES['userfile']['tmp_name']	서버에 저장된 임시 파일명
$_FILES['userfile']['error']	업로드 파일 관련 에러 코드

name, type, size, tmp_name, error 등은 연관 배열 첨자이며 임의대로 수정할 수 없습니다.

userfile은 HTML 폼의 <input type="file" name="upfile"> 에 있는 name 속성 값과 동일해야 합니다.

4.2 파일 업로드 폼

파일 업로드를 하기 위해선 다음 코드와 같이 <form> 태그를 이용합니다. enctype 속성은 form 태그의 method 속성이 post 일 경우에만 사용할 수 있습니다. enctype 속성값은 다음 중 하나이며 파일 업로드 시에는 multipart/form-data 값을 사용합니다.

enctype 속성값	기능
application/x-www-form-urlencoded	기본값이며 전송할 문자데이터들을 인코딩하여 서버에 전송할 때 사용
text/plain	공백문자를 + 기호로 변환되며, 나머지 문자는 모두 인코딩하지 않고 서버에 전송할 때 사용
multipart/form-data	파일이나 이미지를 서버에 전송할 때 사용

다음의 upload_form.php 파일은 폼 파일이며 이 파일에서 전송된 파일은 upload_file.php 파일을 통해 업로드됩니다.

upload_form.php

```
01  <form action="upload_file.php" method="post"
    enctype="multipart/form-data">
02      <input type="file" name="upfile"><p>
03      <input type="submit" value="파일 업로드">
04  </form>
```

브라우저 출력

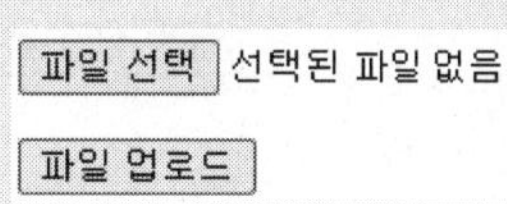

- 1번 라인 : 폼이 전송되면 업로드될 파일을 upload_file.php로 지정
- 2~3번 라인 : type 속성을 file로 지정하여 업로드 기능 설정

4.3 파일 업로드 함수

폼파일에서 선택된 파일은 다음의 move_uploaded_file() 함수를 이용하여 업로드 합니다.

업로드된 파일 정보	설명
bool move_uploaded_file($from, $to)	$from 경로(임시경로)에 업로드된 파일을 $to 경로/파일명으로 이동

다음의 upload_file.php 파일은 전송된 파일을 서버의 저장경로에 업로드합니다.

upload_file.php

```
move_uploaded_file($_FILES['upfile']['tmp_name'], $_FILES['upfile']['name']);
//move_uploaded_file($_FILES['upfile']['tmp_name'], 'upfolder/myfile');
echo "파일 이름 : {$_FILES['upfile']['name']} <br>";
echo "파일 타입 : {$_FILES['upfile']['type']} <br>";
echo "파일 크기 : {$_FILES['upfile']['size']} byte <br>";
echo "임시 파일명 : {$_FILES['upfile']['tmp_name']} <br>";
echo "에러 메시지 : {$_FILES['upfile']['error']} <br>";
```

4.3.1 폼 파일과 업로드 파일과의 관계

폼 파일에서 선택된 파일명(favicon.ico)은 upload_file.php 파일의 슈퍼 전역변수인 $_FILES의 2번째 배열항목 name에 저장되어 관리됩니다.

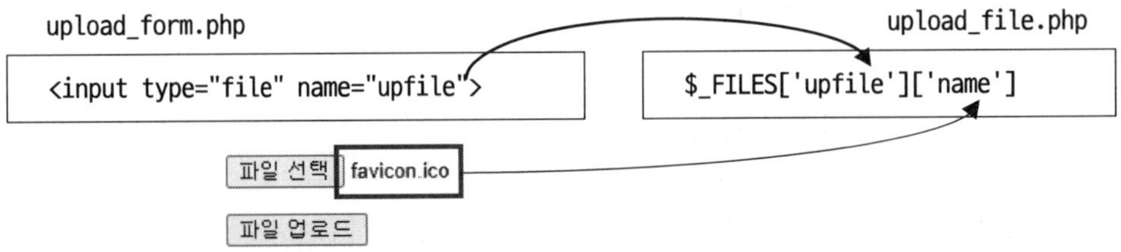

5. 쿠키와 세션

5.1 HTTP의 특징

웹서비스 환경에서 클라이언트와 서버는 HTTP(Hyper Text Transfer Protocol) 방식으로 통신을 합니다.

HTTP 통신은 Connectionless(비연결성), Stateless(무상태) 이라는 2가지 특성이 있습니다.

5.1.1 Connectionless(비연결성)

비연결성은 클라이언트가 서버에 요청을 하고 서버가 클라이언트에게 응답을 보내면 접속이 끊어지는 특성입니다. 즉 웹 브라우저에서 링크를 클릭(요청)할 때마다 접속되어 서버에서 정보를 전송(응답)한 후 끊기고 하는 상황이 계속 진행됩니다.

5.1.2 Stateless(무상태)

무상태는 통신이 끝나면 상태 정보를 유지하지 않는 특성입니다. 연결을 끊는 순간 클라이언트와 서버의 통신이 끝나며 상태 정보는 유지하지 않는 상황이 발생합니다.

5.2 Session(세션)

세션의 일반적인 의미는 클라이언트의 요청과 서버의 응답 사이에 연결이 유지되는 기간을 뜻합니다. 예를 들어 로그인 후 로그아웃 때까지 연결이 지속되는 기간을 의미합니다.

HTTP의 비연결성, 무상태 특성에 따라 인터넷 쇼핑몰에서 검색중에 장바구니에 담은 물품 기록 등이 사라지게 됩니다. 또한 로그인 정보를 잃어버리기 때문에 다시 로그인해야 합니다. 이러한 문제를 해결하기 위해서는 클라이언트와 서버 간의 상태와 정보 등을 유지하는 인증 방법이 필요한데 이것이 바로 쿠키와 세션입니다.

5.3 쿠키(Cookie)

쿠키란 서버에서 웹 클라이언트에 전송하는 작은 데이터 조각을 의미합니다. 이 데이터 조각은 텍스트 파일 형태이며 사이트 개발자가 생성하여 클라이언트 컴퓨터에 저장하게 되는데, 이를 통해 서버는 클라이언트의 연결 상태를 확인합니다.

쿠키 파일은 4KB 크기이며 최대 300개까지 저장할 수 있으며, 이름, 값, 만료날짜, 경로 등의 정보가 기록됩니다.

다음 그림은 ID를 입력했을 경우에 쿠키의 동작 상황을 도식화 예입니다.

① : 웹브라우저의 폼에서 ID 정보를 입력하면 php 파일에 전달합니다.

② : php 파일에서 ID 정보를 쿠키로 생성하여 클라이언트 시스템(하드디스크)에 저장합니다.

③ : 웹브라우저에 다시 그 사이트에 접속하면 클라이언트 시스템에 저장된 ID 정보를 사용합니다.

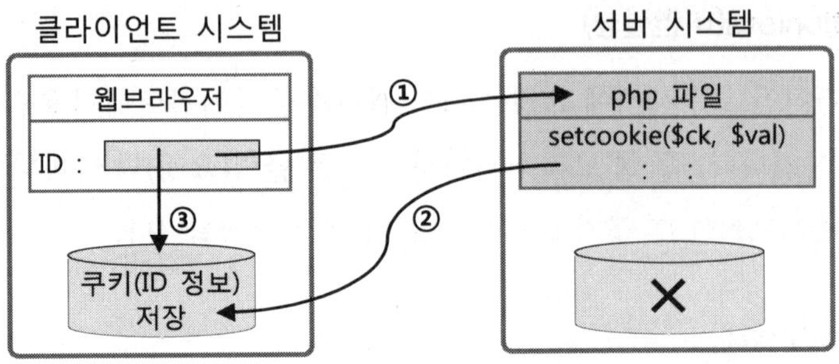

5.3.1 쿠키의 역할

쿠키에는 로그인 정보나 장바구니 정보 등이 저장됩니다. 서버에 직접 저장하지 않고 클라이언트 컴퓨터에 정보를 저장해서 다음에 접속했을 때 사이트를 좀더 빠르게 사용할 수 있게 하는 역할을 수행합니다. 또한 클라이언트의 정보로 인증을 수행하기 때문에 서버의 역할을 줄이고, 용량도 아낄 수 있고 서버가 해킹을 당해도 클라이언트는 안전하다는 장점이 있습니다.

5.3.2 쿠키의 생성

쿠키의 생성과 전송은 setcookie() 함수를 사용합니다. 쿠키를 생성할 때 이름과 값뿐만 아니라 여러 가지 옵션을 지정할 수 있는데 대표적으로 쿠키의 지속시간 등이 있습니다.

```
bool setcookie($name, $value = "", $expire, $path, $domain, $sequre, $http)
```

다음 표는 쿠키 생성 옵션에 대한 설명입니다.

파라메터	설명
name	쿠키의 이름이며 키 역할
value	쿠키의 값. 클라이언트 컴퓨터에 저장. $COOKIE['name']으로 값 추출
expire	쿠키의 소멸 시간. time()+초단위 형태로 소멸기간 지정
path	쿠키가 적용될 서버에서의 경로. / 경로는 서버 전체에 적용
domain	쿠키가 적용될 도메인 주소의 범위.
secure	HTTPS 방식으로 접속해야 할 경우 true 설정
http	HTTP 방식으로만 접속해야 할 경우 true 설정

5.3.3 쿠키 내용 출력

생성된 쿠키의 값은 슈퍼 전역변수인 $_COOKIE[]를 이용하여 출력합니다.

```
$_COOKIE['쿠키이름']
```

5.3.4 쿠키 삭제

쿠키의 삭제는 쿠키 생성과 마찬가지로 setcookie() 함수를 사용합니다. 삭제할 쿠키 이름만 지정하면 됩니다.

```
bool setcookie('쿠키이름‘); 또는 setcookie('쿠키이름', '', time()-1);
```

5.3.5 쿠키 활용 예제

다음은 로그인 폼에서 사용자의 입력 값으로 쿠키를 생성하고 생성된 쿠키를 확인하는 예제입니다.

로그인 폼파일		쿠키 생성 파일		쿠키 보기 파일		쿠키 삭제 파일
login_cookie.php	→	setcookie.php	→	view_cookie.php	→	del_cookie.php

login_cookie.php

```
01 <form method=post action=setcookie.php>
02   <input type=text name=userid>
03   <input type=submit>
04 </form>
```

결과

- 1번 라인 : 제출 버튼 클릭시 실행할 파일을 setcookie.php 지정
- 2번 라인 : 입력된 값을 userid 변수에 저장하여 setcookie.php 파일에 전달

setcookie.php

```
$cookie_name = "login";
$cookie_value = $_POST["userid"];
setcookie($cookie_name, $cookie_value, time()+3600);
  :   :
<a href="./view_cookie.php">쿠키 보기</a>
```

결과

쿠키 보기

- 1번 라인 : 쿠키 이름을 login으로 지정하여 $cookie_name 변수에 저장
- 2번 라인 : 폼 파일의 userid 변수에서 전달된 값을 $cookie_value 변수에 저장
- 3번 라인 : setcookie() 함수로 3,600초(1시간) 지속되는 쿠키 생성

view_cookie.php		결과
01	<body> 로그인 ID : <?php echo $_COOKIE['login']; ?> </body>	로그인 ID : wonjuman

- 1번 라인 : 슈퍼 전역변수인 $_COOKIE[]를 이용하여 login 쿠키 이름의 값을 출력.

del_cookie.php	

01	<?php
	  setcookie('login'); //setcookie('login', '', time()-1);
	?>

- 1번 라인 : setcookie() 함수에 쿠키 이름을 지정하여 삭제. time()-1 시간 설정으로 삭제 가능

5.3.6 쿠키 파일 저장경로

쿠키 파일은 클라이언트 컴퓨터에 저장되는데, 저장 경로는 웹브라우저마다 다릅니다. 크롬의 경우에는 다음과 같습니다.

```
C:\Users\user_name\AppData\Local\Google\Chrome\User Data\Default\Sessions
```

위 경로에 있는『Session_xxxxxxx』파일이 쿠키 파일입니다. 쿠키 파일은 인코딩되어 있기 때문에 아스키 편집기로는 일부만 확인됩니다.

5.3.7 웹브라우저에서 쿠키 관리

생성된 쿠키 내용은 웹브라우저에서 확인할 수 있습니다. 웹브라우저의 개발자도구(F12)를 실행하면 다음과 같이 Application 탭에 Cookies 항목이 있습니다.

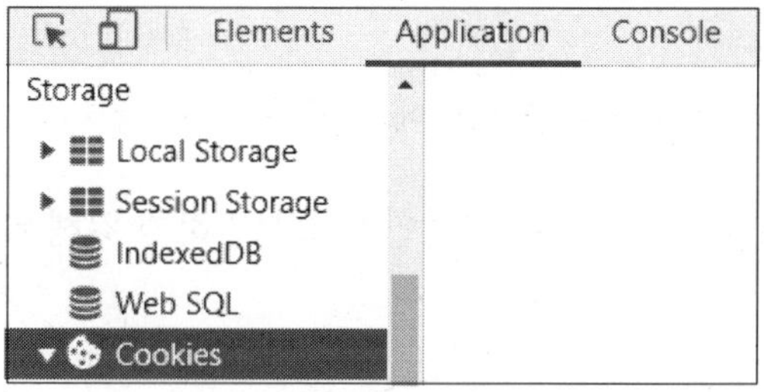

위 쿠키 생성 예제를 이용하면 다음과 같이 쿠키 생성과 관련된 내용들이 표시됩니다.

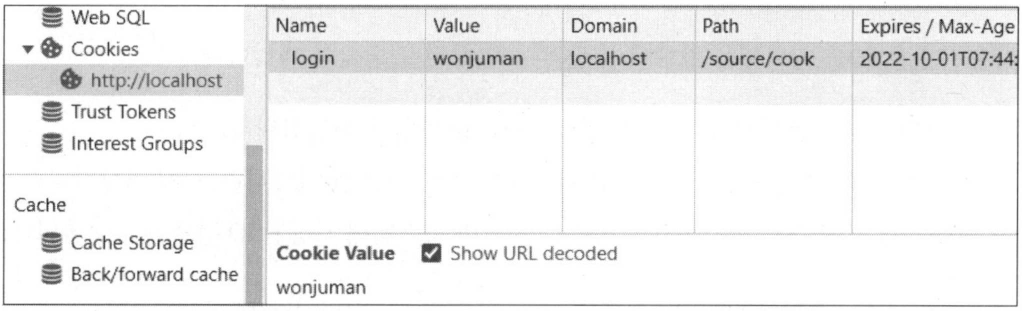

만약 여러 사람이 사용하는 컴퓨터에 쿠키가 저장되면 사용자의 정보가 노출될 수 있습니다. 이런 상황을 방지하기 위해 앞에서 설명한 쿠키 파일을 삭제해도 되지만, 웹브라우저에서 간단히 삭제할 수 있습니다.

쿠키 사이트 목록에서 마우스 오른쪽 버튼의 Clear 기능을 선택하거나, 쿠키 목록에서 마우스 오른쪽 버튼의 Delete 기능을 선택하면 삭제됩니다.

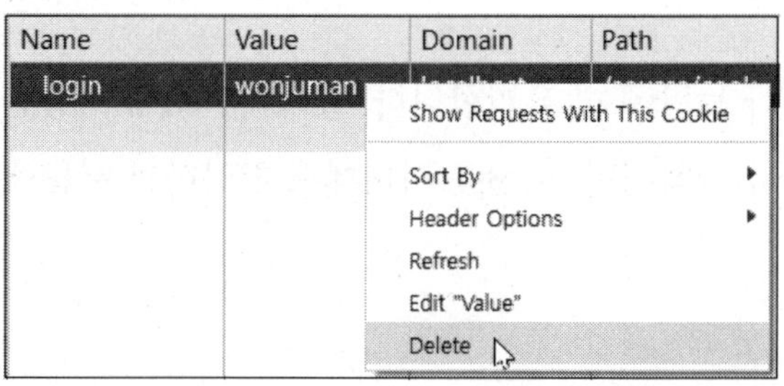

5.4 세션(Session)

세션은 클라이언트와 서버간의 로그인 유지에 관련된 정보를 서버에 저장하는 방식입니다.

세션 관련 정보들이 서버에 저장된다고는 하지만 어떤 클라이언트인지를 식별하기 위해서는 결국 쿠키를 사용합니다.

서버에 저장되는 세션 정보는 세션 상태, 클라이언트 상태, 세션 데이터 등이며, 고유한 세션 ID 값인 세션 쿠키를 클라이언트에 저장하여 서버가 클라이언트를 식별할 수 있도록 합니다. 쿠키와 달리 용량에 제한이 없습니다.

다음 그림은 ID를 입력했을 경우에 세션의 동작 상황을 도식화 예입니다.

① : 웹브라우저의 폼에서 ID 정보를 입력하면 php 파일에 전달합니다.
② : php 파일에서 ID 정보를 세션으로 생성하여 서버 시스템(하드디스크)에 저장합니다.
③ : 웹브라우저에 다시 그 사이트에 접속하면 서버 시스템에 저장된 ID 정보를 사용합니다.

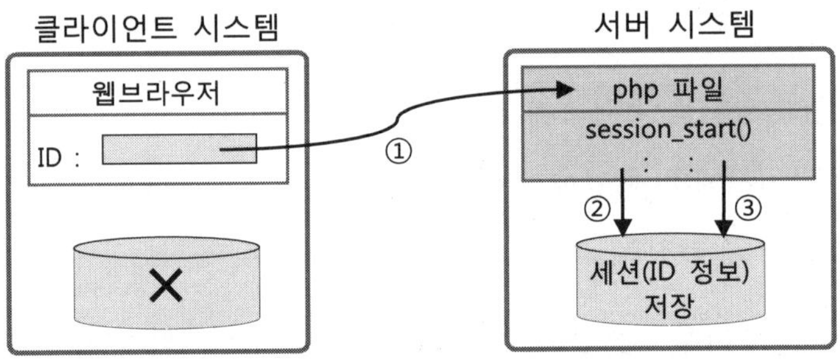

5.4.1 세션의 역할

세션은 쿠키의 역할과 비슷하지만, 접속 관련 정보가 서버에 저장되기 때문에 서버의 자원(CPU, 메모리)을 이용하여 인증을 수행하게 되어 쿠키에 비해 다소 느릴 수 있으며, 서버가 해킹되면 클라이언트 정보도 유출될 수 있습니다.

서버 해킹 문제만 아니라면 세션이 쿠키보다 보안에 더 유리합니다. 클라이언트에 저장된 쿠키 파일은 조작될 가능성이 있어 보안에 취약하지만, 세션은 서버에서 처리하기 때문에 비교적 보안성이 좋습니다.

5.4.2 세션의 생성

세션은 session_start() 함수를 이용하여 생성하며, 슈퍼 전역변수인 $_SESSION[]을 이용하여 세션 이름과 값을 설정합니다.

```
session_start();
$_SESSION['세션이름'] = '세션값';
```

5.4.3 세션 내용 출력

생성된 세션의 값은 슈퍼 전역변수인 $_SESSION[]를 이용하여 출력합니다. 주의할 점은 session_strat() 함수를 먼저 수행해야 합니다.

```
session_start();
$_SESSION['세션이름'];
```

5.4.4 세션 삭제

생성된 세션은 unset() 함수를 이용하여 삭제합니다. 주의할 점은 session_strat() 함수를 먼저 수행해야 합니다. 등록된 모든 세션을 삭제하려면 session_unset() 함수를 사용합니다.

```
session_start();
unset($_SESSION['세션이름']); // 특정 세션 삭제
session_unset(); // 모든 세션 삭제
```

5.4.5 세션 활용 예제

다음은 로그인 폼에서 사용자의 입력값으로 쿠키를 생성하고 생성된 쿠키를 확인하는 예제입니다.

로그인 폼파일		세션 생성 파일		세션 보기 파일		세션 삭제 파일
login_session.php	→	session.php	→	view_session.php	→	del_session.php

login_session.php

```
01  <form method=post action=session.php>
02    <input type=text name=userid>
03    <input type=submit>
04  </form>
```

결과: [wonjuman] [제 출]

- 1번 라인 : 제출 버튼 클릭시 실행할 파일을 session.php 지정
- 2번 라인 : 입력된 값을 userid 변수에 저장하여 session.php 파일에 전달

session.php

```
01  session_start();
02  $_SESSION['login'] = $_POST['userid'];
       :   :
03  <a href="./view_session.php">세션 보기</a>
```

결과: 세션 보기

- 1번 라인 : 세션 시작 수행
- 2번 라인 : 폼 파일의 userid 변수에서 전달된 값을 login 세션 이름에 저장

view_session.php

```
01  session_start();
02  echo "로그인 ID :", $_SESSION['login'];
```

- 1번 라인 : 세션 시작 수행
- 2번 라인 : 슈퍼 전역변수인 $_SESSION[]를 이용하여 login 세션 이름의 값을 출력.

del_session.php

```
01  session_start();
02  unset($_SESSION['login']);
```

- 1번 라인 : 세션 시작 수행
- 2번 라인 : unset() 함수에 세션 이름을 지정하여 삭제.

세션 삭제후 세션 보기를 시도하면 다음과 같이 출력되어 세션이 삭제된 것이 확인됩니다.

```
Warning: Undefined array key "login" in
```

5.4.6 세션 파일 저장경로

세션 파일은 서버 컴퓨터에 저장되는데, 저장 경로는 웹서버마다 다를 수 있습니다. 아파치 웹서의 경우에는 다음과 같습니다.

```
H:\xampp\tmp
```

위 경로에 있는『sess_57vo921t7xxxx』파일이 세션 파일입니다. 세션 파일은 서버 관리자가 아스키 편집기로 확인할 수 있습니다. 서버 컴퓨터에 저장된 세션 파일의 내용은 다음의 형태입니다.

```
login|s:8:"wonjuman";
```

5.4.7 웹브라우저에서 세션 관리

쿠키와 달리 사용자가 입력한 세션 정보는 웹브라우저에서 확인할 수 없습니다. 대신 세션 이름은 PHPSESSID로 표시되며 값은 57vo921t7xxxx 형태로 나타납니다(세션 파일명 sess_가 제외된 형태).

웹브라우저의 개발자도구(F12)를 이용하면 다음과 같이 표시됩니다.

사용자 입력 정보가 표지되지는 않지만 클라이언트의 웹브라우저에서도 세션 정보를 삭제할 수 있습니다.

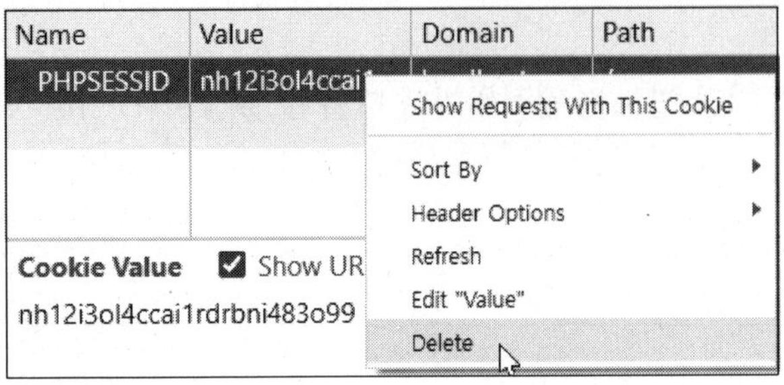
Name
Value
Domain
Path
PHPSESSID
nh12i3ol4ccai
Show Requests With This Cookie
Sort By
Header Options
Refresh
Edit "Value"
Delete
Cookie Value
Show UR
nh12i3ol4ccai1rdrbni483o99

09. 데이터베이스와 MariaDB

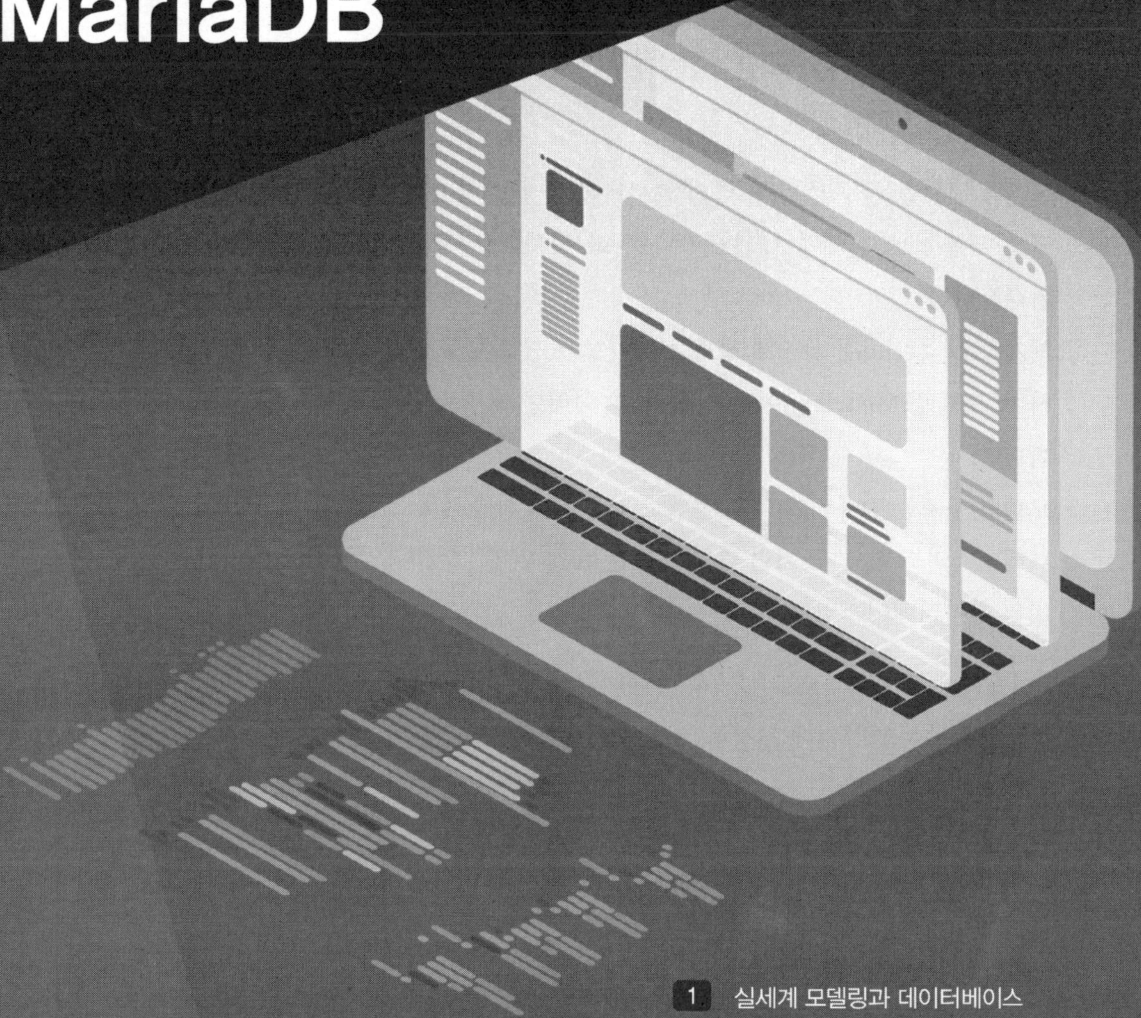

Chapter 09

데이터베이스와 MariaDB

1. 실세계 모델링과 데이터베이스

데이터베이스(DB : DataBase)란 ①실세계에서 발생하는 정보들을 ②체계적으로 정리하여 ③컴퓨터에 저장된 것을 의미합니다.

① 실세계 정보란 친구 주소록, 나의 도서목록 등 개인적이고 작은 정보에서부터 직원급여 정보, 부품정보, 회계정보, 납세정보 등 회사, 학교, 관공서에 이르기까지 매우 다양하고 방대합니다.

② 체계적 정리란 이런 실세계 정보들 알아보기 쉽도록 표의 형식으로 구조화하는 것을 말하며, 모델링(Modeling)이라고 합니다. 이러한 모델링 과정을 스키마(Schema)라고도 합니다.

③ 모델링 구조는 컴퓨터에 파일 형태로 저장되어 지속적으로 활용하게 되는데, 이를 데이터베이스라고 합니다. 이런 파일 형태는 흔글 파일, 엑셀 파일일수도 있지만 이는 큰 의미의 데이터베이스입니다.

컴퓨터공학에서 일반적으로 얘기하는 데이터베이스는 MariaDB(MySQL), Oracle와 같은 도구를 활용하여 컴퓨터에 저장하는 것을 의미합니다.

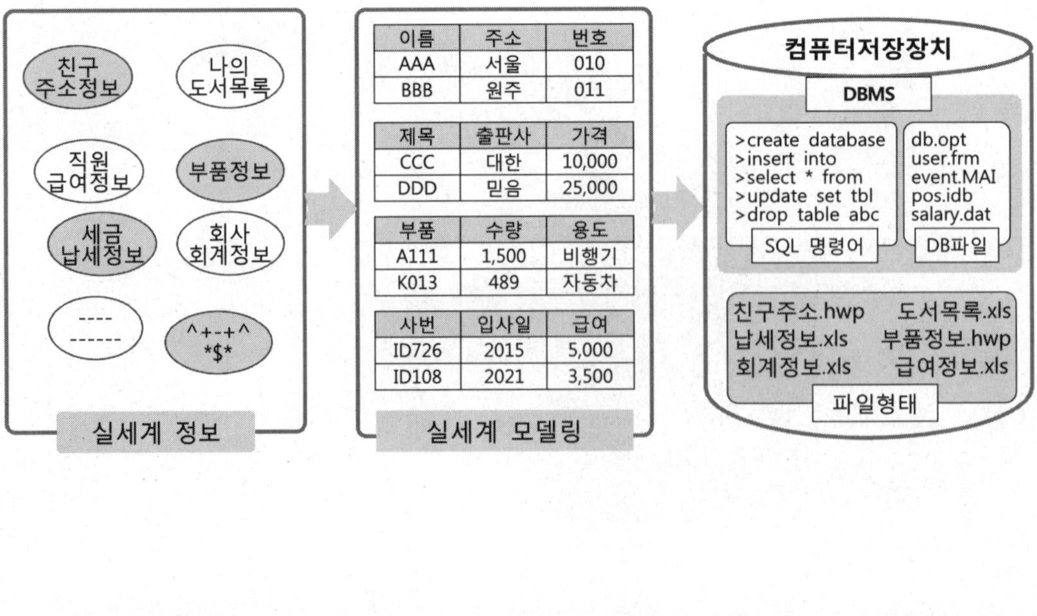

MariaDB(MySQL), Oracle 도구들은 실세계의 모델링된 데이터를 저장, 수정, 삽입 등을 할 수 있는데 이를 데이터베이스 관리시스템(DBMS : DataBase Management System)이라고 합니다.

2. DB와 DBMS

DB는 데이터가 정해진 형식과 구조로 컴퓨터에 저장된 데이터의 집합체입니다. DBMS는 DB의 구조를 생성하고 데이터를 저장, 삭제, 변경 등 데이터의 체계적 관리와 효율적인 사용을 지원하는 소프트웨어 시스템입니다. 우리가 학습하는 MaridDB가 DBMS이며 이외에도 Oracle, MSSQL, Infomix, SyBase 등의 DBMS가 있습니다.

2.1 DB 구성요소

앞의 설명에서 실세계 정보를 표(table) 형식으로 모델링 한다고 했습니다. 이러한 표의 형식은 일정한 구조와 체계를 갖추고 있으며(개념 스키마), 이 구조와 체계가 컴퓨터에 저장되면 이것이 데이터베이스(저장 스키마) 입니다.

표 형식의 구조를 살펴보면 각각의 명칭들이 있는데 DB에서도 그대로 사용됩니다.

친구 주소록 정보를 예를 들어 설명하겠습니다. 사람마다 다를 수 있겠지만, 보통 친구 주소록 정보는 다음과 같이 표로 만들 수 있고 실제 데이터가 아닌 친구주소록, 이름, 주소, 전화번호, 인연 등의 단어는 데이터를 구분하는 용어입니다. 이들 데이터 구분 용어들은 DBMS에서 식별자 역할을 하기 때문에 영문자로 표기해야 합니다.

친구주소록

이름	주소	전화번호	인연
김준일	서울 ###	02-1234	고교동문
박수호	강원 &&&	033-4567	대학동문
:	:	:	:
이정은	부산 @@@	010-5790	동네친구

⇨

friends_book

name	addr	phone	relation
김준일	서울 ###	02-1234	고교동문
박수호	강원 &&&	033-4567	대학동문
:	:	:	:
이정은	부산 @@@	010-5790	동네친구

다음은 위 friends_book 테이블을 기준으로 데이터베이스에서 사용되는 중요한 용어들입니다.

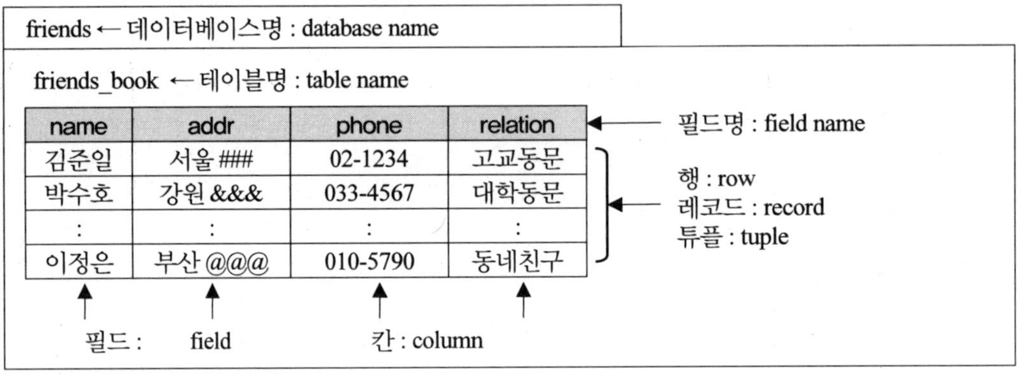

위 용어들의 자세한 설명은 다음 표와 같습니다.

용어	설명	예
database	하나의 업무 단위를 의미하며 여러 개의 테이블로 구성됨(학사DB, 회계DB)	firends
table	여러 종류의 데이터를 저장하기 위한 구조이며 여러 개의 table들이 모여서 하나의 DB를 구성함 (학사DB는 학생 table, 성적 table, 수강 table 등으로 구성됨)	friends_book
field column	데이터를 저장하는 최소 단위이며, 여러 개의 field들이 모여서 하나의 table을 구성함 (학생 table은 학번 field, 이름 field, 주소 field 등으로 구성됨)	name, addr, phone, relation
row record tuple	각 field들에 입력된 데이터의 모임으로 행단위로 표현됨	김준일 | 서울 ### | 02-1234 | 고교동문

정리하면 그림과 같이 하나의 DMBS 내부에는 여러 개의 데이터베이스들로 구성되며, 각 데이터베이스 내부에는 여러 개의 테이블들이 생성됩니다.

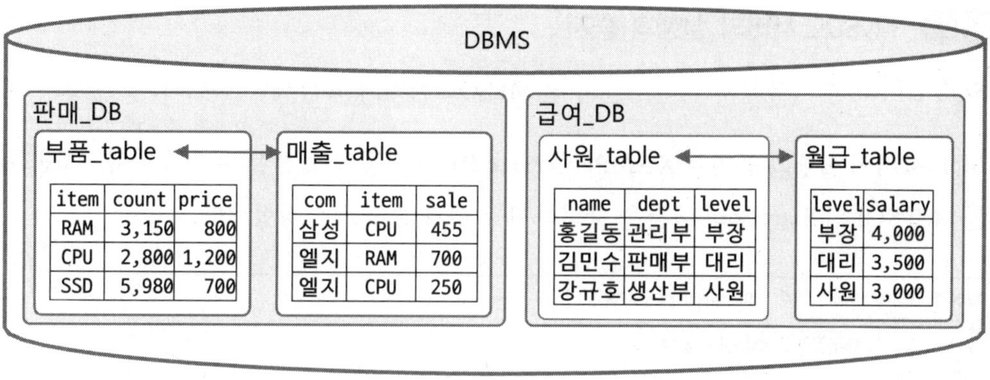

3. MySQL 서버 접속

MariaDB는 무료로 사용 가능한 오픈소스 형태의 DBMS 소프트웨어이며 MySQL DBMS와 거의 모든 기능이 호환됩니다. 본 도서에서 MariaDB와 MySQL 용어를 혼용해서 사용하고 있는데 둘은 동일하다고 생각해도 됩니다.

MySQL 서버는 백드라운드 프로세스이며 데몬(daemon)이라고 합니다. 이것이 시스템에 백그라운드 프로세스로 동작하게 되면, MySQL의 클라이언트 프로그램인 mysql.exe를 통해서 접속할 수 있습니다.

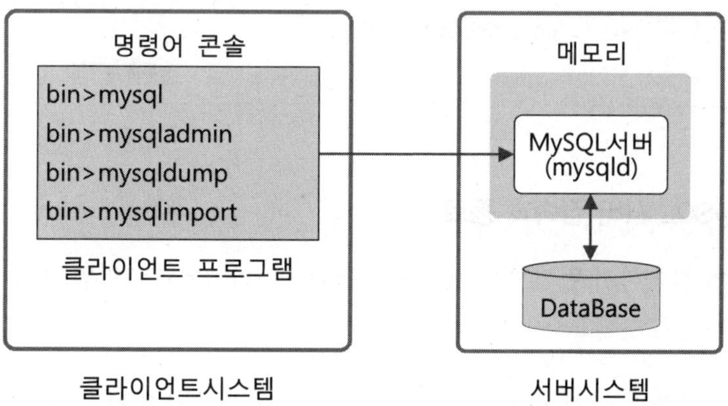

MySQL의 클라이언트 프로그램은 mysqladmin.exe, mysqldump.exe 등이 있는데 자세한 설명은 1장의 1절에서 살펴봅니다.

3.1 MySQL 서버의 실행과 중지

MySQL DBMS를 사용하기 위해서는 우선 MySQL 서버가 동작해야 합니다.

MySQL 서버의 실행과 중지는 XAMPP Control Panel을 통해 설정할 수 있습니다. 아래 화면에서 MySQL의 Start/Stop 버튼을 클릭하여 실행과 중지를 설정합니다.

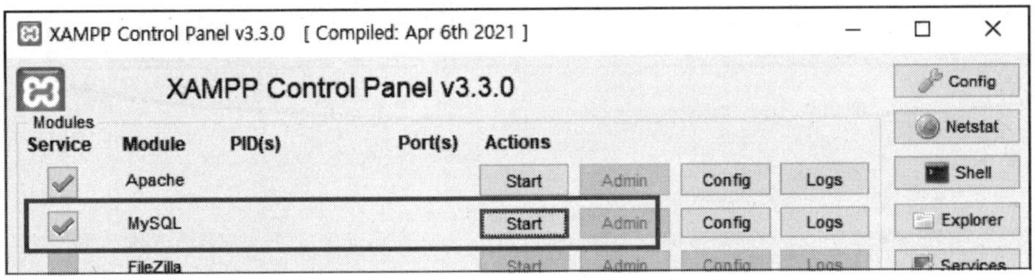

MySQL 서버가 동작중이면 작업 관리자(Alt+Ctrl+Del) 창에서 백그라운드 프로세스 목록에서 mysqld.exe 프로그램이 확인됩니다.

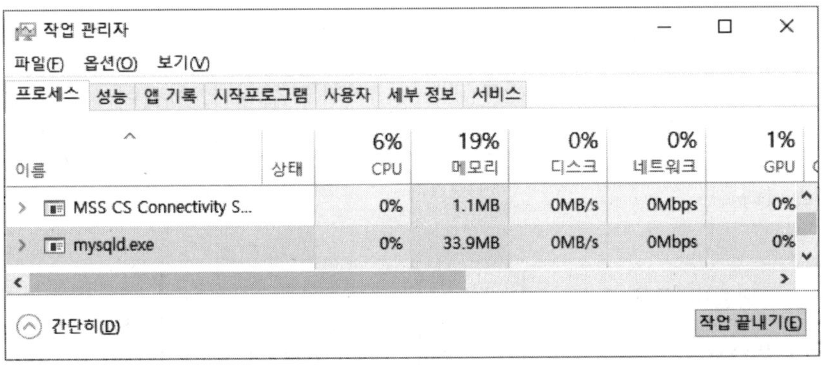

3.2 MySQL 서버 접속과 종료

MySQL 서버에 접속하기 위해서는 윈도우 셸에서 mysql.exe 클라이언트 프로그램을 이용합니다.

우선 mysql.exe와 같은 클라이언트 프로그램이 설치된 폴더의 위치도 알아둘 필요가 있습니다. 윈도우 탐색기를 통해 확인해 보면 『\xampp\mysql\bin』가 클라이언트 프로그램들이 설치된 폴더이며, 이중에서 『mysql.exe』 파일이 MySQL 서버에 접속하기 위한 파일입니다.(드라이버 H: 명칭은 설치된 환경에 따라 다를 수 있습니다)

```
H:\xampp\mysql\bin>dir *.exe
 H 드라이브의 볼륨: 3_Education
 볼륨 일련 번호: 74ED-F20F

 H:\xampp\mysql\bin 디렉터리
     :          :                 :
2022-02-11  오전 05:52         3,790,000 mysql.exe
2022-02-11  오전 05:52         3,695,792 mysqladmin.exe
2022-02-11  오전 05:52         3,779,760 mysqldump.exe
     :          :                 :
```

3.2.1 MySQL 접속 계정

mysql.exe 프로그램으로 MySQL 서버에 접속하려면 3가지의 기본적인 옵션을 지정해야 하는데 다음과 같이 호스트이름, 계정, 비밀번호입니다.

```
H:\xampp\mysql\bin>mysql -hlocalhost -uroot -p******
```

-h, -u, -p는 옵션 표기이며 각각의 설명은 다음가 같습니다.

옵션	설명
-h(host)	접속할 호스트 이름이나 주소(자신의 컴퓨터에서 수행하려면 localhost 또는 127.0.0.1)
-u(user)	mysql에 등록된 사용자 계정(관리자 계정 : root)
-p(password)	사용자 계정에 대한 비밀번호(초기에는 설정되지 않음)

(1) -h 옵션

h 약어는 host이며 MySQL 서버가 설치된 시스템의 주소입니다. 서버와 클라이언트 컴퓨터가 동일한 경우라면 localhost(127.0.0.1)로 접속이 가능하며, 다를 경우에는 서버 컴퓨터의 IP 주소나 도메인 주소를 지정해야 합니다. 즉 서버 시스템의 주소가 domain.com이라면 -hdomain.com 형태로 표기해야 합니다.

(2) -u 옵션

계정은 root라는 관리자 계정이 이미 등록되어 있어서 이 계정을 그대로 사용해도 되고, 추후에 새로운 계정을 등록할 수 있습니다.

(3) –p 옵션

계정에 대한 비밀번호인데 root 계정에 대한 비밀번호는 초기에는 설정되어 있지 않기 때문에 생략해도 됩니다. 비밀번호 설정은 12장의 2.2 내용을 참고하세요.

3.2.2 MySQL 서버 접속

MySQL 서버가 동작중이면 mysql.exe 프로그램을 이용하여 접속할 수 있으며 접속 방법은 2가지가 있습니다.

(1) 명령 프롬프트 프로그램 이용(Windows Shell)

『명령 프롬프트』는 Windows에 기본적으로 설치된 프로그램이며 윈도우의 검색창에「명령」 또는「cmd」 단어를 입력하여 Enter 키를 누르면 실행됩니다. 또한『C:\Windows\System32』 폴더의 cmd.exe 파일을 직접 실행해도 됩니다.『명령 프롬프트』로 접속하는 방법을 권장합니다. 이러한『명령 프롬프트』를 윈도우 셸이라고도 합니다.

```
관리자: C:₩Windows₩System32₩cmd.exe
Microsoft Windows [Version 10.0.19044.1826]
(c) Microsoft Corporation. All rights reserved.

C:\Windows\System32>_
```

여기에서『C:\Windows\System32>』 뒤에 다음과 같이 명령어를 입력하고 실행하면 MariaDB에 접속된 화면이 나오게 됩니다.

```
C:\Windows\System32>mysql –uroot Enter↵
```

명령어 실행후 MariaDB [(none)]> 상태가 나오면 정상적으로 접속된 겁니다.

```
관리자: C:₩Windows₩System32₩cmd.exe - mysql -uroot
C:\Windows\System32>mysql -uroot
Welcome to the MariaDB monitor.  Commands end with ; or \g.
Your MariaDB connection id is 14
Server version: 10.4.24-MariaDB mariadb.org binary distribution

Copyright (c) 2000, 2018, Oracle, MariaDB Corporation Ab and others.

Type 'help;' or '\h' for help. Type '\c' to clear the current input statement.

MariaDB [(none)]> _
```

XAMPP 설치시 MariaDB는 어느 위치의 폴더에서도 실행되도록 설정되어 있어서 위의 예처럼 『C:\Windows\System32』 폴더에서 실행해도 되지만, 실행되지 않을 경우에는 mysql.exe 파일이 있는 폴더로 이동해서 실행해야 합니다.

다음과 같이 드라이버 명칭을 변경후『xampp\mysql\bin』폴더로 이동해서 명령어를 실행합니다.

```
관리자: 명령 프롬프트 - mysql -uroot
C:\Users\Jaeho-L>H:

H:\>cd xampp\mysql\bin

H:\xampp\mysql\bin>mysql -uroot
Welcome to the MariaDB monitor.  Commands end with ; or \g.
Your MariaDB connection id is 16
Server version: 10.4.24-MariaDB mariadb.org binary distribution

Copyright (c) 2000, 2018, Oracle, MariaDB Corporation Ab and others.

Type 'help;' or '\h' for help. Type '\c' to clear the current input statement.

MariaDB [(none)]>
```

(2) Control Panel Shell 이용

이 방법으로 MySQL 서버에 접속하면 한글 데이터가 깨지는 현상이 있을 수 있으므로 권장하지는 않지만, 접속방법을 소개만 합니다.

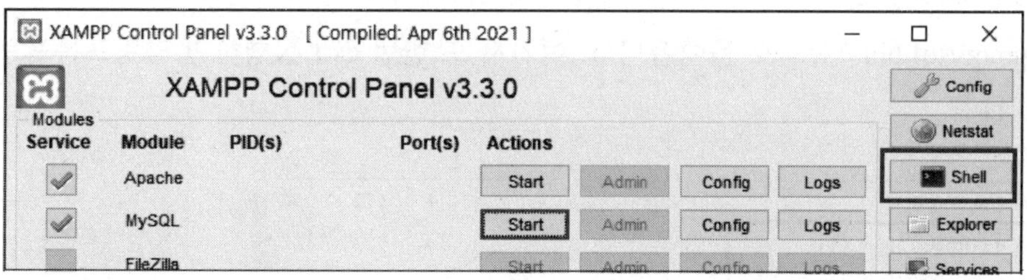

Control Panel에서 Shell을 클릭하면 다음과 같은 화면이 나오게 됩니다.

```
관리자: XAMPP for Windows

Setting environment for using XAMPP for Windows.
Jaeho-L@JAEHO-L h:\xampp
#
```

여기에서 # 기호 뒤에 다음과 같이 명령어를 입력하고 실행하면 MariaDB에 접속된 화면이 나오게 됩니다. 명령어 실행 후 MariaDB [(none)]〉 상태가 나오면 정상적으로 접속된 겁니다.(명령어 실행은 Enter↵ 키 입력을 의미합니다.)

```
# mysql -uroot Enter↵
```

```
관리자: XAMPP for Windows - mysql -uroot
# mysql -uroot
Welcome to the MariaDB monitor.  Commands end with ; or \g.
Your MariaDB connection id is 17
Server version: 10.4.24-MariaDB mariadb.org binary distribution

Copyright (c) 2000, 2018, Oracle, MariaDB Corporation Ab and others.

Type 'help;' or '\h' for help. Type '\c' to clear the current input statement.

MariaDB [(none)]>
```

3.1.3 MySQL 서버 접속 종료

접속후 종료하는 방법은 다음과 같습니다.

```
MariaDB [(none)]> exit Enter↵
```

MariaDB [(none)]〉 상태에서 명령어 exit를 입력하고 실행하면 메시지와 함께 원래 상태인 H:\xampp\mysql\bin> 폴더로 돌아옵니다. 여기서 또 한번 exit 실행하면 명령프롬프트도 종료됩니다.

```
관리자: 명령 프롬프트
MariaDB [(none)]> exit
Bye

H:\xampp\mysql\bin>exit
```

4. MySQL 사용 도구

MySQL을 사용하기 위해서는 목적에 따라 다음과 같이 여러 가지 방식이 있습니다. 세부적인 내용은 각 장/절에서 설명합니다.

4.1 MySQL 명령어

mysql.exe 프로그램으로 MySQL 서버 접속 후에 서버를 사용하는데 필요한 명령어입니다. MySQL 콘솔에서 사용합니다.

본 9장의 5절에서 자세하게 설명합니다.

4.2 MySQL 연산자와 함수

MySQL도 기본적인 프로그래밍 언어입니다. 따라서 프로그래밍 작업을 위해 사용되는 연산자와 함수들이 있습니다. 연산자와 함수도 MySQL 서버에 접속하여 콘솔에서 사용합니다.

본 9장에서 자세하게 설명합니다.

4.3 SQL 문

데이터베이스를 생성하고 데이터를 처리하기 위한 구문을 SQL(Structured Query Language)라고 하며, 데이터 정의어(Data Definition Langugae), 데이터 처리어(Data Manipulation Langugae), 데이터 제어어(Data Control Langugae) 등이 있습니다.

10장, 11장에서 자세하게 설명합니다.

4.4 MySQL 클라이언트 프로그램

윈도우 명령어 셸에서 실행되는 개별 프로그램이며, mysql.exe 프로그램도 이중에 하나입니다. MySQL 서버 콘솔에서가 아닌 독립적으로 실행합니다.

14장에서 자세하게 설명합니다.

5. MySQL 셀 명령어

앞에서도 설명했듯이 mysql.exe은 MySQL 서버에 접속하기 위한 클라이언트 프로그램입니다. mysql 프로그램으로 서버에 접속하게 되면 MySQL 명령어를 이용하여 다양한 작업을 수행할 수 있습니다.

5.1 MySQL 명령어 입력 콘솔

MySQL 명령어는 MySQL 서버에 접속후 콘솔 창에서 입력하여 수행됩니다.

```
H:\XAMPP\mysql\bin>mysql -uroot
Welcome to the MariaDB monitor.  Commands end with ; or \g.
Your MariaDB connection id is 9
Server version: 10.4.24-MariaDB mariadb.org binary distribution
Copyright (c) 2000, 2018, Oracle, MariaDB Corporation Ab and others.
Type 'help;' or '\h' for help. Type '\c' to clear the current input statement.

MariaDB [(none)]> MySQL 명령어 입력
```

5.2 MySQL 명령어 목록

MySQL 명령어의 목록은 다음 표와 같습니다. 명령어 형태와 축약 형태가 있는데 동일한 기능을 나타냅니다. 축약형에서는 대소문자가 구별됩니다.

명령어	축약	설명
?	\?	도움말 출력. help 명령어와 동일
clear	\c	현재 입력 문장 지움
connect	\r	서버에 재접속
delimeter	\d	문장의 델리미터 설정
edit	\e	명령어 편집기 실행
ego	\G	mysql 서버에 명령어 전송하여 수직 표현방식으로 출력
exit	\q	mysql 종료. quit 명령어와 동일
go	\g	mysql 서버에 명령어 전송
help	\h	도움말 출력

nopager	\n	페이지 단위 출력 기능 해제
notee	\t	출력 파일 설정 해제
pager	\P	페이지 단위 출력 기능 설정
print	\p	현재 입력 문장 결과 출력
prompt	\R	지정한 문장으로 프롬프트 설정
quit	\q	mysql 종료. exit 명령어와 동일
rehash	\#	해쉬 재설정
source	\.	SQL 스크립트 파일 실행.
status	\s	mysql 서버의 상태 정보 출력
system	\!	셸 명령어(클라이언트 프로그램) 실행
tee	\T	문장 처리 내용 저장을 위한 출력 파일 설정
use	\u	데이터베이스 사용
charset	\C	문자 세트 설정
warnings	\W	문장 처리후 경고 메시지 출력
nowarings	\w	문장 처리후 경고 메시지 출력 해제

위 표에 제시된 명령어 목록들 중에서 몇 가지만 살펴보겠습니다.

5.2.1 help, ?, \?

help, ?, \? 명령어는 mysql 서버에서 사용할 수 있는 명령어에 대한 도움말을 제공하는데 위의 명령어 목록 표와 동일합니다.

```
MariaDB [none]> ?
General information about MariaDB can be found at
http://mariadb.org
List of all client commands:
Note that all text commands must be first on line and end with ';'
?          (\?) Synonym for `help'.
clear      (\c) Clear the current input statement.
connect    (\r) Reconnect to the server. Optional arguments are db and host.
   :                :
warnings   (\W) Show warnings after every statement.
nowarning  (\w) Don't show warnings after every statement.
For server side help, type 'help contents'
```

5.2.2 help contents

help contents 명령어는 더 많은 도움말을 제공해 줍니다.

```
MariaDB [(none)]> help contents
You asked for help about help category: "Contents"
For more information, type 'help <item>', where <item> is one of the following
categories:
   Account Management
   Administration
     :      :
   Data Types
     :      :
   Utility
```

위의 도움말 카테고리에서 help administration 명령어를 실행하면 다음과 같이 mysql 관리를 위한 명령어 목록이 출력됩니다.

```
MariaDB [(none)]> help administration
You asked for help about help category: "Administration"
For more information, type 'help <item>', where <item> is one of the following
topics:
   About SHOW
   BACKUP LOCK
     :      :
   SHOW COLUMNS
   SHOW CONTRIBUTORS
   SHOW CREATE DATABASE
     :      :
   SHOW WSREP_MEMBERSHIP
   SHOW WSREP_STATUS
```

위의 명령어 목록에서 help show columns 명령어를 실행하면 다음과 같이 사용법에 대한 자세한 도움말이 제공됩니다.

```
MariaDB [(none)]> help show columns;
Name: 'SHOW COLUMNS'
Description:
Syntax
------
SHOW [FULL] {COLUMNS | FIELDS} FROM tbl_name [FROM db_name]
 [LIKE 'pattern' | WHERE expr]

Description
-----------
SHOW COLUMNS displays information about the columns in a
      :     :

Examples
--------
SHOW COLUMNS FROM city;
+------------+----------+------+-----+---------+----------------+
| Field      | Type     | Null | Key | Default | Extra          |
+------------+----------+------+-----+---------+----------------+
| Id         | int(11)  | NO   | PRI | NULL    | auto_increment |
| Name       | char(35) | NO   |     |         |                |
| Country    | char(3)  | NO   | UNI |         |                |
| District   | char(20) | YES  | MUL |         |                |
| Population | int(11)  | NO   |     | 0       |                |
+------------+----------+------+-----+---------+----------------+
```

5.2.3 clear, \c

clear 명령어는 현재 입력중인 문장을 중지시키는 명령입니다. clear 명령어 형태보다는 축약 형태인 \c 방식을 사용하는게 편리합니다.

다음과 같이 테이블 생성을 위해 create table 질의문 작성을 진행하다가 잘못되었다고 판단될 경우 \c 방식으로 중지하여 명령어 입력 상태로 되돌아갈 수 있습니다.

```
MariaDB [(none)]> create table
    -> name char(6),
    -> \c
MariaDB [(none)]>
```

5.2.4 edit, \e

edit 명령어는 편집기 프로그램을 동작시켜서 명령어 및 쿼리문을 실행시킵니다.
edit 명령어의 사용법은 다음과 같은 순서로 진행합니다.

① 다음과 같이 콘솔에서 edit 명령어를 입력하면 메모장이 자동으로 실행됩니다.

```
MariaDB [(none)]> edit
```

→

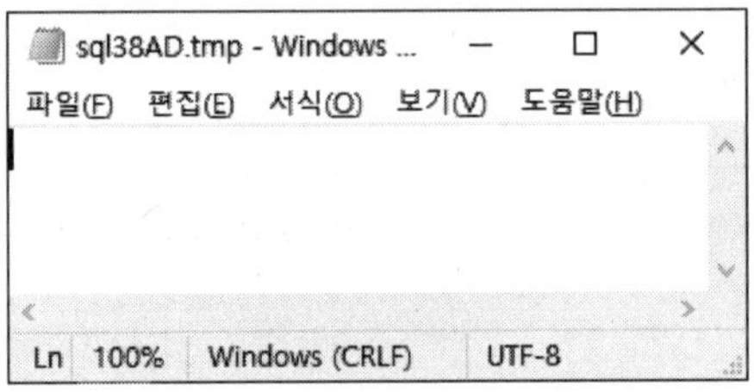

② 메모장에 실행하고자 하는 명령문 또는 쿼리문을 입력하고 임시파일명 그대로 저장합니다. 임시파일은 C:\Users\컴퓨터이름\AppData\Local\Temp 폴더에 저장됩니다. 임시파일이기 때문에 메모장을 종료하면 사라집니다.

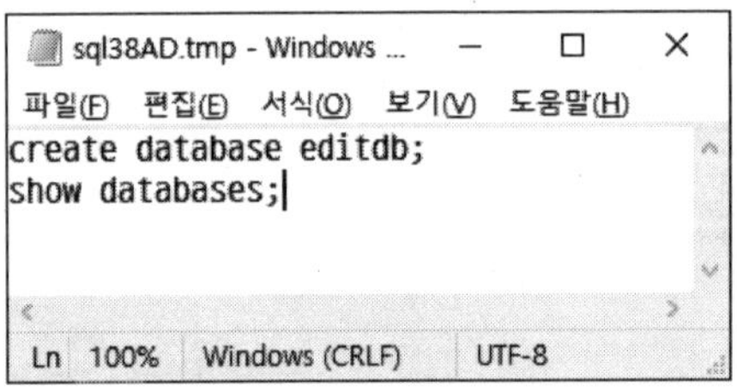

③ 메모장을 종료하고 콘솔창에 세미콜론(;) 문장을 마무리하면 메모장에 입력했던 문장이 실행됩니다.

```
MariaDB [(none)]> edit
    -> ;
+--------------------+
| Database           |
+--------------------+
| editdb             |
| information_schema |
| mysql              |
| performance_schema |
| phpmyadmin         |
+--------------------+
```

5.2.5 ego, \G

\G 명령은 다음과 같이 수직 형태로 출력합니다.

예를 들어 mysql 데이터베이스의 user 테이블의 구조를 확인하기 위한 desc user 명령문을 실행하면 표 형태로 출력됩니다. 명령문 뒤에 \G를 추가하여 실행하면 각 행단위를 중심으로 수직 형태로 출력됩니다. 출력 형태의 차이점을 비교해 보세요.

```
MariaDB [mysql]> desc user;
+------------------------+---------------------+------+-----+----------+-------+
| Field                  | Type                | Null | Key | Default  | Extra |
+------------------------+---------------------+------+-----+----------+-------+
| Host                   | char(60)            | NO   |     |          |       |
| User                   | char(80)            | NO   |     |          |       |
| Password               | longtext            | YES  |     | NULL     |       |
| Select_priv            | varchar(1)          | YES  |     | NULL     |       |
      :                          :
| max_statement_time     | decimal(12,6)       | NO   |     | 0.000000 |       |
+------------------------+---------------------+------+-----+----------+-------+
```

```
MariaDB [mysql]> desc user \G
*************************** 1. row ***************************
  Field: Host
   Type: char(60)
   Null: NO
    Key:
Default:
  Extra:
*************************** 2. row ***************************
  Field: User
   Type: char(80)
   Null: NO
     :                         :
*************************** 47. row ***************************
  Field: max_statement_time
   Type: decimal(12,6)
   Null: NO
    Key:
Default: 0.000000
  Extra:
```

5.2.6 exit, quit, \q

mysql 콘솔을 종료하는 명령어입니다.

5.2.7 pager/nopager,

pager(\P) 명령어는 표준출력(콘솔화면)에 출력되는 내용이 많을 때 화면 단위로 출력하기 위해 사용합니다. 설정 방법은 다음과 같이 more 옵션을 이용합니다.

```
MariaDB [mysql]> pager more;
PAGER set to 'more'
```

이렇게 설정한 이후에 출력되는 내용들은 화면 단위로 —more— 메시지가 출력되며, 다음 화면 단위의 내용 출력을 위해 스페이스바를 이용하고,, 줄 단위의 내용은 엔터키를 이용하면 됩니다.

```
MariaDB [mysql]> desc user;
+------------------------+---------------------+------+-----+---------+-------+
| Field                  | Type                | Null | Key | Default | Extra |
+------------------------+---------------------+------+-----+---------+-------+
| Host                   | char(60)            | NO   |     |         |       |
| User                   | char(80)            | NO   |     |         |       |
| Password               | longtext            | YES  |     | NULL    |       |
| Select_priv            | varchar(1)          | YES  |     | NULL    |       |
| Insert_priv            | varchar(1)          | YES  |     | NULL    |       |
| Update_priv            | varchar(1)          | YES  |     | NULL    |       |
-- More  --
```

nopager(\n) 명령어는 페이저 기능을 해제하기 위해 사용합니다.

5.2.8 tee, notee

tee(\T) 명령어는 콘솔에 표시되는 내용들을 파일로 생성하기 위해 사용합니다. 생성되는 파일을 로깅(logging) 파일이라고 하며 mysql이 실행되는 폴더에 저장됩니다. 즉 다음과 같이 『H:\xampp』 폴더에서 mysql이 실행되면 생성되는 로깅 파일은 『H:\xampp』 폴더에 저장됩니다.

```
H:\xampp>mysql -uroot -p1234
Welcome to the MariaDB monitor. Commands end with ; or \g.
Your MariaDB connection id is 137
Server version: 10.4.24-MariaDB mariadb.org binary distribution
```

그럼 \T 명령어를 이용하여 logfile.txt 라는 로깅 파일을 생성해 봅니다. 그리고 여러 명령문을 실행합니다.

```
MariaDB [(none)]> use mysql;
Database changed
MariaDB [(none)]> \T logfile.txt;
Logging to file 'logfile.txt'
MariaDB [mysql]> desc user;
+------------------------+--------------------------+------+-----+---------+-------+
| Field                  | Type                     | Null | Key | Default | Extra |
+------------------------+--------------------------+------+-----+---------+-------+
| Host                   | char(60)                 | NO   |     |         |       |
| User                   | char(80)                 | NO   |     |         |       |
```

윈도우 탐색기로 『H:\xampp』 폴더에 이동하면 logfile.txt 파일이 생성되며 이 파일을 메모장을 통해 확인해 보면 사용했던 명령문 처리 결과가 저장된 것을 확인할 수 있습니다.

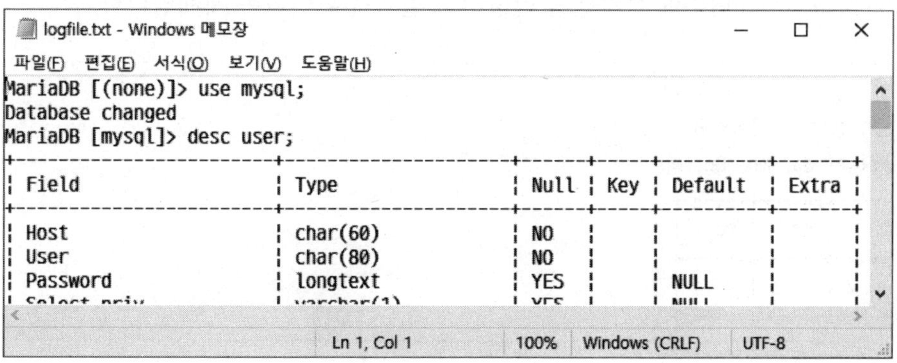

notee(\t) 명령어는 로깅 파일을 해제하기 위해 사용합니다.

```
MariaDB [mysql]> notee;
Outfile disabled.
```

6. MySQL 연산자

MySQL에는 많은 연산자가 있으며 SELECT 구문을 이용하여 결과를 확인할 수 있습니다.

많이 사용되는 연산자들을 중심으로 설명합니다.

6.1 사용자 정의변수와 할당연산자

6.1.1 변수 선언과 값 할당

사용자가 정의하는 변수명은 @ 기호로 시작하여 만들 수 있으며 SET 명령을 통해 정의합니다. 선언한 변수에는 := 기호나 = 기호를 이용하여 값을 할당합니다.

```
SET @var_name := expr [, @var_name := expr] ...
SET @var_name = expr [, @var_name = expr] ...
```

정의된 변수는 SELECT 구문으로 확인합니다.

다음은 @a, @b, @c, @d 변수에 문자열을 할당하고 결과를 확인하는 예제입니다.

```
MariaDB> SET @a := 1, @b := 2;
MariaDB> SET @c = 3, @d = 4;
MariaDB> select @a, @b, @c, @d;
+------+------+------+------+
| @a   | @b   | @c   | @d   |
+------+------+------+------+
|    1 |    2 |    3 |    4 |
+------+------+------+------+
```

6.1.2 := 연산자와 = 연산자 차이

연산자	설명
:=	값 할당
=	값 할당 UPDATE ~ SET 문에서의 값 할당 또는 비교연산자 역할

:= 연산자는 SELECT 구문에서 사용자 변수에 값을 할당하고 출력할 수 있지만, = 연산자는 NULL이 출력됩니다.

```
MariaDB> select @sum_ab := @a + @b;
+--------------------+
| @sum_ab := @a + @b |
+--------------------+
|                  3 |
+--------------------+

MariaDB> select @sum_cd = @c + @d;
+-------------------+
| @sum_cd = @c + @d |
+-------------------+
|              NULL |
+-------------------+
```

또한 = 연산자의 왼쪽에는 사용자 정의 변수뿐만 아니라 필드명도 포함되며 UPDATE 구문에서는 비교연산자 역할도 합니다.

6.1.3 사용자 정의 변수 삭제

사용자 정의 변수들은 MySQL 시스템 데이터베이스인 information_schema 내부의 USER_VARIABLES 이라는 환경변수에 등록되어 있습니다.

등록된 변수를 확인하려면 다음과 같이 쿼리문을 사용합니다. 등록된 변수를 삭제하려면 MySQL을 종료하면 되지만, 다음과 같이 FLUSH 명령어를 이용해도 됩니다.

```
MariaDB> SELECT * FROM information_schema.USER_VARIABLES;
+---------------+----------------+---------------+--------------------+
| VARIABLE_NAME | VARIABLE_VALUE | VARIABLE_TYPE | CHARACTER_SET_NAME |
+---------------+----------------+---------------+--------------------+
| sum           | 3              | INT           | euckr              |
| a             | 1              | INT           | euckr              |
| name          | 홍길동         | VARCHAR       | euckr              |
| b             | 2              | INT           | euckr              |
+---------------+----------------+---------------+--------------------+
MariaDB> FLUSH USER_VARIABLES;

MariaDB> SELECT * FROM information_schema.USER_VARIABLES;
Empty set (0.000 sec)
```

6.2 연산자

6.2.1 산술연산자

두 수를 계산하는 연산자입니다.

연산자	설명	연산자	설명
%, MOD	나머지 연산	-	빼기
*	곱하기	-	음수 기호
+	더하기	/	나누기

```
MariaDB> SELECT 11 * 22 AS '11 X 22';
+---------+
| 11 X 22 |
+---------+
|     242 |
+---------+
```

6.2.2 비교연산자

비교연산자의 좌우에 있는 피연산자의 값들을 비교하여 맞으면 1, 틀리면 0을 반환합니다.

연산자	설명
a > b	a가 b보다 크면 1, 틀리면 0
a >= b	a가 b보다 크거나 같으면 1, 틀리면 0
a < b	a가 b보다 작으면 1, 틀리면 0
a <> b	a가 b가 다르면 1, 틀리면 0(!= 동일)
a <= b	a가 b보다 작으면 1, 틀리면 0
a = b	a가 b가 같으면 1, 틀리면 0(NULL 값은 비교 대상이 아님)
a <=> b	a가 b가 같으면 1, 틀리면 0(NULL 값도 비교 대상)

```
MariaDB> SELECT 5 = 5, NULL = NULL, 5 = NULL;
+-------+-------------+----------+
| 5 = 5 | NULL = NULL | 5 = NULL |
+-------+-------------+----------+
|     1 |        NULL |     NULL |
+-------+-------------+----------+

MariaDB> SELECT 5 <=> 5, NULL <=> NULL, 5 <=> NULL;
+---------+---------------+------------+
| 5 <=> 5 | NULL <=> NULL | 5 <=> NULL |
+---------+---------------+------------+
|       1 |             1 |          0 |
+---------+---------------+------------+
```

6.2.3 논리연산자

논리연산자는 1(TRUE), 0(FALSE), NULL 값을 반환합니다.

연산자	설명	
AND, &&	논리곱	SELECT 1 AND NULL; -> NULL
NOT, !	Negates value	SELECT NOT 10; -> 0
OR, ||	논리합	SELECT 0 OR NULL; -> NULL
XOR	논리XOR(논리값이 다를 때만 1)	SELECT 1 XOR NULL; -> NULL

7. MySQL 함수

MySQL에는 프로그래밍 언어와 마찬가지로 다양한 함수들을 제공하고 있으며 SELECT 구문을 이용하여 결과를 확인할 수 있습니다. 많이 사용되는 함수들을 중심으로 설명합니다. 예제에서 사용되는 grade 데이터베이스는 11장 이후에 살펴보는 내용이기 때문에 여기에서는 함수들의 기본적인 동작에 대해서만 이해하도록 합니다.

7.1 문자열 함수

문자열 처리와 관련된 함수이며 60 여개의 많은 함수들이 있습니다. 이중에서 많이 사용되는 함수들을 살펴봅니다.

연산자	설명
ASCII(문자열)	문자열 첫 번째 문자의 ASCII 코드 반환
CHAR(정수,...)	정수(ASCII)에 해당되는 문자 반환
CHAR_LENGTH(문자열)	문자열의 글자 개수 반환
CONCAT(문자열1, 문자열2,...)	문자열1, 문자열2들의 합친 문자열 반환
FORMAT(숫자, 자리수)	10진수 소수점 표시로 반환(9,876,543.21 형태)
LENGTH(문자열)	문자열의 바이트 수 반환

7.1.1 ASC(), CHAR() 함수

```
MariaDB> select ASCII('GH');
+-------------+
| ASCII('GH') |
+-------------+
|          71 |
+-------------+

MariaDB> select CHAR(71,72);
+-------------+
| CHAR(71,72) |
+-------------+
| GH          |
+-------------+
```

```
MariaDB> select ASCII('HG');
+-------------+
| ASCII('HG') |
+-------------+
|          72 |
+-------------+

MariaDB [(none)]> select CHAR(71,72,73);
+----------------+
| CHAR(71,72,73) |
+----------------+
| GHI            |
+----------------+
```

7.1.2 CHAR_LENGTH(), LENGTH() 함수

영문의 경우 글자 수와 바이트 수는 차이가 없지만, 한글의 경우에는 차이가 납니다. 한글의 바이트 수는 MySQL 콘솔에서 입력시 euckr 인코딩 방식이 기본이기 때문인데, euckr 인코딩 방식에서는 한글 1글자에 2바이트가 할당됩니다. 8장의 2.2 내용을 참고하세요.

```
MariaDB> SET @nation_kor := '대한민국', @nation_eng := "Korea";
MariaDB> select @nation_eng, CHAR_LENGTH(@nation_eng) '글자수',
    -> LENGTH(@nation_eng) '바이트수';
+-------------+--------+----------+
| @nation_eng | 글자수 | 바이트수 |
+-------------+--------+----------+
| Korea       |      5 |        5 |
+-------------+--------+----------+
MariaDB> select @nation_kor, CHAR_LENGTH(@nation_kor) '글자수',
    -> LENGTH(@nation_kor) '바이트수';
+-------------+--------+----------+
| @nation_kor | 글자수 | 바이트수 |
+-------------+--------+----------+
| 대한민국    |      4 |        8 |
+-------------+--------+----------+

MariaDB> SELECT * FROM information_schema.USER_VARIABLES;
+---------------+----------------+---------------+--------------------+
| VARIABLE_NAME | VARIABLE_VALUE | VARIABLE_TYPE | CHARACTER_SET_NAME |
+---------------+----------------+---------------+--------------------+
| nation_kor    | 대한민국       | VARCHAR       | euckr              |
| nation_eng    | Korea          | VARCHAR       | euckr              |
+---------------+----------------+---------------+--------------------+
```

● 인코딩 방식과 한글 바이트 수

현재 자신이 사용하는 데이터베이스 시스템의 인코딩 설정 상태를 확인하려면 다음과 같이 status 명령어를 사용합니다. 3번 라인에 있는 Client 항목은 사용하는 콘솔 프로그램을 의미하며, 문자가 표시되는 인코딩 방식은 euckr 입니다. 따라서 위의 예제에서와 같은 한글의 바이트 수가 표시됩니다.

```
    MariaDB [(none)]> status;
    -- 중략 --
1   Server characterset:   utf8mb4
2   Db     characterset:   utf8mb4
3   Client characterset:   euckr
4   Conn.  characterset:   euckr
```

한글이 표시되는 인코딩 방식에서 주의할 점은 Client 프로그램에서의 인코딩과 DB에 저장된 데이터의 인코딩 방식이 다를 수 있다는 점입니다. 데이터의 인코딩 방식은 2번 라인의 Db 항목에 해당하는데 utf8mb4 방식입니다.

다음은 11장에 살펴볼 grade 데이터베이스의 subject_tbl 테이블에 저장된 한글 데이터의 바이트 수입니다. 1글자당 3바이트가 할당되는데, 이는 MariaDB에 저장되는 데이터는 utf8mb4이 기본 인코딩 방식이기 때문입니다. utf8 인코딩은 한글 1글자에 3바이트를 할당합니다.

DB에 저장되는 데이터 파일의 인코딩에 대해서는 11장의 3.2.6 내용을 참고하세요.

```
MariaDB [grade]> select subject, CHAR_LENGTH(subject) '글자수',
    -> LENGTH(subject) '바이트수' from subject_tbl;
+--------------+--------+----------+
| subject      | 글자수 | 바이트수 |
+--------------+--------+----------+
| 고대한국사   |      5 |       15 |
| 데이터베이스 |      6 |       18 |
| 웹프로그래밍 |      6 |       18 |
       :              :
+--------------+--------+----------+
```

7.1.3 CANCAT() 함수

```
MariaDB> SET @str1 := '대한민국', @str2 = 'KOREA';
MariaDB> select CONCAT(@str1, @str2) AS '문자열 합치기';
+---------------+
| 문자열 합치기 |
+---------------+
| 대한민국KOREA |
+---------------+
```

7.1.4 FORMAT() 함수

```
MariaDB> SET @num1:=9876543.21, @num2:=98765432.129, @num3:= 987654321;
MariaDB> select FORMAT(@num1, 2), FORMAT(@num2, 3),  FORMAT(@num3, 3);
+------------------+------------------+------------------+
| FORMAT(@num1, 2) | FORMAT(@num2, 3) | FORMAT(@num3, 3) |
+------------------+------------------+------------------+
| 9,876,543.21     | 98,765,432.129   | 987,654,321.000  |
+------------------+------------------+------------------+
```

7.2 수학 함수

수학과 관련된 함수이며 30 여개의 많은 함수들이 있습니다. 이중에서 몇가지 함수들을 살펴봅니다.

연산자	설명
CEIL(숫자)	숫자보다 작지 않은 가장 작은 정수 반환
FLOOR(숫자)	숫자보다 크지 않은 가장 큰 정수 반환
POW(n1, n2)	n1의 n2 승($n1^{n2}$)
ROUND(실수, 자리수)	자리수 지정 반올림

다음 수학 함수들의 사용 예입니다.

```
MariaDB> select CEIL(5.32), CEIL(5.78);
+------------+------------+
| CEIL(5.32) | CEIL(5.78) |
+------------+------------+
|          6 |          6 |
+------------+------------+
```

```
MariaDB> select FLOOR(5.32), FLOOR(5.78);
+-------------+-------------+
| FLOOR(5.32) | FLOOR(5.78) |
+-------------+-------------+
|           5 |           5 |
+-------------+-------------+
```

```
MariaDB> select format(POW(3,7),0);
+--------------------+
| format(POW(3,7),0) |
+--------------------+
| 2,187              |
+--------------------+
```

```
MariaDB> select ROUND(123.45, 1);
+------------------+
| ROUND(123.45, 1) |
+------------------+
|            123.5 |
+------------------+
```

7.3 집계 함수

연산자	설명
AVG(필드명)	필드명에 해당되는 평균값 반환
COUNT(필드명)	필드명에 해당되는 개수 반환
MAX(필드명)	필드명에 해당되는 최대값 반환
MIN(필드명)	필드명에 해당되는 최소값 반환
STD(필드명)	필드명에 해당되는 표준편차값 반환
SUM(필드명)	필드명에 해당되는 값들의 합계 변환

(DISTINCT 옵션은 개별적으로 집계)

7.3.1 AVG() 함수

다음은 grade 데이터베이스의 score_tbl 테이블에서 학번(id)별로 점수(point)의 평균을 집계합니다. 앞의 예제를 참고하세요.

```
MariaDB [grade]> select id, AVG(point) from score_tbl GROUP BY id;
+--------+------------+
| id     | avg(point) |
+--------+------------+
| 201826 |    82.5000 |
| 201846 |    89.0000 |
| 201908 |    87.0000 |
```

7.3.2 COUNT() 함수

앞의 예제를 참고하세요.

7.3.3 MAX(), MIN() 함수

다음은 grade 데이터베이스의 score_tbl 테이블에서 과목별(subject)로 점수(point)의 최대값, 최소값를 집계합니다.

```
MariaDB [grade]> select subject, MIN(point), MAX(point) from score_tbl
    -> GROUP BY subject;
+--------------+------------+------------+
| subject      | MIN(point) | MAX(point) |
+--------------+------------+------------+
| 고대한국사   |         82 |         93 |
| 데이터베이스 |         85 |         98 |
| 웹프로그래밍 |         79 |         98 |
```

7.3.4 STD() 함수

다음은 grade 데이터베이스의 score_tbl 테이블에서 과목별(subject)로 점수(point)의 표준편차를 집계합니다.

```
MariaDB [grade]> select subject, STD(point) from score_tbl GROUP BY subject;
+--------------+------------+
| subject      | STD(point) |
+--------------+------------+
| 고대한국사   |     3.6111 |
| 데이터베이스 |     4.2237 |
| 웹프로그래밍 |     7.8333 |
```

7.3.5 SUM() 함수

다음은 grade 데이터베이스의 score_tbl 테이블에서 학번별(id)로 점수(point)들의 합을 집계합니다.

```
MariaDB [grade]> select id, SUM(point) from score_tbl GROUP BY id;
+--------+------------+
| id     | SUM(point) |
+--------+------------+
| 201826 |        165 |
| 201846 |        267 |
| 201908 |        261 |
```

앞의 예제도 참고하세요.

7.3 날짜/시간 함수

연산자	설명
UTC_DATE()	현재 날짜를 반환합니다.
UTC_TIME()	현재 시간을 반환합니다.

```
MariaDB> select UTC_DATE(), UTC_TIME();
+------------+------------+
| UTC_DATE() | UTC_TIME() |
+------------+------------+
| 2022-08-09 | 08:01:05   |
+------------+------------+
```

8. SQL 문

SQL 문은 데이터베이스를 다루기 위한 구문으로 테이블을 생성하고 데이터를 생성, 변경, 삭제, 검색 등의 작업을 위해 사용합니다. 이를 DB Query 언어(쿼리어, 질의어, 쿼리문, 질의문)라고도 합니다.

현재 DB Query 언어는 대부분 표준화되어 있는데 이를 SQL(Structured Query Langauage)이라고 합니다. MariaDB, MySQL, MSSQL, Oracle, Informix, Sybase 등 DBMS의 DB 언어도 SQL에 기반하기 때문에 사용법이 거의 유사합니다.

SQL 문의 자세한 내용은 10장 이후부터 살펴봅니다.

SQL 문은 기능에 따라 세가지 형태로 구분됩니다. 여기서는 전체적인 개념만 설명합니다.

8.1 데이터 정의어(DDL : Data Definition Language)

구조적으로 모델링된 스키마를 데이터베이스 형태로 저장하는데 사용되는 도구를 데이터 정의어라고 합니다.

데이터 정의어는 데이터가 저장되기 위한 구조 즉 테이블의 생성, 수정, 삭제 등에 사용되는 DB 명령어입니다.

자주 사용되는 데이터 정의어는 다음과 같습니다.

SQL문	설명
create database	새로운 데이터베이스 생성
create table	새로운 테이블 생성
alter table	기존 테이블 구조 변경
drop database/table	기존 데이터베이스/테이블 삭제

8.2 데이터 처리어(DML : Data Manipulation Language)

데이터 처리어는 생성된 테이블의 데이터를 저장, 변경, 검색, 삭제 등을 수행하는데 사용되는 DB 명령어입니다.

자주 사용되는 데이터 처리어는 다음과 같습니다.

SQL문	설명
select * from tbl_name	테이블의 데이터 검색
insert into tbl_name	테이블에 데이터 삽입
update set tbl_name	테이블의 데이터 변경
delete from tbl_name	테이블의 데이터 삭제

8.3 데이터 제어어(DCL : Data Control Language)

데이터 제어어는 데이터의 권한 제어, 복구 등을 수행하는데 사용되는 DB 명령어입니다.

자주 사용되는 데이터 제어어는 다음과 같습니다.

SQL문	설명
grant update on	특정 사용자에게 수정 권한 부여
revoke update on	특정 사용자의 권한을 취소
rollback	직전 질의어 수행을 취소
delete from tbl_name	테이블의 데이터 삭제

9. MySQL 클라이언트 프로그램

MySQL 클라이언트 프로그램은 윈도우 명령어 셸에서 실행되는 개별 프로그램이며, 파일들은 『\xampp\mysql\bin』 폴더에 저장되어 있습니다.

윈도우 명령어 셸에서 dir 명령어를 이용하여 목록을 확인하면 다음과 같이 클라이언트 프로그램이 표시됩니다.

```
H:\xampp\mysql\bin>dir mysql*.exe
 H 드라이브의 볼륨: 3_Education
 볼륨 일련 번호: 74ED-F20F

 H:\xampp\mysql\bin 디렉터리

2022-02-11  오전 05:52         3,790,000 mysql.exe
2022-02-11  오전 05:52         3,695,792 mysqladmin.exe
2022-02-11  오전 05:52         3,779,760 mysqldump.exe
2022-02-11  오전 05:52         3,678,896 mysqlimport.exe
2022-02-11  오전 05:52         3,677,872 mysqlshow.exe
     :          :                  :
```

MySQL 클라이언트 프로그램은 다음과 같이 윈도우 명령어 셸에서 실행됩니다.

```
H:\xampp\mysql\bin>mysqladmin -uroot -p1234
```

아래 MySQL 클라이언트 프로그램들의 자세한 내용은 14장의 1절에서 설명합니다.

(1) mysql

mysql은 MySQL 서버에 접속하기 위한 기본 프로그램이지만, 이외에도 여러 가지 옵션을 통해 다양한 기능을 수행합니다.

(2) mysqladmin

mysqladmin은 데이터베이스의 생성, 삭제 등을 수행하는 프로그램입니다.

(3) mysqldump

mysqldump은 데이터베이스를 백업하는 프로그램입니다.

(4) mysqlimport

mysqlimport는 데이터 파일을 이용하여 테이블에 데이터를 입력하는 프로그램입니다.

(5) mysqlshow

mysqlshow는 데이터베이스, 테이블, 컬럼 등의 목록을 확인하는 프로그램입니다.

10.

데이터 정의어 (데이터베이스/테이블 생성)

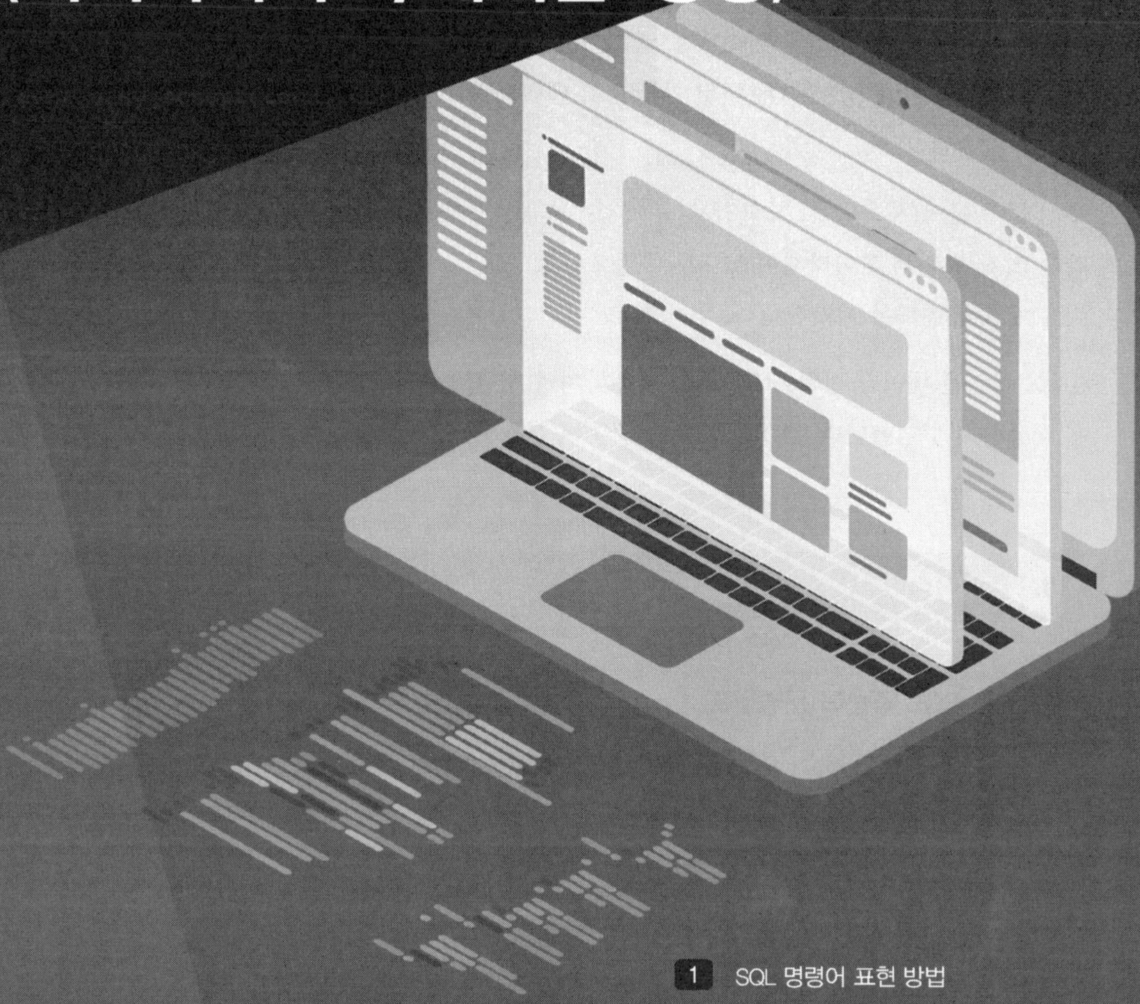

1 SQL 명령어 표현 방법
2 데이터베이스 정의어
3 테이블 처리 명령어
4 필드 데이터 타입과 출력 칸수
5 필드 옵션

10 데이터 정의어(데이터베이스/테이블 생성)

데이터 정의어(DDL : Data Definition Language)는 데이터베이스, 테이블, 필드 등을 생성하는 언어입니다.

DBMS 내부에는 여러 개의 데이터베이스들로 구성되며, 각 데이터베이스 내부에는 여러 개의 테이블들이 생성됩니다. 이런 개념으로 데이터베이스를 구성하는 과정을 살펴보면 다음과 같습니다.

우선 업무 분야(재고업무, 학사업무, 회계업무 등)의 전체를 대표하는 ① 데이터베이스를 만들고, 해당 업무 데이터베이스 내부에 필요한 ② 테이블들을 만듭니다. 마지막으로 각 테이블에 ③ 데이터를 저장합니다.

①, ② 작업은 데이터 정의어(DDL)를 이용하여 수행하고, ③ 작업은 데이터 처리어(DML)를 이용하여 수행합니다.(DDL, DML을 굳이 구분할 필요는 없습니다)

1. SQL 명령어 표현 방법

1.1 SQL 명령어 문법구조

데이터베이스 작업을 하기 위해서는 SQL 명령어를 구사해야 하는데 영어의 명령문 문법구조를 따르고 있습니다.

영어의 명령문 문법은 일반적으로 다음과 같으며 가장 중요한 점은 동사를 가장 먼저 사용해야 한다는 점입니다.

동사 + (목적어, 접속사, 전치사, 부사)

1.2 문장의 끝 표시

명령어, 질의어, SQL 문장들의 끝은 항상 ;(세미콜론)으로 마무리해야 합니다.

```
MariaDB [(none)]> show databases;
```

세미콜론으로 마무리하지 않고 Enter↵를 입력하면 다음 줄에서 입력할 수 있도록 -> 기호가 표시됩니다. 여러 줄로 나누어 작성해도 세미콜론(;)으로 끝날 때까지가 하나의 문장입니다.

```
MariaDB [(none)]> show databases
    -> ;
```

SQL 문장이 길어서 여러 줄에 입력할 때도 -> 기호가 표시되기 때문에 줄바꿈을 적절하게 사용하면 되지만 Enter↵ 키 입력 후에는 윗줄로 올라갈 수 없습니다. 문장의 끝에는 항상 ; 기호로 마무리합니다.

```
MariaDB [(none)]> insert into student(name, gender, age,
    -> dept,addr, phone)
    -> values("홍길동", "Man", 37, "컴퓨터공학과",
    -> "서울시 마포구", "010-1234-5678");
```

1.3 Case Insensitive

MairaDB DBMS에서 SQL 명령어, 데이터베이스명, 테이블명, 필드명 등의 대소문자는 구분하지 않습니다. 즉 show와 SHOW 명령은 동일하며, phpmyadmin과 PHPMYADMIN 데이터베이스 역시 동일합니다.

1.4 명령어 히스토리

MariaDB에 접속후 종료될 때까지의 사용했던 명령어, 질의어들은 DBMS에 기록됩니다. 이것을 명령어 히스토리라고 하는데 ↑ ↓ ← → 키를 이용하여 이전, 이후에 사용했던 명령어들의 목록을 확인할 수 있습니다.

1.5 이름 생성 규칙

MySQL DBMS를 사용하는 관리자, 개발자, 사용자는 식별자 즉 데이터베이스명, 테이블명, 필드명들을 필요에 따라 새롭게 생성해야 합니다. 이들 식별자들을 생성할 때는 반드시 지켜야할 기본 규칙이 있는데 다음과 같습니다.

(1) a~z, A~Z, 0~9, $, _ 등을 사용할 수 있으며 첫글자는 가급적 알파벳으로 합니다(숫자,

기호를 첫글자로 사용해도 되지만 명령문의 가독성을 위해 피하는 게 좋습니다).
(2) 알파벳 대소문자는 동일하기(case insensitive) 때문에 대문자는 소문자로 생성됩니다.
(3) 명칭은 최대 30자 이내로 생성하며 공백은 포함하지 않습니다.
(4) MySQL 예약어는 사용하지 않습니다.

또한 기본 규칙 외에도 관례적으로 이름을 만드는 방식이 있습니다. 반드시 지켜야할 사항은 아니지만, 가독성이나 공동작업 등을 위해 따르면 좋습니다.
(1) 사용자가 생성한 이름(데이터베이스, 테이블, 필드)들은 소문자로 사용합니다.
(2) 2개 이상의 단어는 snake case 방식을 사용합니다. 단어를 _ 기호로 연결하는 방식입니다.

articleMovie(X) → article_movie, teamMemberID(X) → team_member_id

(3) 약어의 사용은 가급적 피하고 각 단어들은 8자 이내로 합니다.
(4) 데이터베이스명, 테이블명, 필드명은 서로 같은 단어를 사용하지 않습니다.
(5) 테이블명, 필드명은 단수를 사용합니다.

또한 MySQL 명령문을 작성할 때 예약어(DATABASE, TABLE, CREATE, SELECT 등)은 대문자로 작성합니다.

2. 데이터베이스 처리 명령어

데이터베이스를 다루는데 사용되는 기본적인 명령어입니다. show(목록확인), use(선택), drop(삭제), create(생성), 테이블 목록 확인 등의 명령어가 있습니다.

다음은 데이터베이스를 처리하는 주요 명령어들을 요약한 표입니다.

명령어	설명	사용예
show	기존 데이터베이스 목록 확인	**show databases**
create	새로운 데이터베이스 생성	**create database** db_name
use	사용할 데이터베이스 선택	**use** db_name
drop	특정 데이터베이스 삭제	**drop database** db_name

2.1 MariaDB 시스템 데이터베이스

설치된 MariaDB에는 DBMS 운영을 위한 시스템 데이터베이스들이 이미 저장되어 있습니다. 저장된 폴더는『xampp\mysql\data』입니다. 윈도우 탐색기로 확인해 보면 다음과 같이 3개의 폴더가 있는데 이것이 MariaDB의 시스템 데이터베이스들입니다. 앞으로 우리가 새로운 데이터베이스를 만들게 되면 이곳에 폴더 이름으로 저장됩니다.

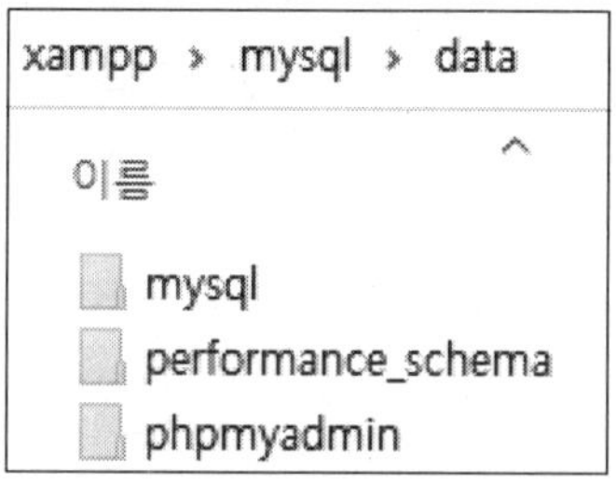

2.2 데이터베이스 목록 확인 : show databases

현재 저장된 데이터베이스 목록을 확인하는데 사용되는 명령어가 show입니다. 즉『현재 저장되어있는 데이터베이스의 목록을 **보여줘**』라는 의미입니다. 주의할 점은 databases 처럼 복수로 사용해야 합니다. show 명령어는 table 들을 목록을 확인하고자 할 때도 사용됩니다. 물론 여기서도 tables 복수입니다.

```
show databases;
show tables;
```

그럼 MariaDB에 저장되어 있는 데이터베이스들을 다음과 같은 명령어로 확인해 봅니다.

```
MariaDB [(none)]> show databases;
+--------------------+
| Database           |
+--------------------+
| information_schema |
| mysql              |
| performance_schema |
| phpmyadmin         |
+--------------------+
4 rows in set (0.001 sec)
```

4개의 데이터베이스가 있는데 이를 시스템 데이터베이스라고 합니다. MariaDB가 동작하는데 필수적인 데이터베이스입니다. 이 데이터베이스들을 삭제하거나, 내부에 있는 테이블, 필드들을 변경, 삭제하면 절대로 안되겠죠?

2.2 데이터베이스 선택 : use 명령어

여러 데이터베이스 중에서 어떤 데이터베이스를 사용하려면 우선 선택을 해야 하는데 이때 사용되는 명령어가 use 명령어입니다. 『db_name라는 데이터베이스를 **사용할꺼야**』라는 의미입니다.

```
use db_name;
```

위 시스템 데이터베이스 중에서 mysql을 선택해 보겠습니다.

```
MariaDB [(none)]> use mysql;
Database changed
MariaDB [mysql]>
```

Database changed 메시지가 출력되면 정상적으로 선택된 겁니다. 주의깊게 볼 부분은 [(none)] 에서 [mysql] 로 바뀐 부분이며, 현재 사용하는 데이터베이스가 mysql 이라는 의미입니다. 즉 사용하는 명령어, 질의어, SQL 문장들은 mysql DB 에서만 수행됩니다.

이번에는 phpmyadmin 데이터베이스를 선택해 보겠습니다.

```
MariaDB [mysql]> use phpmyadmin;
Database changed
MariaDB [phpmyadmin]>
```

마찬가지로 [mysql] 에서 [phpmyadmin] 으로 사용할 데이터베이스 이름이 변경되었습니다. 이제부터 사용하는 명령어, 질의어, SQL 문장들은 phpmyadmin DB 에서만 수행됩니다.

2.3 데이터베이스의 테이블 목록 확인 : show tables

데이터베이스 내부에는 1개 이상의 테이블이 있기 때문에 tables 복수를 사용합니다. use

명령어를 통해 사용할 DB를 선택한 후에 그 DB를 구성하는 테이블들의 목록을 확인하기 위해 show 명령어를 사용합니다.

```
show tables;
```

mysql 데이터베이스의 테이블 목록을 다음과 같이 show 명령어로 확인해 봅니다.

```
MariaDB [mysql]> show tables;
+---------------------------+
| Tables_in_mysql           |
+---------------------------+
| column_stats              |
| columns_priv              |
| db                        |
| event                     |
            ::
| time_zone_transition_type |
| transaction_registry      |
| user                      |
+---------------------------+
31 rows in set (0.001 sec)
```

mysql 내부에는 31개의 테이블들이 있습니다. 이들 테이블들은 필요한 경우 서로 연결되어 수행되며, 우리가 mysql DBMS를 사용하는 필요한 테이블들입니다. mysql은 시스템 데이터베이스이기 때문에 새로운 테이블을 생성하거나 구조 수정은 할 수는 없지만, user 테이블들의 데이터들은 일부 수정이 가능합니다. 이 부분은 나중에 살펴봅니다.

2.4 데이터베이스 생성 : create database

그럼 우리만의 데이터베이스를 만들어 보겠습니다. create 명령어를 사용하는데 이 명령어는 테이블을 만들 때도 사용합니다. 『db_name 이름으로 데이터베이스를 **만들어줘**』라는 의미입니다.

2.4.1 create database

```
create database db_name;
```

다음과 같이 mydb라는 데이터베이스를 생성합니다.

```
MariaDB [mysql]> create database mydb;
Query OK, 1 row affected (0.011 sec)
```

2.4.2 SQL 구문 실행 완료 메시지

무언가를 만들면 다음의 메시지를 꼭 확인하세요.

```
Query OK, 1 row affected (0.011 sec)
```

- Query OK : 실행한 SQL 문장이 성공적으로 수행되었다는 의미입니다.
- 1 row affected : 1행 만들기가 반영되었다는 의미입니다.
- (0.011 sec) : 실행시간을 의미합니다.

2.4.3 데이터베이스 저장 폴더

데이터베이스를 생성하면 하드디스크에 저장됩니다. 저장된 폴더는 아래 그림과 같이 『\xampp\mysql\data』입니다. 윈도우 탐색기로 확인해 보면 데이터베이스 이름인 mydb 폴더가 생성된 것이 확인됩니다. mydb 폴더로 들어가면 아직 테이블들이 만들어지지 않았기 때문에 db.opt 파일만 있습니다.

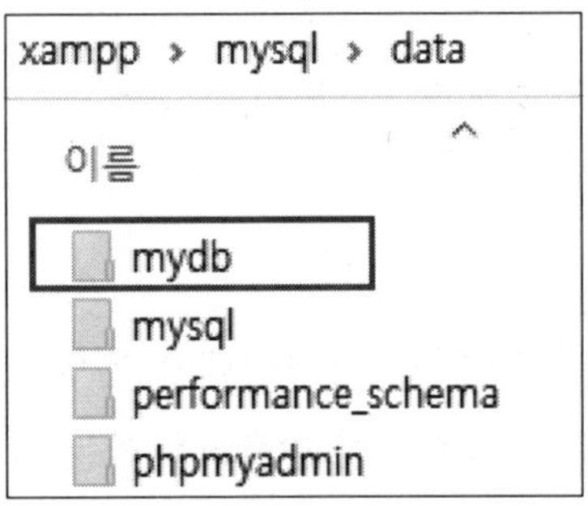

2.4.3 데이터베이스 생성 확인

생성된 데이터베이스가 있는 지를 show 명령어를 통해 확인하고 use 명령로 mydb 데이터베이스를 선택합니다.

```
MariaDB [mysql]> show databases;
+--------------------+
| Database           |
+--------------------+
| information_schema |
| mydb               |
| mysql              |
| performance_schema |
| phpmyadmin         |
+--------------------+
5 rows in set (0.013 sec)

MariaDB [mysql]> use mydb;
Database changed
MariaDB [mydb]>
```


SQL 문장대로 mydb가 생성된 것이 확인되며, mydb가 선택된 상태입니다.

2.5 데이터베이스 삭제 : drop database

생성된 데이터베이스를 삭제해 보겠습니다. drop 명령어를 사용하여 데이터베이스를 삭제하게 되는데, **drop 명령어의 사용은 항상 주의해야 합니다. 돌이킬 수 없습니다.** 『db_name 데이터베이스를 **삭제해**』라는 의미입니다.

```
drop database db_name;
```

mydb 데이터베이스를 삭제하고, show 명령어로 확인해 봅니다.

```
MariaDB [mydb]> drop database mydb;
Query OK, 0 rows affected (0.001 sec)

MariaDB [(none)]> show databases;
+--------------------+
| Database           |
+--------------------+
| information_schema |
| mysql              |
| performance_schema |
| phpmyadmin         |
+--------------------+
4 rows in set (0.001 sec)
```

3. 테이블 처리 명령어

테이블을 다루는데 사용되는 기본적인 명령어입니다. create(생성), show(테이블 목록 확인) 등의 명령어가 있습니다. 테이블 처리는 우선 특정 데이터베이스가 선택된 상태에서 진행됩니다. 따라서 사용할 데이터베이스에 상태에 들어가 있는지를 확인해야 합니다.

다음은 테이블을 다루는 주요 명령어들을 요약한 표입니다.

명령어	설명	사용예
create	새로운 테이블 생성	**create table** table_name
show	테이블 목록 확인	**show table**
describe desc explain	생성한 테이블의 구조 보기	**describe** table_name **desc** table_name **explain** table_name
drop	특정 테이블 삭제	**drop table** table_name
rename ~ to	테이블의 이름 변겨	**rename** old_mane **to** new_name

3.1 테이블 생성 : create table

테이블 생성은 create 명령어를 사용하는데『table_name 이름으로 테이블을 **만들어줘**』라는 의미입니다. 테이블 내부에는 1개 이상의 필드들로 구성되며 각 필드들은 데이터를 저장하는 최소 단위입니다. 테이블 이름 뒤에 ( ) 기호를 이용하여 필드 목록들을 선언합니다. 필드와 필드 사이는 ,(콤마) 기호로 구분하며, 마지막 필드에는 콤마 기호를 사용하지 않습니다. 필드에 저장될 데이터의 타입을 함께 선언합니다(프로그래밍 언어에 변수 선언하는 방식과 같은 의미입니다).

```
create table table_name(
  field_name_1 datatype(),
  field_name_2 datatype(),
            :
  field_name_2 datatype()
  );
```

다음과 같이 mydb 데이터베이스에서 student_tbl, friend_tbl 이름으로 간단한 테이블 2개를 만들어 봅니다.

3.1.1 student_tbl 테이블 생성 예제

(1) student_tbl 테이블의 구조

student_tbl 테이블은 ID, name 필드로 구성되며 저장될 데이터 타입과 길이는 다음 표와 같습니다.

student_tbl 테이블			
필드명	데이터 타입	출력 최대 칸수	선언
ID	정수형	10	int(10)
name	고정문자형	8	char(8)

우선 mydb 데이터베이스를 생성하고 선택한 후 student_tbl 테이블을 생성합니다.

student_tbl 테이블의 필드 개수가 적어서 한줄로 선언했습니다.

```
MariaDB [none]> create database mydb;
Query OK, 1 row affected (0.011 sec)
MariaDB [mysql]> use mydb;
Database changed
MariaDB [mydb]> create table student_tbl(ID int(10), name char(8));
Query OK, 0 rows affected (0.146 sec)
```

물론 다음과 같이 여러 줄로 선언해도 됩니다.

```
MariaDB [mydb]> create table student_tbl(
    -> ID int(10),
    -> name char(8)
    -> );
Query OK, 0 rows affected (0.146 sec)
```

(2) 테이블 목록 확인

여기에서 생성된 테이블의 목록을 show 명령을 이용하여 확인해 보면 정상적으로 생성되었습니다.

```
MariaDB [mydb]> show tables;
+----------------+
| Tables_in_mydb |
+----------------+
| student_tbl    |
+----------------+
1 row in set (0.001 sec)
```

(3) student_tbl 테이블 관련 파일 확인

또한 윈도우 탐색기로 mydb 폴더를 확인해보면 다음과 같이 student_tbl.frm, student_tbl.idb 파일이 생성되었습니다. 이 파일들이 생성된 테이블 관련 파일입니다.

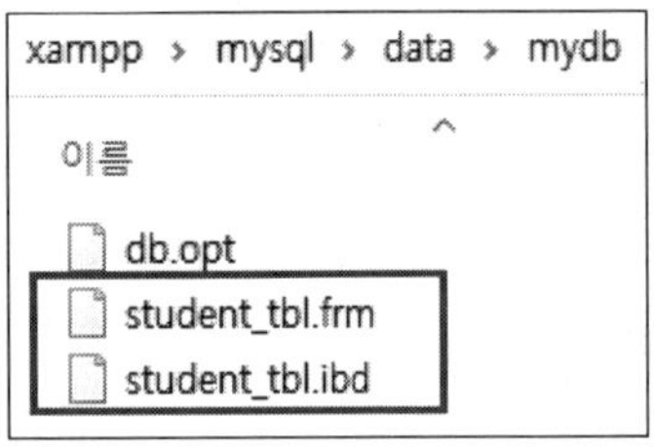

3.1.2 friend_tbl 테이블 생성 예제

(1) friend_tbl 테이블의 구조

friend_tbl 테이블은 name, age, address 필드로 구성되며 저장될 데이터 타입과 길이는 다음 표와 같습니다.

friend_tbl 테이블			
필드명	데이터 타입	출력 최대 칸수	선언
name	char	8	char(8)
age	tinyint	3	tinyint(3)
address	varchar	20	varchar(20)

테이블의 필드가 많을 경우 한 줄에 선언하면 헷갈리기 때문에 각 필드들을 분리하여 다음 줄에 선언할 수 있습니다. 여러 줄로 나누어 작성해도 세미콜론(;)으로 끝날 때까지가 하나의 문장입니다.

```
MariaDB [mydb]> create table friend_tbl(name char(8), Enter↵
    -> age tinyint(3), Enter↵
    -> address varchar(20) Enter↵
    -> ); Enter↵
Query OK, 0 rows affected (0.234 sec)
```

(2) 테이블 목록 확인

여기에서 생성된 테이블의 목록을 show 명령을 이용하면 2개의 테이블이 확인됩니다.

```
MariaDB [mydb]> show tables;
+----------------+
| Tables_in_mydb |
+----------------+
| friend_tbl     |
| student_tbl    |
+----------------+
2 rows in set (0.001 sec)
```

(3) student_tbl 테이블 관련 파일 확인

앞에서와 같이 윈도우 탐색기로 mydb 폴더를 확인해보면 다음과 같이 friend_tbl.frm, friend_tbl.idb 파일이 생성되었습니다. 이 파일들이 생성된 테이블 관련 파일입니다.

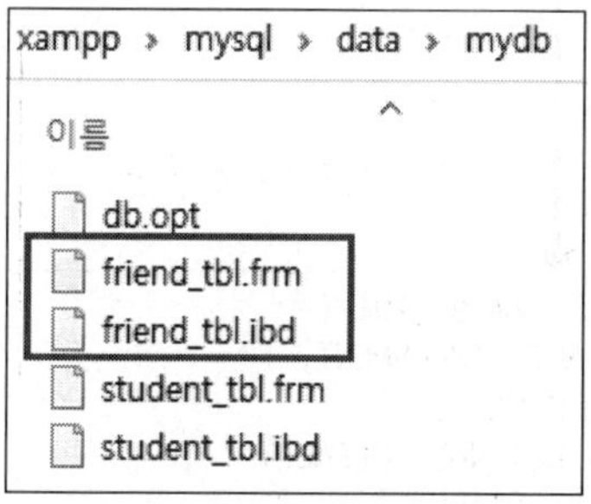

3.2 에러 발생 줄이기

테이블 생성 SQL 명령문이 문법에 맞지 않으면 다음과 같은 ERROR 메시지가 출력됩니다. 특히 여러 줄에 필드들을 선언할 때 Enter↵ 키를 입력했을 때 많이 발생하게 되며, 윗 줄로 올라가서 수정되지도 않습니다.

```
ERROR 1064 (42000): You have an error in your SQL syntax; check the manual that corresponds to
your MariaDB server version for the right syntax to use near ')' at line 3
```

그런데 이런 에러들은 피할 순 없지만 그래도 최소화하는 방법이 있습니다.

3.2.1 ASCII 편집기에서 SQL 명령문 작성

테이블 생성하는 SQL 명령문을 MariaDB 콘솔이나 명령 프롬프트에 직접 작성하지 않고 메모장과 같은 ASCII 편집기에서 미리 작성해 봅니다. 잘못된 부분이 있는지를 잘 살펴보고 문제가 없을 때 테이블 생성 SQL 명령문을 복사하여 MariaDB 명령 프롬프트에 붙여넣기를 합니다.

다음과 같이 좀 복잡하고 긴 테이블 생성 명령문을 메모장에 작성하여 틀린 부분이 없으면 복사해서 명령 프롬프트에 붙여넣기를 합니다. 문제없이 테이블이 생성됩니다.

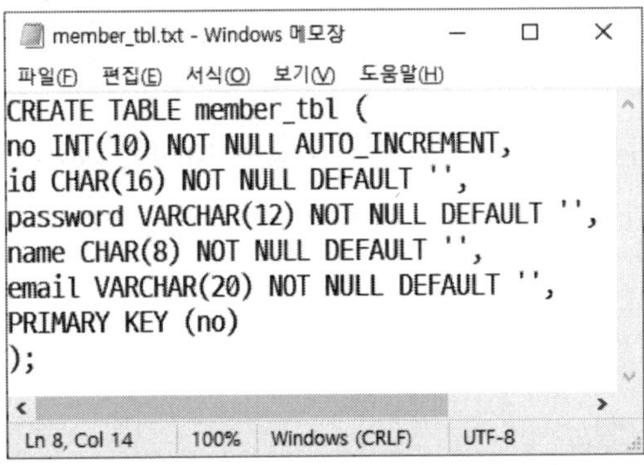

복사해서
붙여넣기

```
MariaDB [mydb]> CREATE TABLE member_tbl (
    -> no INT(10) NOT NULL AUTO_INCREMENT,
    -> id CHAR(16) NOT NULL DEFAULT '',
    -> password VARCHAR(12) NOT NULL DEFAULT '',
    -> name CHAR(8) NOT NULL DEFAULT '',
    -> email VARCHAR(20) NOT NULL DEFAULT '',
    -> PRIMARY KEY (no)
    -> );
Query OK, 0 rows affected (0.164 sec)
```

이 방법은 뒤에 나올 다양하고 복잡한 SQL 명령문을 처리할 때도 활용합니다. 아무래도 명령 프롬프트에서 직접 작업하다 보면 작은 실수로도 에러가 발생할 확률이 높습니다.

3.2.2 SQL 문장 강제 종료

에러에 대비하는 팁을 한가지 더 소개하자면 이런 상황이 발생할 때가 있습니다. 앞에서도 설명했듯이 SQL 명령문의 끝은 ;(세미콜론) 기호로 마무리 됩니다. 그러다 보니 명령문을 여러 줄로 입력하다가 오류가 있음을 알게 되는 상황이 발생할 수 있습니다. 그런데 이 상황을 끝내고 싶어도 SQL 문장이 세미콜론으로 종료(;)되지 않아서 빠져 나올 수가 없습니다.

이때는 \C 표기로 마무리하여 SQL 문장에서 빠져 나오게 합니다. 그리고 다시 올바른 SQL 문장을 작성하면 됩니다.

```
MariaDB [mydb]> create table test(
    -> name int(10),
    -> age char(2), \c
MariaDB [mydb]>_
```

3.2.3 명령어 히스토리 기능

또한 하나의 명령줄에서 철자를 잘못 입력한 경우에는 ← → 키를 이용하여 수정할 수 있고, Esc 키를 사용하면 처음부터 새로 입력할 수 있습니다. 이미 수행한 명령어를 다시 사용하려면 ↑ ↓ 키를 이용하여 선택할 수 있습니다.

3.3 테이블 구조 확인 : describe, desc, explain 명령어

테이블은 테이블명, 필드명, 데이터 타입, 데이터 길이 항목으로 생성되는데 이를 테이블 구조라고 합니다. 생성한 테이블의 구조를 확인하기 위해서는 describe 또는 explain 명령어를 사용합니다. describe 명령어는 desc 단축형으로 사용할 수 있습니다. 『table_name 테이블의 구조를 **묘사(설명)해줘**』라는 의미입니다.

```
describe table_name;
explain table_name;
desc table_name;
```

다음과 같이 desc, descirbe, explain 명령어로 friend_tbl, student_tbl 테이블의 구조를 확인합니다.

```
MariaDB [mydb]> desc friend_tbl;
+---------+-------------+------+-----+---------+-------+
| Field   | Type        | Null | Key | Default | Extra |
+---------+-------------+------+-----+---------+-------+
| name    | char(8)     | YES  |     | NULL    |       |
| age     | tinyint(3)  | YES  |     | NULL    |       |
| address | varchar(20) | YES  |     | NULL    |       |
+---------+-------------+------+-----+---------+-------+

MariaDB [mydb]> describe student_tbl;
+-------+---------+------+-----+---------+-------+
| Field | Type    | Null | Key | Default | Extra |
+-------+---------+------+-----+---------+-------+
| ID    | int(10) | YES  |     | NULL    |       |
| name  | char(8) | YES  |     | NULL    |       |
+-------+---------+------+-----+---------+-------+

MariaDB [mydb]> explain student_tbl;
+-------+---------+------+-----+---------+-------+
| Field | Type    | Null | Key | Default | Extra |
+-------+---------+------+-----+---------+-------+
| ID    | int(10) | YES  |     | NULL    |       |
| name  | char(8) | YES  |     | NULL    |       |
+-------+---------+------+-----+---------+-------+
```

3.4 테이블 이름 변경 : RENAME ~ TO 명령어

이미 생성된 테이블의 이름을 변경하기 위해서는 RENAME ~ TO 구문을 사용합니다. 한 번에 여러 테이블들의 이름을 변경할 수 있고, 테이블의 이름을 교환할 수도 있습니다.

```
RENAME TABLE old_table TO new_table; //하나의 테이블 이름 변경
```

```
RENAME TABLE old_table1 TO new_table1,  // 여러 테이블 이름 변경
             old_table2 TO new_table2,
             old_table3 TO new_table3;
```

```
RENAME TABLE old_table TO tmp_table,   // 2개의 테이블 이름 교환
             new_table TO old_table,
             tmp_table TO new_table;
```

friend_tbl 테이블 이름을 my_friend 이름으로 변경해 보겠습니다.

```
MariaDB [mydb]> RENAME TABLE friend_tbl TO my_friend;

MariaDB [mydb]> show tables;
+----------------+
| Tables_in_mydb |
+----------------+
| my_friend      |
| student_tbl    |
+----------------+
```

3.5 테이블 삭제 : drop 명령어

생성된 테이블을 삭제해 보겠습니다. drop 명령어를 사용하여 테이블을 삭제하게 되는데, **drop 명령어의 사용은 항상 주의해야 합니다. 돌이킬 수 없습니다.** 『table_name 테이블을 삭제해』라는 의미입니다.

```
drop table table_name;
```

my_friend 테이블을 삭제하고, show 명령어로 확인해 봅니다.

```
MariaDB [mydb]> drop table my_friend;
Query OK, 0 rows affected (0.165 sec)

MariaDB [mydb]> show tables;
+----------------+
| Tables_in_mydb |
+----------------+
| student_tbl    |
+----------------+
1 row in set (0.000 sec)
```

3.6 테이블의 구조 변경 : ALTER TABLE

테이블의 구조 변경이란 이미 생성된 테이블의 필드 이름, 데이터 타입 등을 변경하는 것을 말합니다. 테이블 구조 변경을 위한 명령문은 ALTER TABLE 시작되며 자세한 변경을 위해 다양한 옵션과 함께 작성됩니다.

다음은 테이블의 필드를 다루는 주요 명령어들을 요약한 표입니다.

명령어	설명	사용예
alter table add	기존 테이블에 새로운 필드 추가	**alter table** table_name **add** field_name data_type
alter table drop	테이블의 필드 삭제	**alter table** table_name **drop** field_name
alter table modify	기존 필드의 데이터타입 변경	**alter table** table_name **modify** field_name data_type
alter table change	테이블 필드의 이름 변경 [데이터타입 변경]	**alter table** table_name **change** old_field_name new_field_name [data_type]

3.6.1 필드(컬럼) 추가

필드 추가는 ADD 옵션을 사용하며, 기본적으로 테이블의 마지막 필드에 추가됩니다. 첫 번째 필드로 추가하려면 FIRST 옵션을 사용하고, 다른 위치에 추가하려면 AFTER 옵션을 사용합니다.

```
ALTER TABLE table_name ADD [COLUMN] field_name type [FIRST¦AFTER field_name];
```

COLUMN 옵션은 필드(컬럼) 관련 명령문임을 명확히 표현하고자 사용하지만, 없어도 동일하게 수행됩니다.

student_tbl 테이블을 이용하여 필드 추가 예제를 실습해 보겠습니다. 다음 표의 조건으로 4개의 필드를 추가합니다.

필드명	데이터 타입	ADD 방법
address	varchar(20)	마지막 필드(기본)
phone	varchar(10)	마지막 필드(기본), COLUMN 옵션 사용
birthday	date	첫 번째 필드, COLUMN 옵션 사용
salary	int(10)	name 필드 뒤

```
MariaDB [mydb]> desc student_tbl;
+-------+---------+------+-----+---------+-------+
¦ Field ¦ Type    ¦ Null ¦ Key ¦ Default ¦ Extra ¦
+-------+---------+------+-----+---------+-------+
¦ ID    ¦ int(10) ¦ YES  ¦     ¦ NULL    ¦       ¦
¦ name  ¦ char(8) ¦ YES  ¦     ¦ NULL    ¦       ¦
+-------+---------+------+-----+---------+-------+
```

```
MariaDB [mydb]> alter table student_tbl ADD address varchar(20);

MariaDB [mydb]> alter table student_tbl ADD COLUMN phone char(10);

MariaDB [mydb]> alter table student_tbl ADD COLUMN birthday date FIRST;

MariaDB [mydb]> alter table student_tbl ADD salary int(10) AFTER name;

MariaDB [mydb]> desc student_tbl;
+----------+-------------+------+-----+---------+-------+
| Field    | Type        | Null | Key | Default | Extra |
+----------+-------------+------+-----+---------+-------+
| birthday | date        | YES  |     | NULL    |       |
| ID       | int(10)     | YES  |     | NULL    |       |
| name     | char(8)     | YES  |     | NULL    |       |
| salary   | int(10)     | YES  |     | NULL    |       |
| address  | varchar(20) | YES  |     | NULL    |       |
| phone    | char(10)    | YES  |     | NULL    |       |
+----------+-------------+------+-----+---------+-------+
```


3.6.2 필드(컬럼) 삭제

필드 삭제는 DROP 옵션을 사용하며, 테이블에 있는 특정 필드를 삭제합니다.

```
ALTER TABLE table_name DROP field_name;
ALTER TABLE table_name DROP [COLUMN] field_name;
```

student_tbl 테이블을 이용하여 birthday, phone 필드를 삭제하는 예제를 실습해 보겠습니다.

```
MariaDB [mydb]> alter table student_tbl drop birthday;

MariaDB [mydb]> alter table student_tbl drop COLUMN phone;

MariaDB [mydb]> desc student_tbl;
+---------+-------------+------+-----+---------+-------+
| Field   | Type        | Null | Key | Default | Extra |
+---------+-------------+------+-----+---------+-------+
| ID      | int(10)     | YES  |     | NULL    |       |
| name    | char(8)     | YES  |     | NULL    |       |
| salary  | int(10)     | YES  |     | NULL    |       |
| address | varchar(20) | YES  |     | NULL    |       |
+---------+-------------+------+-----+---------+-------+
```

3.6.3 필드의 데이터 타입 변경

필드의 데이터 타입 변경은 MODIFY 옵션을 사용하며, 출력 칸수도 변경할 수 있습니다.

```
ALTER TABLE table_name MODIFY [COLUMN] field_name type
```

student_tbl 테이블을 이용하여 id, name, address 필드의 데이터 타입 변경 예제를 다음 표의 조건으로 실습해 보겠습니다.

필드명	데이터 타입	MODIFY 방법
id	char(10)	char(10)으로 타입만 변경
name	char(4)	char(4)으로 칸수만 변경. COLUMN 옵션 사용.
address	varchar(20)	char(15)으로 타입, 칸수 변경

```
MariaDB [mydb]> alter table student_tbl MODIFY id char(10);

MariaDB [mydb]> alter table student_tbl MODIFY COLUMN name char(4);

MariaDB [mydb]> alter table student_tbl MODIFY address  char(15);

MariaDB [mydb]> DESC student_tbl;
+---------+----------+------+-----+---------+-------+
| Field   | Type     | Null | Key | Default | Extra |
+---------+----------+------+-----+---------+-------+
| id      | char(10) | YES  |     | NULL    |       |
| name    | char(4)  | YES  |     | NULL    |       |
| salary  | int(10)  | YES  |     | NULL    |       |
| address | char(15) | YES  |     | NULL    |       |
+---------+----------+------+-----+---------+-------+
```

3.6.4 필드의 이름 변경

필드의 이름 변경은 CHANGE 옵션을 사용하며 데이터 타입도 함께 지정해야 합니다. RENAME 옵션은 MariaDB 10.5.2 버전에서 가능합니다.

```
ALTER TABLE table_name CHANGE [COLUMN] old_field new_field type
```

student_tbl 테이블을 이용하여 id, salary 필드의 이름 변경 예제를 다음 표의 조건으로 실습해 보겠습니다.

필드명	CHANGE 방법
id	필드명과 타입을 number int(10)으로 변경
salary	필드명과 타입을 pay int(10)으로 변경. COLUMN 옵션 사용.
address	이름 그대로 타입만 varchar(20)으로 변경

```
MariaDB [mydb]> alter table student_tbl CHANGE id number int(10);

MariaDB [mydb]> alter table student_tbl CHANGE COLUMN salary pay int(10);

MariaDB [mydb]> alter table student_tbl CHANGE address address varchar(20);

MariaDB [mydb]> DESC student_tbl;
+---------+-------------+------+-----+---------+-------+
| Field   | Type        | Null | Key | Default | Extra |
+---------+-------------+------+-----+---------+-------+
| number  | int(10)     | YES  |     | NULL    |       |
| name    | char(4)     | YES  |     | NULL    |       |
| pay     | int(10)     | YES  |     | NULL    |       |
| address | varchar(20) | YES  |     | NULL    |       |
+---------+-------------+------+-----+---------+-------+
```

4. 필드 데이터 타입과 출력 칸수

MySQL에서의 필드명은 일종의 배열변수와 같은 역할을 합니다. 따라서 필드를 선언할 때 데이터 타입을 지정합니다. 또한 각 필드에 입력되는 데이터의 길이에 따른 칸수도 함께 지정합니다.

다음과 같이 예를 설명하면, number 필드는 tinyint 타입이며 이 필드에 저장되는 데이터는 10진수(음수 포함) 4칸으로 표시된다는 의미입니다.

필드명	데이터타입(출력칸수)
↓	↓ ↓
number	tinyint (4);

4.1 데이터 타입

입력될 데이터 유형에 따라 문자형, 숫자형, 날짜형을 구분하여 지정합니다. 선언된 필드의 데이터 타입과 일치하지 않는 데이터가 입력되면 오류가 날 수 있으므로 데이터의 유형에 적합한 타입을 지정해야 합니다.

아래 data_type 테이블에는 name, age, salary, birthday, addr 필드들 있는데 각 필드에 저장되는 데이터의 유형은 다릅니다. 예를 들어 name, addr 필드에는 문자 데이터가 저장되고, birthday 필드에는 날짜 데이터, age 필드에는 작은 양의 정수 데이터, salary 필드에는 10자리의 양의 정수가 저장됩니다. 따라서 필드를 선언할 때 그 필드에는 나중에 저장될 데이터 유형에 적합한 데이터 타입을 지정해야 합니다.

data_type 테이블

	name	age	salary	birthday	addr
필드명 →	name	age	salary	birthday	addr
데이터	김준일	27	4,300,000	1998-03-01	서울 ###
	박수호	25	3,600,000	2001-05-02	강원 &&&
	:	:		:	:
	이정은	24	3,200,000	2002-08-13	부산 @@@

SQL

```
create table data_type(
name char(4),
age tinyint(2) unsigned,
salary int(10) unsigned,
birthday date,
addr varchar(15));
```

4.2 출력 칸수

출력 칸수는 MySQL 콘솔 창에서 select 문으로 입력된 데이터를 확인할 때 출력되는 데이터 공간의 폭입니다.

다음은 13장에서 살펴볼 subject_tbl 테이블의 구조입니다.

```
MariaDB [grade]> select * from subject_tbl;
+----------+--------------+
| Field    | Type         |
+----------+--------------+
| subject  | varchar(6)   |
| code     | char(5)      |
| credit   | tinyint(3)   |
| classify | char(4)      |
+----------+--------------+
```

이 테이블의 subject 필드는 6칸, code 필드는 5칸, credit 필드는 3칸, classify 필드는 4칸이 각각 확보됩니다.

이 subject_tbl 테이블에 데이터가 입력되어 select SQL 문으로 확인해 보면 다음과 같이 지정된 출력 칸수로 표시됩니다. 단 필드명의 영문자 수가 지정한 칸수보다 크면 아래의 credit 필드에서 보듯이 필드명 영문자 수만큼 출력 칸수로 표시되지만 실제 데이터 출력은 3칸입니다.

```
MariaDB [grade]> select * from subject_tbl;
+--------------+--------+--------+----------+
| subject      | code   | credit | classify |
+--------------+--------+--------+----------+
| 고대한국사   | C2084 |      2 | 교양     |
| 데이터베이스 | M3102 |      3 | 전필     |
| 창의적사고   | C1029 |      2 | 교양     |
+--------------+--------+--------+----------+
    6칸          5칸      3칸     4칸
```

4.3 문자형 데이터 타입과 출력 칸수

문자형으로 선언된 필드에 입력되는 데이터는 왼쪽부터 채워집니다. 문자형 데이터 타입에서의 출력칸 숫자와 저장 용량(바이트)은 다음 표과 같이 거의 일치합니다.

var로 시작되는 가변길이 문자형에서 추가 1바이트는 저장된 문자열의 길이 정보를 기록하기 위한 용량입니다.

데이터 타입	최대 칸수(M)	설명	저장 용량
char(M)	255	고정길이 문자형	M Byte
varchar(M)	65,535	가변길이 문자형	M+1 Byte
binary(M)	255	고정길이 이진 데이터	M Byte
varbinary(M)	65,535	가변길이 이진 데이터	M+1 Byte
tinytext	-	이진 텍스트 데이터	8 Byte
text[(M)]	65,535		M Byte(64KB)
mediumtext	-		16 MegaByte
longtext	-		4 GigaByte
tinyblob	-	이진 오브젝트 데이터	8 Byte
blob[(M)]	65,535		M Byte(64KB)
mediumblob	-		16 MegaByte
longblob	-		4 GigaByte

4.3.1 char/varchar

(1) char

고정 길이 문자열을 위한 타입입니다. 지정된 길이 보다 적은 양의 데이터가 입력되더라고 지정된 길이만큼 메모리를 사용하게 됩니다. 즉 지정한 숫자만큼 메모리가 무조건 할당되기 때문에 글자수가 적은 데이터들이 많을수록 낭비가 있을 수 있습니다. 글자수가 적은 데이터들의 나머지 공간은 공백(null)으로 채워서 고정길이로 만듭니다. 입력될 데이터들의 글자수 차이가 별로 없는『이름』,『전화번호』와 같은 데이터 유형에 유용한 타입입니다.

(2) varchar

가변 길이 문자열을 위한 타입입니다. 입력된 데이터의 길이만큼만 메모리를 사용합니다. 20문자 길이에 1글자만 입력하면 1글자만 메모리가 할당되기 때문에 메모리 사용에 유리합니다. 입력될 데이터들의 글자수 차이가 많은『주소』와 같은 데이터 유형에 유용한 타입입니다. 메모리 공간이 절약되기는 하지만, char 타입에 비해 속도가 느린 단점이 있습니다.

다음은 고정길이와 가변길이 문자형의 용량을 비교한 예입니다. 실제 데이터보다 용량이 1byte 더 많은 이유는 데이터 길이에 대한 정보가 추가되기 때문입니다.

입력 데이터	CHAR(4)	저장용량	VARCHAR(4)	저장 용량
''	' '	4 bytes	''	1 byte
'ab'	'ab '	4 bytes	'ab'	3 bytes
'abcd'	'abcd'	4 bytes	'abcd'	5 bytes
'abcdefgh'	'abcd'	4 bytes	'abcd'	5 bytes

4.3.2 binary/varbinary

char/varchar 타입과 유사하지만, 내부적으로 이진 데이터로 생성되며 정렬시 차이가 납니다.

4.3.3 blob/text

(1) BLOB

Binary Large OBject의 약어이며, 파일, 사진, 동영상과 같은 이진 데이터 형태를 저장하기 위한 타입입니다.

(2) TEXT

텍스트를 저장하기 위한 데이터 타입으로 인덱스되지 않기 때문에 『게시글』, 『댓글』과 같은 데이터 유형에 유용한 타입니다.

4.3.4 칸수를 초과하는 데이터 처리

특히 문자형 데이터 타입일 때 주의를 기울여야 합니다. 필드 선언때 지정된 칸수보다 데이터가 많으면 뒤쪽 문자들은 잘리게 됩니다.

4.3.5 문자형 최대길이 초과 데이터

문자형 데이터 타입은 최대 길이가 정해져 있기 때문에 이를 초과하여 지정하면 에러가 발생합니다. 예를 들어 char 데이터 타입으로 선언된 필드는 최대 255 이하, 즉 『name char(255)』로 지정해야 합니다. 다음 명령문에서처럼 char(300)으로 지정하면 에러가 발생됩니다.

```
MariaDB [mydb]> create table test_tbl(name char(300));
ERROR 1074 (42000): Column length too big for column 'name' (max = 255); use BLOB or TEXT
instead
```

만약 256 문자 이상의 데이터가 저장되어야 한다면 varchar 이나 text 타입으로 선언해야 합니다.

4.3.6 한글 데이터의 칸수와 저장 용량

(1) 한글 데이터의 칸수

문자형 데이터가 한글일 경우의 글자수는 알파벳과 동일합니다. 즉 『가나다』, 『abc』 문자열의 칸수는 3개로 동일하게 취급됩니다.

(2) 한글 데이터의 용량(바이트 수)

한글 데이터의 용량에 대해서는 9장의 7.1 문자열 함수를 참고하세요.

4.4 숫자형 데이터 타입과 출력 칸수

숫자형으로 선언된 필드에 입력되는 데이터는 오른쪽부터 채워집니다. 데이터 타입의 허용 범위를 초과하는 데이터가 입력되면 그 타입의 최소/최대값으로만 표시됩니다.

예를 들어 tinyint(3)으로 지정된 필드에 331 값이 입력되면 255 값으로 저장됩니다.

4.4.1 정수형 데이터 타입

다음 표와 같이 각 데이터 타입에 따라 수의 범위와 메모리 크기가 차이가 나기 때문에 저장될 데이터의 유형에 따라 적절한 타입을 선택할 필요가 있습니다.

데이터 타입	정수 범위		저장 용량 (Byte)
	signed(음수 포함)	unsigned(양수)	
tinyint	-128 ~ 127	0 ~ 255	1
smallint	-32,768 ~ 32,767	0 ~ 65,535	2
mediumint	-8,388,608 ~ 8,388,607	0 ~ 16,777,215	3
int	-2,147,483,648 ~ 2,147,483,647	0 ~ 4,294,967,295	4
bigint	-2^{63} ~ 2^{63}-1 (8 Byte)	0 ~ 2^{63}-1	8

(1) tinyint

작은 정수형 데이터를 저장하기 위한 데이터 타입입니다. 저장 용량은 1바이트이며 표현할 수 있는 숫자의 범위는 위의 표와 같습니다. 출력 칸수는 음수를 표현하는 경우에는 4칸(-기호 포함 10진수 3자리), 양수만 표현하면 3칸(10진수 3자리)입니다.

(2) int

일반 정수형 데이터를 저장하기 위한 데이터 타입입니다. 저장 용량은 4바이트이며 표현할 수 있는 숫자의 범위는 위의 표와 같습니다. 출력 칸수는 음수를 표현하는 경우에는 11칸(-기호 포함 10진수 11자리), 양수만 표현하면 10칸(10진수 10자리)입니다.

(3) 정수형 필드의 기본 칸수

정수형 필드에서 칸수는 실제로 큰 의미가 없습니다. 지정된 칸수보다 데이터가 길어도 자동으로 크기를 조절하여 출력되기 때문에 int(0)이나 int(11)은 사실상 동일하지만, 가급적 칸수를 맞춰 지정하는 것이 좋습니다.

정수형 필드의 칸수는 입력하지 않아도 기본값이 있기 때문에 다음과 같이 자동적으로 칸수가 지정됩니다.

```
MariaDB [mydb]> create table num_sign(
    -> a tinyint,
    -> b smallint,
    -> c mediumint,
    -> d int,
    -> e bigint
    -> );
```

```
MariaDB [mydb]> desc num_sign;
+-------+--------------+----+
| Field | Type         | -- |
+-------+--------------+----+
| a     | tinyint(4)   | -- |
| b     | smallint(6)  | -- |
| c     | mediumint(9) | -- |
| d     | int(11)      | -- |
| e     | bigint(20)   | -- |
+-------+--------------+----+
```

위 결과에서 보듯이 필드 선언시에는 칸수를 지정하지 않았지만, 실제 테이블과 필드가 생성되면 기본값으로 출력 칸수가 만들어 집니다. 칸수에는 기본적으로 음수 기호가 포함됩니다.

(4) 양수 : unsigned

unsigned는 - 부호가 없는 양수를 뜻하며 이것은 기본값이 아니어서 지정하지 않으면 음수가 포함되는 필드로 간주됩니다. 주로 나이, 급여 등 음수가 필요없는 데이터의 필드를 선언할 때 사용합니다.

```
salary int(10) unsigned
```

다음은 정수형 데이터 타입에 unsigned 옵션을 추가하여 양수만을 표현하는 예입니다. 양수에는 - 기호가 없기 때문에 10진수의 자리수 만큼 칸수가 만들어 집니다.

```
MariaDB [mydb]> create table num_unsign(
    -> a tinyint unsigned,
    -> b smallint unsigned,
    -> c mediumint unsigned,
    -> d int unsigned,
    -> e bigint unsigned
    -> );
```

```
MariaDB [mydb]> desc num_unsign;
+-------+-----------------------+
| Field | Type                  |
+-------+-----------------------+
| a     | tinyint(3) unsigned   |
| b     | smallint(5) unsigned  |
| c     | mediumint(8) unsigned |
| d     | int(10) unsigned      |
| e     | bigint(20) unsigned   |
+-------+-----------------------+
```

4.4.2 실수형 데이터 타입

(1) DECIMAL

고정 소수점(fixed-point types) 타입이며 소수 부분를 정확하게 표현하기 위해 사용합니다.

DECIMAL(M, D) - M : 소수 부분을 포함한 실수의 총 자릿수(최대값 65) - D : 소수 부분의 자릿수를 나타내며, 0이면 소수 부분은 없음 - 예) DECIMAL(6, 3) : -999.999 ~ 999.999

(2) FLOAT, DOUBLE

부동 소수점 (floating-point types) 타입이며 근사값을 표현할 때 사용합니다.

FLOAT(M, D) - M : 소수 부분을 포함한 실수의 총 자릿수 - D : 소수 부분의 자릿수

데이터타입	범위		메모리 크기(Byte)
	signed	unsigned	
DECIMAL(M, D)	$-10^{38}+1$ ~ $10^{38}-1$		가변
FLOAT(M, D)	-3.40E+38 ~ 3.40E+38(소수점 7자리 표현)		4 바이트
DOUBLE(M, D) REAL(M, D)	-1.7976E-308 ~ 1.7976E+308(소수점 15자리 표현)		8 바이트

(3) 실수형 필드의 기본 칸수

다음은 실수형 데이터 타입의 출력 칸수를 나타내는 예입니다. decimal 데이터 타입의 경우에만 기본 칸수가 만들어 집니다.

```
MariaDB [mydb]> create table num_float(
    -> a decimal,
    -> b float,
    -> c double,
    -> d real
    -> );
```

```
MariaDB [mydb]> desc num_float;
+-------+---------------+
| Field | Type          |
+-------+---------------+
| a     | decimal(10,0) |
| b     | float         |
| c     | double        |
| d     | double        |
+-------+---------------+
```

4.5 날짜형/시간형 데이터 타입과 출력 칸수

날짜형 데이터 타입의 특성은 문자형과 유사합니다. 데이터를 날짜/시간 형식로 입력하는 차이만 있습니다. 따라서 DATE 대신 VARCHAR을 사용하는 경우가 가끔 있는데 개발 효율성이나 복잡한 검색 명령문을 활용할 경우입니다.

데이터 타입	설명	저장 용량 (Byte)
DATE	날짜(년도, 월, 일) 형태의 기간 표현 데이터 타입 'YYYY-MM-DD' 형식으로 데이터 입력	3
TIME	시간(시, 분, 초) 형태의 기간 표현 데이터 타입 'HH:MM:SS' 형식으로 데이터 입력	3+분수
DATETIME	날짜와 시간 형태의 기간 표현 데이터 타입 1000-01-01 00:00:00.000000~9999-12-31 23:59:59.99999 범위	5+분수
TIMESTAMP	날짜와 시간 형태의 기간 표현 데이터 타입(4byte) 1970-01-01 00:00:01.000000~2038-01-19 03:14:07.999999범위	4+분수
YEAR	년도 표현 데이터 타입 'YYYY' 형식으로 데이터 입력	1

4.5.1 DATE

날짜를 저장하기 위한 데이터 타입이며 표시는 YYYY-MM-DD 형식이기 때문에 출력 칸수는 10입니다.

4.5.2 TIME

시간을 저장하기 위한 데이터 타입이며 표시는 HH:MM:SS 형식이기 때문에 출력 칸수는 8입니다.

4.5.3 날짜형/시간형 필드의 칸수

날짜형/시간형은 칸수를 지정하지 않고 DATE, TIME으로만 선언합니다.

다음은 date, time 데이터 타입으로 필드를 선언한 예입니다.

```
MariaDB [mydb]> create table date_time (
    -> birthday date,
    -> reserve time
    -> );
```

```
MariaDB [mydb]> desc date_time;
+----------+------+
| Field    | Type |
+----------+------+
| birthday | date |
| reserve  | time |
+----------+------+
```

4.6 칸수 초과 데이터 처리

이 테이블에 다음과 같은 데이터를 입력한다고 가정합니다.(데이터 입력 방법은 나중에 살펴봅니다)

name char(3)	age tinyint(1)	salary int(0)	birthday date	addr varchar(15)
'lee'	27	2200000	'1996-11-05'	'서울특별시 마포구 공덕동'
'김길동'	25	900000	'1998-06-20'	'서울특별시 마포구 공덕동 만리재길'
'minwhakim'	28	2500000	'1995-05-02'	'GongduckDong MapoGu Seoulsi'

다음은 위 표의 설명을 exceed 테이블로 생성한 예입니다.

```
MariaDB [mydb]> create table exceed (
    -> name char(3),
    -> age tinyint(1),
    -> salary int(0),
    -> birthday date,
    -> addr varchar(15)
    -> );
```

```
MariaDB [mydb]> desc exceed;
+----------+-------------+
| Field    | Type        |
+----------+-------------+
| name     | char(3)     |
| age      | tinyint(1)  |
| salary   | int(11)     |
| birthday | date        |
| addr     | varchar(15) |
+----------+-------------+
```

다음은 exceed 테이블에 입력된 데이터를 출력한 결과입니다.(데이터 입력하는 방법은 11장에서 살펴봅니다.)

```
MariaDB [mydb]> select * from exceed;
+--------+------+---------+------------+-----------------------------+
| name   | age  | salary  | birthday   | addr                        |
+--------+------+---------+------------+-----------------------------+
| lee    |   27 | 2200000 | 1996-11-05 | 서울특별시 마포구 공덕동     |
| 김길동 |   25 |  900000 | 1998-06-20 | 서울특별시 마포구 공덕동 만  |
| min    |   28 | 2500000 | 1995-05-02 | GongduckDong Ma             |
+--------+------+---------+------------+-----------------------------+
```

- name char(3) : name 필드는 3칸이기 때문에 lee, 김길동 데이터는 표시되지만 minwha-kim 영문데이터는 min 까지만 남고 나머지는 잘립니다.
- age tinyint(1) : age 필드는 1칸이지만 숫자형이기 때문에 2자리 숫자인 27이 그대로 표시됩니다.
- salary int(0) : salary 필드는 0칸이지만 숫자형이기 때문에 7자리 숫자인 4000000이 그대로 표시됩니다.
- addr varchar(15) 필드의 데이터에는 공백이 포함되어 있는데, 공백도 1칸을 차지합니다. 따라서 한글, 영문, 공백들이 1칸씩 계산되어 최대 15칸으로 표시됩니다.

5. 필드 옵션

앞장에서 테이블을 생성할 때 필드를 선언해 봤습니다. 필드 선언은 데이터 타입을 지정하면서 필요에 따라 옵션도 지정할 수 있습니다. 예를 들어 유일한 식별자(Primary Key)와 같은 옵션 지정 등이 있습니다.

앞 장의 예제인 student_tbl 테이블의 구조를 살펴보면 Null, Key, Default, Extra 컬럼들이 자동적으로 표시되는데, 이것들을 중심으로 살펴보겠습니다.

```
MariaDB [mydb]> explain student_tbl;
+---------+----------+------+-----+---------+-------+
| Field   | Type     | Null | Key | Default | Extra |
+---------+----------+------+-----+---------+-------+
| id      | char(10) | YES  |     | NULL    |       |
| name    | char(4)  | YES  |     | NULL    |       |
| salary  | int(10)  | YES  |     | NULL    |       |
| address | char(15) | YES  |     | NULL    |       |
+---------+----------+------+-----+---------+-------+
```

필드 선언시 사용되는 옵션에 대해 살펴보겠습니다. 이 옵션들은 선택 사항이며 지정하지 않을 경우 기본 설정이 있을 수 있습니다.

```
field_name data_type
     [NOT NULL ¦ NULL]                    ← (1)
     [[PRIMARY] KEY]                      ← (2)
     [DEFAULT {literal ¦ (expr)} ]        ← (3)
     [AUTO_INCREMENT]                     ← (4)
```

5.1 [NOT NULL | NULL] : 필수 데이터 입력 옵션

이 옵션은 필드에 데이터 값이 반드시 입력되어야 할 경우 NOT NULL을 지정하고, 입력되지 않아도 되는 경우에는 NULL을 지정합니다. Null이 기본이므로 Null 컬럼은 기본값이며 YES이며, 데이터 값이 반드시 필요할 경우에는 NOT NULL로 지정합니다. NOT NULL 지정된 필드는 NULL 컬럼이 NO로 표기됩니다. 즉 데이터 값은 비어 있으면(NULL) 안된다는(NO) 의미입니다.

```
MariaDB [mydb]> CREATE TABLE a_tbl (id char(6) NOT NULL);
MariaDB [mydb]> explain a_tbl;
+-------+---------+------+-----+---------+-------+
¦ Field ¦ Type    ¦ Null ¦ Key ¦ Default ¦ Extra ¦
+-------+---------+------+-----+---------+-------+
¦ id    ¦ char(6) ¦ NO   ¦     ¦ NULL    ¦       ¦
+-------+---------+------+-----+---------+-------+
```

5.2 [[PRIMARY] KEY] : 다른 레코드와 중복값이 없는 필드

5.2.1 Primary Key

이 옵션이 지정된 필드의 데이터는 중복없이 반드시 유일한 값이어야 합니다. 또한 PRIMARY KEY(기본키)로 지정된 필드는 암묵적으로 데이터가 반드시 필요한 경우이기 때문에 Null 컬럼은 자동으로 No로 표기됩니다. 즉 PRIMARY KEY로 지정된 필드의 데이터 값은 반드시 입력되어야 합니다. PRIMARY는 생략해도 됩니다.

```
MariaDB [mydb]> create table b_tbl (id char(6) PRIMARY KEY);
MariaDB [mydb]> explain b_tbl;
+-------+---------+------+-----+---------+-------+
| Field | Type    | Null | Key | Default | Extra |
+-------+---------+------+-----+---------+-------+
| id    | char(6) | NO   | PRI | NULL    |       |
+-------+---------+------+-----+---------+-------+
```

하나의 테이블 내에서 Primary Key 옵션이 지정되는 필드는 보통은 하나지만, 필요에 따라 2개 이상을 지정할 수 있습니다. 그러나 이것은 테이블 내에 2개 이상의 Primary Key가 존재한다는 것은 아니고, Primary Key들이 합쳐져서 하나의 유일한 값을 나타내는 것입니다. 이것을 Composite Key(복합키)라고 합니다. 이때는 각 필드의 옵션으로 지정하지 않고 모아서 한꺼번에 지정해야 합니다.

모아서 지정하는 위치는 필드들 사이에 어떤 위치도 상관없지만, 모든 필드 선언후 마지막에 지정하는 것이 일반적입니다.

```
MariaDB [mydb]> create table c_tbl (
id char(6), name char(4), salary int(10),
PRIMARY KEY(id, name)
);
MariaDB [mydb]> explain c_tbl;
+--------+---------+------+-----+---------+-------+
| Field  | Type    | Null | Key | Default | Extra |
+--------+---------+------+-----+---------+-------+
| id     | char(6) | NO   | PRI | NULL    |       |
| name   | char(4) | NO   | PRI | NULL    |       |
| salary | int(10) | YES  |     | NULL    |       |
+--------+---------+------+-----+---------+-------+
```

5.3 [DEFAULT {literal | (expr)}] : 데이터 자동입력 옵션

이 옵션이 지정된 필드에 데이터가 없을 경우 자동으로 입력되도록 데이터 값을 지정할 수 있습니다. 자동 데이터는 문자열이나 수식으로 지정합니다.

```
MariaDB [mydb]> create table d_tbl (id char(6),
    -> school char(5) DEFAULT "한국대");
MariaDB [mydb]> explain d_tbl;
+--------+---------+------+-----+---------+-------+
| Field  | Type    | Null | Key | Default | Extra |
+--------+---------+------+-----+---------+-------+
| id     | char(6) | YES  |     | NULL    |       |
| school | char(5) | YES  |     | 한국대  |       |
+--------+---------+------+-----+---------+-------+

MariaDB [mydb]> insert into d_tbl(id) values("C12345");
MariaDB [mydb]> insert into d_tbl(id, school) values("M54321","중앙대");
MariaDB [mydb]> select * from d_tbl;
+--------+--------+
| id     | school |
+--------+--------+
| C12345 | 한국대 |
| M54321 | 중앙대 |
+--------+--------+
```

5.4 [AUTO_INCREMENT] : 자동 증가값 옵션

이 옵션이 지정된 필드에는 1씩 증가되는 값이 자동으로 입력됩니다. 또한 이 옵션을 지정하려면 반드시 PRIMAY KEY를 같이 지정해야 합니다. 자동으로 증가되는 값은 당연히 유일한 값이라는 의미입니다.

```
MariaDB [mydb]> create table e_tbl (
    -> id smallint(3) KEY auto_increment,
    -> name char(4));
MariaDB [mydb]> explain e_tbl;
+-------+-------------+------+-----+---------+----------------+
| Field | Type        | Null | Key | Default | Extra          |
+-------+-------------+------+-----+---------+----------------+
| id    | smallint(3) | NO   | PRI | NULL    | auto_increment |
| name  | char(4)     | YES  |     | NULL    |                |
+-------+-------------+------+-----+---------+----------------+
MariaDB [mydb]> insert into e_tbl(name) values("홍길동");
MariaDB [mydb]> insert into e_tbl(id, name) values(101, "홍길동");
MariaDB [mydb]> insert into e_tbl(name) values("홍길동");
MariaDB [mydb]> select * from e_tbl;
+-----+--------+
| id  | name   |
+-----+--------+
|   1 | 홍길동 |
| 101 | 홍길동 |
| 102 | 홍길동 |
+-----+--------+
```

MySQL 명령어 요약

데이터베이스 처리 명령어

명령어	사용예	설명
show	**show databases**	기존 데이터베이스 목록 확인
create	**create database** db_name	새로운 데이터베이스 생성
use	**use** db_name	사용할 데이터베이스 선택
drop	**drop database** db_name	특정 데이터베이스 삭제

테이블 처리 명령어

명령어	사용예	설명
create	**create table** table_name	새로운 테이블 생성
show	**show tables**	테이블 목록 확인
describe **desc** **explain**	**describe** table_name **desc** table_name **explain** table_name	생성한 테이블의 구조 보기
drop	**drop table** table_name	특정 테이블 삭제
rename ~ to	**rename** old_name **to** new_name	테이블의 이름 변경

테이블 필드 처리 명령어

명령어	사용예(설명)
alter table add	**alter table** table_name **add** field_name data_type (기존 테이블에 새로운 필드 추가)
alter table drop	**alter table table**_name **drop** field_name (테이블의 필드 삭제)
alter table modify	**alter table** table_name **modify** field_name data_type (기존 필드의 데이터타입 변경)
alter table change	**alter table** table_name **change** old_field_name new_field_name [data_type] (테이블 필드의 이름 변경[데이터타입 변경])

11.
데이터 처리어(입력, 검색, 수정, 삭제)

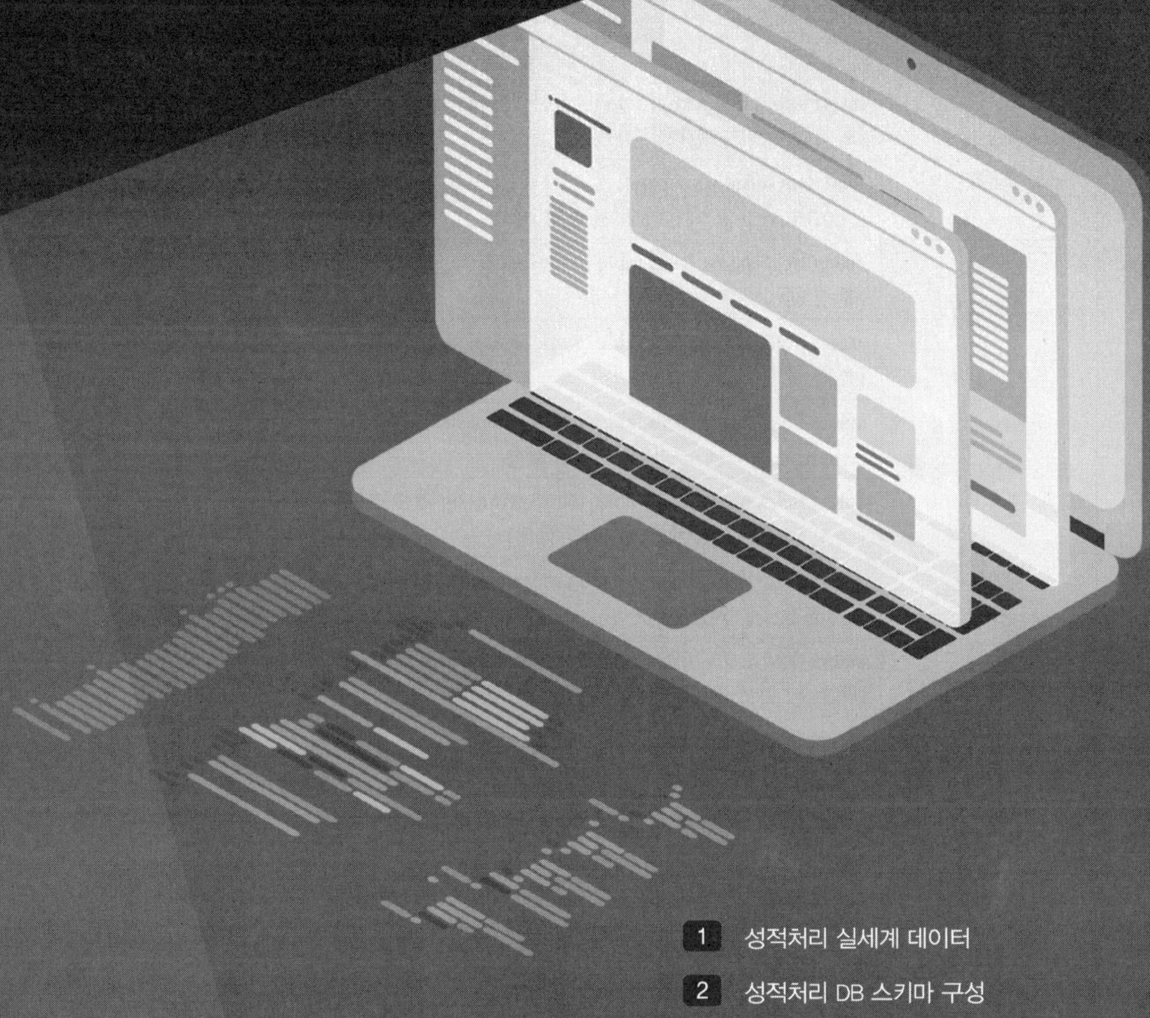

Chapter

11 데이터 처리어(입력, 검색, 수정, 삭제)

데이터 정의어(DDL : Data Definition Language)를 통해 데이터베이스, 테이블, 필드가 만들어지면 구조에 맞게 데이터를 입력하고, 입력된 데이터를 검색, 수정, 삭제하게 됩니다. 데이터 입력과 검색, 수정, 삭제하는 명령어를 데이터 처리어(DML : Data Manipulation Language)라고 합니다.

구분	명령문(설명)
데이터 입력	**insert into** table_name(field_name1,..) **values**(data1, data2, ...) (하나의 레코드 입력)
	load data infile file_name (데이터 파일을 이용하여 복수의 레코드 입력)
데이터 검색	**select** field_name **from** table_name (특정 테이블의 데이터 검색)
	select field_name **from** table_name **where** 조건식 (특정 조건의 데이터 검색)
	select field_name **from** table_name **where like** (where 조건식에서 와일드 카드 사용
	select field_name **from** table_name **group by** 기준필드 (특정 필드를 기준으로 데이터 검색)
	select field_name **from** table_name **group by** 기준필드 **having** 조건식 (group by 결과에서 추가 조건으로 데이터 검색)
	select field_name **from** table_name **order by** **정렬기준필드** [asc|desc] (특정 필드 기준으로 데이터를 정렬하여 검색)
	select field_name **from** table_name **limit** 3 (검색된 레코드의 개수 조절)
	select field_name **from** table_name **into outfile** file_name (검색된 데이터의 결과를 파일로 저장)
	select table_name.field_name **from** table_name **join** table_name **on** 조건식 (여러 테이블을 연계한 데이터 검색)
데이터 수정	**update** table_name **set** 조건식 (조건에 맞는 레코드 수정)
	update table_name **set** 조건식 **where** 조건식 (where 조건식에 해당되는 레코드 수정)
데이터 삭제	**delete from** table_name (테이블 데이터 일괄 삭제)
	delete from table_name **where** 조건식 (조건에 맞는 레코드 삭제)

1. 성적처리 실세계 데이터

데이터 처리어 수행을 위해 다음 표와 같은『성적처리』라는 실세계 데이터를 기반으로 진행하겠습니다.

아래의『성적처리』표는 총 32개의 행(레코드, 튜플)으로 구성된 데이터입니다.

학번	이름	성별	나이	학과	학년	주소	과목				점수
							과목명	코드	학점	구분	
201908	윤영선	여	23	컴퓨터공학	4	부산시 사하구	프레임워크	M4085	3	전선	91
201908	윤영선	여	23	컴퓨터공학	4	부산시 사하구	창의적사고	C1209	2	교양	85
201908	윤영선	여	23	컴퓨터공학	4	부산시 사하구	데이터베이스	M3102	3	전필	85
202143	선영재	남	21	화학공학	2	인천시 남동구	고대한국사	C2084	2	교양	89
202143	선영재	남	21	화학공학	2	인천시 남동구	인터넷개론	M1014	3	전선	81
201931	박정진	남	32	컴퓨터공학	4	서울시 용산구	프레임워크	M4085	3	전선	94
201931	박정진	남	32	컴퓨터공학	4	서울시 용산구	데이터베이스	M3102	3	전필	93
201931	박정진	남	32	컴퓨터공학	4	서울시 용산구	고대한국사	C2084	2	교양	90
201826	이철호	남	25	경제학	3	서울시 마포구	웹프로그래밍	M2076	3	전필	79
201826	이철호	남	25	경제학	3	서울시 마포구	창의적사고	C1209	2	교양	86
202272	이민성	남	21	수학	1	충청북도 충주시	인터넷개론	M1014	3	전선	81
202272	이민성	남	21	수학	1	충청북도 충주시	창의적사고	C1209	2	교양	82
202181	김민화	여	22	컴퓨터공학	2	서울시 서대문구	인터넷개론	M1014	3	전선	95
202181	김민화	여	22	컴퓨터공학	2	서울시 서대문구	웹프로그래밍	M2076	3	전필	98
202181	김민화	여	22	컴퓨터공학	2	서울시 서대문구	고대한국사	C2084	2	교양	93
202181	김민화	여	22	컴퓨터공학	2	서울시 서대문구	데이터베이스	M3102	3	전필	98
201966	최철민	남	23	컴퓨터공학	4	대구시 중구	데이터베이스	M3102	3	전필	92
201966	최철민	남	23	컴퓨터공학	4	대구시 중구	웹프로그래밍	M2076	3	전필	95
201966	최철민	남	23	컴퓨터공학	4	대구시 중구	창의적사고	C1209	2	교양	88
202206	유수연	여	20	컴퓨터공학	1	제주도 서귀포시	인터넷개론	M1014	3	전선	91
202206	유수연	여	20	컴퓨터공학	1	제주도 서귀포시	창의적사고	C1209	2	교양	88
202053	김준	남	21	수학	1	경기도 용인시	창의적사고	C1209	2	교양	83
202053	김준	남	21	수학	1	경기도 용인시	고대한국사	C2084	2	교양	82
201846	정유석	남	28	컴퓨터공학	3	강원도 원주시	데이터베이스	M3102	3	전필	90
201846	정유석	남	28	컴퓨터공학	3	강원도 원주시	프레임워크	M4085	3	전선	89

201846	정유석	남	28	컴퓨터공학	3	강원도 원주시	고대한국사	C2084	2	교양	88
202048	이철호	남	23	컴퓨터공학	3	수원시 팔달구	웹프로그래밍	M2076	3	전필	92
202048	이철호	남	23	컴퓨터공학	3	수원시 팔달구	프레임워크	M4085	3	전선	89
202267	김수지	여	19	컴퓨터공학	1	광주시 중구	인터넷개론	M1014	3	전선	81
202267	김수지	여	19	컴퓨터공학	1	광주시 중구	창의적사고	C1209	2	교양	81
202125	박지민	여	21	수학	2	대전시 유성구	창의적사고	C1209	2	교양	78
202125	박지민	여	21	수학	2	대전시 유성구	웹프로그래밍	M2076	3	전필	80

1.1 데이터 중복성

앞에 제시된 『성적처리』 표는 일반적으로 실생활에서 사용할 수 있는 데이터 표입니다. 그러나 이 표를 잘 살펴보면 중복적으로 나타난 데이터들이 많이 있습니다. 예를 들어 학생은 13명, 과목은 6개인데 이름, 학과, 주소, 과목명 등에 동일한 데이터들이 많이 나타납니다. 이렇게 되면 저장공간도 많이 차지하게 되고, 체계적으로 데이터를 이해하는 데 어려움이 있습니다.

체계적인 데이터 관리의 어려움이란 만약 학생의 주소, 학과가 변경될 경우 그 학생 데이터를 한 레코드씩 변경해야 하는 불필요한 작업입니다.

또한 이 표 형태는 데이터는 맞지만, 데이터베이스라고 말하긴 어렵습니다. 데이터베이스를 구축하는 중요한 목적 중의 하나는 데이터를 효과적이고 체계적으로 관리하기 위함인데, 이런 표 형태로는 목적 달성이 어려워 보입니다.

1.2 데이터베이스 정규화(DB Normalization)

복잡한 실세계 데이터를 모델링할 때, 데이터들의 중복성을 제거하면서 여러 테이블로 분리하는 과정을 데이터베이스 정규화라고 합니다.

데이터베이스 정규화에 대한 세부 내용은 본 도서에서는 다루진 않습니다. 전문적인 학습이 필요하기 때문에 데이터베이스 관련 교과목에서 학습하기 바랍니다.

여기서는 『성적처리』 표를 기반으로 간단히 이루어진 정규화 결과만을 설명하겠습니다.

『성적처리』 표를 분석해 보면 학생 정보, 과목 정보, 점수 정보로 분류할 수 있으며, 이렇게 분류된 것들을 표 형태로 재구성할 수 있습니다.

재구성되는 표들은 가급적 각 레코드들을 구분할 수 있는 유일한 식별자(Primary Key)를 기준으로 분리되는 것이 필요합니다.

학생정보 표는『학번』이 중복없는 유일한 식별자 역할을 하고, 과목정보 표에서는『과목명』이 그 역할을 합니다. 점수정보 표에는 없습니다. 모든 표에 유일한 식별자가 꼭 필요한 건 아닙니다. 따라서 아래 같은 표로 분리하여 재구성합니다.

성적처리정보

학번	이름	성별	나이	학과	학년	주소	과목				점수
							과목명	코드	학점	구분	
201908	윤영선	여	23	컴퓨터공학	4	부산시 사하구	프레임워크	M4085	3	전선	91
201908	윤영선	여	23	컴퓨터공학	4	부산시 사하구	창의적사고	C1209	2	교양	85
:	:	:	:								
202267	김수지	여	19	컴퓨터공학	1	광주시 중구	창의적사고	C1209	2	교양	81
202125	박지민	여	21	수학	2	대전시 유성구	창의적사고	C1209	2	교양	78

학생정보

학번	이름	성별	나이	학과	학년	주소
201908	윤영선	여	23	컴퓨터공학	4	부산시 사하구
202143	선영재	남	21	화학공학	2	인천시 남동구
:	:	:	:			
202267	김수지	여	19	컴퓨터공학	1	광주시 중구
202125	박지민	여	21	수학	2	대전시 유성구

과목정보

과목명	코드	학점	분류
창의적사고	C1029	2	교양
고대한국사	C2084	2	교양
인터넷개론	M1014	3	전선
웹프로그래밍	M2076	3	전필
데이터베이스	M3102	3	전필
프레임워크	M4085	3	전선

점수정보

학번	과목명	점수
201908	프레임워크	91
201908	창의적사고	85
:	:	:
202267	창의적사고	81
202125	웹프로그래밍	80

1.3 데이터 재구성

중복성이 있는 원래의 데이터를 여러 개의 표로 재구성해 보겠습니다. 동시에 한글로 표시된 표 명칭과 필드(학번, 성별 등) 명칭을 영문으로 표시하여 테이블 및 필드 생성을 위한 준비 작업을 진행합니다.

다음은 한글로 표시된 표 명칭을 데이터베이스의 테이블 이름으로 표기한 예입니다.

표 명칭	학생정보	과목정보	점수정보
테이블 이름	student_tbl	subject_tbl	score_tbl

다음은 각 학생 정보 표의 필드 명칭을 영문으로 표기한 예입니다.

한글 명칭	학번	이름	성별	나이	학과	학년	주소
필드 이름	id	name	gender	age	depart	year	address

다음은 각 과목 정보 표의 필드 명칭을 영문으로 표기한 예입니다.

한글 명칭	과목명	코드	학점	분류
필드 이름	subject	code	credit	classify

다음은 각 점수 정보 표의 필드 명칭을 영문으로 표기한 예입니다.

한글 명칭	학번	과목	점수
필드 이름	id	subject	point

1.3.1 학생정보 데이터 표

위와 테이블과 필드의 영문 이름으로 표기하여 각 테이블에 저장될 데이터들은 다음과 같이 재구성합니다. student_tbl 테이블의 데이터들은 id(학번) 필드를 유일한 식별자, 즉 id 값은 테이블 내에서 중복없이 한번만 나타나도록 데이터들을 재구성합니다.

student_tbl 테이블의 데이터

id	name	gender	age	depart	year	address
201908	윤영선	여	23	컴퓨터공학	4	부산시 사하구
202143	선영재	남	21	화학공학	2	인천시 남동구
201931	박정진	남	32	컴퓨터공학	4	서울시 용산구
201826	이철호	남	25	경제학	3	서울시 마포구
202272	이민성	남	21	수학	1	충청북도 충주시
202181	김민화	여	22	컴퓨터공학	2	서울시 서대문구
201966	최철민	남	23	컴퓨터공학	4	대구시 중구
202206	유수연	여	20	컴퓨터공학	1	제주도 서귀포시
202053	김준	남	21	수학	1	경기도 용인시
201846	정유석	남	28	컴퓨터공학	3	강원도 원주시
202048	이철호	남	23	컴퓨터공학	3	수원시 팔달구
202267	김수지	여	19	컴퓨터공학	1	광주시 중구
202125	박지민	여	21	수학	2	대전시 유성구

1.3.2 과목정보 데이터 표

subject_tbl 테이블의 데이터들은 code, subject 필드를 유일한 식별자, 즉 code, subject 값은 테이블 내에서 중복없이 한번만 나타나도록 데이터들을 재구성합니다.

subject_tbl 테이블의 데이터

subject	code	credit	classify
창의적사고	C1029	2	교양
고대한국사	C2084	2	교양
인터넷개론	M1014	3	전선
웹프로그래밍	M2076	3	전필
데이터베이스	M3102	3	전필
프레임워크	M4085	3	전선

1.3.3 점수정보 데이터 표

score_tbl 테이블의 데이터들은 number 필드를 유일한 식별자로 지정하여 재구성하지만, number 값은 테이블 내에서 순서만을 의미하므로 데이터 입력시 일정한 기준으로 순서를 재배치해야 합니다. 예를 들어, 이름순이나 과목순으로 데이터를 먼저 재배치할 필요가 있습니다.

score_tbl 테이블의 데이터

id	subject	point	id	subject	point
201908	프레임워크	91	201966	데이터베이스	92
201908	창의적사고	85	201966	웹프로그래밍	95
201908	데이터베이스	85	201966	창의적사고	88
202143	고대한국사	89	202206	인터넷개론	91
202143	인터넷개론	81	202206	창의적사고	88
201931	프레임워크	94	202053	창의적사고	83
201931	데이터베이스	93	202053	고대한국사	82
201931	고대한국사	90	201846	데이터베이스	90
201826	웹프로그래밍	79	201846	프레임워크	89
201826	창의적사고	86	201846	고대한국사	88
202272	인터넷개론	81	202048	웹프로그래밍	92

202272	창의적사고	82	202048	프레임워크	89
202181	인터넷개론	95	202267	인터넷개론	81
202181	웹프로그래밍	98	202267	창의적사고	81
202181	고대한국사	93	202125	창의적사고	78
202181	데이터베이스	98	202125	웹프로그래밍	80

지금까지 살펴봤듯이 중복 데이터로 구성된 원래 데이터 표는 정규화된 데이터베이스로 재구성하는 과정을 거쳐야 합니다. 그런데 본 도서에서는 설명을 위해 이런 과정을 거쳤지만, 원래는 시작부터 정규화된 구조로 데이터베이스를 먼저 구성하고 그 다음에 데이터들이 채워져야 합니다. 꼭 그래야 되는건 아니지만 정규화를 먼저 구성하고 나중에 데이터를 모으는게 아무래도 효율적이겠죠.

2. 성적처리 DB 스키마 구성

이렇게 정규화된 것을 다음 표와 같은 조건으로 데이터베이스명, 테이블명, 필드명을 지정하여 데이터베이스 스키마를 구성합니다.

성적처리 데이터베이스 명칭을『grade』로 설정하고, grade DB의 테이블들을 다음 같이 구성합니다.

데이터베이스명 : grade

실세계 정보	테이블명	필드명	데이터타입	옵션	설명
학생 정보	student_tbl	id	char(6)	Primary Key	학번
		name	char(4)	Not Null	학생이름
		gender	char(1)		성별
		age	tinyint(3)	unsigned	나이
		depart	varchar(8)	Not Null	전공
		year	tinyint(2)	unsigned	학년
		address	varchar(15)		거주지
과목 정보	subject_tbl	subject	varchar(10)	Primary Key	과목명
		code	char(5)	Not Null	과목코드
		credit	tinyint(2)	unsigned/Not Null	학점
		classify	char(4)	기본값 일반선택	과목구분
점수 정보	score_tbl	number	mediumint(6)	Primary Key auto_increment	
		id	char(6)	Not Null	학번
		subject	varchar(10)	Not Null	과목명
		point	tinyint(3)	Not Null	점수

2.1 테이블 간의 관계

MySQL DBMS는 관계형 데이터베이스(Relational DB)입니다. 여기서 관계라는 것은 데이블들 간의 어떤 연관성이 있다는 의미입니다. 위 student_tbl의 id 필드는 score_tbl 테이블의 id 필드와 연관성이 있으며, subject_tbl 테이블의 subject 필드와 socre_tbl 테이블의 subject 필드와 연관성이 있습니다. 이렇게 테이블들 간의 연관성이 있다고 해서 이를 관계형 데이터베이스라고 합니다

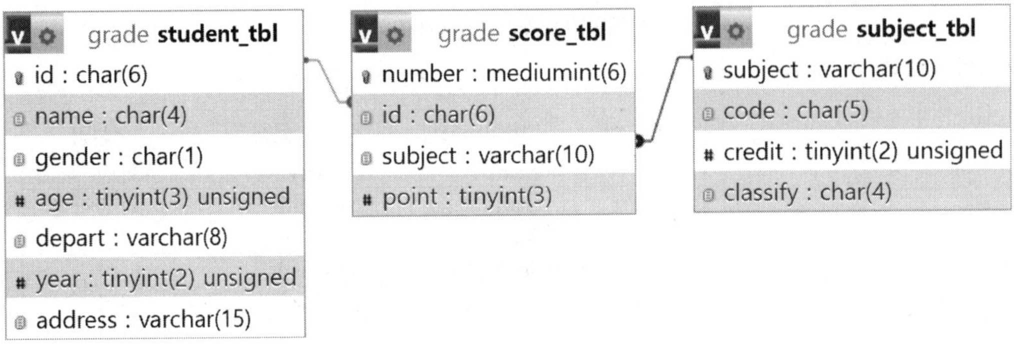

2.2 테이블의 구조

2.2.1 student_tbl 테이블

student_tbl 테이블은 id, name 등 총 7개 필드로 구성되며 id, name, depart 필드는 데이터 입력시 필수 항목으로 판단되어 Not Null 옵션을 지정합니다. id 필드는 Primary Key 옵션이 지정되기 때문에 자동으로 Not Null입니다. Not Null 옵션으로 지정된 필드에 데이터가 입력되지 않으면 에러가 발생됩니다. unsigned 옵션은 양수 데이터입니다.

```
MariaDB [(none)]> create database grade;
MariaDB [(none)]> use grade;

MariaDB [grade]> create table student_tbl (
    -> id char(6) PRIMARY KEY,
    -> name char(4) NOT NULL,
    -> gender char(1),
    -> age tinyint(3) unsigned,
    -> depart varchar(8) NOT NULL,
    -> year tinyint(2) unsigned,
    -> address varchar(15)
    -> );

MariaDB [grade]> explain student_tbl;
+--------+---------------------+------+-----+---------+-------+
| Field  | Type                | Null | Key | Default | Extra |
+--------+---------------------+------+-----+---------+-------+
| id     | char(6)             | NO   | PRI | NULL    |       |
| name   | char(4)             | NO   |     | NULL    |       |
| gender | char(1)             | YES  |     | NULL    |       |
```

```
| age     | tinyint(3) unsigned | YES |     | NULL    |       |
| depart  | varchar(8)          | NO  |     | NULL    |       |
| year    | tinyint(2) unsigned | YES |     | NULL    |       |
| address | varchar(15)         | YES |     | NULL    |       |
+---------+---------------------+-----+-----+---------+-------+
```

2.2.2 subject_tbl 테이블

subject_tbl 테이블은 4개의 필드로 구성되며 code, subject 필드를 중복 Primay Key로 지정합니다. code, subject, credit 필드의 데이터는 필수 입력 항목입니다.

```
MariaDB [grade]> create table subject_tbl (
    -> subject varchar(10),
    -> code char(5),
    -> credit tinyint(2) unsigned NOT NULL,
    -> classify char(4) DEFAULT '일반선택',
    -> PRIMARY KEY(subject)
    -> );

MariaDB [grade]> explain subject_tbl;
+----------+---------------------+------+-----+---------+-------+
| Field    | Type                | Null | Key | Default | Extra |
+----------+---------------------+------+-----+---------+-------+
| subject  | varchar(10)         | NO   | PRI | NULL    |       |
| code     | char(5)             | YES  |     | NULL    |       |
| credit   | tinyint(2) unsigned | NO   |     | NULL    |       |
| classify | char(4)             | YES  |     | 일반선택 |       |
+----------+---------------------+------+-----+---------+-------+
```

2.2.3 score_tbl 테이블

socre_tbl 테이블은 4개의 필드로 구성되며 number 필드는 Primary Key 옵션외에 auto_increment 옵션을 지정합니다. 모든 필드들의 데이터는 필수 입력항목입니다.

```
MariaDB [grade]> create table score_tbl (
    -> number mediumint(6) KEY AUTO_INCREMENT,
    -> id char(6) NOT NULL,
    -> subject varchar(10) NOT NULL,
    -> point tinyint(3)  NOT NULL
    -> );

MariaDB [grade]> explain score_tbl;
+---------+--------------+------+-----+---------+----------------+
| Field   | Type         | Null | Key | Default | Extra          |
+---------+--------------+------+-----+---------+----------------+
| number  | mediumint(6) | NO   | PRI | NULL    | auto_increment |
| id      | char(6)      | NO   |     | NULL    |                |
| subject | varchar(10)  | NO   |     | NULL    |                |
| point   | tinyint(3)   | NO   |     | NULL    |                |
+---------+--------------+------+-----+---------+----------------+
```

3. 데이터 입력

위의 student_tbl, subject_tbl, score_tbl 테이블들에 데이터를 입력해 보겠습니다. 데이터 입력은『INSERT INTO』방식과『LOAD DATA INFILE』방식이 있습니다.

3.1 INSERT INTO : 하나의 레코드 입력

가장 기본적인 데이터 입력 방식으로 INSERT INTO 명령문으로 데이터를 한 행씩 차례차례 입력하는 방식입니다.

```
INSERT
    [INTO] tbl_name [(field_name1,...)]
    { {VALUES | VALUE} (value_list) [, (value_list)] ... }
```

숫자형 데이터 외에 문자형 등 데이터는 인용부호가 반드시 있어야 합니다.

주의할 점은 원래 데이터의 순서대로 입력해도 Primary Key 옵션으로 지정된 필드에 입력된 값으로 재정렬됩니다.

student_tbl 테이블에 다양한 케이스로 데이터 입력을 하는 방법을 살펴보겠습니다.

3.1.1 모든 필드명 표기하여 데이터 입력

이 방법은 필드명을 모두 표기하고 그 필드명의 순서에 맞게 데이터를 입력하는 방법입니다.

id	name	gender	age	depart	year	address
201908	윤영선	여	23	컴퓨터공학	4	부산시 사하구

```
MariaDB [grade]> insert into student_tbl(id, name, gender, age, depart, year, address)
    -> values('201908', '윤영선', '여', 23, '컴퓨터공학', 4, '부산시 사하구');
```

3.1.2 필드명없이 모든 데이터 입력

이 방법은 필드명을 표기하지 않고 테이블의 필드 순서에 맞게 모든 데이터를 입력하는 방법입니다. 필드명없이 데이터를 입력하려면 반드시 모든 데이터를 입력해야 합니다.

id	name	gender	age	depart	year	address
202143	선영재	남	21	화학공학	2	인천시 남동구

```
MariaDB [grade]> insert into student_tbl
    -> value('202143', '선영재', '남', 21, '화학공학', 2, '인천시 남동구');
```

3.1.3 일부 필드에만 데이터 입력

이 방법은 일부 필드명만 표기하고 그 필드명의 순서에 맞게 데이터를 입력하는 방법입니다. NOT NULL 옵션으로 지정된 id, name, depart 필드에만 입력하겠습니다.

id	name	gender	age	depart	year	address
201931	박정진	남	32	컴퓨터공학	4	서울시 용산구

```
MariaDB [grade]> insert into student_tbl(id, name, depart)
    -> value('201931', '박정진', '컴퓨터공학');
```

위와 같이 입력된 데이터를 SELECT 문을 이용하여 결과를 확인해 보면 다음과 같습니다. 원래 데이터 순서대로 입력해도 PRIMARY KEY 옵션으로 지정된 id 필드의 데이터 값으로 재정렬되어 출력됩니다.

```
MariaDB [grade]> select * from student_tbl;
+--------+--------+--------+------+------------+------+---------------+
| id     | name   | gender | age  | depart     | year | address       |
+--------+--------+--------+------+------------+------+---------------+
| 201908 | 윤영선 | 여     |   23 | 컴퓨터공학 |    4 | 부산시 사하구 |
| 201931 | 박정진 | NULL   | NULL | 컴퓨터공학 | NULL | NULL          |
| 202143 | 선영재 | 남     |   21 | 화학공학   |    2 | 인천시 남동구 |
+--------+--------+--------+------+------------+------+---------------+
```

입력되지 않은 필드에는 NULL 값으로 표기되는데 나중에 살펴볼 UPDATE SET 명령문을 통해 데이터를 추가할 수 있습니다.

```
MariaDB [grade]> UPDATE student_tbl SET gender='남', age=32, year=4,
    -> address='서울시 용산구' WHERE id='201931';
MariaDB [grade]> select * from student_tbl;
+--------+--------+--------+------+------------+------+---------------+
| id     | name   | gender | age  | depart     | year | address       |
+--------+--------+--------+------+------------+------+---------------+
| 201908 | 윤영선 | 여     |   23 | 컴퓨터공학 |    4 | 부산시 사하구 |
| 201931 | 박정진 | 남     |   32 | 컴퓨터공학 |    4 | 서울시 용산구 |
| 202143 | 선영재 | 남     |   21 | 화학공학   |    2 | 인천시 남동구 |
+--------+--------+--------+------+------------+------+---------------+
```

3.1.4 DEFAULT 옵션이 지정된 필드

subject_tbl 테이블의 classify 필드에는 DEFAULT으로『일반선택』값이 지정되었습니다. 이럴 경우 다음의 예와 같이 classify 필드에 데이터를 입력하지 않을 경우 DEFAULT로 지정된 값이 입력됩니다.

```
MariaDB [grade_fk]> insert into subject_tbl(subject, code, credit)
    -> value('백엔드','M3011', 3);
MariaDB [grade_fk]> select * from subject_tbl;
+--------------+-------+--------+----------+
| subject      | code  | credit | classify |
+--------------+-------+--------+----------+
| 데이터베이스 | M3102 |      3 | 전필     |
| 백엔드       | M3011 |      3 | 일반선택 |
```

3.1.5 입력시 오타에 의한 오류 방지 방법

콘솔창(명령프롬프트)에서 INSERT INTO 구문으로 입력하다 보면 오타 때문에 다시 명령문을 작성해야 하는 불편함이 따릅니다. 이때는 테이블 생성할 때와 같은 방법으로 메모장 등 ASCII 편집기를 통해 미리 작성하고 복사해서 콘솔창에 붙여넣으면 편리합니다. 물론 작성된 명령문은 오류가 없어야 하겠죠.

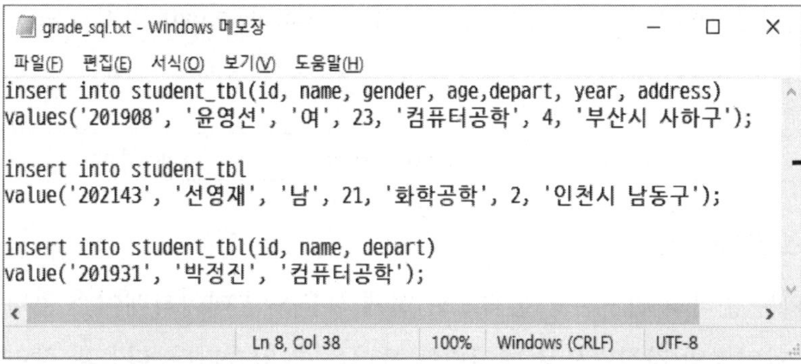

복사해서
붙여넣기

```
MariaDB [grade]> insert into student_tbl(id, name, gender, age,depart, year, address)
    -> values('201908', '윤영선', '여', 23, '컴퓨터공학', 4, '부산시 사하구');
MariaDB [grade]> insert into student_tbl
    -> value('202143', '선영재', '남', 21, '화학공학', 2, '인천시 남동구');
MariaDB [grade]> insert into student_tbl(id, name, depart)
    -> value('201931', '박정진', '컴퓨터공학');
```

3.2 LOAD DATA INFILE : 데이터 파일을 이용한 입력

입력해야 할 데이터가 파일로 존재할 때 사용하는 구문입니다. 이 파일의 데이터들은 테이블 필드의 순서와 일치해야 합니다. 또한 데이터들 사이의 구분기호와 레코드(행)들 사이의 구분기호를 알고 있어야 합니다. 구분기호에 따라 명령문의 표현이 달라집니다.

```
LOAD DATA INFILE 'file_name' INTO TABLE tbl_name
    [{FIELDS | COLUMNS}
        [TERMINATED BY 'string']
    ]
    [LINES
        [TERMINATED BY 'string']
    ]
```

3.2.1 데이터 파일의 저장 위치

위의 LOAD DATA INFILE 구문 형식에서 file_name 명칭이 데이터 파일입니다. 데이터 파일명은 인용부호를 이용하여 표시합니다.

(1) 데이터 파일의 확장자

데이터 파일로 사용되는 파일명과 확장자는 개발자가 임의대로 작성하면 됩니다. 다만 확장자는 파일이 데이터를 저장하고 있다는 의미를 가지도록 dat 또는 data 명칭으로 지정하면 좋습니다.

store.dat	itemlist.dat	employee.data	sales.data

(2) 사용중인 데이터베이스 폴더에 저장

데이터 파일이 저장되는 폴더의 위치는 기본적으로 현재 사용중인 데이터베이스 폴더입니다. 이렇게 하면 파일명의 지정만으로 데이터를 불러올 수 있습니다. 다음과 같이 파일명만 지정하면 됩니다.

```
LOAD DATA INFILE 'itemlist.dat'
```

실습 예제에서는 사용중인 데이터베이스인 grade 폴더에 저장되어야 합니다. 뒤에서 살펴볼 데이터 파일들은 grade 폴더에 저장됩니다.

```
\xampp\mysql\data\grade
```

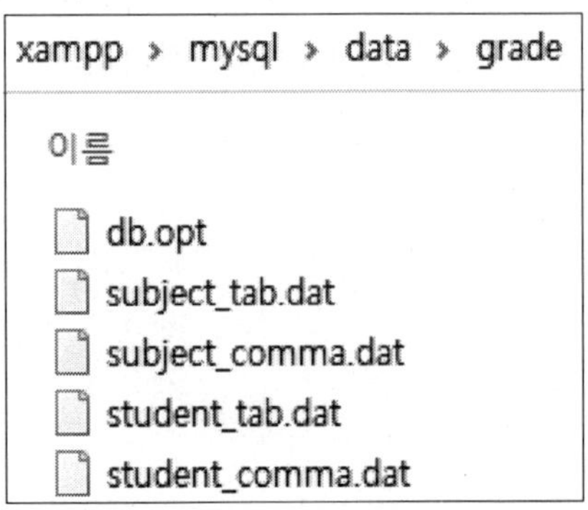

(3) 다른 폴더에 저장

데이터베이스와 데이터 파일들을 구분하고 싶다면 다른 폴더에 저장할 수도 있습니다. 이때는 폴더의 경로가 지정되어야 합니다.

```
\xampp\mysql\data\grade\file\itemlist.dat
```

위와 같이 grade 데이터베이스 폴더 밑에 file 폴더에 itemlist.dat 데이터 파일이 저장되어 있다면 아래처럼 파일 경로를 지정해야 합니다. 한 가지 중요한 점은『xampp/mysql/data』가 기본 폴더이기 때문에 grade 데이터베이스 폴더명을 지정해야 합니다.

```
LOAD DATA INFILE './grade/file/itemlist.dat'
```

다음의 경로에 itemlist.dat 파일이 저장되어 있다면 아래와 같이 파일경로를 지정해야 합니다.

```
\xampp\mysql\data\file\itemlist.dat
```

```
LOAD DATA INFILE './file/itemlist.dat'
```

3.2.2 데이터(필드) 사이의 구분기호

데이터들 사이의 구분기호로 가장 많이 사용되는 것은 탭(Tab), 콤마(,) 등이 있습니다. LOAD DATA INFILE 구문에서 탭키가 기본값이며, 다른 기호들은 옵션을 사용해야 합니다.

만약 콤마로 데이터 사이가 구분된다면 다음과 같이 FIELDS TERMINATED BY ‘,’ 구문을 사용합니다.

```
LOAD DATA INFILE ~~~~~ FIELDS TERMINATED BY ','
```

3.2.3 레코드(행) 사이의 구분기호

일반적으로 한 행의 레코드들은 ↵ 키(줄바꿈)로 구분됩니다. 줄바꿈은 명령문에서는 이스케이프 문자인『\r\n』로 표현됩니다. 줄바꿈이 기본값이기 때문에 사용하지 않아도 되지만 한글 데이터 등에서 잘못 출력되기 때문에 사용하는 것이 좋습니다.

만약 ↵ 키(줄바꿈)로 레코드 사이가 구분된다면 다음과 같이 LINESS TERMINATED BY '\n\r' 구문을 사용합니다.

```
LOAD DATA INFILE ~~~~~ LINES TERMINATED BY '\r\n'
```

3.2.4 탭키(₩t)와 줄바꿈(₩r₩n)로 구분된 데이터 입력

다음과 같이 ASCII 편집기로 데이터 파일을 생성했다고 가정합니다. 데이터 파일들은 각각 student_tbl, subject_tbl, score_tbl 테이블에 입력될 파일들입니다.

각 파일의 데이터 사이에 빈칸으로 보이는 부분은 파일 생성시 Tab 키로 구분한 상태입니다. 데이터 사이의 Tab 키는 반드시 1회만 사용해야 하며, 편집기의 Tab 폭 설정에 따라 레코드들이 약간 어긋나게 나타날 수 있습니다. ↵는 줄바꿈 표시이며 편집기에는 표시되지 않겠죠?

student_tab.dat 데이터 파일

```
201908	윤영선	여	23	컴퓨터공학	4	부산시 사하구 ↵
202143	선영재	남	21	화학공학	2	인천시 남동구 ↵
				:
202267	김수지	여	19	컴퓨터공학	1	광주시 중구 ↵
202125	박지민	여	21	수학	2	대전시 유성구
```

subject_tab.dat 데이터 파일

```
창의적사고	C1029	2	교양↵
고대한국사	C2084	2	교양↵
인터넷개론	M1014	3	전선↵
웹프로그래밍	M2076	3	전필↵
데이터베이스	M3102	3	전필↵
프레임워크	M4085	3	전선
```

score_tab.dat 데이터 파일

```
	201908	프레임워크	91 ↵
	201908	창의적사고	85 ↵
		:
	202125	창의적사고	78 ↵
	202125	웹프로그래밍	80
```

score_tab.dat 데이터 파일에서 왼쪽에 빈 공간은 Tab 키를 1번 사용한 것이고, score_tbl 테이블의 number 필드에 해당되는 데이터 입력 공간입니다. number 필드는 AUTO_INCREMENT 속성이 지정되어 있어서 파일에는 데이터 값이 없더라도 Tab 키를 이용하여 공간은 확보해야 합니다.

다음과 같이 student_tab.dat 데이터 파일을 student_tbl 테이블에 입력합니다.

『LINES TERMINATED BY '\r\n'』 구문으로 레코드(행) 사이를 콤마로 분리한다는 옵션을 지정합니다.

```
MariaDB [grade]> LOAD DATA INFILE 'student_tab.dat' INTO TABLE student_tbl
    -> LINES TERMINATED BY '\r\n';

MariaDB [grade]> select * from student_tbl;
+--------+--------+--------+-----+------------+------+-------------------+
| id     | name   | gender | age | depart     | year | address           |
+--------+--------+--------+-----+------------+------+-------------------+
| 201826 | 이철호 | 남     |  25 | 경제학     |    3 | 서울시 마포구     |
| 201846 | 정유석 | 남     |  28 | 컴퓨터공학 |    3 | 강원도 원주시     |
    :        :       :                                     :
| 202267 | 김수지 | 여     |  19 | 컴퓨터공학 |    1 | 광주시 중구       |
| 202272 | 이민성 | 남     |  21 | 수학       |    1 | 충청북도 충주시   |
+--------+--------+--------+-----+------------+------+-------------------+
```

나머지 subject_tbl.dat, score_tab.dat 데이터 파일을 subject_tbl, score_tbl 테이블에 입력합니다.

3.2.5 콤마와 WrWn로 구분된 데이터 입력

다음은 데이터들을 콤마로 구분한 데이터 파일들입니다. 이렇게 콤마로 분리된 데이터 파일을 CSV(Comma Seperate Value) 파일이라고 합니다. 엑셀로 작성된 파일을『다른 이름으로 저장』기능을 이용하여 CSV 파일로 저장할 수 있습니다.

student_comma.dat 데이터 파일

```
201908,윤영선,여,23,컴퓨터공학,4,부산시 사하구 ↵
202143,선영재,남,21,화학공학,2,인천시 남동구 ↵
              :
202267,김수지,여,19,컴퓨터공학,1,광주시 중구 ↵
202125,박지민,여,21,수학,2,대전시 유성구
```

subject_comma.dat 데이터 파일

```
창의적사고,C1029,2,교양↵
고대한국사,C2084,2,교양↵
인터넷개론,M1014,3,전선↵
웹프로그래밍,M2076,3,전필↵
데이터베이스,M3102,3,전필↵
프레임워크,M4085,3,전선
```

score_comma.dat 데이터 파일

```
,201826,창의적사고,86 ↵
,202272,인터넷개론,81 ↵
        :
,202125,창의적사고,78 ↵
,202125,웹프로그래밍,80
```

score_comma.dat 파일의 맨 앞쪽에 , 기호로 시작하는데 이것은 score_tab.dat 파일과 같은 이유입니다.

다음과 같이 subject_tab.dat 데이터 파일을 subject_tbl 테이블에 입력합니다. 입력에 앞서 이미 입력된 데이터들이 있으니 Primary Key 중복을 방지하기 위해 기존 데이터를 삭제해야 합니다. 『FIELDS TERMINATED BY ','』 구문으로 데이터 사이를 콤마로 분리한다는 옵션을 지정합니다. FIELDS 대신 COLUMNS 옵션을 사용해도 됩니다.

```
MariaDB [grade]> delete from score_tbl;
MariaDB [grade]> delete from student_tbl;
MariaDB [grade]> delete from subject_tbl;
MariaDB [grade]> LOAD DATA INFILE 'subject_comma.dat' INTO TABLE subject_tbl
    -> FIELDS TERMINATED BY ','
    -> LINES TERMINATED BY '\r\n';

MariaDB [grade]> select * from subject_tbl;
+--------------+-------+--------+----------+
| subject      | code  | credit | classify |
+--------------+-------+--------+----------+
| 고대한국사   | C2084 |      2 | 교양     |
| 데이터베이스 | M3102 |      3 | 전필     |
| 웹프로그래밍 | M2076 |      3 | 전필     |
| 인터넷개론   | M1014 |      3 | 전선     |
| 창의적사고   | C1029 |      2 | 교양     |
| 프레임워크   | M4085 |      3 | 전선     |
+--------------+-------+--------+----------+
```

나머지 student_comma.dat, score_comma.dat 데이터 파일을 subject_tbl, score_tbl 테이블에 입력합니다.

3.2.6 데이터 파일의 인코딩

9장 7.1.2의 인코딩 방식에서 살펴보았듯이 클라이언트 프로그램에서의 인코딩과 저장된 데이터의 인코딩은 다릅니다. 여기서는 파일을 이용하여 한글 데이터를 저장할 때 발생하는 문제를 살펴봅니다.

데이터 파일의 인코딩 방식에 따라서 다음과 같이 클라이언트 프로그램이나 웹 브라우저에서 한글이 깨지는 문제가 발생합니다.

```
MariaDB [grade]> select * from student_tbl;
+--------+------+--------+-----+----------+------+---------------+
| id     | name | gender | age | depart   | year | address       |
+--------+------+--------+-----+----------+------+---------------+
| 201826 | ???? | ?      |  25 | ??????   |    3 | ?????? ?????? |
| 201846 | ???? | ?      |  28 | ???????? |    3 | ?????? ?????  |
```

이 문제는 MariaDB에 저장되는 데이터는 utf8mb4이 기본 인코딩 방식인데, 저장되는 데이터 파일이 ANSI 등과 같이 다른 인코딩 방식으로 저장되기 때문에 발생합니다.(ANSI 인코딩으로 저장된 데이터 파일은 euckr 인코딩 방식으로 인식됩니다). 따라서 데이터 파일을 utf8 방식으로『다른 이름으로 저장』하면 해결됩니다.

다만 이런저런 이유로 데이터 파일의 기존 인코딩 방식을 계속 유지하면서 한글이 깨지지 않도록 하려면 명령문『alter database db_name default character set euckr』을 사용하면 됩니다. 여기서는 데이터 파일이 ANSI(euckr) 인코딩 방식으로 저장되었다고 가정합니다.

이 명령문을 실행한 후 status 명령어로 Db 항목의 인코딩 방식을 확인하면 euckr 방식으로 변경된 것이 확인됩니다.

```
MariaDB [grade]> alter database grade default character set euckr;
MariaDB [grade]> status;
-- 중략 --
Server characterset:    utf8mb4
Db     characterset:    euckr
Client characterset:    euckr
Conn.  characterset:    euckr
```

이렇게 설정한 후에 euckr 방식으로 데이터 파일을 다시 입력하면 한글을 깨지지 않은 상태로 확인할 수 있습니다.

이러한 설정을 다시 원래대로 변경하려면 다음과 같이 명령문을 사용하면 됩니다. 물론 입력되는 데이터 파일의 저장 인코딩은 UTF-8 방식이어야 하겠죠.

```
MariaDB [grade]> alter database grade default character set utf8mb4;
MariaDB [grade]> status;
-- 중략 --
Server characterset:    utf8mb4
Db     characterset:    utf8mb4
Client characterset:    euckr
Conn.  characterset:    euckr
```

웹 브라우저에서의 한글이 깨지는 현상에 대해서는 8장의 2.2.3 내용도 함께 참고하세요.

4. 데이터 검색 : SELECT

데이터베이스에 데이터들을 입력하는 가장 중요한 목적은 검색을 위한 것입니다. 검색을 위한 명령어는 SELECT ~ FROM 구문이며, 중요한 명령어인 만큼 많이 사용되기도 하고, 옵션도 다양합니다.

```
SELECT
    [ALL | DISTINCT | DISTINCTROW]
    select_expr [, select_expr ...]
    [ FROM table_references
       [WHERE where_condition]
       [GROUP BY  col_name  [ASC | DESC]]
       [HAVING where_condition]
       [ORDER BY  col_name [ASC | DESC], ...]
       [LIMIT  [offset]]
       [INTO OUTFILE 'file_name' [CHARACTER SET charset_name] [export_options] |
           INTO DUMPFILE 'file_name' | INTO var_name [, var_name] ]
```

4.1 select_expr

SELECT 구문에서 select_expr 항목은 1개 이상이 나와야 하는 필수 요소이며, 검색하고 싶은 항목을 지정합니다.

select_expr 항목은 다음 중 하나입니다.

① MySQL 함수나 연산식

② 모든 필드를 지칭하는 * 기호

③ 테이블의 필드명

4.1.1 MySQL 함수나 연산식

SELECT 문에서 MySQL 함수나 연산식을 이용하여 결과를 확인할 수 있습니다.

다음의 예는 연산자를 이용한 산술식입니다. 컬럼명에 산술식이 그대로 표현되지만, AS 키워드를 이용하여 컬럼명을 지정할 수 있으며, 생략도 가능합니다.

```
MariaDB [grade]> SELECT 7 + 6;
+-------+
| 7 + 6 |
+-------+
|    13 |
+-------+

MariaDB [grade]> SELECT 7 * 6;
+-------+
| 7 * 6 |
+-------+
|    42 |
+-------+
```

```
MariaDB [grade]> SELECT 7 + 6 AS '더하기';
+--------+
| 더하기 |
+--------+
|     13 |
+--------+

MariaDB [grade]> SELECT 7 * 6  '곱하기';
+--------+
| 곱하기 |
+--------+
|     42 |
+--------+
```

다음과 같은 MySQL 함수도 가능합니다. MySQL 함수에 대해서 9장의 7절을 참고하세요. FORMAT 함수는 천단위 콤마와 소수점 자리수를 출력하는 함수입니다.

```
MariaDB [grade]> SELECT FORMAT(100000000,2);
+---------------------+
| FORMAT(100000000,2) |
+---------------------+
| 100,000,000.00      |
+---------------------+
```

또한 간단한 논리 문장도 가능합니다.

```
MariaDB [grade]> SELECT IF(10>20, '참', '거짓');
+-------------------------+
| IF(10>20, '참', '거짓') |
+-------------------------+
| 거짓                    |
+-------------------------+
```

4.1.2 모든 필드의 데이터 검색 : * 기호

모든 필드의 데이터 검색은 구문은『SELECT * FROM 테이블명』입니다. 여기서 * 기호는 모든 필드를 의미합니다.

(1) student_tbl 테이블의 모든 필드 데이터 검색

```
MariaDB [grade]> SELECT * FROM student_tbl;
+--------+--------+--------+-----+------------+------+------------------+
| id     | name   | gender | age | depart     | year | address          |
+--------+--------+--------+-----+------------+------+------------------+
| 201826 | 이철호 | 남     |  25 | 경제학     |    3 | 서울시 마포구    |
| 201846 | 정유석 | 남     |  28 | 컴퓨터공학 |    3 | 강원도 원주시    |
             :                        :                     :
| 202267 | 김수지 | 여     |  19 | 컴퓨터공학 |    1 | 광주시 중구      |
| 202272 | 이민성 | 남     |  21 | 수학       |    1 | 충청북도 충주시  |
+--------+--------+--------+-----+------------+------+------------------+
```

4.1.3 특정 필드의 데이터 검색

특정 필드의 데이터 검색은 구문은『SELECT 필드명1, 필드명2, FROM 테이블명』입니다. 모든 필드의 데이터가 아닌 지정된 필드의 데이터만 검색합니다.

(1) student_tbl 테이블의 name, depart 필드 데이터 검색

```
MariaDB [grade]> SELECT name, depart FROM student_tbl;
+--------+------------+
| name   | depart     |
+--------+------------+
| 이철호 | 경제학     |
| 정유석 | 컴퓨터공학 |
    :          :
| 김수지 | 컴퓨터공학 |
| 이민성 | 수학       |
+--------+------------+
```

(2) name, depart 필드명을 각각 이름, 학과로 변경하여 데이터 검색

AS 옵션을 사용하여 영문 필드명을 한글로 변경하여 검색할 수 있지만, 테이블의 필드명이 변경되는 것은 아닙니다.

```
MariaDB [grade]> SELECT name AS '이름', depart AS '학과' FROM student_tbl;
+--------+------------+
| 이름   | 학과       |
+--------+------------+
| 이철호 | 경제학     |
| 정유석 | 컴퓨터공학 |
```

(3) id, year 필드명을 각각 학번, 학년으로 변경하여 데이터 검색

다음과 같이 AS 옵션 없이도 영문 필드명을 한글로 변경하여 검색할 수 있습니다.

```
MariaDB [grade]> SELECT id '학번', year '학년' from student_tbl;
+--------+------+
| 학번   | 학년 |
+--------+------+
| 201826 |    3 |
| 201846 |    3 |
```

4.2 WHERE : 특정 조건의 데이터 검색

WHERE 구문을 이용하여 조건에 해당되는 필드의 데이터를 검색할 수 있습니다.

예를 들어 나이가 25세 이상, 과목점수가 85점 이하 등 전체 데이터에서 조건에 맞는 데이터만 검색하는 방식입니다.

4.2.1 조건문을 이용한 데이터 검색

(1) student_tbl 테이블에서 나이가 25세 이상인 학생의 모든 필드를 출력

```
MariaDB [grade]> SELECT * FROM student_tbl WHERE age >= 25;
+--------+--------+--------+-----+------------+------+---------------+
| id     | name   | gender | age | depart     | year | address       |
+--------+--------+--------+-----+------------+------+---------------+
| 201826 | 이철호 | 남     |  25 | 경제학     |    3 | 서울시 마포구 |
| 201846 | 정유석 | 남     |  28 | 컴퓨터공학 |    3 | 강원도 원주시 |
| 201931 | 박정진 | 남     |  32 | 컴퓨터공학 |    4 | 서울시 용산구 |
+--------+--------+--------+-----+------------+------+---------------+
```

(2) student_tbl 테이블에서 나이가 25세 이상인 학생의 이름과 학과만 출력

```
MariaDB [grade]> SELECT name, depart FROM student_tbl WHERE age >= 25;
+--------+------------+
| name   | depart     |
+--------+------------+
| 이철호 | 경제학     |
| 정유석 | 컴퓨터공학 |
| 박정진 | 컴퓨터공학 |
+--------+------------+
```

(3) student_tbl 테이블에서 컴퓨터공학 학생중에서 나이가 25세 이상인 학생 이름 출력

```
MariaDB [grade]> SELECT name FROM student_tbl WHERE depart = '컴퓨터공학' AND
age >= 25;
+--------+
| name   |
+--------+
| 정유석 |
| 박정진 |
+--------+
```

(4) score_tbl 테이블에서 프레임워크 과목의 평균점수 출력

MySQl의 AVG() 함수를 사용하여 point 필드의 평균값을 계산합니다.

```
MariaDB [grade]> SELECT AVG(point) AS '프레임워크 평균' FROM score_tbl where
subject='프레임워크';
+-----------------+
| 프레임워크 평균 |
+-----------------+
|         87.7188 |
+-----------------+
```

(5) subject_tbl 테이블에서 교양 과목의 개수 출력

MySQl의 COUNT() 함수를 사용하여 subject 필드의 개수를 계산합니다.

```
MariaDB [grade]> SELECT COUNT(subject) AS '교양과목 개수' FROM subject_tbl
WHERE classify='교양';
+---------------+
| 교양과목 개수 |
+---------------+
|             2 |
+---------------+
```

4.2.2 LIKE 함수 : 와일드 카드를 이용한 데이터 검색

와일드 카드는 전체 문자열 중에서 일부분만으로 데이터를 검색할 수 있는 기호이며 %(퍼센트)와 _(언더바)가 있습니다.

와일드 카드	역할
%	0개 이상의 문자 표현
_	1개의 문자 표현

(1) student_tbl 테이블에서 주소가 서울시로 시작하는 학생 이름 출력

```
MariaDB [grade]> SELECT name FROM student_tbl WHERE address LIKE '서울시%';
+--------+
| name   |
+--------+
| 이철호 |
| 박정진 |
| 김민화 |
+--------+
```

(2) student_tbl 테이블에서 주소가 중구로 끝나는 학생 이름 출력

```
MariaDB [grade]> SELECT name FROM student_tbl WHERE address LIKE '%중구';
+--------+
| name   |
+--------+
| 최철민 |
| 김수지 |
+--------+
```

(3) student_tbl 테이블에서 이름의 중간에 『철』이 있는 학생 이름 출력

```
MariaDB [grade]> SELECT name FROM student_tbl WHERE name LIKE '_철%';
+--------+
| name   |
+--------+
| 이철호 |
| 최철민 |
| 이철호 |
+--------+
```

4.2.3 GROUB BY : 그룹별 계산

GROUB BY 옵션은 기준이 되는 필드 값별로 묶어서 평균, 합계, 개수 등을 출력하는 방법입니다.

(1) score_tbl 테이블에서 학번(id)별로 학번, 취득 과목수(subject), 평균값 출력

```
MariaDB [grade]> SELECT id '학번', COUNT(point) '과목수', AVG(point) '평균'
    -> FROM score_tbl GROUP BY id;
+--------+--------+---------+
| 학번   | 과목수 | 평균    |
+--------+--------+---------+
| 201826 |      2 | 82.5000 |
| 201846 |      3 | 89.0000 |
    :         :
| 202267 |      2 | 81.0000 |
| 202272 |      2 | 81.5000 |
+--------+--------+---------+
```

(2) score_tbl 테이블에서 과목별(subject)로 점수를 취득한 학생수 출력

```
MariaDB [grade]> SELECT subject '과목명', COUNT(id) '학생수'
    -> FROM score_tbl GROUP BY subject;
+--------------+--------+
| 과목명       | 학생수 |
+--------------+--------+
| 고대한국사   |      5 |
| 데이터베이스 |      5 |
| 웹프로그래밍 |      5 |
| 인터넷개론   |      5 |
| 창의적사고   |      8 |
| 프레임워크   |      4 |
+--------------+--------+
```

4.2.4 HAVING : GROUP BY 결과의 추가 조건

HAVING 옵션은 GROUP BY에 의한 결과에서 추가적인 조건을 지정하여 출력합니다.

(1) score_tbl 테이블에서 학번(id)별로 평균이 90 이상인 학번 출력

```
MariaDB [grade]> SELECT id '학번', AVG(point) '평균' FROM score_tbl
    -> GROUP BY id HAVING AVG(point) >=90;
+--------+---------+
| 학번   | 평균    |
+--------+---------+
| 201931 | 92.3333 |
| 201966 | 91.6667 |
| 202048 | 90.5000 |
| 202181 | 96.0000 |
+--------+---------+
```

(2) score_tbl 테이블에서 과목별(subject)로 점수(point)를 취득한 학생수가 8 이상인 과목 출력

```
MariaDB [grade]> SELECT subject '과목명', COUNT(id) '학생수'
    -> FROM score_tbl GROUP BY subject HAVING COUNT(id) >= 8;
+------------+--------+
| 과목명     | 학생수 |
+------------+--------+
| 창의적사고 |      8 |
+------------+--------+
```

4.2.5 ORDER BY : 데이터 정렬

ORDER BY 옵션은 특정 필드 기준으로 데이터를 오름차순(ASC) 또는 내림차순(DESC)으로 정렬합니다.

(1) student_tbl 테이블에서 나이 적은 순으로 정렬하여 이름과 나이를 출력

```
MariaDB [grade]> SELECT name, age FROM student_tbl ORDER BY age ASC;
+--------+------+
| name   | age  |
+--------+------+
| 김수지 |   19 |
| 유수연 |   20 |
    :        :
| 정유석 |   28 |
| 박정진 |   32 |
+--------+------+
```

(2) score_tbl 테이블에서 학번(id)별로 평균값이 높은 순으로 출력

- GROUP BY 옵션을 이용한 결과에서 추가적으로 데이터를 정렬합니다.

```
MariaDB [grade]> SELECT id '학번', AVG(point) '평균'
    -> FROM score_tbl GROUP BY id ORDER BY AVG(point) DESC;
+--------+---------+
| 학번   | 평균    |
+--------+---------+
| 202181 | 96.0000 |
| 201931 | 92.3333 |
    :        :
| 202267 | 81.0000 |
| 202125 | 79.0000 |
+--------+---------+
```

(3) 나이 어린 순으로 정렬하되 나이가 같으면 최근 학번순으로 정렬하여 출력

- 2개 이상의 정렬 기준을 이용하여 출력할 수 있습니다.

```
MariaDB [grade]> SELECT name'이름', age'나이', id'학번' FROM student_tbl
    -> ORDER BY age ASC, id DESC;
+--------+------+--------+
| 이름   | 나이 | 학번   |
+--------+------+--------+
    :        :
| 이민성 |   21 | 202272 |
| 선영재 |   21 | 202143 |
| 박지민 |   21 | 202125 |
| 김준   |   21 | 202053 |
    :        :
+--------+------+--------+
```

4.2.6 LIMIT : 출력 개수 지정

LIMIT 옵션은 출력 레코드가 많을 경우 개수를 제한하여 출력합니다.

(1) score_tbl 테이블에서 3개의 레코드 출력

```
MariaDB [grade]> SELECT * FROM student_tbl LIMIT 3;
+--------+--------+--------+-----+------------+------+---------------+
| id     | name   | gender | age | depart     | year | address       |
+--------+--------+--------+-----+------------+------+---------------+
| 201826 | 이철호 | 남     |  25 | 경제학     |    3 | 서울시 마포구 |
| 201846 | 정유석 | 남     |  28 | 컴퓨터공학 |    3 | 강원도 원주시 |
| 201908 | 윤영선 | 여     |  23 | 컴퓨터공학 |    4 | 부산시 사하구 |
+--------+--------+--------+-----+------------+------+---------------+
```

(2) score_tbl 테이블에서 최근 학번 순으로 3개의 레코드 출력

```
MariaDB [grade]> SELECT * FROM student_tbl ORDER BY id DESC LIMIT 3;
+--------+--------+--------+-----+------------+------+----------------+
| id     | name   | gender | age | depart     | year | address        |
+--------+--------+--------+-----+------------+------+----------------+
| 202272 | 이민성 | 남     |  21 | 수학       |    1 | 충청북도 충주시 |
| 202267 | 김수지 | 여     |  19 | 컴퓨터공학 |    1 | 광주시 중구     |
| 202206 | 유수연 | 여     |  20 | 컴퓨터공학 |    1 | 제주도 서귀포시 |
+--------+--------+--------+-----+------------+------+----------------+
```

(3) score_tbl 테이블에서 학번(id)별로 평균값이 높은 순으로 3개의 레코드 출력

```
MariaDB [grade]> SELECT id '학번', AVG(point) '평균' FROM score_tbl
    -> GROUP BY id ORDER BY AVG(point) DESC LIMIT 3;
+--------+---------+
| 학번   | 평균    |
+--------+---------+
| 202181 | 96.0000 |
| 201931 | 92.3333 |
| 201966 | 91.6667 |
+--------+---------+
```

4.2.7 DISTINCT : 중복 데이터중 하나만 표시

DISTINCT 옵션은 지정한 필드의 데이터 중에서 중복된 데이터 값들을 한개만 출력합니다. 예를 들어 score_tbl 테이블에는 과목명(subject)이 중복되어 저장되어 있고 기본적인 쿼리를 사용하면 다음과 같이 출력됩니다.

```
MariaDB [grade]> SELECT subject FROM score_tbl;
+--------------+
| subject      |
+--------------+
| 고대한국사   |
| 고대한국사   |
     :
| 프레임워크   |
| 프레임워크   |
+--------------+
```

쿼리 결과를 보면 고대한국사, 프레임워크 데이터들이 중복되어 출력되는데, 각각 한 개만 출력 위해 다음과 같이 DISTINCT 옵션을 이용하여 출력합니다.

```
MariaDB [grade]> SELECT DISTINCT subject FROM score_tbl;
+--------------+
| subject      |
+--------------+
| 고대한국사   |
| 데이터베이스 |
| 웹프로그래밍 |
| 인터넷개론   |
| 창의적사고   |
| 프레임워크   |
+--------------+
```

4.2.6 INTO OUTFILE : 출력 결과의 저장

INTO OUTFILE 옵션은 LOAD DATA INFILE과 반대되는 개념으로 SELECT 쿼리문의 출력 결과를 파일로 생성합니다. 이렇게 생성된 파일은 데이터 파일로 사용할 수 있습니다.

```
MariaDB [grade]> SELECT id, AVG(point) FROM score_tbl GROUP BY id
    -> INTO OUTFILE 'average.dat';
Query OK, 13 rows affected, 1 warning (0.001 sec)
```

(1) 데이터 파일의 저장 위치

생성되는 데이터 파일은 기본적으로 데이터베이스 폴더에 저장됩니다.

```
\xampp\mysql\data\grade\average.dat
```

(2) 데이터 파일의 기본 구분 기호

저장된 파일을 ASCII 편집기를 통해 확인해 보면 출력 결과의 내용과 동일합니다. 이 파일에서 데이터 사이에는 자동적으로 Tab 키, 레코드 사이에는 줄바꿈(\r\n)이 설정됩니다.

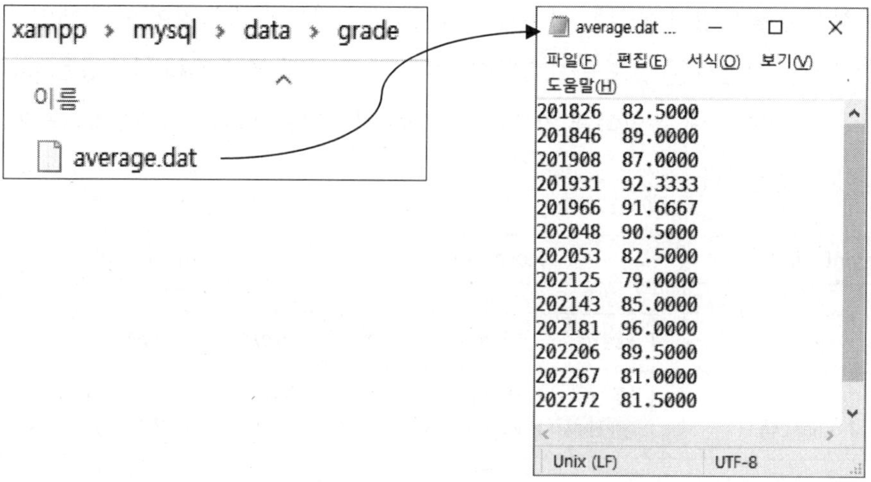

(3) 데이터 파일의 구분 기호 변경

출력 결과를 파일로 생성할 때 데이터 사이를 콤마로 구분하여 생성할 수 있습니다. 다음과 같이 FIELDS TERMINATED BY ',' 옵션을 이용하여 생성합니다.

```
MariaDB [grade]> SELECT id, AVG(point) FROM score_tbl GROUP BY id
    -> INTO OUTFILE 'avg_comma.dat' FIELDS TERMINATED BY ',';
Query OK, 13 rows affected, 1 warning (0.001 sec)
```

```
avg_comma.dat 파일 내용
201826,82.5000
201846,89.0000
~~
202267,81.0000
202272,81.5000
```

4.3 여러 테이블을 연계한 데이터 검색 : JOIN, WHERE

score_tbl(점수정보) 테이블에는 학생 이름이 저장되어 있지 않아서 학번으로만 점수를 확인해야 합니다. 학생 이름은 student_tbl(학생정보) 테이블에 있기 때문에 학생 이름으로 점수를 확인하려면 score_tbl, student_tbl 테이블을 연계해야 합니다.

이렇게 2개 이상의 테이블을 연계하여 데이터를 검색하기 위해서는 JOIN 또는 WHERE 명령어를 사용합니다.

또한 여러 테이블에서 필드명이 동일한 경우가 있을 수 있기 때문에 필드명이 어떤 테이블에 포함되어 있는지를 구분하는 것도 중요합니다. 예를 들어 아래 예에서 id 필드명은 student_tbl과 score_tbl 테이블에 동일하게 있으며, subject 필드명는 subject_tbl과 score_tbl 테이블에 동일하게 있습니다.

<table>
<tr><th>student_tbl</th><th>score_tbl</th><th>subject_tbl</th></tr>
<tr><td><pre>
+---------+---------+
| Field | Type |
+---------+---------+
| id | char(6) |
| name | char(4) |
</pre></td><td><pre>
+---------+-------------+
| Field | Type |
+---------+-------------+
| id | char(6) |
| subject | varchar(10) |
</pre></td><td><pre>
+---------+-------------+
| Field | Type |
+---------+-------------+
| subject | varchar(10) |
| code | char(5) |
</pre></td></tr>
</table>

SQL 문장을 작성할 때는 이런 필드명이 어떤 테이블에 포함된 건지를 구분하여 표기해야 합니다. 다음과 같이 테이블과 필드를 점(.)으로 연결하여 하나로 표시할 수 있습니다. 이렇게 표시하면 동일한 필드명이 여러 테이블에 있어도 구분이 가능합니다.

```
table_name.field_name
```

4.3.1 score_tbl, student_tbl 테이블 연계 검색

(1) 과목 점수를 취득한 학생 이름 출력

student_tbl 테이블에는 학번(id)과 이름(name)이 있으며, score_tbl 테이블에는 학번(id), 과목명(subject), 점수(point)가 있습니다. 두 테이블 간에는 학번(id)이라는 공통점이 있습니다. 이를 기반으로 다음과 문제 해석을 기반으로 SQL 문으로 작성합니다.

(2) 문제 해석

```
student_tbl, score_tbl 테이블의 학번(id)이 동일한 레코드를 찾아서 student_tbl 테이블에
서 학생이름을, score_tbl 테이블에서 과목명, 점수를 검색하여 출력
```

(3) WHERE 명령어 사용

```
SELECT student_tbl.name, score_tbl.subject, score_tbl.point
FROM student_tbl, score_tbl WHERE score_tbl.id = student_tbl.id;
```

이 쿼리의 실행 결과는 다음과 같습니다. student_tbl, score_tbl 테이블을 비교하면서 결

과가 정확한지 확인해 보세요.

```
MariaDB [grade]> SELECT student_tbl.name, score_tbl.subject, score_tbl.point
    -> FROM student_tbl, score_tbl WHERE score_tbl.id = student_tbl.id;
+--------+-------------+-------+
| name   | subject     | point |
+--------+-------------+-------+
| 이철호 | 웹프로그래밍 |    79 |
| 이철호 | 창의적사고   |    86 |
    :          :
| 이민성 | 인터넷개론   |    81 |
| 이민성 | 창의적사고   |    82 |
+--------+-------------+-------+
```

(4) JOIN 명령어 사용

다음은 JOIN 명령어를 사용하여 동일한 결과를 출력하는 예입니다. 잘 비교해 보세요.

```
MariaDB [grade]> SELECT student_tbl.name, score_tbl.subject, score_tbl.point
    -> FROM student_tbl JOIN score_tbl ON score_tbl.id = student_tbl.id;
+--------+-------------+-------+
| name   | subject     | point |
+--------+-------------+-------+
| 이철호 | 웹프로그래밍 |    79 |
| 이철호 | 창의적사고   |    86 |
    :          :
| 이민성 | 인터넷개론   |    81 |
| 이민성 | 창의적사고   |    82 |
+--------+-------------+-------+
```

4.3.2 subject_tbl, score_tbl 테이블 연계 검색

(1) 학번별로 취득한 총 학점수 출력

subject_tbl 테이블에는 과목명(subject)과 학점(credit)이 있으며, score_tbl 테이블에는 학번(id), 과목명(subject)가 있습니다. 두 테이블 간에는 과목명(subject)이라는 공통점이 있습니다. 이를 기반으로 다음과 같은 문제 해석을 기반으로 SQL 문으로 작성합니다.

(2) 문제 해석

```
subject_tbl, score_tbl 테이블의 과목명(subject)이 동일한 레코드를 찾아서 score_tbl 테
이블에서 학번, subject_tbl 테이블에서 학점의 합을 검색하여 학번별로 묶어서 출력
```

(3) WHERE 명령어 사용

```
SELECT score_tbl.id, SUM(subject_tbl.credit)'취득학점수'
FROM subject_tbl, score_tbl
WHERE subject_tbl.subject = score_tbl.subject GROUP BY score_tbl.id;
```

이 쿼리의 실행 결과는 다음과 같습니다. subject_tbl, score_tbl 테이블을 비교하면서 결과가 정확한지 확인해 보세요.

```
MariaDB [grade]> SELECT score_tbl.id, SUM(subject_tbl.credit)'취득학점수'
    -> FROM subject_tbl, score_tbl
    -> WHERE subject_tbl.subject = score_tbl.subject GROUP BY id;
+--------+-----------+
| id     | 취득학점수 |
+--------+-----------+
| 201826 |         5 |
| 201846 |         8 |
     :          :
| 202267 |         5 |
| 202272 |         5 |
+--------+-----------+
```

(4) JOIN 명령어 사용

다음은 JOIN 키워드를 사용하여 동일한 결과를 출력하는 예입니다. 잘 비교해 보세요.

```
MariaDB [grade]> SELECT score_tbl.id, SUM(subject_tbl.credit)'취득학점수'
    -> FROM subject_tbl JOIN score_tbl
    -> ON subject_tbl.subject = score_tbl.subject GROUP BY score_tbl.id;
+--------+-----------+
| id     | 취득학점수 |
+--------+-----------+
| 201826 |         5 |
| 201846 |         8 |
     :          :
| 202267 |         5 |
| 202272 |         5 |
+--------+-----------+
```

4.3.3 student_tbl, subject_tbl, score_tbl 테이블 연계 검색

(1) 이름별로 취득한 총 학점수 출력

이 문제를 해결하기 위해선 세 개의 테이블이 모두 관여해야 합니다.

student_tbl 테이블에는 학번(id)과 이름(name), subject_tbl 테이블에는 과목명(subject)과 학점(credit)이 있으며, score_tbl 테이블에는 학번(id), 과목명(subject)가 있습니다. student_tbl, score_tbl 테이블 간에는 학번(id)이 공통점이 있고 subject_tbl, score_tbl 테이블 간에는 과목명(subject)이라는 공통점이 있습니다. 과목명이 동일한 조건과 학번이 동일한 조건 2개를 설정해야 합니다.

다음과 같은 문제 해석을 기반으로 SQL 문으로 작성합니다.

(2) 문제 해석

```
subject_tbl, score_tbl 테이블의 과목명(subject)이 동일한 레코드를 찾고, student_tbl,
score_tbl 테이블의 학번(id)이 동일한 레코드를 찾아서 score_tbl 테이블에서 학번,
student_tbl 테이블에서 이름, subject_tbl 테이블에서 학점의 합을 검색하여 학번별로 묶
어서 출력
```

(3) WHERE 명령어 사용

```
SELECT score_tbl.id, student_tbl.name, SUM(subject_tbl.credit)
FROM student_tbl, subject_tbl, score_tbl
WHERE subject_tbl.subject = score_tbl.subject AND student_tbl.id=score_tbl.id GROUP
BY score_tbl.id;
```

이 쿼리를 정리하여 작성한 실행 결과는 다음과 같습니다. student_tbl, subject_tbl, score_tbl 테이블을 비교하면서 결과가 정확한지 확인해 보세요. 여기서 주의할 점은 『이철호』라는 동명이인이 있기 때문에 GROUP BY에 반드시 학번(id)으로 해야 한다는 점입니다. 이름으로 묶으면 동명이인의 취득 학점수가 합산됩니다.

```
MariaDB [grade]> SELECT score_tbl.id'학번', student_tbl.name'이름',
    -> SUM(subject_tbl.credit)'취득학점수'
    -> FROM student_tbl, subject_tbl, score_tbl
    -> WHERE subject_tbl.subject = score_tbl.subject
    -> AND student_tbl.id=score_tbl.id GROUP BY score_tbl.id;
+--------+--------+------------+
| id     | name   | 취득학점수 |
+--------+--------+------------+
| 201826 | 이철호 |          5 |
     :        :
| 202053 | 김준   |          4 |
     :        :
| 202181 | 김민화 |         11 |
     :        :
| 202272 | 이민성 |          5 |
+--------+--------+------------+
```

(4) JOIN 명령어 사용

다음은 JOIN 키워드를 사용하여 동일한 결과를 출력하는 예입니다. 잘 비교해 보세요.

```
MariaDB [grade]> SELECT score_tbl.id'학번', student_tbl.name'이름',
    -> SUM(subject_tbl.credit)'취득학점수'
    -> FROM subject_tbl LEFT JOIN(student_tbl, score_tbl)
    -> ON subject_tbl.subject = score_tbl.subject
    -> AND student_tbl.id=score_tbl.id GROUP BY score_tbl.id;
+--------+--------+------------+
| id     | name   | 취득학점수 |
+--------+--------+------------+
| 201826 | 이철호 |          5 |
     :        :
| 202053 | 김준   |          4 |
     :        :
| 202181 | 김민화 |         11 |
     :        :
| 202272 | 이민성 |          5 |
+--------+--------+------------+
```

5. 데이터 값 수정 : UPDATE ~ SET

UPDATE ~ SET 구문은 기존에 입력된 데이터 값을 수정합니다.

```
UPDATE table_name
    SET col1= expr1 ¦ DEFAULT  [,col2= expr2¦DEFAULT ] ...
    [WHERE where_condition]
    [ORDER BY ...]
    [LIMIT row_count]
```

5.1 특정 레코드의 데이터 값 수정

특정 조건에 해당하는 레코드의 필드 데이터 값을 수정합니다. 간단해 보이지만 쿼리문을 잘못 사용하면 다른 레코드의 데이터 값까지 수정되게 됩니다.

예를 들어, student_tbl 테이블에서 학과명(depart)이『경제학』값을 경영학으로 수정하고자 할 경우 다음과 같은 쿼리문은 의도치 않은 결과를 발생시킵니다. depart 필드의 데이터 값이 모두『경영학』으로 수정되었습니다. 물론 전부 수정하려는 의도였다면 모르지만, 정말 주의해야 합니다. 이 실습은 진행하지 마세요!!

```
MariaDB [grade]> select * from student_tbl;
+--------+--------+--------+------+------------+------+-----------------+
| id     | name   | gender | age  | depart     | year | address         |
+--------+--------+--------+------+------------+------+-----------------+
| 201826 | 이철호 | 남     |   25 | 경제학     |    3 | 서울시 마포구   |
| 201846 | 정유석 | 남     |   28 | 컴퓨터공학 |    3 | 강원도 원주시   |
| 201908 | 윤영선 | 여     |   23 | 컴퓨터공학 |    4 | 부산시 사하구   |

MariaDB [grade]> UPDATE student_tbl SET depart='경영학';
MariaDB [grade]> select * from student_tbl;
+--------+--------+--------+------+--------+------+-----------------+
| id     | name   | gender | age  | depart | year | address         |
+--------+--------+--------+------+--------+------+-----------------+
| 201826 | 이철호 | 남     |   25 | 경영학 |    3 | 서울시 마포구   |
| 201846 | 정유석 | 남     |   28 | 경영학 |    3 | 강원도 원주시   |
| 201908 | 윤영선 | 여     |   23 | 경영학 |    4 | 부산시 사하구   |
```

5.1.1 하나의 필드 데이터 값 수정

student_tbl 테이블에서 학번이 201826인 경우만 『경영학』으로 수정하려면 다음과 같이 WHERE 구문을 이용해야 합니다. 결과를 확인한 후 원래 데이터로 수정합니다.

```
MariaDB [grade]> UPDATE student_tbl SET depart = '경영학' WHERE id = '201826';
MariaDB [grade]> select * from student_tbl;
+--------+--------+--------+-----+------------+------+---------------+
| id     | name   | gender | age | depart     | year | address       |
+--------+--------+--------+-----+------------+------+---------------+
| 201826 | 이철호 | 남     |  25 | 경영학     |    3 | 서울시 마포구 |
| 201846 | 정유석 | 남     |  28 | 컴퓨터공학 |    3 | 강원도 원주시 |

MariaDB [grade]> UPDATE student_tbl SET depart = '경제학' WHERE id = '201826';
```

5.1.2 특정 레코드의 여러 데이터 값 수정

특정 조건에 해당하는 레코드의 여러 필드 데이터 값을 수정합니다.

student_tbl 테이블에서 이름이『정유석』인 경우 나이는 22, 주소는『강원도 강릉시』로 수정하려면 다음과 같이 쿼리문을 작성합니다. 결과를 확인한 후 원래 데이터로 수정합니다.

```
MariaDB [grade]> UPDATE student_tbl SET age = 22, address = '강원도 강릉시'
    -> WHERE name='정유석';
MariaDB [grade]> select * from student_tbl;
+--------+--------+--------+-----+------------+------+---------------+
| id     | name   | gender | age | depart     | year | address       |
+--------+--------+--------+-----+------------+------+---------------+
| 201826 | 이철호 | 남     |  25 | 경제학     |    3 | 서울시 마포구 |
| 201846 | 정유석 | 남     |  22 | 컴퓨터공학 |    3 | 강원도 강릉시 |

MariaDB [grade]> UPDATE student_tbl SET age = 28, address = '강원도 원주시'
    -> WHERE name='정유석';
```

5.2 여러 레코드의 데이터 값 수정

특정 조건에 해당되는 여러 레코드의 데이터 값을 수정할 수 있습니다.

① score_tbl 테이블에서 프레임워크 과목의 점수를 5점 감점

score_tbl 테이블의 point 필드값을 −5로 설정합니다. 결과를 확인한 후 원래 데이터로 수정합니다.

```
MariaDB [grade]> SELECT * FROM score_tbl WHERE subject='프레임워크' LIMIT 3;
+--------+--------+-----------+-------+
| number | id     | subject   | point |
+--------+--------+-----------+-------+
|      1 | 201908 | 프레임워크 |    91 |
|      6 | 201931 | 프레임워크 |    94 |
|     25 | 201846 | 프레임워크 |    89 |
+--------+--------+-----------+-------+
MariaDB [grade]> UPDATE score_tbl SET point = point - 5
    -> WHERE subject='프레임워크'
MariaDB [grade]> SELECT * FROM score_tbl WHERE subject='프레임워크' LIMIT 3;
+--------+--------+-----------+-------+
| number | id     | subject   | point |
+--------+--------+-----------+-------+
|      1 | 201908 | 프레임워크 |    86 |
|      6 | 201931 | 프레임워크 |    89 |
|     25 | 201846 | 프레임워크 |    84 |
+--------+--------+-----------+-------+
MariaDB [grade]> UPDATE score_tbl SET point = point + 5
    -> WHERE subject='프레임워크';
```

5.3 모든 레코드 일괄 수정

앞에서도 설명했듯이 모든 레코드를 일괄적으로 수정하는 것은 주의를 해야 하지만, 실제로 일괄 변경이 필요한 경우가 있습니다. 예를 들어, 모든 학생의 나이를 1살씩 증가시키거나, 학년을 1년씩 증가시키는 경우들이죠.

① subject_tbl 테이블에서 모든 과목의 학점(credit)을 1씩 증가

credit 필드의 값을 다음과 같이 1씩 증가하여 결과를 확인합니다.

```
credit = credit + 1
```

결과를 확인한 후 원래 데이터로 수정합니다.

```
MariaDB [grade]> select * from subject_tbl;
+-------------+-------+--------+----------+
| subject     | code  | credit | classify |
+-------------+-------+--------+----------+
| 고대한국사   | C2084 |      2 | 교양     |
| 데이터베이스 | M3102 |      3 | 전필     |
      :                 :
+-------------+-------+--------+----------+

MariaDB [grade]> UPDATE subject_tbl SET credit = credit + 1;
+-------------+-------+--------+----------+
| subject     | code  | credit | classify |
+-------------+-------+--------+----------+
| 고대한국사   | C2084 |      3 | 교양     |
| 데이터베이스 | M3102 |      4 | 전필     |
      :                 :
+-------------+-------+--------+----------+

MariaDB [grade]> UPDATE subject_tbl SET credit = credit -1;
```

6. 테이블 간의 데이터 수정

6.1 테이블 간 연결없는 데이터 수정

student_tbl 테이블의 학번(id)이 수정될 경우 score_tbl 테이블의 학번(id)은 어떻게 될까요? 또한 subject_tbl 테이블의 과목명(subject)이 수정될 경우 score_tbl 테이블의 과목명(subject)은 어떻게 될까요?

다음의 예제로 어떤 문제가 발생하는지 살펴봅니다. 다음과 같이 student_tbl, subject_tbl, score_tbl 테이블에 데이터가 저장되어 있습니다.

```
MariaDB [grade]> select * from student_tbl;
+--------+--------+--------+------+------------+------+---------------+
| id     | name   | gender | age  | depart     | year | address       |
+--------+--------+--------+------+------------+------+---------------+
| 201826 | 이철호 | 남     |   25 | 경영학     |    3 | 서울시 마포구 |
| 201846 | 정유석 | 남     |   22 | 컴퓨터공학 |    3 | 강원도 강릉시 |
| 201908 | 윤영선 | 여     |   23 | 컴퓨터공학 |    4 | 부산시 사하구 |

MariaDB [grade]> select * from subject_tbl;
+--------------+-------+--------+----------+
| subject      | code  | credit | classify |
+--------------+-------+--------+----------+
| 고대한국사   | C2084 |      2 | 교양     |
| 데이터베이스 | M3102 |      3 | 전필     |
| 웹프로그래밍 | M2076 |      3 | 전필     |

MariaDB [grade]> select * from score_tbl;
+--------+--------+--------------+-------+
| number | id     | subject      | point |
+--------+--------+--------------+-------+
|      1 | 201908 | 프레임워크   |    91 |
|      2 | 201908 | 창의적사고   |    85 |
|      3 | 201908 | 데이터베이스 |    85 |
```

(1) student_tbl(학생정보) 테이블의 id(학번) 필드 데이터의 수정

여기에서 student_tbl 테이블의 『윤영선』 학생의 학번을 201908에서 202008로 수정하여 score_tbl 테이블의 데이터를 확인합니다.

```
MariaDB [grade]> UPDATE student_tbl SET id='202008' WHERE name='윤영선';
MariaDB [grade]> select * from student_tbl;
+--------+--------+--------+------+------------+------+---------------+
| id     | name   | gender | age  | depart     | year | address       |
+--------+--------+--------+------+------------+------+---------------+
    :        :
| 202008 | 윤영선 | 여     |   23 | 컴퓨터공학 |    4 | 부산시 사하구 |

MariaDB [grade]> select * from score_tbl;
+--------+--------+--------------+-------+
| number | id     | subject      | point |
+--------+--------+--------------+-------+
|      1 | 201908 | 프레임워크   |    91 |
|      2 | 201908 | 창의적사고   |    85 |
|      3 | 201908 | 데이터베이스 |    85 |
```

위 결과에 보듯이 student_tbl 테이블에서 학번(202008)은 수정되었으나, score_tbl 테이블에서의 학번(201908)은 변경되지 않고 그대로 남아 있습니다. score_tbl 테이블에 남아있는 201908 학번은 누구일까요? 우리가 이걸 원한 건가요?

(2) subject_tbl(과목정보) 테이블의 subject(과목명) 필드 데이터의 수정

여기에서 subject_tbl 테이블의 『M3102』과목 코드의 교과목을 『데이터베이스』에서 『빅데이터분석』으로 수정하여 score_tbl 테이블의 데이터를 확인합니다.

```
MariaDB [grade]> UPDATE subject_tbl SET subject='빅데이터분석' where code='M3102';
MariaDB [grade]> select * from subject_tbl;
+--------------+-------+--------+----------+
| subject      | code  | credit | classify |
+--------------+-------+--------+----------+
| 고대한국사   | C2084 |      2 | 교양     |
| 빅데이터분석 | M3102 |      3 | 전필     |
| 웹프로그래밍 | M2076 |      3 | 전필     |

MariaDB [grade]> select * from score_tbl;

+--------+--------+--------------+-------+
| number | id     | subject      | point |
+--------+--------+--------------+-------+
|      : |      : | :            |     : |
|      7 | 201931 | 데이터베이스 |    93 |
|      8 | 201931 | 고대한국사   |    90 |
```

위 결과에 보듯이 subject_tbl 테이블에서 과목명(빅데이터분석)은 변경되었으나, score_tbl 테이블에서의 과목명(데이터베이스)은 변경되지 않고 그대로 남아 있습니다. score_tbl 테이블에 남아있는 데이터베이스는 무슨 과목일까요? 우리가 이걸 원한 건가요?

위의 (1), (2)와 같은 문제가 발생한 이유는 student_tbl, subject_tbl 테이블과 score_tbl 테이블 사이의 연결에 관한 설정이 없기 때문입니다.

이런 문제를 해결하기 위해서 student_tbl, subject_tbl 테이블에서 Primary Key로 지정된 id, subject 필드와 관련되어 있는 score_tbl 테이블의 id, subject 필드를 연결시켜야 합니다.

그럼 예제를 계속 진행하기 위해 다음과 같이 원래 데이터로 수정합니다.

```
MariaDB [grade]> UPDATE student_tbl SET id='201908' WHERE name='윤영선';
MariaDB [grade]> UPDATE subject_tbl SET subject='데이터베이스' where code='M3102';
```


6.2 테이블 간의 연결 설정

테이블 간의 연결 설정을 하게 되면 어떤 테이블의 데이터가 수정될 경우 이와 관련된 다른 테이블의 데이터도 수정될 수 있습니다.

6.2.1 참조 무결성(Reference Integrity)

참조 무결성은 특정 필드의 데이터 값이 수정될 경우 이와 연관된 다른 테이블의 데이터 값이 연결되어 수정되도록 하는 것입니다. 이런 참조 무결성은 필드에 Primary Key(PK)와 Foreign Key(FK)를 연결하여 설정할 수 있습니다.

6.2.2 상위 테이블과 하위 테이블

Primary Key(PK) 설정된 필드가 있는 테이블을 상위 테이블이라 하고, 이 필드의 데이터가 수정되었을 때 함께 수정되어야 하는 데이터가 있는 필드의 테이블을 하위 테이블이라고 합니다.

우리의 예제에서는 student_tbl, subject_tbl 테이블이 상위 테이블이고, score_tbl 테이블이 하위 테이블입니다.

6.2.3 Primary Key(PK)와 Foreign Key(FK)

Primary Key와 Foreign Key 사이의 관계는 부모-자식 관계라고 볼 수 있습니다. 즉 Primary Key를 부모(상위) 필드, Foreign Key를 자식(하위) 필드라고 합니다. 또한 Primary Key를 보유한 테이블을 부모(상위) 테이블, Foreign Key를 보유한 테이블을 자식(하위) 테이블이라고 합니다.

우리의 예제에서는 score_tbl 테이블의 id, subject 필드가 Foreign Key입니다. 이렇게 PK와 FK가 설정되면 아래의 예에서처럼 student_tbl의 id 필드 데이터가 수정되면, socre_tbl의 id 필드의 데이터도 수정됩니다. 또한 subject_tbl의 subject 필드 데이터가 수정되면 so-cre_tbl의 subject 필드 데이터도 수정됩니다.

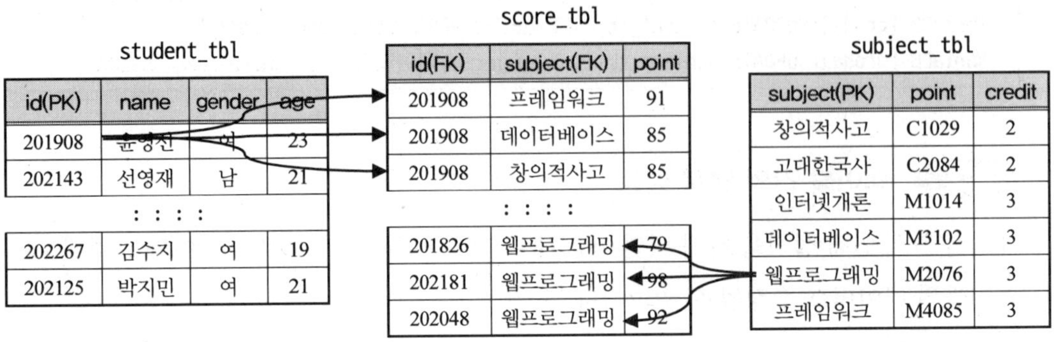

6.2.4 1:N 관계

Primary-Foreign Key의 관계는 1:N 관계입니다. 위의 그림에서 보듯이 Primary Key의 데이터 값은 해당 테이블 내에서 단 한번만 등장하고, Foreign Key의 데이터 값은 해당 테이블 내에서 여러(N) 번 등장한다는 의미인데 잘 생각해 보면 당연합니다.

다음의 예에서 student_tbl(학생) 테이블의 id(학번)과 subject_tbl(과목) 테이블의 subject(과목명) 데이터는 중복없이 한번만 등장하고, score_tbl(점수) 테이블에서는 id(학번)과 subject(과목명)은 여러번 나타날 수 있습니다.

6.2.5 Foreign Key 설정

상위 테이블의 필드와 연결하기 위해서는 하위 테이블의 필드에 Foreign Key(FK)를 설정합니다.

```
create table upper_tbl (
  id char(6) PRIMARY KEY,
      :
}

create table lower_tbl (
      :
  id char(6) NOT NULL,
      :
  Foreign key(id) reference upper_tbl(id) on update cascade on delete cascade
}
```

(1) Foreign key(id) reference upper_tbl(id)

lower_tbl 테이블의 id 필드를 Foreign Key로 설정하면서 이 필드가 upper_tbl 테이블의 Primary key인 id 필드와 연관된(reference) 거라는 것을 지정합니다.

(2) on update cascade

upper_tbl 테이블의 id 필드 데이터가 수정(update)되면 lower_tbl 테이블의 id 필드 데이터에도 전달(cascade) 즉 수정되도록 지정합니다.

(3) on delete cascade

upper_tbl 테이블의 id 필드 데이터가 삭제(delete)되면 lower_tbl 테이블의 id 필드 데이터에도 전달(cascade) 즉 삭제되도록 지정합니다.

위 update, delete 전달되는 옵션은 한 가지만 사용해도 되지만, 두 가지 모두 사용하는 것이 일반적입니다.

6.3 성적처리 DB의 참조 무결성

앞에서의 PK-FK 그림과 같이 성적처리 데이터베이스의 3개 테이블(student_tbl, score_tbl, subject_tbl)간에는 연결 관계가 있습니다.

앞에서도 언급했듯이 student_tbl의 id 필드값이 수정되면 score_tbl의 id 필드값도 수정되어야 하고, subject_tbl의 subject 필드값이 수정되면 score_tbl의 subject 필드값도 수정되어야 합니다. 이렇게 되어야 참조 무결성이 유지됩니다.

6.3.1 PK-FK 연결 도표

이렇게 3 테이블간의 Primary Key - Foreign Key 설정 관계를 도식화해서 관리하면 실무 프로젝트 진행시 많은 도움이 됩니다.

상위 테이블		하위 테이블	
테이블명	Primary Key	테이블명	Foreign Key
student_tbl	id char(6)	score_tbl	id char(6)
subject_tbl	subject varchar(10)	score_tbl	subject varchar(10)

6.3.2 score_tbl 테이블 재설정

score_tbl 테이블에서 새롭게 설정된 부분은 다음과 같습니다.

```
FOREIGN KEY(id) REFERENCES student_tbl(id)
ON UPDATE CASCADE ON DELETE CASCADE
FOREIGN KEY(subject) REFERENCES subject_tbl(subject)
ON UPDATE CASCADE ON DELETE CASCADE
```

(1) FOREIGN KEY(id) REFERENCES student_tbl(id)

score_tbl 테이블의 id 필드를 Froeign Key로 지정하고, student_tbl 테이블의 id(Primary Key) 필드를 참조(reference)합니다. 참조라는 의미는 부모 테이블 필드의 값 변화(삭제 또는 수정)를 감지하여 반영한다는 것입니다.

(2) FOREIGN KEY(subject) REFERENCES subject_tbl(subject)

score_tbl 테이블의 subject 필드를 Froeign Key로 지정하고, subject_tbl 테이블의 subject(Primary Key) 필드를 참조(reference)합니다.

(3) ON UPDATE CASCADE

값 변화가 수정일 경우, CASCADE(폭포) 방식으로 상위(Primary Key)에서의 수정은 하위(Foreign Key)에도 전달된다는 뜻입니다.

(4) ON DELETE CASCADE

값 변화가 삭제일 경우, CASCADE(폭포) 방식으로 상위(Primary Key)에서의 삭제는 하위(Foreign Key)에도 전달된다는 뜻입니다.

6.3.3 score_tbl 테이블 재작성

참조 무결성 실습을 위해 지금까지의 설명을 바탕으로 score_tbl 테이블을 다시 작성합니다.

grade 데이터베이스는 다른 테이블과 데이터 그대로 유지합니다.

Foreign Key를 설정할 때 필드명은 달라도 상관없지만 Primary Key 필드의 데이터 타입과 크기는 가급적 일치시켜야 합니다.

예제에서는 PK-FK 도표에서처럼 필드명도 동일하게 작성합니다.

우선 기존 score_tbl 테이블을 삭제하고 다음과 같이 Foreign Key를 지정하여 재구성합니다.

score_tbl 테이블의 id, subject 필드의 Key 부분에 MUL로 설정됩니다. 이것이 Foreign Key가 설정됨을 알려줍니다.

score_tbl 테이블이 생성되면 마지막으로 데이터도 입력합니다.

```
MariaDB [grade]> drop table score_tbl;
MariaDB [grade]> create table score_tbl (
    -> number mediumint(6) KEY AUTO_INCREMENT,
    -> id char(6) NOT NULL,
    -> subject varchar(10) NOT NULL,
    -> point tinyint(3)  NOT NULL,
    -> FOREIGN KEY(id) REFERENCES student_tbl(id)
    -> ON DELETE CASCADE ON UPDATE CASCADE,
    -> FOREIGN KEY(subject) REFERENCES subject_tbl(subject)
    -> ON DELETE CASCADE ON UPDATE CASCADE
    -> );
MariaDB [grade]> desc score_tbl;
+---------+-------------+------+-----+---------+----------------+
| Field   | Type        | Null | Key | Default | Extra          |
+---------+-------------+------+-----+---------+----------------+
| number  | mediumint(6) | NO  | PRI | NULL    | auto_increment |
| id      | char(6)     | NO   | MUL | NULL    |                |
| subject | varchar(10) | NO   | MUL | NULL    |                |
| point   | tinyint(3)  | NO   |     | NULL    |                |
+---------+-------------+------+-----+---------+----------------+
MariaDB [grade]> LOAD DATA INFILE 'score_tab.dat' INTO TABLE score_tbl
    -> LINES TERMINATED BY '\r\n';
```

6.3.4 테이블간 연결 다이아그램

XAMPP 패키지에는 phpMyAdmin이라는 웹 UI 방식의 MariaDB DBMS를 위한 비주얼 도구가 설치되는데, 이 phpMyAdmin 도구의 디자이너 기능을 통해 다음과 같은 관계도를 확인할 수 있습니다. 이것을 DB Diagram 이라고 합니다.(14장의 2.1 내용을 참고하세요)

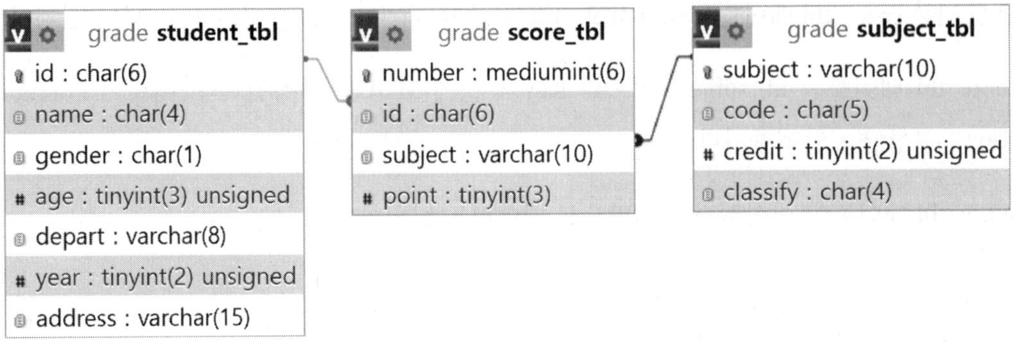

6.3.5 데이터 수정과 참조 무결성 확인

① student_tbl 테이블의『윤영선』학생의 학번을 201908에서 202008로 수정

update 구문으로 수정한 후에 score_tbl 테이블에서도 수정되었는지 확인합니다.

```
MariaDB [grade]> UPDATE student_tbl SET id='202008' WHERE name='윤영선';
MariaDB [grade]> select * from student_tbl;
+--------+--------+--------+-----+------------+------+--------------------+
| id     | name   | gender | age | depart     | year | address            |
+--------+--------+--------+-----+------------+------+--------------------+
    :        :
| 202008 | 윤영선 | 여     |  23 | 컴퓨터공학 |    4 | 부산시 사하구      |

MariaDB [grade]> select * from score_tbl;
+--------+--------+------------+-------+
| number | id     | subject    | point |
+--------+--------+------------+-------+
|      1 | 202008 | 프레임워크 |    91 |
|      2 | 202008 | 창의적사고 |    85 |
|      3 | 202008 | 데이터베이스 |  85 |

MariaDB [grade]> UPDATE student_tbl SET id='201908' WHERE name='윤영선';
```

위의 결과에 보듯이 student_tbl 테이블(부모 테이블)의 Primary Key인 id 필드와 연결된 score_tbl 테이블(자식 테이블) Foreign Key인 id 필드의 데이터 값이 연결되어 함께 수정됩니다. 이것을 상위에서 하위로 캐스케이딩 된다고 합니다.

다시 원래 데이터로 수정해 놓습니다.

② subject_tbl 테이블에서 과목코드(code)가 C2084인『고대한국사』과목명을『중세한국

사」로 수정

update 구문으로 수정한 후에 score_tbl 테이블에서도 수정되었는지 확인합니다.

```
MariaDB [grade]> UPDATE subject_tbl SET subject = '중세한국사'
    -> WHERE code = 'C2084';
MariaDB [grade]> select * from score_tbl;
+--------+--------+------------+-------+
| number | id     | subject    | point |
+--------+--------+------------+-------+
     :                :
|      4 | 202143 | 중세한국사  |    89 |
     :                :
|      8 | 201931 | 중세한국사  |    90 |
     :                :
|     15 | 202181 | 중세한국사  |    93 |
     :                :

MariaDB [grade]> UPDATE subject_tbl SET subject = '고대한국사'
    -> WHERE code = 'C2084';
```

위의 결과에 보듯이 subject_tbl 테이블(부모 테이블)의 Primary Key인 subject 필드와 연결된 score_tbl 테이블(자식 테이블) Foreign Key인 subject 필드의 데이터 값이 연결되어 함께 수정됩니다. 이것을 상위에서 하위로 캐스케이딩 된다고 합니다.

다시 원래 데이터로 수정해 놓습니다.

7. 데이터 삭제 : DELETE FROM

테이블의 데이터를 삭제하기 위해서는 DELETE FROM 구문을 사용합니다. 모든 데이터의 삭제뿐만 아니라 특정 조건에 해당되는 데이터만을 선택적으로 삭제할 수 있습니다.

```
DELETE FROM tbl_name [WHERE where_condition]
```

다시 grade 데이터베이스에서 작업해 보겠습니다.

7.1 모든 행 데이터 삭제

테이블의 모든 행 데이터 삭제 구문은『DELETE FROM 테이블명』입니다.

```
DELETE FROM tbl_name;
```

score_tbl 테이블의 모든 데이터를 다음과 같이 삭제합니다.

```
MariaDB [grade]> select * from score_tbl;
+--------+--------+------------+-------+
| number | id     | subject    | point |
+--------+--------+------------+-------+
|      1 | 201908 | 프레임워크   |    91 |
|      2 | 201908 | 창의적사고   |    85 |
                :          :
|     31 | 202125 | 창의적사고   |    78 |
|     32 | 202125 | 웹프로그래밍 |    80 |
+--------+--------+------------+-------+

MariaDB [grade]> DELETE FROM score_tbl;
Query OK, 64 rows affected (0.102 sec)

MariaDB [grade]> select * from score_tbl;
Empty set (0.000 sec)
```

7.2 auto_increment 숫자값 조정

number 필드는 AUTO_INCREMENT 옵션이 지정되어 있기 때문에 모든 데이터를 삭제후에도 데이터를 입력해도 자동 증가값이 누적되어 표시됩니다.

```
MariaDB [grade]> load data infile 'score_tab.dat' into table score_tbl
    -> lines terminated by '\r\n';
MariaDB [grade]> select * from score_tbl;
+--------+--------+------------+-------+
| number | id     | subject    | point |
+--------+--------+------------+-------+
|     66 | 201908 | 프레임워크   |    91 |
|     67 | 201908 | 창의적사고   |    85 |
```

자동 증가값을 1로 시작되도록 하기 위해선 모든 데이터 삭제후 다음과 같이 수행합니다.

```
MariaDB [grade]> DELETE FROM score_tbl;
MariaDB [grade]> ALTER TABLE score_tbl AUTO_INCREMENT = 1;
MariaDB [grade]> load data infile 'score_tab.dat' into table score_tbl
    -> lines terminated by '\r\n';
MariaDB [grade]> select * from score_tbl;
+--------+--------+----------------+-------+
| number | id     | subject        | point |
+--------+--------+----------------+-------+
|      1 | 201908 | 프레임워크     |    91 |
|      2 | 201908 | 창의적사고     |    85 |
```


7.3 특정 조건의 행 데이터 삭제

테이블의 특정 행 삭제 구문은『DELETE FROM 테이블명 WHERE ~』입니다. WHERE 명령어 뒤에는 삭제하고자 하는 조건을 표기합니다.

① score_tbl 테이블의 point 필드 값이 80 미만인 레코드 삭제
number 필드의 9, 31 레코드의 point 필드값은 각각 79, 78 이었으며, 이 레코드가 삭제되었습니다.

```
MariaDB [grade]> DELETE FROM score_tbl WHERE point < 80;
Query OK, 2 rows affected (0.030 sec)

MariaDB [grade]> select * from score_tbl;
+--------+--------+----------------+-------+
| number | id     | subject        | point |
+--------+--------+----------------+-------+
|      8 | 201931 | 고대한국사     |    90 |
|     10 | 201826 | 창의적사고     |    86 |
                :         :
|     30 | 202267 | 창의적사고     |    81 |
|     32 | 202125 | 웹프로그래밍   |    80 |
+--------+--------+----------------+-------+
```

② score_tbl 테이블의 id 필드 값이 201931 레코드 삭제

```
MariaDB [grade]> DELETE FROM score_tbl WHERE id = 201908;
Query OK, 3 rows affected (0.034 sec)

MariaDB [grade]> select * from score_tbl;
+--------+--------+--------------+-------+
| number | id     | subject      | point |
+--------+--------+--------------+-------+
|      4 | 202143 | 고대한국사   |    89 |
|      5 | 202143 | 인터넷개론   |    81 |
```

7.4 테이블 삭제와 데이터 삭제

DROP 명령어는 테이블의 구조를 삭제하는 명령어로 구조가 삭제되면 당연히 데이터들도 삭제됩니다.

DELETE 명령어는 데이터만 삭제될 뿐, 테이블의 구조는 그대로 남아 있습니다.

7.5 테이블 간의 연결 설정과 데이터의 삭제

상위 테이블의 데이터 수정과 관련된『6.2 테이블 간의 연결 설정』과 같은 개념으로 삭제에도 적용됩니다.

7.5.1 Foreign Key 설정이 없는 데이터의 삭제

Foreign Key 설정이 없는 경우에는 테이블 사이의 연관성이 없기 때문에 레코드의 삭제는 다른 테이블에는 영향을 미치지 않습니다.

7.5.2 Foreign Key 설정이 있는 데이터의 삭제

데이터 수정 때와 동일한 개념이 적용되어 상위(부모) 테이블의 Primary Key 필드 데이터 값을 삭제하면 하위(자식) 테이블의 Foreign Key 필드 데이터 값도 삭제됩니다.(ON DELETE CASCADE 지정 필수)

① subject_tbl 테이블에서『고대한국사』과목을 삭제

다음은『고대한국사』과목을 삭제하기 전의 subject_tbl, score_tbl, student_tbl 테이블의

내용입니다.

```
MariaDB [grade]> select * from subject_tbl;
+-------------+-------+--------+----------+
| subject     | code  | credit | classify |
+-------------+-------+--------+----------+
| 고대한국사   | C2084 |      2 | 교양      |
| 데이터베이스 | M3102 |      3 | 전필      |

MariaDB [tgr]> select * from score_tbl;
+--------+--------+--------------+-------+
| number | id     | subject      | point |
+--------+--------+--------------+-------+
       :                 :
|      3 | 201908 | 데이터베이스 |    85 |
|      4 | 202143 | 고대한국사   |    89 |
|      5 | 202143 | 인터넷개론   |    81 |
|      6 | 201931 | 프레임워크   |    94 |
|      7 | 201931 | 데이터베이스 |    93 |
|      8 | 201931 | 고대한국사   |    90 |
```

다음은 subject_tbl 테이블에서 『고대한국사』를 삭제한 후의 subject_tbl, score_tbl 필드의 내용입니다.

```
MariaDB [grade]> delete from subject_tbl where subject='고대한국사';
MariaDB [grade]> select * from subject_tbl;
+-------------+-------+--------+----------+
| subject     | code  | credit | classify |
+-------------+-------+--------+----------+
| 데이터베이스 | M3102 |      3 | 전필      |
| 웹프로그래밍 | M2076 |      3 | 전필      |
| 인터넷개론   | M1014 |      3 | 전선      |

MariaDB [grade]> select * from score_tbl;
+--------+--------+--------------+-------+
| number | id     | subject      | point |
+--------+--------+--------------+-------+
|      1 | 202008 | 프레임워크   |    91 |
|      2 | 202008 | 창의적사고   |    85 |
|      3 | 202008 | 데이터베이스 |    85 |
|      5 | 202143 | 인터넷개론   |    81 | ← 고대한국사 레코드가 삭제됨
|      6 | 201931 | 프레임워크   |    94 |
|      7 | 201931 | 데이터베이스 |    93 |
|      9 | 201826 | 웹프로그래밍 |    79 | ← 고대한국사 레코드가 삭제됨
```

위 결과에 보듯이 subject_tbl 테이블의 Primary Key인 subject 필드 데이터의 삭제는 score_tbl 테이블에도 영향을 줘서 subject 필드의 『고대한국사』값을 가진 레코드들이 모두 삭제됩니다. 삭제 전의 데이터와 비교해 보세요.

이 역시 『ON DELETE CASCADE』라는 캐스케이딩 개념이 적용된 겁니다.

② student_tbl 테이블에서 『정유석』 이름을 삭제

『정유석』 이름을 삭제한다는 것은 『201846』 학번을 삭제한다는 의미입니다. 다음은 『정유석』 데이터를 삭제하기 전의 student_tbl, score_tbl 테이블의 내용입니다.

```
MariaDB [grade]> select *from student_tbl;
+--------+--------+--------+------+------------+------+-----------------+
| id     | name   | gender | age  | depart     | year | address         |
+--------+--------+--------+------+------------+------+-----------------+
| 201826 | 이철호 | 남     |   25 | 경제학     |    3 | 서울시 마포구   |
| 201846 | 정유석 | 남     |   28 | 컴퓨터공학 |    3 | 강원도 원주시   |
| 201908 | 윤영선 | 여     |   23 | 컴퓨터공학 |    4 | 부산시 사하구   |

MariaDB [grade]> select * from score_tbl;
+--------+--------+--------------+-------+
| number | id     | subject      | point |
+--------+--------+--------------+-------+
|     22 | 202053 | 창의적사고   |    83 |
|     24 | 201846 | 데이터베이스 |    90 |
|     25 | 201846 | 프레임워크   |    89 |
|     26 | 201846 | 고대한국사   |    88 |
|     27 | 202048 | 웹프로그래밍 |    92 |
```

따라서 student_tbl 테이블의 name 필드는 Primary Key는 아니지만 결과적으로 Primary Key인 id의 레코드가 삭제되었기 때문에 이를 참조하는 자식 테이블의 Foreign Key의 레코드도 삭제됩니다.

다음은 subject_tbl 테이블에서 『고대한국사』를 삭제한 후의 subject_tbl, score_tbl 필드의 내용입니다.

```
MariaDB [grade]> delete from student_tbl where name='정유석';

MariaDB [grade]> select *from student_tbl;
+--------+--------+--------+------+------------+------+-----------------+
| id     | name   | gender | age  | depart     | year | address         |
```

```
+--------+--------+--------+------+-----------+------+-----------------+
| 201826 | 이철호 | 남     |   25 | 경제학     |    3 | 서울시 마포구    |
| 201908 | 윤영선 | 여     |   23 | 컴퓨터공학 |    4 | 부산시 사하구    |


MariaDB [grade]> select * from score_tbl;
+--------+--------+------------+-------+
| number | id     | subject    | point |
+--------+--------+------------+-------+
|     22 | 202053 | 창의적사고   |    83 |
|     27 | 202048 | 웹프로그래밍 |    92 | ← 정유석 레코드가 삭제됨
```


8. PK-FK 참조 무결성 정리

Foreign Key 설정은 데이터 관리에 있어 참조 무결성을 유지하는데 도움을 주지만, 데이터의 수정, 삭제할 때 순서가 맞지 않으면 제대로 수행되지 않습니다. Primary Key(상위)와 Foreign Key(하위)와의 관계를 잘 생각해 보면 논리적으로 그 순서가 이해되지만 글로 설명하기 어려워 다음과 같이 표로 제시합니다.

수행 기능	수행 순서
데이터 입력	- Primary Key 필드의 데이터를 먼저 입력 - Primary Key 필드에 없는 데이터는 Foreign Key 필드에 입력이 불가하여 에러 발생
데이터 수정	- Primary Key 필드 데이터를 수정하면 Foreign Key 필드의 데이터도 수정됨(상위에서 하위로 캐스케이딩 발생) - Foreign Key 필드의 데이터는 수정되지 않으며, 수정 시도시 에러 발생(하위에서 상위로는 수정 케스케이딩 불가)
데이터 삭제	- Primary Key 필드 데이터를 삭제하면 Foreign Key 필드의 데이터도 삭제됨(상위에서 하위로 캐스케이딩 발생) - Foreign Key 필드 데이터의 삭제는 가능하지만 하위에서만 삭제됨 (하위에서 상위로는 삭제 케스케이딩 불가)
데이터 전체 삭제	- 하위 테이블 데이터가 먼저 전체 삭제되어야 함 - 상위 테이블의 데이터가 먼저 전체 삭제되면 하위 테이블의 데이터는 참조할 곳이 없어서 에러 발생
테이블 삭제	- 하위 테이블을 먼저 삭제 - 상위 테이블이 먼저 삭제되면 하위 테이블은 참조할 곳이 없어서 에러 발생

12.
PHP와 MySQL 연동

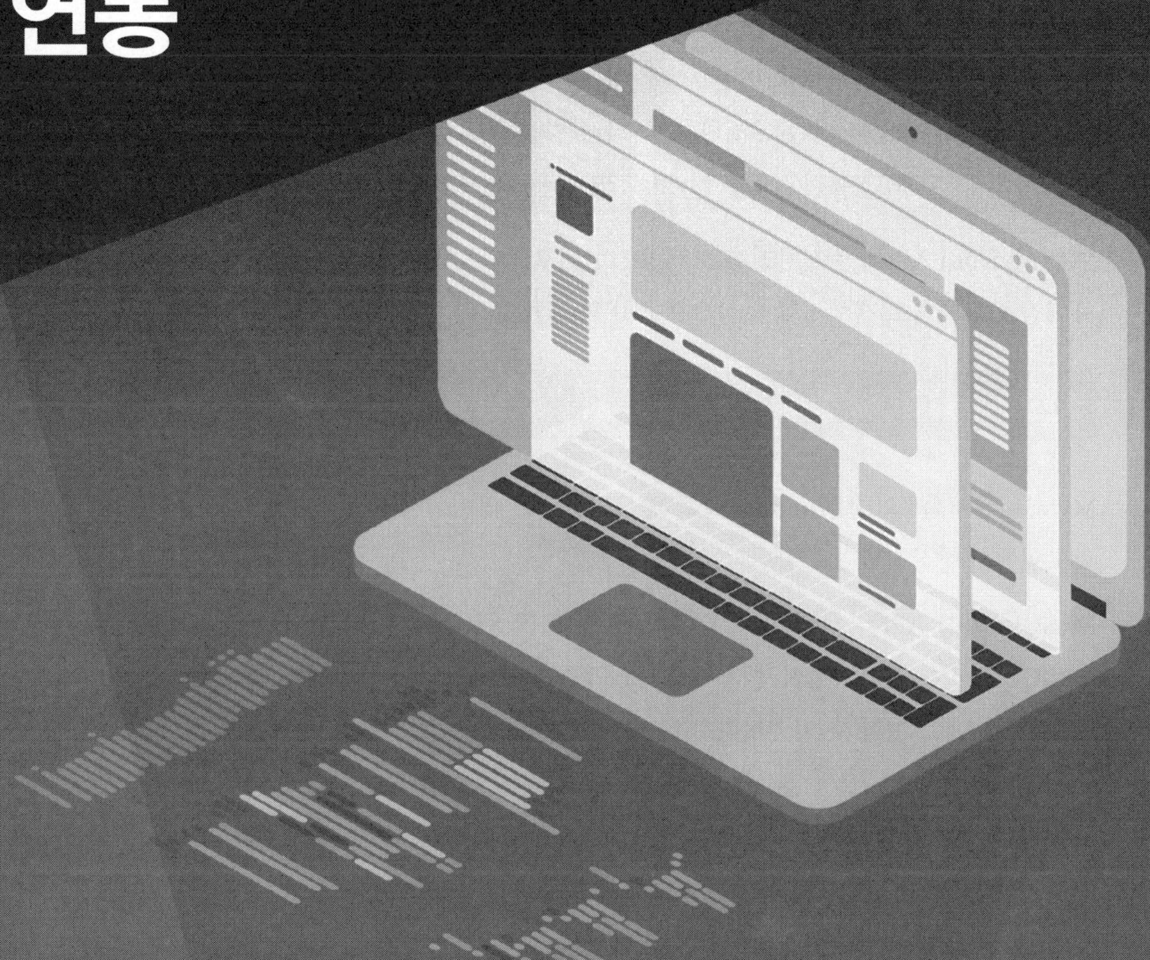

1. MySQLi 확장
2. 사용자 계정의 비밀번호 설정
3. MySQLi 확장 함수와 상수
4. PHP와 MySQL의 연동
5. 데이터베이스 실습

Chapter

12 PHP와 MySQL 연동

PHP와 MySQL 사이를 연동하기 위한 API는 MySQLi 확장 그리고 PDO(Php Data Object) 방법이 있습니다. 본 도서에서는 MySQLi API를 이용하여 연동하는 과정을 살펴봅니다.

기본적인 연동방법은 MySQL 명령문들을 MySQL API 함수 또는 메서드의 actual argument (실인수)로 그대로 사용한다는 겁니다. 따라서 지금까지 살펴보았던 데이터베이스 정의어 (DDL), 처리어(DML) 등의 다양한 MySQL 명령문들의 표현방법을 알고 있어야 합니다.

또한 MySQLi API에는 절차지향과 객체지향의 2가지 방식이 있습니다. 이 2가지 방식의 차이점을 소개하고 객체지향 방식으로 PHP와 MySQL의 연동에 대해 설명하겠습니다.

1. MySQLi 확장

MySQLi에서 i의 의미는 improved 즉 향상되었다는 의미이며, 기존의 MySQL 보다 보안, 속도면에서 향상되었다고 합니다.

MySQLi 확장 API는 MySQL 4.1 이후 버전, PHP 5.0 이후 버전부터 사용 가능합니다. MySQLi 확장은 절차지향적, 객체지향적 API를 함께 제공하여 목적에 따라 적절한 방식을 선택하여 프로그램할 수 있습니다.

1.1 절차지향 vs 객체지향

절차지향(Procedual Oriented)은 프로그램을 절차적인 즉, 코드의 흐름 또는 순서를 중심으로 작성해 나가는 방식을 말합니다.

객체지향(Object Oriented)은 프로그램을 객체 위주로 즉, 객체가 주어(또는 중심)가 되어 작성해 나가는 방식을 말합니다. 그래서 저자는 객체지향이라는 단어보다는 객체주어 또는 객체중심 이라는 단어를 사용합니다.

1.2 MySQLi API 코딩 스타일

PHP 언어로 MySQL에 접속하여 질의문을 처리하는 코드입니다. 절차지향 방식과 객체주어(중심) 방식으로 작성되었으며 동일한 역할을 수행합니다.

1.2.1 절차지향 방식

```
1 <?php
2 $host = "localhost";
3 $user = "root";
4 $link = mysqli_connect($host, $user);
5 mysqli_select_db($link, “friend”);
6 $result = mysqli_query($link, "SELECT name FROM friend");
7 $number = mysqli_num_rows($result);
8 mysqli_close($link);
9 ?>
```

- 4번 라인 : mysqli_connect 함수를 사용하여 접속 관련 시스템 자원을 $link 변수에 저장합니다.
- 5번 라인 : mysqli_select_db 함수는 $link의 접속정보를 이용하여 friend 데이터베이스 선택합니다.
- 6번 라인 : mysqli_query 함수는 $link 접속정보를 이용하여 SELECT 질의문을 수행하고 그 결과를 $result 변수에 저장합니다.
- 7번 라인 : mysqli_num_rows 함수는 $result 변수에 저장된 결과에서 행의 개수를 계산하여 $number 변수에 저장합니다.
- 8번 라인 : mysqli_close 함수는 $link 접속을 종료합니다.

코드 설명에서 보듯이 절차지향 방식은 함수가 주어가 되어 $link, $result, $number 변수를 목적어처럼 사용하는 방식으로 수행됩니다.

1.2.2 객체주어(중심) 방식

```
<?php
$host = "localhost";
$user = "root";
$link = new mysqli($host, $user);
$link->select_db("friend");
$result = $link->query("SELECT name FROM friend");
$number = $result->num_rows;
$link->close();
?>
```

- 4번 라인 : mysqli 클래스를 사용하여 접속 관련 시스템 자원을 $link 객체 인스턴스에 저장합니다.
- 5번 라인 : $link 객체 인스턴스는 select_db 메서드를 이용하여 friend 데이터베이스를 선택합니다.
- 6번 라인 : $link 객체 인스턴스는 query 메서드를 이용하여 SELECT 질의문을 수행하고 그 결과를 $result 객체 인스턴스에 저장합니다.
- 7번 라인 : $result 객체 인스턴스는 num_rows 프로퍼티를 이용하여 행의 개수를 $number 변수에 저장합니다.
- 8번 라인 : $link 객체 인스턴스는 close 메서드를 이용하여 접속을 종료합니다.

코드 설명에서 보듯이 객체중심 방식은 객체가 객체가 주어 메서드와 프로퍼티를 동사 또는 목적어처럼 사용하는 방식으로 수행됩니다.

1.2.3 혼합형

언제든지 스타일 간에 전환할 수 있지만 코드 명확성과 코딩 스타일상의 이유로 두 스타일을 혼합하는 것은 권장하지 않지만, 다음과 같이 두 스타일을 혼합해도 정상적으로 처리는 됩니다.

```
<?php
$host = "localhost"; $user = "root";
$link = new mysqli($host, $user);
$link->select_db("friend");
$result = $mysqli_query($link, "SELECT name FROM friend");
$number = $result->num_rows;
$link->close();
?>
```

두 방식은 큰 성능 차이가 없습니다. 사용자는 개인 취향에 따라 선택할 수 있습니다.

여러분들은 어떤 방식은 선호하나요? 사실 어떤 방식을 사용해도 상관은 없습니다. 두가지 방식들의 개념만 확실히 알고 있다면 서로의 방식으로 전환하는 것은 어렵지 않다고 생각합니다.

MySQL에서 절차지향 방식으로 만든 기존의 프로그램을 재활용하려면 MySQLi 절차지향 방식을 사용해야 하겠고, 아직도 절차지향 방식이 많이 사용되기도 합니다.

객체중심 방식은 새롭게 MySQLi를 접하는 학습자에게 적합하다고 할 수 있지만, 이 역시 꼭 맞다고 할 수도 없습니다. 참여하는 프로젝트에서 어떤 방식으로 진행하느냐에 따라 다를 수도 있으니까요.

어쨌든 다양하고 복잡한 이유로 최종 선택을 하게 되는데 본 도서에서는 객체중심 방식으로 진행하겠습니다.

이유는 딱 한 가지... 모든 함수명에 mysqli를 접두사로 사용하기 때문에 코드를 읽어나가는데 좀 불편합니다. 개인적인 생각입니다.

2. 사용자 계정의 비밀번호 설정

지금까지 명령 프롬프트 콘솔을 통해 MySQL DBMS에 접속할 때 비밀번호 없이 접속했습니다. 앞으로의 에제를 위해 꼭 필요한 건 아니지만 사용자 계정에 비밀번호를 설정하는 것은 매우 중요합니다. root 계정에 대해 비밀번호를 설정하겠습니다.

사용자 계정에 대한 비밀번호 설정은 mysql 데이터베이스의 user 테이블에서 진행합니다. desc user 명령어를 이용하여 user 테이블의 구조(필드구성)을 살펴봅니다.

```
C:\Users\Jaeho-L>mysql -hlocalhost -uroot
MariaDB [(none)]> show databases;
+--------------------+
| Database           |
+--------------------+
| information_schema |
| mysql              |
| performance_schema |
| phpmyadmin         |
+--------------------+
MariaDB [(none)]> use mysql;
Database changed
MariaDB [mysql]> show tables;
+---------------------------+
| Tables_in_mysql           |
```

```
+----------------------------+
| column_stats               |
         :
| user                       |
+----------------------------+
MariaDB [mysql]> desc user;
+------------------------+----------------------------+-----+-----+---------+-------+
| Field                  | Type                       | Null | Key | Default | Extra |
+------------------------+----------------------------+-----+-----+---------+-------+
| Host                   | char(60)                   | NO   |     |         |       |
| User                   | char(80)                   | NO   |     |         |       |
| Password               | longtext                   | YES  |     | NULL    |       |
    :
```

2.1 user 테이블의 주요 필드

user 테이블에서 주의깊게 살펴볼 필드는 Host, User, Password입니다. 각 필드에 기본적으로 어떤 데이터 값이 있는지 확인해 봅니다. Host 필드에는 localhost, 127.0.0.1 값이 있고, User에는 root, Password에는 어떤 값도 없네요. 즉 localhost에 접속할 root 계정의 비밀번호는 설정되지 않은 상태입니다(user 테이블에 user 필드가 있는 점 주의하세요).

```
MariaDB [mysql]> select host, user, password from user;
+-----------+------+----------+
| Host      | User | Password |
+-----------+------+----------+
| localhost | root |          |
| 127.0.0.1 | root |          |
| ::1       | root |          |
| localhost | pma  |          |
+-----------+------+----------+
```

2.2 root 계정의 비밀번호 설정 : set password

root 계정의 비밀번호를 1234로 설정해 보겠습니다. 실제로는 이런 비밀번호를 설정하면 절대로 안됩니다.

비밀번호 설정 방법은 SET 구문과 password 함수를 이용하여 user 테이블의 root에 대해 password 값을 설정하면 됩니다. 그리고 이런 변경은 환경설정의 변경에 해당되므로 flush privileges 명령을 실행하여 새로운 설정을 적용시켜야 합니다.

환경설정 변경은 계정 및 패스워드가 추가, 변경되는 경우이며, 데이터의 추가, 삭제, 수정 등에는 해당되지 않습니다.

제대로 변경되었는지 select 구문을 통해 확인해 봅니다.

```
MariaDB [mysql]> SET PASSWORD=PASSWORD('1234');
MariaDB [mysql]> flush privileges;
MariaDB [mysql]> select host, user, password from user;
+-----------+------+-------------------------------------------+
| Host      | User | Password                                  |
+-----------+------+-------------------------------------------+
| localhost | root | *A4B6157319038724E3560894F7F932C8886EBFCF |
| 127.0.0.1 | root |                                           |
| ::1       | root |                                           |
| localhost | pma  |                                           |
+-----------+------+-------------------------------------------+
```


2.1 비밀번호 설정후 mysql 서버 접속

비밀번호가 설정되면 이후부터 MySQL에 접속할 때는 비밀번호를 입력해야 합니다.

```
MariaDB [(none)]> exit
C:\Users\Jaeho-L>mysql -hlocalhost -uroot
ERROR 1045 (28000): Access denied for user 'root'@'localhost' (using password: NO)
C:\Users\Jaeho-L>mysql-hlocalhost -uroot -p1234
Welcome to the MariaDB monitor.  Commands end with ; or \g.
Your MariaDB connection id is 14
Server version: 10.4.24-MariaDB mariadb.org binary distribution
Copyright (c) 2000, 2018, Oracle, MariaDB Corporation Ab and others.
Type 'help;' or '\h' for help. Type '\c' to clear the current input statement.
MariaDB [(none)]>
```

3 MySQLi 확장 함수와 상수

3.1 MySQLi 미리 정의된 상수

MySQLi 확장에서는 미리 정의된 상수를 선언해 놓고 있습니다. 가장 많이 사용되는 상수를 다음 표에 제시합니다. 모든 MySQLi 상수들은 php.net 사이트에서 확인 바랍니다.

상수	설명
MYSQLI_ASSOC	배열 데이터의 인덱스를 필드이름으로 반환
MYSQLI_NUM	배열 데이터의 인덱스를 숫자로 반환
MYSQLI_BOTH	배열 데이터의 인덱스를 필드이름, 숫자로 반환

3.2 MySQLi 확장 함수

MySQLi 확장 함수들의 일부만 다음 표에 제시합니다. 모든 MySQLi 확장 함수들은 php,net 사이트에서 확인 바랍니다.

객체중심 인터페이스		절차지향 인터페이스(함수)
프로퍼티 (30개)	$mysqli::affected_rows	mysqli_affected_rows()
	$mysqli::client_info	mysqli_get_client_info()
	: : :	: : :
	$mysqli_result::lengths	mysqli_fetch_lengths()
	$mysqli_result::num_rows	mysqli_num_rows()
메서드 (70개)	mysqli::autocommit()	mysqli_autocommit()
	mysqli::query()	mysqli_query()
	: : :	: : :
	mysqli_result::fetch_array()	mysqli_fetch_array()
	mysqli_result::fetch_field()	mysqli_fetch_field()

위 표에서 보듯이 절차지향의 함수명들에는『mysqli_』라는 접두어가 공통적으로 표시되어 있습니다. 객체 중심에서는 프로퍼티와 메서드로 표현되며, 같은 명칭의 절차지향 함수명과 동일한 역할을 수행합니다.

객체 중심의 프로퍼티와 메서드의 명칭 앞에는『$mysqli::』또는『#mysqli_result::』가 표기되어 있는데, 이것은 객체 인스턴스의 이름이며 꼭 이 표기를 사용하지 않아도 됩니다.

$mysqli 명칭은 데이터베이스 접속정보를 저장하고 있는 객체이고, $mysqli_result 명칭은 SELECT 구문의 실행결과를 저장하고 있는 객체를 의미합니다.

위의 표에 있는 표기는 다음의 표기와 같은 의미입니다.

```
$mysqli::query()                        → $mysqli->query()
$mysqli_result::affected_rows           → $mysqli_result->affected_rows
```

일반적으로 $mysqli 명칭을 사용하지만, 개발자가 원하는 명칭을 사용해도 됩니다.

```
$mysqli = new mysqli($host, $user);
$mysqli->select_db("friend");
$mysqli_result = $mysqli->query("SELECT name FROM friend");
$number = $mysqli_result->fetch_array(MYSQLI_BOTH);
$mysqli->close();
```

다음 코드 일반적으로 사용하는 $mysqli 대신 $link를 사용하고 있고, $mysqli_result 대신 $result를 사용하고 있습니다.

```
$link = new mysqli($host, $user);
$link->select_db("friend");
$result = $link->query("SELECT name FROM friend");
$number = $result->fetch_array(MYSQLI_BOTH);
$link->close();
```

4. PHP와 MySQL의 연동

PHP와 MySQL의 연동은 기본적으로 다음과 같은 순서로 진행됩니다.

① MySQL 접속 → ② 데이터베이스 (생성) 선택 → ③ 쿼리문 실행 → ④ MySQL 종료

사용되는 PHP 예제 파일들은『H:\xampp\htdocs\source\12』에 있습니다. PHP 파일들의 실행은 반드시 Apache 웹서버가 동작되는 환경이어야 합니다. 즉 브라우저의 주소창에 PHP 파일들을 실행시켜야 하며 경로는『localhost/source/12/file.php』형태로 접속해야 합니다.

4.1 MySQL 접속 : new mysqli(), mysqli_connect()

mysqli()는 접속정보 객체 인스턴스의 생성을 위한 클래스입니다. MySQL DBMS에 접속하기 위해서 가장 먼저 수행해야 할 작업은 mysqli() 클래스의 인스턴스 객체를 생성하는 것인데, 이 객체는 MySQL 접속과 관련된 정보를 저장하고 있는 시스템 자원입니다. 이 객체가 각종 프로퍼티와 메서드들을 사용하여 다양한 쿼리문을 수행하게 됩니다.

객체중심	$link = new mysqli('localhost', 'user', 'password', 'dbname');
절차지향	$link = mysqli_connect('localhost', 'user', 'password', 'dbname');

2절에서 비밀번호를 생성했으므로 mysql 서버에 접속할 때 비밀번호를 지정합니다.

db_connect_1.php

```
  <?php
1 //$link = new mysqli("localhost", "root", "1234");
2 $host = "localhost";
3 $user = "root";
4 $password = "1234";
5 $link = new mysqli($host, $user, $password);
6 //$link = mysqli_connect($host, $user, $password);
  ?>
```

- 1번 라인 : 호스트명(localhost), 계정(root), 비밀번호(1234)를 문자열로 직접 입력하여 처리하는 방식
- 2~4번 라인 : 접속을 위한 기본 정보를 $host, $user, $password 변수에 저장하여 처리하는 방식
- 5번 라인 : mysqli() 클래스의 인수들을 호스트, 사용자, 비밀번호 순서로 new 키워드를 이용하여 새로운 접속정보 객체인 $link를 생성.『C:\XAMPP>mysql -hlocalhost –uroot –p1234』명령과 같은 의미
- 6번 라인 : 절차지향 방식

db_connect_2.php

```
<?php
$host = "localhost"; $user = "root"; $password = "1234";
$link = new mysqli($host, $user, $password);
if (!$link) {
    die("DB 접속 실패" . $link->connect_error);
} else echo "DB 접속 성공<br>";
?>
```

$link 객체가 정상적으로 생성되면 이 객체가 중심이 되어 MySQLi 확장 API가 제공하는 다양한 질의어를 처리하게 됩니다.

접속을 위한 정보가 잘못 기재되면 다음과 같은 에러가 발생합니다.

```
Fatal error: Uncaught mysqli_sql_exception: Access denied for user
'root'@'localhost' (using password: YES) ...... phpmysql\db_connect.php on line 6
```

4.2 기존 데이터베이스 선택

4.2.1 접속과 동시에 데이터베이스 선택

이미 만들어진 데이터베이스가 있다면 접속과 동시에 사용할 수 있도록 지정할 수 있습니다.

dbname_connect.php

```
  <?php
1 $host = "localhost"; $user = "root"; $password = "1234";
2 $dbname = "mysql";
3 $link = new mysqli($host, $user, $password, $dbname);
4 if (!$link) {
5     die("DB 접속 실패" . $link->connect_error);
6 } else echo "DB 접속 성공<br>";
  ?>
```

- 2번 라인 : 시스템 데이터베이스인 mysql을 $dbname 변수에 저장
- 3번 라인 : mysqli() 클래스의 4번째 인수로 $name을 지정하여 $link라는 접속정보 객체 인스턴스 생성.

4.2.2 접속후 데이터베이스 선택 : select_db()

MySQL에 접속한 후에 특정 데이터베이스 선택려면 select_db() 메서드를 사용합니다.

『MariaDB [mysql]>use mysql;』 구문과 같은 의미입니다.

객체중심	$link->select_db("DB명")	bool : 0 또는 1
절차지향	mysqli_select_db($link, "DB명")	

select_db.php

```
   <?php
1  $host = "localhost"; $user = "root"; $password = "1234";
2  $link = new mysqli($host, $user, $password);
3  $mydb = $link->select_db("mysql");
4  //mysqli_select_db($link, "mysql");
   ?>
```

- 3번 라인 : 접속정보 객체인 $link에서 select_db() 메서드를 이용하여 mysql 데이터베이스를 선택

4.3 데이터베이스 생성

create_db_1.php

```
   <?php
1  $host = "localhost"; $user = "root"; $password = "1234";
2  $link = new mysqli($host, $user, $password);
3  $link->query("create database testdb");
   //$link = mysqli_connect($host, $user, $password);
   //mysqli_query($link, "create database testdb");
   ?>
```

- 3번 라인 : 접속정보를 저장하고 있는 $link 객체는 query() 메서드로 create 구문을 실행하여 데이터베이스를 생성.

query() 메서드는 다음에 살펴봅니다.

testdb 데이터베이스가 생성되면 명령프롬프트를 통해 확인해 보세요.

4.4 쿼리문 실행 : query()

query()는 쿼리문을 실행하여 그 결과값을 반환하는 메서드입니다.

객체중심	$link->query($sql)	쿼리문 실행결과
절차지향	mysqli_query($link, $sql)	

query() 메서드의 인수는 쿼리문 문자열을 지정해도 되지만, 변수에 문자열을 먼저 저장하고 그 변수를 인수로 지정해도 됩니다. 변수에 저장되는 쿼리문은 하나의 문장만 가능합니다.

```
1  $host = "localhost"; $user = "root"; $password = "1234";
2  $link = new mysqli($host, $user, $password);
3  $link->query("create database testdb");
4  $sql = "SELECT * FROM testdb";
5  $result = $link->query($sql);
   //$sql 대신 위 "SELECT ~" 문자열 지정 가능
   //$result = $link->query(SELECT name FROM friend");
```

- 4번 라인 : SELECT 구문은 $sql 변수에 저장
- 5번 라인 : 접속정보를 저장하고 있는 $link 객체는 query() 메서드를 이용하여 $sql 변수에 저장된 쿼리문을 실행하고 그 결과를 $result 객체 변수에 저장

4.5 DBMS 종료 : close()

close()는 접속중인 DBMS를 종료하는 메서드이며 MySQL 콘솔에서 exit 명령에 해당됩니다.

객체중심	$link->close()	bool : 0 또는 1
절차지향	mysqli_close($link)	

db_close.php

```
$link = new mysqli($host, $user, $password);
$link->close();
//mysqli_close($link);
```

5. 데이터베이스 실습

앞에서 살펴봤던 성적처리(grade) 데이터베이스를 그대로 활용하여 PHP와 MySQL과의 연동실습을 하겠습니다. 기존에 있는 데이터베이스나 테이블을 새롭게 생성하면 충돌이 나기 때문에 삭제를 해야 합니다.

5.1 grade 데이터베이스 생성

PHP 코드로 데이터베이스를 생성하기 위해서는 grade는 이미 존재하는 데이터베이스이므로 새로 생성하기 위해선 삭제부터 합니다. 그런데 다음과 같이 삭제할 수 없다는 에러가 발생합니다. 삭제하고자 하는 데이터베이스 폴더에는 관련 파일을 제외하고는 다른 파일이 없어야 합니다.

```
MariaDB [(none)]> drop database grade;
ERROR 1010 (HY000): Error dropping database (can't rmdir '.\grade', errno: 41 "Directory
not empty")
```

데이터 입력을 위해 grade 폴더에 저장되어 있던 데이터 파일들은 잠시 다른 폴더로 이동시켜 놓습니다.

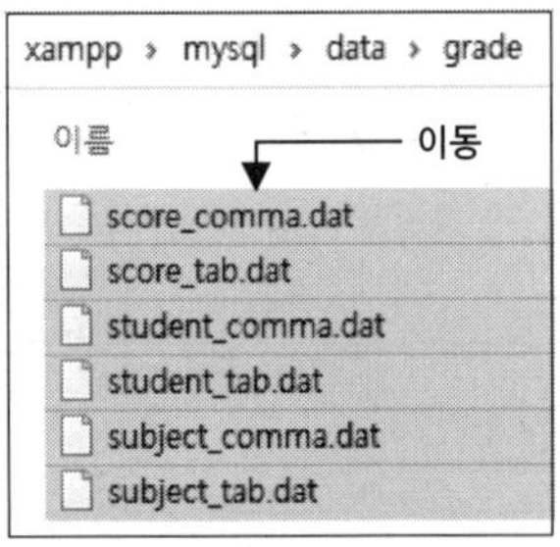

이제 grade 데이터베이스를 삭제할 수 있습니다.

```
MariaDB [(none)]> drop database grade;
Query OK, 0 rows affected (0.001 sec)
```

grade 데이터베이스가 생성되면 위의 데이터 파일들을 다시 grade 폴더에 복사에 놓습니다.

create_grade_db.php

```
  <?php
1 $host = "localhost"; $user = "root"; $password = "1234";
2 $link = new mysqli($host, $user, $password);
3 if (!$link) {
4     die("DB 접속 실패" . $link->connect_error);
5 } else echo "DB 접속 성공<br>";
6 $result = $link->query("create database grade");
7 if (!$result) {
8     die("DB 생성 실패" . $result->connect_error);
9 } else echo "DB 생성 성공";
     :
  ?>
```

- 3~5번 라인 : MySQL에 접속이 실패하면 접속정보 객체인 $link의 값은 false
- 6번 라인 : $link 객체는 query() 메서드로 create 구문을 실행하여 성공여부를 $result 객체 변수에 저장.
- 7~9번 라인 : 데이터베이스 생성에 실패하면 $result 값은 false

DB 접속 및 데이터베이스 선택의 성공여부에 대한 체크는 가급적 하는 것이 좋습니다.

5.2 테이블 생성

grade 생성하는 쿼리문은 위와 같이 간단히 한줄로 작성되기 때문에 query() 메서드에 직접 인수로 지정했습니다. 그러나 다음과 같은 여러 줄의 테이블 생성 쿼리문을 query() 메서드에 인수로 지정하기에는 좀 복잡해 보입니다.

grade 데이터베이스의 세 개 테이블의 구조는 다음과 같습니다. 테이블 생성 쿼리문과 같이 여러 줄로 구성된 쿼리문을 실행하기 위해서는 문자열 변수를 사용하며, 변수에 저장되는 쿼리문은 하나의 문장만 가능합니다.

여러 줄로 나누어 작성해도 세미콜론(;)으로 끝날 때까지가 하나의 문장입니다.

create table student_tbl (id char(6) PRIMARY KEY, name char(4) NOT NULL, gender char(1), age tinyint(3) unsigned, depart varchar(8) NOT NULL, year tinyint(2) unsigned, address varchar(15)); create table subject_tbl (subject varchar(10), code char(5), credit tinyint(2) unsigned NOT NULL, classify char(4) DEFAULT '일반선택', PRIMARY KEY(subject));	create table score_tbl (number mediumint(6) KEY AUTO_INCREMENT, id char(6) NOT NULL, subject varchar(10) NOT NULL, point tinyint(3) NOT NULL, FOREIGN KEY(id) REFERENCES student_tbl(id) ON DELETE CASCADE ON UPDATE CASCADE, FOREIGN KEY(subject) REFERENCES subject_tbl(subject) ON DELETE CASCADE ON UPDATE CASCADE);

5.2.1 한 줄씩 변수에 할당

여러 줄로 구성된 쿼리문을 한 줄씩 변수에 누적하여 할당하는 방식을 사용합니다.

```
$sql = "create table student_tbl (";
$sql = $sql . "id char(6) PRIMARY KEY,";
$sql = $sql . "name char(4) NOT NULL,";
$sql = $sql . "gender char(1),";
$sql = $sql . "age tinyint(3) unsigned,";
$sql = $sql . "depart varchar(8) NOT NULL,";
$sql = $sql . "year tinyint(2) unsigned,";
$sql = $sql . "address varchar(15)";
$sql = $sql . ");";
$link->query($sql);
```

$sql 변수에 여러번 누적된 쿼리문을 $link 객체가 query() 메서드를 이용하여 실행합니다.

5.2.2 여러 줄을 변수에 할당

여러 줄의 쿼리문을 한번에 변수에 할당하는 방식을 사용합니다.

create_table.php

```
$create_tbl = "create table student_tbl (
id char(6) PRIMARY KEY,
name char(4) NOT NULL,
gender char(1),
age tinyint(3) unsigned,
depart varchar(8) NOT NULL,
year tinyint(2) unsigned,
address varchar(15)
);";
$link->query($create_tbl);
```

$create_tbl 변수에 할당된 여러줄의 쿼리문을 $link 객체가 query() 메서드를 이용하여 실행합니다.

이 방법으로 student_tbl, subject_tbl, score_tbl 테이블을 생성합니다.

create_tbl.php

```
$create_tbl = "create table student_tbl (
id char(6) PRIMARY KEY,
name char(4) NOT NULL,
  :   :
address varchar(15)
);";
$link->query($create_tbl);

$create_tbl = "create table subject_tbl (
subject varchar(10),
  :   :
PRIMARY KEY(subject)
);";
$link->query($create_tbl);
```

```
$create_tbl = "create table score_tbl (
number mediumint(6) KEY AUTO_INCREMENT,
  :   :
point tinyint(3)  NOT NULL,
FOREIGN KEY(id)
REFERENCES student_tbl(id)
  :   :
ON DELETE CASCADE ON UPDATE CASCADE
);";

$link->query($create_tbl);
```

$create_tbl 변수에 우선 student_tbl 테이블 생성 쿼리문을 할당하여 query() 메서드로 생성하고, 계속 같은 방식으로 subject_tbl, score_tbl 테이블을 생성합니다.

MySQL 콘솔을 이용하여 테이블의 생성을 확인합니다.

```
MariaDB [(none)]> use grade;
Database changed
MariaDB [grade]> show tables;
+-----------------+
| Tables_in_grade |
+-----------------+
| score_tbl       |
| student_tbl     |
| subject_tbl     |
+-----------------+

MariaDB [grade]> desc student_tbl;
+---------+----------------------+----+
| Field   | Type                 | -- |
+---------+----------------------+----+
| id      | char(6)              | -- |
| name    | char(4)              | -- |
| gender  | char(1)              | -- |
| age     | tinyint(3) unsigned  | -- |
| depart  | varchar(8)           | -- |
| year    | tinyint(2) unsigned  | -- |
| address | varchar(15)          | -- |
+---------+----------------------+----+

MariaDB [grade]> desc subject_tbl;
+----------+---------------------+----+
| Field    | Type                | -- |
+----------+---------------------+----+
| subject  | varchar(10)         | -- |
| code     | char(5)             | -- |
| credit   | tinyint(2) unsigned | -- |
| classify | char(4)             | -- |
+----------+---------------------+----+
MariaDB [grade]> desc score_tbl;
+---------+--------------+------+----+
| Field   | Type         | Null | -- |
+---------+--------------+------+----+
| number  | mediumint(6) | NO   | -- |
| id      | char(6)      | NO   | -- |
| subject | varchar(10)  | NO   | -- |
| point   | tinyint(3)   | NO   | -- |
+---------+--------------+------+----+
```

5.3 데이터 입력

데이터 입력은 INSERT INTO 구문을 이용하는 방법과 LOAD DATA INFILE 구문을 이용하는 방법이 있습니다. LOAD DATA 구문은 데이터 파일로 입력하는 방법입니다. 데이터 입력을 위한 MySQL 명령어는 11장의 3절을 참고하세요.

5.3.1 INSERT INTO

INSERT INTO 구문을 이용하여 subject_tbl 테이블에 데이터를 입력해 보겠습니다. 입력 데이터는 11장의 1절을 참고하세요.

subject	code	credit	classify
창의적사고	C1029	2	교양
고대한국사	C2084	2	교양
인터넷개론	M1014	3	전선
웹프로그래밍	M2076	3	전필
데이터베이스	M3102	3	전필
프레임워크	M4085	3	전선

insert_data.php

```
1 $link->query("INSERT INTO subject_tbl values('창의적사고','C1029',2,'교양')");
2 $link->query("INSERT INTO subject_tbl values('고대한국사','C2084',2,'교양')");
3 $link->query("INSERT INTO subject_tbl values('인터넷개론','M1014',3,'교양')");
4 $data_input="INSERT INTO subject_tbl values('웹프로그래밍','M2076',3,'교양')";
5 $link->query($data_input);
6 $data_input="INSERT INTO subject_tbl values('데이터베이스','M3102',3,'교양')";
7 $link->query($data_input);
8 $data_input="INSERT INTO subject_tbl values('프레임워크','M4085',3,'교양')";
9 $link->query($data_input);
```

- 1~3번 라인 : INSERT 구문의 문자열을 query() 메서드의 인수로 직접 지정하여 실행
- 4, 6, 8번 라인 : INSERT 구문이 저장된 변수를 query() 메서드의 인수로 지정하여 실행

insert_data.php 파일을 아직 실행하지 마세요. 아래 내용 먼저 확인후 실행하세요.

5.3.2 LOAD DATA INFILE

LOAD DATA INFILE 구문을 이용하여 테이블에 데이터를 입력해 보겠습니다. 입력 데이터 파일은 11장의 3.2 내용을 참고하세요.(student_tab.dat, score_tab.dat 파일은 grade 폴더에 저장되어야 합니다.)

insert_data.php

```
$link->query("LOAD DATA INFILE 'student_tab.dat' INTO TABLE student_tbl
LINES TERMINATED BY '\r\n'");
$data_input = "LOAD DATA INFILE 'score_tab.dat' INTO TABLE score_tbl
LINES TERMINATED BY '\r\n'";
$link->query($data_input);
```

- 1번 라인 : LOAD DATA INFILE 구문의 문자열을 query() 메서드의 인수로 직접 지정하여 실행
- 2번 라인 : LOAD DATA INFILE 구문이 저장된 변수를 query() 메서드의 인수로 지정하여 실행

query() 메서드의 인수로 문자열, 변수 어떤 것을 사용해도 상관없지만, 혼합해서 사용할 필요는 없습니다. 상황에 적절한 방법을 사용하세요.

insert_data.php 파일을 실행한 후 MySQL 콘솔을 통해 데이터의 입력상태를 확인합니다.

```
MariaDB [grade]> select * from student_tbl;
+--------+--------+--------+------+------------+------+-----------------+
| id     | name   | gender | age  | depart     | year | address         |
+--------+--------+--------+------+------------+------+-----------------+
| 201826 | 이철호 | 남     |   25 | 경제학     |    3 | 서울시 마포구   |
| 201846 | 정유석 | 남     |   28 | 컴퓨터공학 |    3 | 강원도 원주시   |

MariaDB [grade]> select * from subject_tbl;
+--------------+-------+--------+----------+
| subject      | code  | credit | classify |
+--------------+-------+--------+----------+
| 고대한국사   | C2084 |      2 | 교양     |
| 데이터베이스 | M3102 |      3 | 교양     |

MariaDB [grade]> select * from score_tbl;
+--------+--------+--------------+-------+
| number | id     | subject      | point |
+--------+--------+--------------+-------+
|      1 | 201908 | 프레임워크   |    91 |
|      2 | 201908 | 창의적사고   |    85 |
```

5.4 데이터 검색 결과 처리

데이터의 검색은 SELECT 구문으로 수행되며 그 결과는 객체 형태로 메모리에 잠시 보관됩니다. 메모리에 보관된 결과를 프로그램에서 사용하기 위해서는 객체 변수에 저장해야 합니다. 이렇게 객체 변수에 저장된 결과는 프로퍼티와 메서드를 이용하여 다양한 형태로 추출할 수 있습니다.

다음과 같이 select 구문으로 실행된 결과는 $result 객체 변수에 저장되는데, 배열 형태로

인식되어 처리합니다.

<table>
<tr><td>명령프롬프트</td><td><pre>
MariaDB [grade]> select * from score_tbl;
+--------+--------+---------------+-------+
| number | id | subject | point |
+--------+--------+---------------+-------+
1	201908	프레임워크	91
2	201908	창의적사고	85
3	201908	데이터베이스	85
4	202143	고대한국사	89
:		:	
</pre>$result</td></tr>
<tr><td>php 코드</td><td><code>$result = $link->query("select * from student_tbl");</code></td></tr>
</table>

$result 객체(배열) 변수에 저장된 결과는 다음과 같은 프로퍼티와 메서드를 이용하여 프로그래밍합니다.

객체중심	절차중심	설명
field_count	mysqli_field_count()	테이블의 필드 개수 반환
num_rows	mysqli_num_rows()	테이블 데이터의 레코드 개수 반환
fetch_row()	mysqli_fetch_row()	테이블 데이터를 배열 첨자로 반환
fetch_assoc()	mysqli_fetch_assoc()	테이블 데이터를 배열 필드명으로 반환
fetch_array()	mysqli_fetch_array()	테이블 데이터를 배열 첨자, 필드명으로 반환
fetch_object()	mysqli_fetch_object()	테이블 데이터를 객체방식으로 반환

5.4.1 필드 개수와 행 개수 : field_count, num_rows

SELECT 구문의 결과에서 field_count, num_rows 프로퍼티를 이용하여 필드와 행(레코드) 개수를 계산합니다.

count.php

```
$host = "localhost"; $user = "root"; $password = "1234";$dbname = "grade";
$link = new mysqli($host, $user, $password, $dbname);

$result = $link->query("select * from student_tbl");
echo "필드 개수 : ", $result->field_count;
$result = $link->query("select * from score_tbl");
echo "<br>레코드 개수 : ", $result->num_rows;
```

- 3번 라인 : student_tbl 테이블의 전체 검색 결과를 $result 객체 변수에 저장
- 4번 라인 : $result 객체 변수에 저장된 결과에서 field_count 프로퍼티를 이용하여 필드의 개수를 반환
- 5번 라인 : score_tbl 테이블의 전체 검색 결과를 $result 객체 변수에 저장
- 6번 라인 : $result 객체 변수에 저장된 결과에서 $num_rows 프로퍼티를 이용하여 행의 개수를 반환

```
MariaDB [grade]> select * from student_tbl;
+--------+--------+--------+------+------------+------+----------------+
| id     | name   | gender | age  | depart     | year | address        |
+--------+--------+--------+------+------------+------+----------------+
| 201826 | 이철호 | 남     |   25 | 경제학     |    3 | 서울시 마포구  |
| 201846 | 정유석 | 남     |   28 | 컴퓨터공학 |    3 | 강원도 원주시  |

MariaDB [grade]> select * from score_tbl;
+--------+--------+----------------+-------+
| number | id     | subject        | point |
+--------+--------+----------------+-------+
|      1 | 201908 | 프레임워크     |    91 |
         :        :                :
|     32 | 202125 | 웹프로그래밍   |    80 |
+--------+--------+----------------+-------+
32 rows in set (0.001 sec)
```

5.4.2 행 단위 데이터 추출 : fetch_row(), fetch_assoc(), fetch_array(), fetch_object()

SELECT 구문의 결과에서 행 단위로 데이터를 추출합니다. 이렇게 추출된 행 단위 레코드의 데이터들은 여러 가지 메서드들을 이용하여 출력합니다.

첫 번째 레코드를 추출하면 다음 레코드로 포인터가 이동하여 마지막 레코드까지 추출합니다.

(1) fetch_row()

fetch_row() 메서드는 SELECT 구문의 결과에서 행 단위로 데이터를 추출합니다. 추출된 레코드는 배열 변수에 할당되며, 각 데이터의 필드는 배열 변수의 인덱스 첨자로 구분합니다.

다음 그림과 같이 $result 객체 변수에 저장된 SELECT 구문의 결과에서 fetch_row() 메

서드가 실행되면 subject, code, credit, classify 필드의 데이터들을 각각 data[0], data[1], data[2], data[3]의 배열 첨자로 참조합니다.

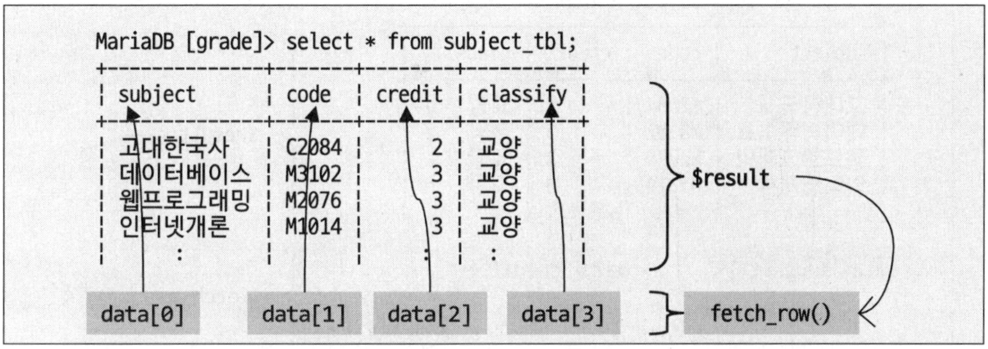

fetch_row.php

```
1  $host = "localhost"; $user = "root"; $password = "1234"; $dbname = "grade";
2  $link = new mysqli($host, $user, $password, $dbname);

3  $result = $link->query("select * from subject_tbl");
4  while ($data = $result->fetch_row()) {
5      echo $data[0], $data[1], $data[2], $data[3], "<br>";
6  }
```

- 3번 라인 : subject_tbl 테이블의 전체 검색 결과를 $result 객체 변수에 저장
- 4번 라인 : $result 객체 변수에 저장된 결과에서 fetch_row() 메서드를 이용하여 레코드 단위로 추출하여 $data 배열 변수에 저장
- 5번 라인 : $data 배열 변수의 첨자를 이용하여 각 필드의 데이터를 출력
- 4~6번 라인 : while 문으로 fetch_row() 메서드에 의한 레코드가 마지막일 때까지 추출

(2) fetch_assoc()

fetch_assoc() 메서드는 SELECT 구문의 결과에서 행 단위로 데이터를 추출합니다. 추출된 레코드는 배열 변수에 할당되며, 각 데이터는 배열 변수의 필드명을 이용하여 출력합니다.

다음 그림과 같이 $result 객체 변수에 저장된 SELECT 구문의 결과에서 fetch_assoc() 메서드가 실행되면 subject, code, credit, classify 필드의 데이터들을 각각 data['subject'], data['code'], data['credit'], data['classify']으로 참조합니다.

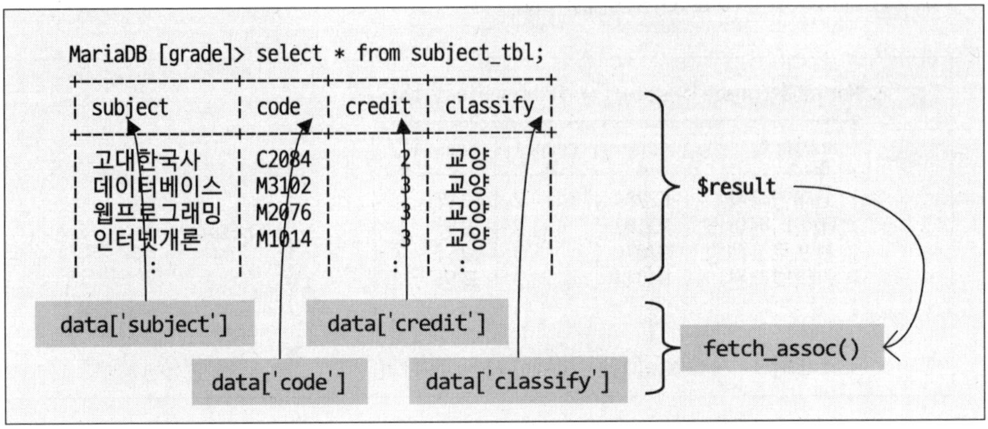

fetch_assoc_1.php

```
1  $host = "localhost"; $user = "root"; $password = "1234";$dbname = "grade";
2  $link = new mysqli($host, $user, $password, $dbname);
3  $result = $link->query("select * from subject_tbl");
4  while ($data = $result->fetch_assoc()) {
5    echo $data['subject'], $data['code'], $data['credit'], $data['classify'], "<br>";
6  }
```

- 3번 라인 : subject_tbl 테이블의 전체 검색 결과를 $result 객체 변수에 저장
- 4번 라인 : $result 객체 변수에 저장된 결과에서 fetch_assoc() 메서드를 이용하여 레코드 단위로 추출하여 $data 배열 변수에 저장
- 5번 라인 : $data 배열 변수에 필드명을 이용하여 각 필드의 데이터를 출력
- 4 ~ 6번 라인 : while 문으로 fetch_assoc() 메서드에 의한 레코드가 마지막일 때까지 추출

다음은 fetch_assoc1_oop.php 코드와 동일한 수행을 하며 while 문 대신 for 문은 사용한 예입니다. SELECT 구문의 결과에서 행의 개수를 이용하여 레코드를 추출합니다.

fetch_assoc_2.php

```
$result = $link->query("select * from subject_tbl");
$row_count = $result->num_rows;
for($i=0; $i<$row_count; $i++)
{
  $data = $result->fetch_assoc();
  echo $data['subject'], $data['code'], $data['credit'], $data['classify'], "<br>";
}
```

(3) fetch_array()

fetch_array() 메서드는 MYSQLI_NUM, MYSQLI_ASSOC, MYSQLI_BOTH 중 하나를 인수로 가질 수 있습니다. fetch_row(), fetch_assoc()

- fetch_array(MYSQLI_NUM) : fetch_row() 메서드 기능과 동일합니다.
- fetch_array(MYSQLI_ASSOC) : fetch_assoc() 메서드 기능과 동일합니다.
- fetch_array(MYSQLI_BOTH) : fetch_row(), fetch_assoc() 메서드 기능을 혼용할 수 있습니다.

다음은 fetch_array() 메서드의 3가지 인수를 각각 사용한 예입니다.

fetch_array.php

```
$result = $link->query("select * from subject_tbl");
$data = $result->fetch_array(MYSQLI_NUM);
echo $data[0], $data[1], $data[2], $data[3], "<br>";
$data = $result->fetch_array(MYSQLI_ASSOC);
echo  $data['subject'],  $data['code'],  $data['credit'],  $data['classify'],
"<br>";
$data = $result->fetch_array(MYSQLI_BOTH );
echo $data['0'], $data['code'], $data['2'], $data['classify'], "<br>";
```

(4) fetch_object()

fetch_object() 메서드는 SELECT 구문의 결과에서 행 단위로 데이터를 추출합니다. 추출된 레코드는 객체 변수에 할당되며, 각 데이터는 객체 참조 방식으로 필드명을 이용하여 출력합니다.

fetch_array.php

```
1  $result = $link->query("select * from subject_tbl");
2  while ($data = $result->fetch_object()) {
3      echo $data->subject, $data->code, $data->credit, $data->classify, "<br>";
4  }
```

- 2번 라인 : $result 객체 변수에 저장된 결과에서 fetch_object() 메서드를 이용하여 레코드 단위로 추출하여 $data 객체 변수에 저장
- 3번 라인 : $data 객체 변수를 이용하여 객체 참조 방식으로 각 필드의 데이터를 출력

DB 처리 PHP 메서드(함수)

기능	객체지향(메서드)	절차지향(함수)
DB 접속	$link = new mysqli(접속정보)	$link = mysqli_connect(접속정보)
DB 선택	$link->select_db("DB명")	mysqli_select_db($link, "DB명")
쿼리문 실행	$link->query($sql)	mysqli_query($link, $sql)
DB 종료	$link->close()	mysqli_close($link)

13.

HTML-PHP-MySQL 연동 : CRUD 구현

1 친구 주소록 관리

2 성적 처리 프로젝트

13 HTML-PHP-MySQL 연동 : CRUD 구현

8장에서 HTML 폼과 PHP의 연동을 학습했고, 12장에서는 PHP와 MySQL과의 연동을 살펴봤습니다.

이번 13장에서는 HTML 폼, PHP, MySQL의 연동 방법을 살펴보겠습니다.

이를 위해 CRUD 기능으로 웹서비스를 구현하는 과정으로 진행합니다.

CRUD는 Create, Read, Update, Delete를 뜻하며 데이터베이스를 사용하는데 기초적인 기능입니다. 이를 HTML 폼, PHP, MySQL과 연동하여 웹서비스를 완성하는 과정을 살펴봅니다.

기능	설명
Create	데이터 생성
Read	테이블의 데이터 검색
Update	테이블의 데이터 수정
Delete	테이블의 데이터 삭제

새롭게 예제를 실행하기 위해 11장, 12장에서 실습했던 데이터베이스, 테이블 등은 모두 삭제합니다. 또한 파일에서 사용된 DB 접속정보는 localhost, root, 1234입니다. 독자가 설정한 접속정보에 맞게 수정하여 사용하세요.

1. 친구 주소록 관리

친구 주소록 관리에 사용되는 파일들은『htdocs\source\13\friend』에 있습니다.

다음의 정보를 이용하여 HTML 폼을 이용하여 데이터베이스와 테이블 생성하고, 데이터 입력 및 검색하는 예제를 실습합니다.

데이터베이스명 : mydb 테이블명 : friend_tbl	
필드명	데이터 타입
name	char(5)
age	tinyint(3)
addr	varchar(15)

name	age	addr
윤영선	23	부산시 사하구
선영재	21	인천시 남동구
박정진	32	서울시 용산구

1.1 HTML 폼을 이용한 DB/테이블 생성

DB/테이블 생성을 위한 파일명과 기능은 다음과 같습니다.

파일명	기능
create_form.php	데이터베이스와 테이블을 생성하는 HTML 폼 화면 데이터베이스와 테이블을 삭제하는 HTML 폼 화면
create_db_tbl.php	데이터베이스와 테이블을 생성하는 PHP 파일
drop_tbl.php	테이블을 삭제하는 PHP 파일
drop_db.php	데이터베이스를 삭제하는 PHP 파일

웹 브라우저 주소 표시창에『http://localhost/source/13/friend/create_form.php』를 입력하여 실행합니다. 실행에 대한 자세한 내용은 362페이지를 참고하세요.

다음 그림과 같이 create_form.php 파일에는 폼이 3개 있습니다. 각 폼의 버튼을 클릭하면 action 속성에 있는 파일이 기능을 수행하게 됩니다.

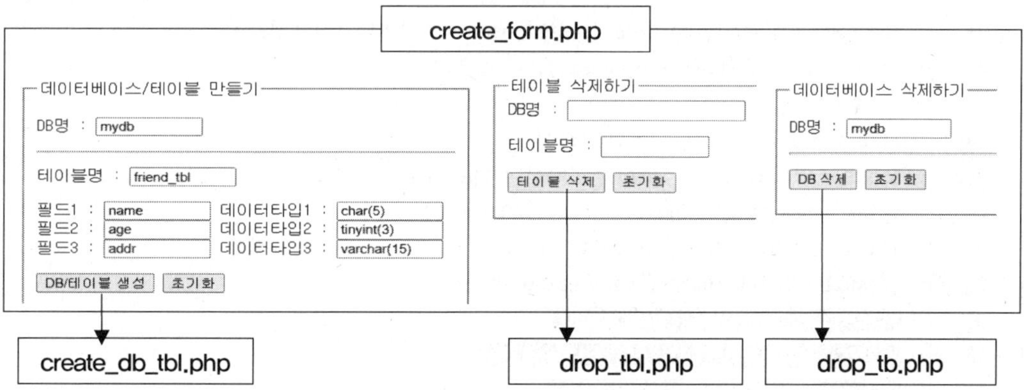

각 파일의 중요한 부분만 설명합니다. 자세한 내용은 제공된 소스코드로 분석하기 바랍니다.

create_form.php

```
<form name="create_db" method="post" action="create_db_tbl.php">
   DB명 : <input type="text" name="db_name" size=10><hr>
   테이블명 : <input type="text" name="tbl_name" size=10>
   <tr><td>필드1  : <input type="text" name="fld_name1" size=10>
           :           :
```

```
06     <input type=submit value="DB/테이블 생성"> <input type=reset>
07   <form name="drop_tbl_db" method="post" action="drop_tbl.php">
08     DB명 : <input type="text" name="db_name">
09     테이블명 : <input type="text" name="tbl_name" size=10><br>
10     <input type=submit value="테이블 삭제"> <input type=reset>
11   <form name="dorp_db" method="post" action="drop_db.php">
12     DB명 : <input type="text" name="db_name" size=10><br>
13     <input type=submit value="DB 삭제"> <input type=reset>
```

- 1~6번 라인 : 생성하기 위한 데이터베이스명과 테이블명, 필드명을 사용자가 입력하는 폼
- 7~10번 라인 : 삭제하기 위한 테이블명을 사용자가 입력하는 폼(사용자가 입력한 데이터베이스명과 테이블명을 drop_tbl.php 파일에 전달)
- 11~13번 라인 : 삭제하기 위한 데이터베이스명을 사용자가 입력하는 폼(사용자가 입력한 데이터베이스명을 drop_db.php 파일에 전달)

create_db_tbl.php

```
$db_name = $_POST["db_name"]; $tbl_name = $_POST["tbl_name"];
$fld_name1 = $_POST["fld_name1"];
     :     :
$fld_type3 = $_POST["fld_type3"];
$host = "localhost"; $user = "root"; $password = "1234";
$link = new mysqli($host, $user, $password);
$link->query("create database $db_name");
$result = $link->query("show databases");
$fld_num = $result->field_count;
while ($data = $result->fetch_row()) {
    for($i=0; $i<$fld_num; $i++)
    {
        echo "<td>$data[$i]</td>";
    }
}
$link->query("use $db_name");
$create_tbl = "create table $tbl_name (
$fld_name1 $fld_type1, $fld_name2 $fld_type2, $fld_name3 $fld_type3
);";
$link->query($create_tbl);
```

- 1~4번 라인 : 폼 파일에서 전송된 사용자 입력 내용을 PHP 변수 처리
- 5~6번 라인 : DB 접속 정보를 $link 객체에 저장
- 7번 라인 : $db_name 변수명에 저장된 데이터베이스명으로 생성
- 8번 라인 : DB 목록 쿼리문의 결과를 $result 객체 변수에 저장
- 9번 라인 : 필드 개수를 계산하여 $fld_num 변수에 저장
- 10~15번 라인 : $result 객체 변수에 저장된 내용을 fetch_row() 메서드를 이용하여 레코드 단위로 추출하고 필드 개수($fld_num) 만큼의 데이터를 출력
- 16번 라인 : 테이블 생성을 위한 데이터베이스 선택
- 17~20번 라인 : 폼에서 전송된 테이블명, 필드명, 데이터타입으로 테이블을 생성

* 9~15번 라인은『show tables』,『desc $tbl_name』 쿼리문의 결과를 출력하기 위해 공통적으로 사용됩니다.

※ 생성된 데이터베이스와 테이블을 MySQL 콘솔로 확인해 보세요.

```
MariaDB [(none)]> show databases;
+--------------------+
| Database           |
+--------------------+
| information_schema |
| mydb               |
| mysql              |

MariaDB [(none)]> use mydb;
MariaDB [mydb]> show tables;
+----------------+
| Tables_in_mydb |
+----------------+
| friend_tbl     |
+----------------+

MariaDB [mydb]> desc friend_tbl;
+-------+-------------+------+-----+---------+-------+
| Field | Type        | Null | Key | Default | Extra |
+-------+-------------+------+-----+---------+-------+
| name  | char(5)     | YES  |     | NULL    |       |
| age   | tinyint(3)  | YES  |     | NULL    |       |
| addr  | varchar(15) | YES  |     | NULL    |       |
+-------+-------------+------+-----+---------+-------+
```

※ HTML 폼없이 PHP 파일에서 직접 생성하는 방법은 one_process.php 파일을 참고하세요.

1.2 HTML 폼을 이용한 테이블 삭제

create_form.php 파일의 폼에서 전송된 정보를 이용하여 테이블을 삭제합니다.

drop_tbl.php

```
01 $db_name = $_POST["db_name"];
02 $tbl_name = $_POST["tbl_name"];
03 $host = "localhost"; $user = "root"; $password = "1234";
04 $link = new mysqli($host, $user, $password);
05 $link->query("use $db_name");
06 $link->query("drop table $tbl_name");
07 $result = $link->query("show tables");
08 $fld_num = $result->field_count;
09 while ($data = $result->fetch_row()) {
10     :
11 }
```

- 1~2번 라인 : 폼 파일에서 전송된 사용자 입력 내용을 PHP 변수 처리
- 6번 라인 : $tbl_name 변수명에 저장된 테이블명 삭제
- 7번 라인 : 테이블 목록 쿼리문의 결과를 $result 객체 변수에 저장
- 8~11번 라인 : create_db_tbl.php 파일과 동일한 기능 수행

1.3 HTML 폼을 이용한 DB 삭제

create_form.php 파일의 폼에서 전송된 정보를 이용하여 데이터베이스를 삭제합니다.

drop_db.php

```
01 $db_name = $_POST["db_name"];
02 $host = "localhost"; $user = "root"; $password = "1234";
03 $link = new mysqli($host, $user, $password);
04 $link->query("drop database $db_name");
05 $result = $link->query("show databases");
06 $fld_num = $result->field_count;
07 while ($data = $result->fetch_row()) {
08     :
09 }
```

- 1번 라인 : 폼 파일에서 전송된 사용자 입력 내용을 PHP 변수 처리
- 4번 라인 : $db_name 변수명에 저장된 데이터베이스명 삭제

- 5번 라인 : 데이터베이스 목록 쿼리문의 결과를 $result 객체 변수에 저장
- 6~9번 라인 : create.php 파일과 동일한 기능 수행

1.4 HTML 폼을 이용한 데이터 입력

데이터 입력을 위한 파일명과 기능은 다음과 같습니다.

파일명	기능
insert_form.php	데이터 입력을 위한 HTML 폼 화면
insert.php	데이터 입력을 처리하는 PHP 파일
select.php	전체 데이터를 검색하는 PHP 파일
delete.php	전체 데이터를 삭제하는 PHP 파일

다음 그림과 같이 insert_form.php 파일에는 폼이 3개 있습니다. 각 폼의 버튼을 클릭하면 action 속성에 있는 파일이 기능을 수행하게 됩니다.

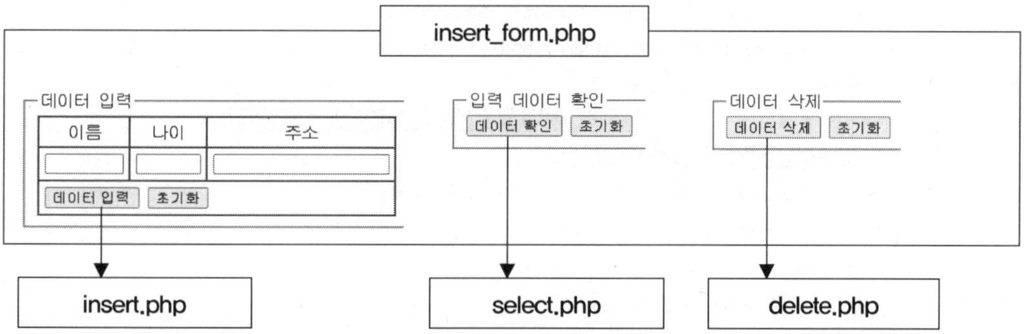

insert_form.php

```
<form name="insert_data" method="post" action="insert.php">
    <input type="hidden" name="db_name" value="mydb">
    <input type="hidden" name="tbl_name" value="friend_tbl">
    <input type="text" name="name" size=6>
    <input type="text" name="age" size=4>
    <input type="text" name="addr" size=20>
    <input type=submit value="데이터 입력"> <input type=reset><br>
<form name="select_data" method="post" action="select.php">
    <input type="hidden" name="db_name" value="mydb">
    <input type="hidden" name="tbl_name" value="friend_tbl">
    <input type=submit value="데이터 확인"> <input type=reset><br>
```

```
12    <form name="delete_data" method="post" action="delete.php">
13        <input type="hidden" name="db_name" value="mydb">
14        <input type="hidden" name="tbl_name" value="friend_tbl">
15        <input type=submit value="데이터 삭제"> <input type=reset><br>
```

- 1~7번 라인 : 데이터를 사용자가 입력하는 폼(hidden 기능으로 데이터베이스명과 테이블명- 을 insert.php 파일에 전달)
- 8~11번 라인 : 입력된 데이터를 검색하는 폼(hidden 기능으로 데이터베이스명과 테이블명을 select.php 파일에 전달)
- 12~15번 라인 : 입력된 데이터를 삭제하는 폼(hidden 기능으로 데이터베이스명을 delete.php 파일에 전달)

insert.php

```
1    $db_name = $_POST["db_name"]; $tbl_name = $_POST["tbl_name"];
2    $name = $_POST["name"]; $age = $_POST["age"]; $addr = $_POST["addr"];
3    $host = "localhost"; $user = "root"; $password = "1234";
4    $link = new mysqli($host, $user, $password);
5    $link->query("use $db_name");
6    $result = $link->query("insert into $tbl_name(name,age,addr)
     value('$name', '$age', '$addr');");
7    $result = $link->query("select * from $tbl_name");
8    $fld_num = $result->field_count;
9    while ($data = $result->fetch_row()) {
10       for($i=0; $i<$fld_num; $i++)
11         {
12           echo "<td>$data[$i]</td>";
13         }
14   }
```

- 1~2번 라인 : 폼 파일에서 전송된 사용자 입력 내용을 PHP 변수 처리
- 6번 라인 : $name, $age, $addre 변수명에 저장된 데이터를 $tbl_name 테이블에 입력
- 7번 라인 : DB 목록 쿼리문의 결과를 $result 객체 변수에 저장
- 8번 라인 : 필드 개수를 계산하여 $fld_num 변수에 저장
- 9~14번 라인 : $result 객체 변수에 저장된 내용을 fetch_row() 메서드를 이용하여 레코드 단위로 추출하고 필드 개수($fld_num) 만큼의 데이터를 출력

1.5 HTML 폼을 이용한 데이터 검색

insert.php 파일의 실행을 통해 저장된 데이터를 모두 검색합니다.

insert.php

```
1  $db_name = $_POST["db_name"];
2  $tbl_name = $_POST["tbl_name"];
3  $host = "localhost"; $user = "root"; $password = "1234";
4  $link = new mysqli($host, $user, $password);
5  $link->query("use $db_name");
6  $result = $link->query("select * from $tbl_name");
```

- 1~2번 라인 : 폼 파일에서 전송된 사용자 입력 내용을 PHP 변수 처리
- 6번 라인 : $tbl_name 테이블에 입력된 데이터를 검색

※ 입력된 데이터를 MySQL 콘솔로 확인해 보세요.

```
MariaDB [mydb]> select * from friend_tbl;
+--------+------+---------------+
| name   | age  | addr          |
+--------+------+---------------+
| 윤영선 |   23 | 부산시 사하구 |
| 선영재 |   21 | 인천시 남동구 |
| 박정진 |   32 | 서울시 용산구 |
+--------+------+---------------+
```

1.6 HTML 폼을 이용한 데이터 삭제

insert.php 파일의 실행을 통해 저장된 데이터를 모두 삭제합니다.

delete.php

```
1  $db_name = $_POST["db_name"];
2  $tbl_name = $_POST["tbl_name"];
3  $host = "localhost"; $user = "root"; $password = "1234";
4  $link = new mysqli($host, $user, $password);
5  $link->query("use $db_name");
6  $link->query("delete from $tbl_name");
```

- 1~2번 라인 : 폼 파일에서 전송된 사용자 입력 내용을 PHP 변수 처리

- 6번 라인 : $tbl_name 테이블에 입력된 데이터를 삭제

※ 삭제된 데이터를 MySQL 콘솔로 확인해 보세요.

```
MariaDB [mydb]> select * from friend_tbl;
Empty set (0.000 sec)
```

2. 성적 처리 프로젝트

12장에서 사용했던 성적 관리(grade) 데이터베이스를 이용하여 HTML 폼, PHP, MySQL 간의 연동 과정을 실습합니다. 성적 관리에 사용되는 파일들은『htdocs\source\13\grade』에 있습니다.

grade 데이터베이스와 관련 테이블 생성 그리고 데이터 일괄 입력은 HTML 폼을 사용하지 않고 PHP 파일에서 쿼리문으로 직접 수행합니다.

grade 데이터베이스는 3개의 테이블이 있는데, score_tbl 테이블은 student_tbl, subject_tbl 테이블을 부모로 지정한 Foreign Key 설정 방식으로 진행합니다.

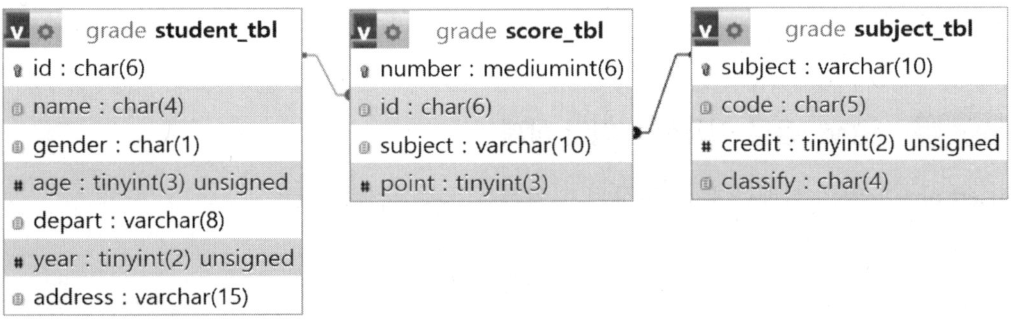

12장에서 실습했던 grade 데이터베이스, 테이블 등은 MySQL 콘솔에서 명령어를 통해 모두 삭제합니다. 삭제하기 전에 grade 폴더에 데이터 파일이 있으면 삭제되지 않으므로 이 데이터 파일들을 다른 폴더에 저장해 놓습니다. 여기에서는『\xampp\mysql\input_data』폴더에 저장합니다.

이렇게 하는 이유는 이 예제를 테스트할 때 DB와 테이블 그리고 데이터들을 여러번 삭제

해야 하기 때문인데, 실제 업무에서도 DB와 데이터 파일의 폴더를 분리하여 관리하는 것이 좋습니다.

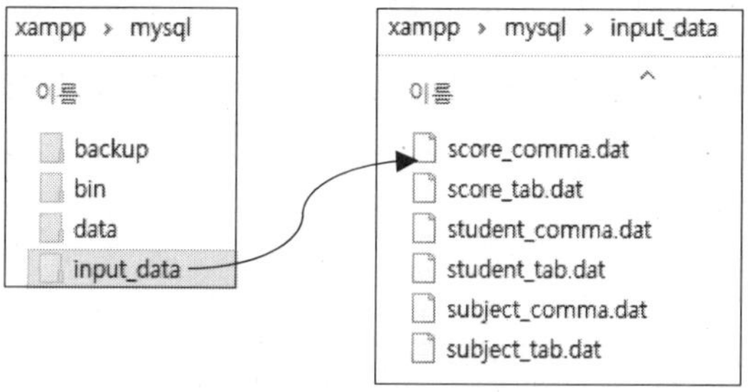

3개의 데이터 파일들이『input_data』폴더에 저장되어 있기 때문에『LOAD DATA INFILE ..』구문의 구성은 다음과 같이 상대 경로를 이용하여 데이터 파일을 가져옵니다.

```
LOAD DATA INFILE '../input_data/subject_tab.dat' INTO TABLE subject_tbl ....
```


2.1 프로젝트 구성

2.1.1 메뉴 구성

다음은 성적 처리를 위한 메뉴 구성도이며 총 5개의 메인 메뉴와 12개 서브 메뉴로 구성되어 있으며 서브 메뉴는 기능에 따라 여러 개의 세부 기능으로 구성되어 있습니다.

그림과 같이 초기 메뉴를 실행하기 위해 웹 브라우저 주소 표시창에 다음의 URL을 입력합니다.

http://localhost/source/13/grade/index.php

실행에 대한 자세한 내용은 362 페이지를 참고하세요.

- [DB/테이블/데이터 생성]
  - DB/테이블 생성
  - 데이터 일괄 입력
- [DB/테이블/데이터 삭제]
  - DB/테이블 삭제
  - 데이터 일괄 삭제
- [데이터 전체검색/수정/삭제]
  - 학생 정보
  - 과목 정보
  - 점수 정보
- [데이터 조건 검색]
  - 쿼리 검색
  - 선택 검색
- [데이터 추가]
  - 학생 데이터
  - 과목 데이터
  - 점수 데이터

2.1.2 파일 관계도

다음은 그림은 5개 메뉴에서 동작하는 파일들의 관계도입니다. 파일들의 전체적인 연결 관례를 확인할 수 있으며, 이러한 도식화는 실무 프로젝트 진행시 활용됩니다. 총 파일 개수는 화면 구성을 제외하고 30개로 많지만 기능별로 구분하여 작성되어 있기 때문에 전체적인 동작을 이해하는데 큰 어려움은 없습니다.

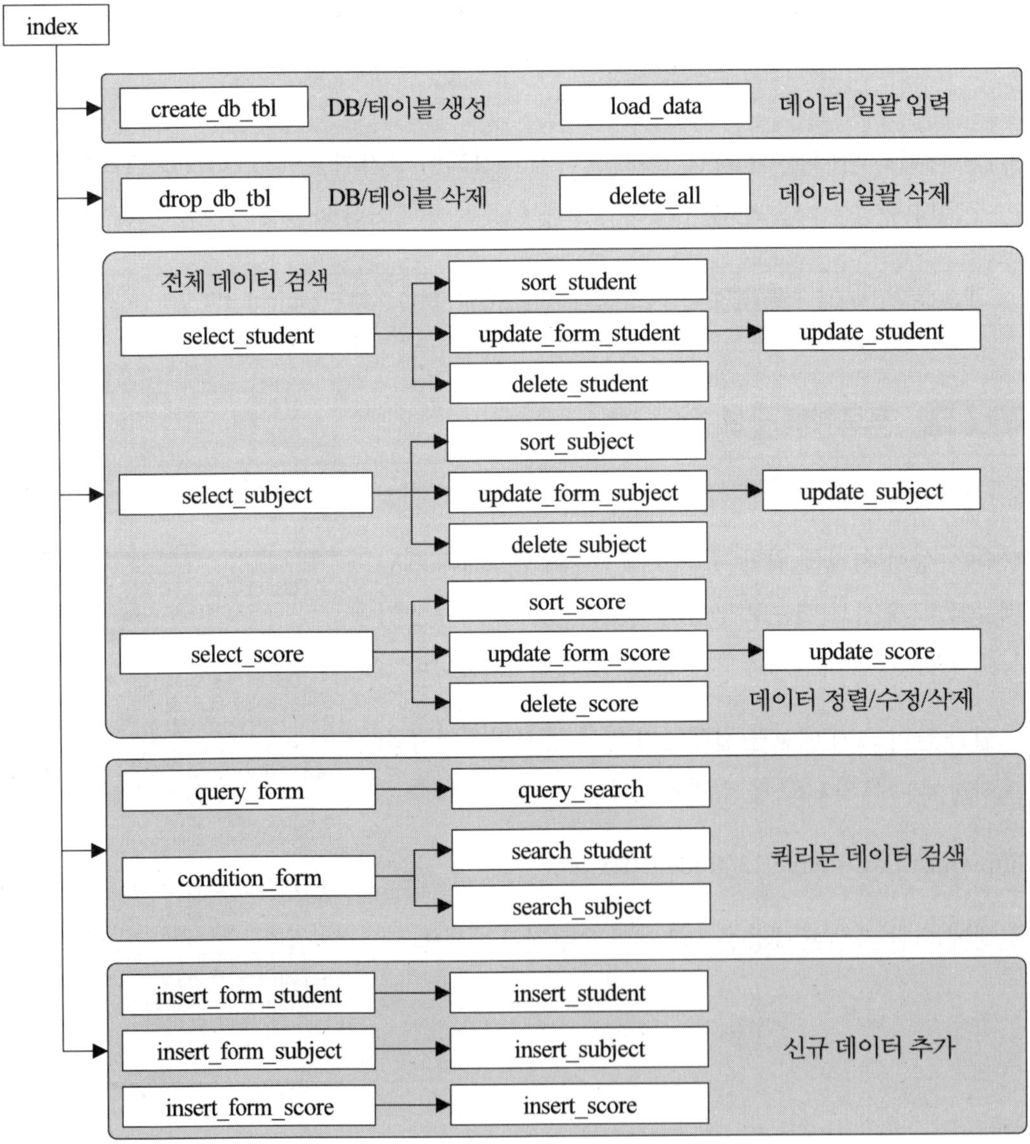

2.1.3 파일별 기능

다음 표는 파일 관계도의 각 파일들에 대한 기능 설명이 나타나 있는데, 실무에서는 보다 자세하게 작성됩니다.

파일명		기능
초기파일	index.php	초기 화면 생성
생성	create_db_tbl.php	grade DB 및 3개 테이블 생성
	load_data.php	3개 테이블에 데이터 일괄 입력
삭제	drop_db_tbl.php	grade DB 및 3개 테이블 삭제
	delete_all.php	3개 테이블의 데이터 일괄 삭제
데이터 검색 수정 삭제 정렬	select_student.php	학생 데이터 전체 검색
	sort_student.php	특정 기준으로 학생 데이터 정렬
	update_form_student.php	특정 학생 데이터 수정 폼
	update_student.php	특정 학생 레코드 수정 수행
	delete_student.php	특정 학생 데이터 삭제 수행
	select_subject.php	과목 데이터 전체 검색
	sort_subject.php	특정 기준으로 과목 데이터 정렬
	update_form_subject.php	특정 과목 데이터 수정 폼
	update_subject.php	특정 과목 레코드 수정 수행
	delete_subject.php	특정 과목 레코드 삭제
	select_score.php	특정 점수 데이터 전체 검색
	sort_score.php	특정 기준으로 레코드 정렬 수행
	update_form_score.php	특정 점수 레코드 수정 폼
	update_score.php	특정 점수 레코드 수정 수행
	delete_score.php	특정 점수 레코드 삭제 수행
조건 검색	query_form.php	쿼리문 입력 폼
	query_search.php	입력한 쿼리문 처리
	condition_form.php	학생별/과목별 검색 폼
	search_student	학생별 과목점수 수행
	search_subject	과목별 학생점수 수행
데이터 추가	insert_form_student.php	학생 데이터 추가 입력폼
	insert_student.php	추가된 학생 레코드 입력 수행
	insert_form_subject.php	과목 데이터 추가 입력폼
	insert_subject.php	추가된 과목 레코드 입력 수행
	insert_form_score.php	점수 데이터 추가 입력폼
	insert_score.php	추가된 점수 데이터 수행

2.2 소스 코드 분석

2.2.1 DB/테이블/데이터 생성

(1) DB/테이블 생성 : create_db_tbl.php

grade DB와 student_tbl, subject_tbl, score_tbl 테이블 생성합니다. 이미 DB명과 테이블을 알고 있기 때문에 파일내에서 직접 지정합니다.

create_db_tbl.php

```
1   $host = "localhost"; $user = "root"; $password = "1234";
2   $link = new mysqli($host, $user, $password);
3   $link->query("create database grade");
4   $link->query("use grade");
5   $create_tbl = "create table student_tbl (
6   id char(6) PRIMARY KEY,
7     : :
8   address varchar(15))";
9   $link->query($create_tbl);
10  if (!$link) {
11      die("student_tbl 테이블 생성 실패" . $link->connect_error);
12  } else echo "student_tbl 테이블 생성 성공<br>";
```

- 1~2번 라인 : MySQL 접속
- 3번 라인 : $link 접속 정보를 이용하여 create database grade 명령을 실행
- 4번 라인 : $link 접속 정보를 이용하여 use grade 명령을 실행
- 5~8번 라인 : student_tbl 테이블 생성 쿼리문을 $create_tbl 문자열 변수에 저장
- 9번 라인 : $create_tbl 쿼리문을 실행
- 10~12번 라인 : 테이블 생성 여부를 확인

이와 같은 방법으로 subject_tbl, score_tbl 테이블을 생성합니다.

(2) 데이터 일괄 입력 : load_data.php

student_tab.dat, subject_tab.dat, score_tab.dat 데이터 파일들을 이용하여 각 테이블에 저장합니다.

load_data.php

```
1   $link->query("LOAD DATA INFILE '../input_data/student_tab.dat' INTO
    TABLE student_tbl LINES TERMINATED BY '\r\n'");
2   if (!$link) {
3       die("student_tbl 데이터 입력 실패" . $link->connect_error);
4   } else echo "student_tbl 데이터 입력 성공<hr>";
```

- 1번 라인 : LOAD DATA INFILE 구문을 문자열 변수에 저장하지 않고 직접 실행
- 2~4번 라인 : 데이터 입력 여부를 확인

2.2.2 DB/테이블/데이터 삭제

(1) DB/테이블 삭제 : drop_db_tbl.php

drop_db_tbl.php

```
1   $link->query("drop database grade");
```

- 1번 라인 : drop database 구문을 문자열 변수에 저장하지 않고 직접 실행

(2) 데이터 일괄 삭제 : delete_all.php

delete_all.php

```
1   $link->query("delete from student_tbl");
2   $link->query("delete from subject_tbl");
3   $link->query("delete from score_tbl");
```

- 1~3번 라인 : delete from 구문을 문자열 변수에 저장하지 않고 직접 실행

2.2.3 데이터 전체검색

(1) 데이터 전체검색 결과 화면

입력된 각 테이블의 데이터 전체를 출력합니다.

select_student.php

[학생 정보]

학번	이름	성별	나이	학과	학년	주소	수정	삭제
201826	이철호	남	25	경제학	3	서울시 마포구	수정	삭제
201846	정유석	남	28	컴퓨터공학	3	강원도 원주시	수정	삭제
201908	윤영선	여	23	컴퓨터공학	4	부산시 사하구	수정	삭제
201931	박정진	남	32	컴퓨터공학	4	서울시 용산구	수정	삭제

select_score.php

[점수 정보]

연번	학번	과목명	점수	수정	삭제
1	201908	프레임워크	91	수정	삭제
2	201908	창의적사고	85	수정	삭제
3	201908	데이터베이스	85	수정	삭제
4	202143	고대한국사	89	수정	삭제

select_subject.php

[과목 정보]

과목명	과목코드	학점	구분	수정	삭제
고대한국사	C2084	2	교양	수정	삭제
데이터베이스	M3102	3	전필	수정	삭제
웹프로그래밍	M2076	3	전필	수정	삭제
인터넷개론	M1014	3	전선	수정	삭제

(2) 과목 정보 검색 : select_subject.php

과목 정보 표에는 정렬을 위해 과목명, 과목코드, 학점, 구분에 링크가 설정되어 있고, 각 레코드를 수정하고 삭제하는 기능이 있습니다. 학생 정보, 점수 정보 표에도 같은 기능이 설정되어 있습니다.

select_subject.php

```
$result = $link->query("select * from subject_tbl");
$sort_key = "desc";
echo "<table border=1 cellspacing=0 cellpadding=3>";
echo "<tr align=center style=background:#ffcc33>
<td><a href=sort_subject.php?sort=0&key={$sort_key}>과목명</a>
<td><a href=sort_subject.php?sort=1&key={$sort_key}>과목코드</a>
<td><a href=sort_subject.php?sort=2&key={$sort_key}>학점</a>
<td><a href=sort_subject.php?sort=3&key={$sort_key}>구분</a>
<td>수정<td>삭제";
while ($data = $result->fetch_assoc()) {
  echo "<tr align=center>";
  echo"<td>{$data['subject']}<td>{$data['code']}<td>{$data['credit']}
  <td>{$data['classify']}";
  echo"<td><form action=update_form_subject.php?subject={$data['subject']}
  method=post> <input type=submit value='수정'></form>";
```

```
12      echo "<td><form action=delete_subject.php?subject={$data['subject']}
        method=post>
13      <input  type=submit  value='삭제'   onclick='return  confirm(\"정말로  삭제  하나
        요?\")'>
        </form>";
    }
    echo "</table>";
```

- 1번 라인 : select 구문을 실행하여 $result 객체 변수에 저장
- 2번 라인 : 내림차순 정렬 키워드인 desc를 $sort_key 변수에 할당
- 3~4번 라인 : 표 형태로 출력 시작
- 5~8번 라인 : 표 컬럼의 제목 표시
- 8번~13번 라인 : $result 객체 변수에서 fetch_assoc() 메서드를 실행하여 결과를 $data 배열 변수에 저장(while 문 시작)
- 10번 라인 : 각 필드의 데이터 값을 표의 셀에 출력
- 11번 라인 : 각 레코드의 수정을 위한 폼 버튼 생성
- 12번 라인 : 각 레코드의 삭제를 위한 폼 버튼 생성
- 13번 라인 : 삭제 버튼을 클릭하면 삭제를 확인하는 윈도우 출력

5~8번 라인은 자세한 설명이 필요합니다. 8장의 3.8에서 <a href=> 링크 데이터 처리와 관련된 내용입니다.

```
$sort_key = "desc";
<a href=sort_subject.php?sort=0&key={$sort_key}>과목명</a>
```

href 속성에 연결된 파일명은 sort_subject.php 이며, sort 변수에 0을 저장하여 전달합니다.

또한 $sort_key 변수에 내림차순 정렬 키워드인 desc를 $sort_key 변수에 저장하여 과목명, 과목코드, 학점, 구분 등의 정렬방식을 기본적으로 내림차순으로 설정합니다.

다음 그림과 같이 전달된 0 값과 desc 값을 이용하여 sort_subject.php 파일에서 $k, $sort_key 변수에 저장합니다. 이 값들은 노출되어 전달되기 때문에 $_GET 방식으로 처리됩니다.

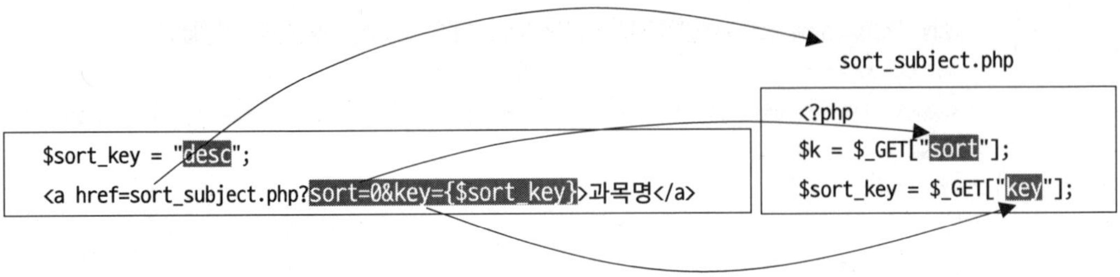

11~13번 라인도 주의깊게 살펴봐야 합니다.

```
<form action=update_form_subject.php?subject={$data['subject']} method=post>
<input type=submit value='수정'></form>
```

폼의 action 속성에 연결된 파일명은 update_form_subject.php 이며, subject 변수에 추출된 $data 변수의 데이터를 저장하여 전송 버튼을 통해 전달합니다. 주의할 점은 method 속성에는 post로 지정합니다.

다음 그림과 같이 DB 에서 추출된 $data['subject'] 값을 update_form_subject.php 파일에서 $subject 변수에 저장합니다.

여기에서도 데이터가 노출되어 전달되기 때문에 $_GET 방식으로 처리해야 합니다.

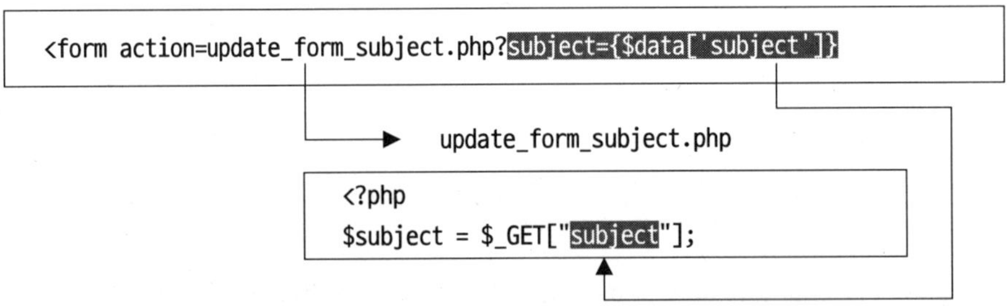

12번 라인도 주의깊게 살펴봐야 합니다.

```
<form action=delete_subject.php?subject={$data['subject']} method=post>
<input type=submit value='삭제'  onclick='return confirm(\"정말로 삭제 하나요?\")'>
</form>
```

폼의 action 속성에 연결된 파일명은 delete_subject.php 이며, subject 변수에 추출된 $data 변수의 데이터를 저장하여 전송 버튼을 통해 전달합니다. 이때 삭제를 바로 실행하지 않고 다음과 같이 삭제를 확인하는 윈도우를 출력하여 확인 버튼 클릭할 때 삭제합니다.

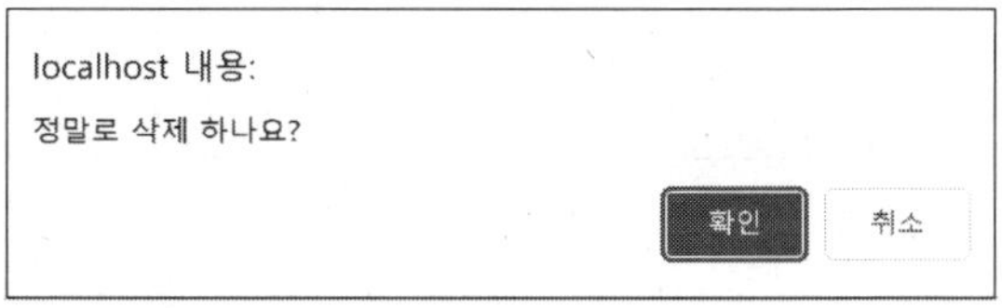

주의할 점은 method 속성에는 반드시 post로 지정합니다.

다음 그림과 같이 DB 에서 추출된 $data['subject'] 값을 delete_subject.php 파일에서 $subject 변수에 저장합니다.

여기에서도 데이터가 노출되어 전달되기 때문에 $_GET 방식으로 처리해야 합니다.

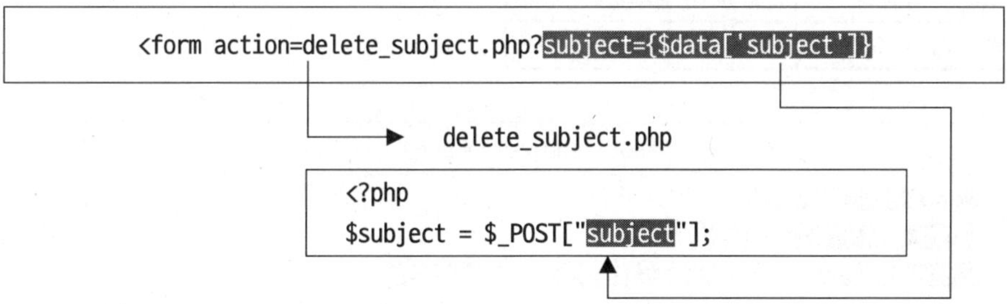

(3) **학생정보 검색** : select_student.php

select_subject.php(과목정보 검색) 파일과 같은 구조이며, fetch_array() 메서드를 이용하여 레코드를 추출하는 부분만 다릅니다. 소스코드를 직접 분석해 보세요.

select_subject.php

```
$result = $link->query("select * from student_tbl");
while ($data = $result->fetch_array(MYSQLI_BOTH)) {
  :
}
```

(4) **점수 정보 검색** : select_score.php

select_student.php(학생정보 검색) 파일과 같은 구조이며, fetch_row() 메서드를 이용하여 레코드를 추출하는 부분만 다릅니다. 소스코드를 직접 분석해 보세요.

select_score.php

```
$result = $link->query("select * from score_tbl");
while ($data = $result->fetch_row()) {
  :
}
```

2.2.4 데이터 정렬

(1) 과목정보 정렬 : sort_subject.php

과목정보 표의 과목명, 과목코드, 학점, 구분에는 오름차순 또는 내림차순 정렬을 위한 링크가 설정되어 있습니다. 정렬 링크는 오름차순→내림차순, 내림차순→오름차순으로 동작하도록 토글 기능을 설정하였습니다.

[과목 정보]

과목명	과목코드	학점	구분	수정	삭제
고대한국사	C2084	2	교양	수정	삭제

sort_subject.php

```
$k = $_GET["sort"];
$sort_key = $_GET["key"];
$sort_key = ($sort_key == "asc")? "desc":"asc";
switch($k) {
  case 0:
    $subject = "subject";
     $result = $link->query("select * from subject_tbl ORDER BY $subject $sort_key");
    break;
  case 1:
    $code = "code";
    $result = $link->query("select * from subject_tbl ORDER BY $code $sort_key");
    break;
  case 2:
    $credit = "credit";
     $result = $link->query("select * from subject_tbl ORDER BY $credit $sort_key");
    break;
  case 3:
    $classify = "classify";
     $result = $link->query("select * from subject_tbl ORDER BY $classify $sort_key");
    break;
}
      :       :
```

- 1번 라인 : select_subject.php 파일에서 전달받은 sort 값(정렬 기준)을 $k 변수에 저장
- 2번 라인 : select_subject.php 파일에서 전달된 key 값(desc)을 $sort_key 변수에 저장
- 3번 라인 : $sort_key 변수 값이 asc이면 desc로, desc이면 acs로 전환하는 토글 기능(내림차순↔오름차순) 설정을 위해 삼항연산자로 처리
- 4~21번 라인 : switch 구문에서 $k 변수의 값에 따라 정렬 쿼리문 수행
- 5~8번 라인 : $k 변수가 0일 때 과목명을 기준으로 정렬 쿼리문을 수행하여 결과를 $result 객체 변수에 저장
- 9~12번 라인 : $k 변수가 1일 때 과목코드를 기준으로 정렬 쿼리문을 수행하여 결과를 $result 객체 변수에 저장
- 13~16번 라인 : $k 변수가 2일 때 학점을 기준으로 정렬 쿼리문 수행하여 결과를 $result 객체 변수에 저장
- 17~20번 라인 : $k 변수가 3일 때 구분을 기준으로 정렬 쿼리문 수행하여 결과를 $result 객체 변수에 저장
- 22번 라인 이하 : $result 객체 변수에 저장된 데이터를 추출(데이터 전체 검색과 동일한 기능 수행)

(2) 학생정보 정렬 : sort_student.php

과목정보 표의 과목명, 과목코드, 학점, 구분에는 오름차순 또는 내림차순 정렬을 위한 링크가 설정되어 있습니다. 정렬 링크는 오름차순↔내림차순, 내림차순↔오름차순으로 동작하도록 토글 기능을 설정되어 있습니다.

[학생 정보]

학번	이름	성별	나이	학과	학년	주소	수정	삭제
201826	이철호	남	25	경제학	3	서울시 마포구	수정	삭제

sort_student.php 파일의 구성과 소스코드의 분석은 sort_subject.php(과목정보 정렬) 파일과 동일합니다.

sort_student.php

```
$k= $_GET["sort"];
$sort_key = $_GET["key"];
$sort_key = ($sort_key == "asc")? "desc":"asc";
switch($k) {
  case 0:
    $id = "id";
     $result = $link->query("select * from student_tbl ORDER BY $id $sort_key");
    break;
  case 1:
  : :
}
```

(3) **점수정보 정렬** : sort_score.php

점수정보 표의 과목명, 과목코드, 학점, 구분에는 오름차순 또는 내림차순 정렬을 위한 링크가 설정되어 있습니다. 정렬 링크는 오름차순→내림차순, 내림차순→오름차순으로 동작하도록 토글 기능을 설정되어 있습니다.

[점수 정보]

연번	학번	과목명	점수	수정	삭제
1	201908	프레임워크	91	수정	삭제

sort_score.php 파일의 구성과 소스코드의 분석은 sort_subject.php(과목정보 정렬) 파일과 동일합니다.

sort_score.php

```
$k= $_GET["sort"];
$sort_key = $_GET["key"];
$sort_key = ($sort_key == "asc")? "desc":"asc";
switch($k) {
  case 0:
    $number = "number";
     $result = $link->query("select * from score_tbl ORDER BY $number $sort_key");
    break;
  case 1:
  : :
}
```

2.2.5 레코드 수정

각 테이블의 데이터를 레코드 단위로 수정하는 기능입니다.

student_tbl(학생 정보), subject_tbl(과목 정보), score_tbl(점수 정보) 테이블에서 Primary Key로 지정된 필드는 수정할 수 없도록 설정(readonly)했습니다. score_tbl(점수 정보) 테이블의 레코드를 수정할 때는 기존에 없는 학생 이름이나 과목명은 참조 무결성 유지를 위해 수정되지 않습니다.

(1) 과목정보 수정

과목정보 검색(select_subject.php) 화면에서 각 레코드의 수정 버튼을 클릭하면 다음과 같은 수정 폼(update_form_subject.php)이 출력됩니다. 이 폼에서 데이터를 변경한 후 『과목 정보 수정』버튼을 클릭하면 update_subject.php 파일이 실행됩니다. 또한 삭제 버튼을 클릭하면 delete_subject.php 파일이 실행되어 해당 레코드를 삭제합니다.

폼에서 데이터를 수정후 제대로 반영되었지 확인해 보세요.

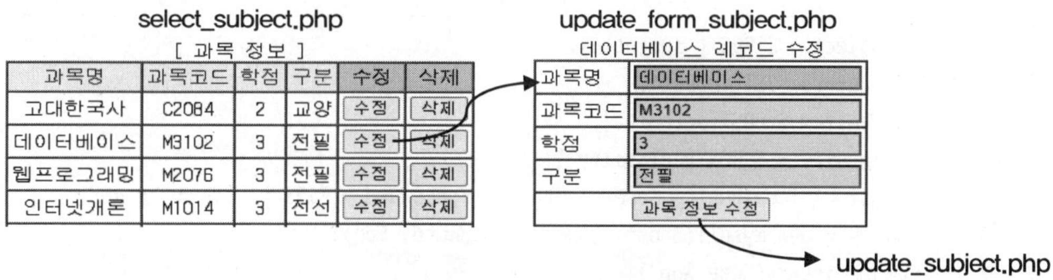

update_form_subject.php

```
$subject = $_GET["subject"];
$host = "localhost"; $user = "root"; $password = "1234"; $db = "grade";
$link = new mysqli($host, $user, $password, $db);
$link->query("use $db");
$result = $link->query("select * from subject_tbl where subject='$subject'");
$data = $result->fetch_row();
<form name=update method=post action=update_subject.php>
<table border=1 cellspacing=0 cellpadding=3>
<caption><?php echo "$data[0] 레코드 수정<br>" ?> </caption>
<tr><td>과목명<td><input name='subject' type='text' readonly value='<?php echo $data[0] ?>'>
<tr><td>과목코드<td><input name='code' type='text' value='<?php echo $data[1] ?>' >
```

```
12    <tr><td>학점<td><input name='credit' type='text' value='<?php echo $data[2] ?>' >
13    <tr><td>구분<td><input name='classify' type='text' value='<?php echo $data[3] ?>' >
14    <tr><td colspan=2><input type=submit value='점수 과목 수정'></table></form>
```

- 1번 라인 : select_subject.php 파일에서 전달받은 과목명 문자열(subjct)을 PHP 변수 처리
- 5번 라인 : $subject 변수에 저장된 과목명으로 subject_tbl 테이블에서 데이터를 검색하여 $result 객체 변수에 저장
- 6번 라인 : $result 객체 변수에 저장된 내용을 fetch_row() 메서드를 이용하여 레코드를 추출하여 $data 배열 변수에 저장
- 7~14번 라인 : 레코드 수정을 위한 폼 구성
- 7번 라인 : form 태그의 action 속성에 update_subject.php 파일 지정
- 10~14번 라인 : 수정하기로 선택된 레코드의 기존 데이터를 $data 배열 변수의 첨자를 이용하여 출력

update_subject.php

```
1     $subject = $_POST['subject'];
2     $code = $_POST['code'];
3     $credit = $_POST['credit'];
4     $classify = $_POST['classify'];
5     $host = "localhost"; $user = "root"; $password = "1234"; $db = "grade";
6     $link = new mysqli($host, $user, $password, $db);
7     $link->query("use $db");
8     $update_qry = "update subject_tbl set subject='$subject', code='$code',
      credit = $credit, classify='$classify' where subject='$subject'";
9     $link->query("$update_qry");
10    include 'select_subject.php';
```

- 1~4번 라인 : update_form_subject 파일에서 수정하여 전달된 데이터들을 PHP 변수 처리
- 8번 라인 : 레코드 수정하기 위한 update 쿼리문을 $update_qry 변수에 저장
- 9번 라인 : $update_qry 변수에 저장된 쿼리문을 실행
- 10번 라인 : include PHP 키워드를 이용하여 select_subject.php 파일을 실행

(2) 학생 정보 수정

과목정보 수정 방법과 동일합니다. 소스코드를 직접 분석해 보세요.

학생정보 표(select_student.php)에서 각 레코드의 수정 버튼을 클릭하면 다음과 같은 수정 폼(update_form_student.php)이 출력됩니다. 이 폼에서 데이터를 변경한 후『학생 정보 수정』버튼을 클릭하면 update_student.php 파일이 실행됩니다. 또한 삭제 버튼을 클릭하면 delete_student.php 파일이 실행되어 해당 레코드를 삭제합니다.

폼에서 데이터를 수정후 제대로 반영되었지 확인해 보세요.

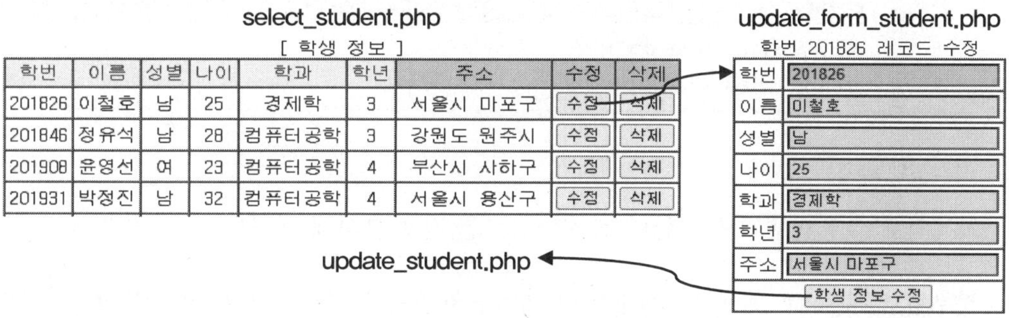

update_form_student.php 파일의 구성과 소스코드의 분석은 update_form_subject.php (과목 레코드 수정폼) 파일과 동일합니다.

update_form_student.php

```
$id = $_GET["id"];
$host = "localhost"; $user = "root"; $password = "1234"; $db = "grade";
$link = new mysqli($host, $user, $password, $db);
$link->query("use $db");
$result = $link->query("select * from student_tbl where id='$id'");
$data = $result->fetch_row();
<form name=update method=post action=update_student.php>
<table border=1 cellspacing=0  cellpadding=3>
<caption><?php echo "학번 $data[0] 레코드 수정<br>" ?> </caption>
<tr><td>학번<td><input name='id' type='text' readonly value='<?php echo $data[0] ?>'>
<tr><td>이름<td><input name='name' type='text' value='<?php echo $data[1] ?>'>
    :  :      :
<tr><td>주소<td><input name='address' type='text' value='<?php echo $data[6] ?>'>
<tr align=center><td colspan=2><input type=submit value='학생 정보 수정'></table></form>
```

update_student.php 파일의 구성과 소스코드의 분석은 update_subject.php(과목 레코드 수정) 파일과 동일합니다.

update_student.php

```
$id = $_POST['id']; $name = $_POST['name']; $gender = $_POST['gender'];
$age = $_POST['age']; $depart = $_POST['depart']; $year = $_POST['year'];
$address = $_POST['address'];
$host = "localhost"; $user = "root"; $password = "1234"; $db = "grade";
$link = new mysqli($host, $user, $password, $db);
$link->query("use $db");
$update_qry = "update student_tbl set id='$id', name='$name', gender = '$gender',
age='$age', depart='$depart', year='$year', address='$address' where id='$id'";
$link->query("$update_qry");
include 'select_student.php';
```

(3) 점수정보 수정 :

과목정보 수정 방법과 동일합니다. 소스코드를 직접 분석해 보세요.

정부정보 표(select_score.php)에서 각 레코드의 수정 버튼을 클릭하면 다음과 같은 수정 폼(update_form_score.php)이 출력됩니다. 이 폼에서 데이터를 변경한 후『점수 정보 수정』버튼을 클릭하면 update_score.php 파일이 실행됩니다. 또한 삭제 버튼을 클릭하면 delete_student.php 파일이 실행되어 해당 레코드를 삭제합니다.

폼에서 데이터를 수정후 제대로 반영되었지 확인해 보세요.

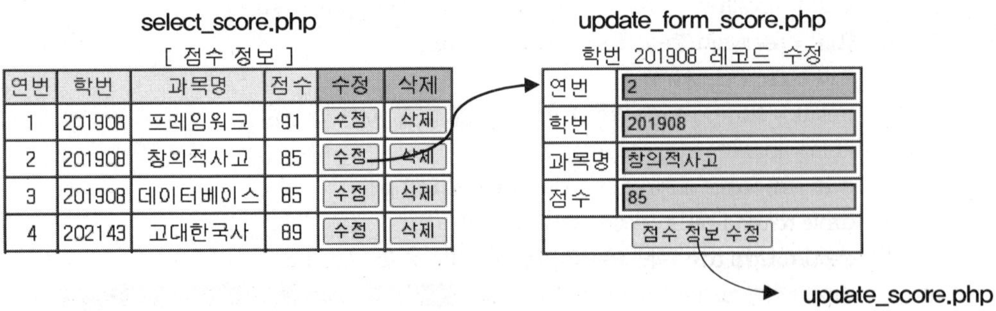

update_form_score.php 파일의 구성과 소스코드의 분석은 update_form_subject.php(과목 레코드 수정폼) 파일과 동일합니다.

update_form_score.php

```
$number = $_GET["number"];
$host = "localhost"; $user = "root"; $password = "1234"; $db = "grade";
$link = new mysqli($host, $user, $password, $db);
$link->query("use $db");
$result = $link->query("select * from score_tbl where number=$number");
$data = $result->fetch_row();
?>
<form name=update method=post action=update_score.php>
<table border=1 cellspacing=0  cellpadding=3>
<caption><?php echo "학번 $data[1] 레코드 수정<br>" ?></caption>
<tr><td>연번<td><input name='number' type='text' readonly value='<?php echo $data[0] ?>'>
<tr><td>학번<td><input name='id' type='text' value='<?php echo $data[1] ?>'>
<tr><td>과목명<td><input name='subject' type='text' value='<?php echo $data[2] ?>'>
<tr><td>점수<td><input name='point' type='text' value='<?php echo $data[3] ?>'>
<tr align=center><td colspan=2><input type=submit value='점수 정보 수정'>
</table></form>
```

update_score.php 파일의 구성과 소스코드의 분석은 update_subject.php(과목 레코드 수정) 파일과 동일합니다.

update_score.php

```
$number = $_POST['number'];
$id = $_POST['id'];
$subject = $_POST['subject'];
$point = $_POST['point'];
$host = "localhost"; $user = "root"; $password = "1234"; $db = "grade";
$link = new mysqli($host, $user, $password, $db);
$link->query("use $db");
$update_qry = "update score_tbl set number='$number', id='$id', subject='$subject', point='$point' where number='$number'";
$link->query("$update_qry");
include 'select_score.php';
```

2.2.6 레코드 삭제

각 테이블의 데이터를 레코드 단위로 수정하는 기능입니다. 부모 테이블의 레코드를 삭제하면 자식 테이블에 연결된 Foreign Key 레코드들도 삭제됩니다. 반면에 자식 테이블의 레코드는 삭제돼도 부모 테이블의 레코드에는 영향을 주지 않습니다. 왜 영향을 주지 않아도 되는지 잘 생각해 보세요.

(1) 학생 레코드 삭제

학생 정보 표(select_student.php)에서 각 레코드의 삭제 버튼을 클릭하면 삭제를 확인하는 윈도우를 출력하여 확인 버튼 클릭할 때 삭제됩니다. 레코드 삭제가 제대로 반영되었지 확인해 보세요.

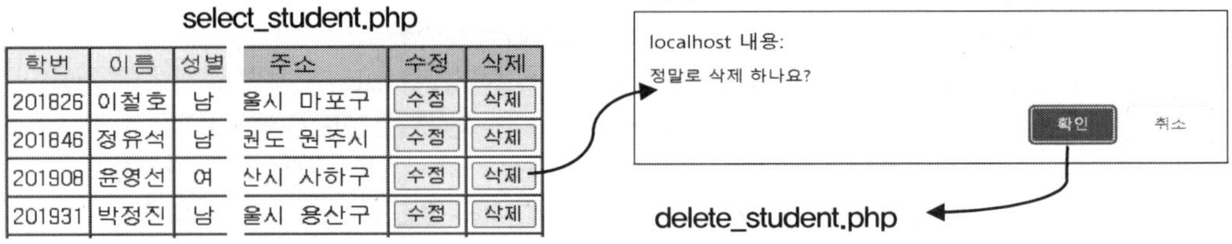

delete_student.php

```
1  $id = $_GET["id"];
2  $host = "localhost"; $user = "root"; $password = "1234"; $db = "grade";
3  $link = new mysqli($host, $user, $password, $db);
4  $link->query("delete from student_tbl where id='$id'");
5  include 'select_student.php';
```

- 1번 라인 : select_student.php 파일에서 전달받은 학번 문자열(id)을 PHP 변수 처리
- 4번 라인 : $id 변수에 저장된 학번으로 student_tbl 테이블에서 delete 명령어를 수행하여 레코드 삭제를 실행
- 5번 라인 : include PHP 키워드를 이용하여 select_student.php 파일을 실행

(2) 과목 레코드 삭제 : delete_subject.php

학생 정보 삭제 방법과 동일합니다. 과목정보 표(select_subject.php)에서 각 레코드의 삭제 버튼을 클릭하면 삭제를 확인하는 윈도우를 출력하여 확인 버튼 클릭할 때 삭제됩니다. 레코드 삭제가 제대로 반영되었지 확인해 보세요.

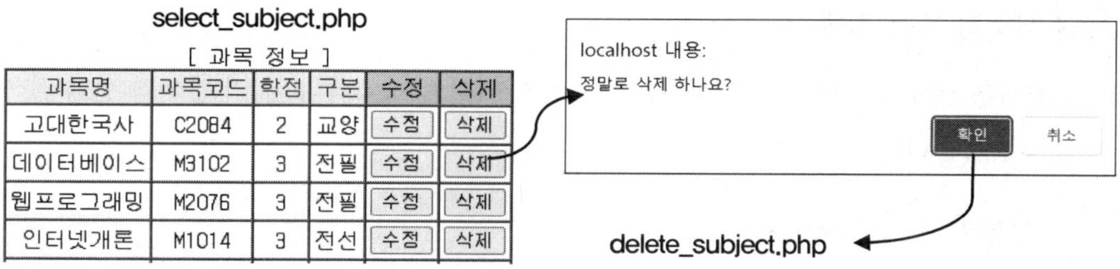

다음의 소스코드를 직접 분석해 보세요.

delete_subject.php

```
$subject = $_GET["subject"];
$host = "localhost"; $user = "root"; $password = "1234"; $db = "grade";
$link = new mysqli($host, $user, $password, $db);
$link->query("delete from subject_tbl where subject='$subject'");
include 'select_subject.php';
```

(3) 점수 레코드 삭제 : delete_score.php

학생 정보 삭제 방법과 동일합니다. 과목정보 표(select_score.php)에서 각 레코드의 삭제 버튼을 클릭하면 삭제를 확인하는 윈도우를 출력하여 확인 버튼 클릭할 때 삭제됩니다. 레코드 삭제가 제대로 반영되었지 확인해 보세요. 소스코드를 직접 분석해 보세요.

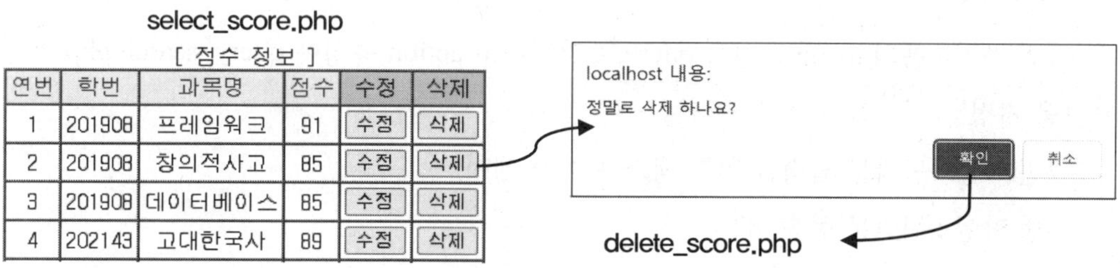

다음의 소스코드를 직접 분석해 보세요.

delete_score.php

```
$number = $_GET["number"];
$host = "localhost"; $user = "root"; $password = "1234"; $db = "grade";
$link = new mysqli($host, $user, $password, $db);
$link->query("delete from score_tbl where number='$number'");
include 'select_score.php';
```

2.2.4 데이터 조건 검색

조건 검색은 전체 데이터에서 일부분만 검색하기 위한 방법입니다. 쿼리 검색과 선택 검색을 살펴 보겠습니다.

(1) 쿼리 검색 : query_form.php

쿼리 검색은 사용자가 쿼리문을 직접 작성하여 검색하는 방법입니다. 쿼리문은 당연히 에러없이 작성되야 겠지요?

query_form.php 파일은 쿼리문 입력 폼으로 구성됩니다.

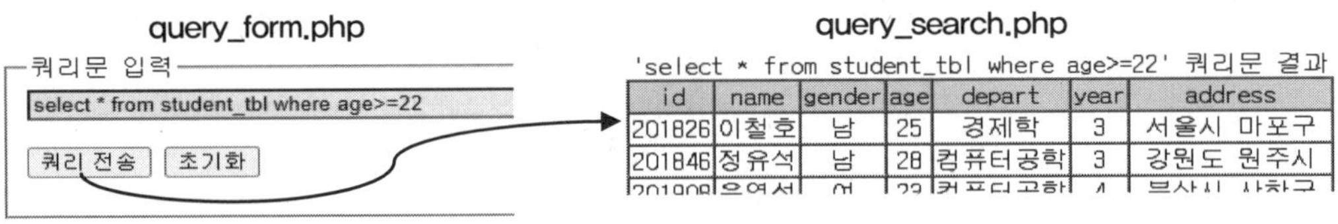

query_form.php	

```
1  <form method=post name=query method=post action=query_search.php>
2    <input type=text name=qry size=50 style='background:#ff0;'><br>
3    <input type=submit value="쿼리 전송"> <input type=reset>
4  </form>
```

- 1번 라인 : 폼의 name 속성을 query로 지정하고 action 속성에 query_search.php 파일을 지정
- 2번 라인 : 쿼리문 입력을 위한 텍스트 박스 생성
- 3번 라인 : 쿼리문 전송 버튼

쿼리 전송 버튼을 클릭하면 텍스트 박스에 입력된 쿼리문을 query_search.php 파일에 전송하여 쿼리문 실행 결과를 출력합니다.

query_search.php

```
1   $qry = $_POST['qry'];
2   $host = "localhost"; $user = "root"; $password = "1234"; $db = "grade";
3   $link = new mysqli($host, $user, $password, $db);
4   $result = $link->query("$qry");
5   $fld_num = $result->field_count;
6   $fld_name = $result->fetch_fields();
7   echo "<table border=1 cellspacing=0 cellspacing=5>";
8   echo "<caption>'{$qry}' 쿼리문 결과</caption>";
9   echo "<tr align=center style=background:#ffcc33>";
10  foreach($fld_name as $val)
11     { echo "<td> $val->name </td>"; }
12  while ($data = $result->fetch_row()) {
13     echo "<tr align=center>";
14     for($i=0; $i<$fld_num; $i++)
15          { echo "<td>$data[$i]</td>"; }
16  }
```

- 1번 라인 : query_form.php 파일에서 전달받은 쿼리문 문자열(qry)을 PHP 변수 처리
- 4번 라인 : 쿼리문을 실행하여 그 결과를 $result 객체 변수에 저장
- 5번 라인 : $result 객체 변수에 저장된 결과에서 필드 개수를 $fld_num 변수에 저장
- 6번 라인 : $result 객체 변수에 저장된 결과에서 필드명을 배열 형태로 $fld_name 변수에 저장
- 10~11번 라인 : $fld_name 배열을 $val 객체 변수에 저장하여 객체의 name 속성을 출력
- 12번 라인 : $result 객체 변수에서 fetch_row() 메서드를 이용하여 레코드를 추출하여 $data 배열 변수에 저장
- 14~15번 라인 : 필드 개수만큼 반복하면서 첨자를 이용하여 $data 배열 변수에 저장된 데이터를 출력

(2) 선택 검색

선택 검색은 2가지 방법을 제공합니다. 학생별로 성적을 검색하는 방법과 과목별으로 성적을 검색하는 방법입니다.

condition_form 파일은 2가지 검색 방법이 제공되는 폼으로 구성됩니다.

학생별 과목점수의 텍스트 폼에 학생 이름을 입력하여 전송하면 search_student.php 파일이 실행됩니다.

과목별 학생점수는 과목별 리스트 박스에서 과목명을 선택하여 전송하면 search_subject.php 파일이 실행됩니다.

○ 선택 검색을 위한 폼 파일 : condition_form.php

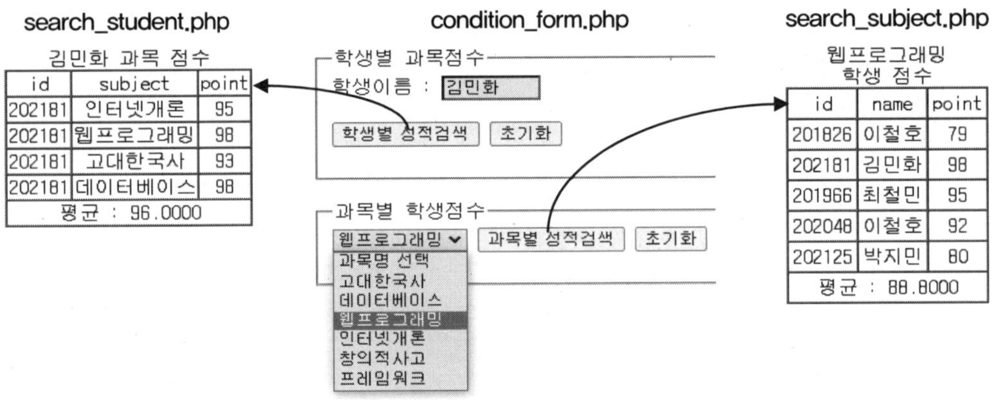

condition_form.php

```
1  <form method=post name=student action=search_student.php>
2     학생이름 : <input type=text name=name ><br>
3     <input type=submit value="학생별 성적검색"> <input type=reset>
4  </form>
5  <form method=post name=subject method=post action=search_subject.php>
6     과목명 : <select name=subject style='background:#ff0;'>
7              <option>-------
8              <option value=고대한국사>고대한국사
9              <option value=데이터베이스>데이터베이스
10             <option value=웹프로그래밍>웹프로그래밍
11             <option value=인터넷개론>인터넷개론
12             <option value=창의적사고>창의적사고
13             <option value=프레임워크>프레임워크
14          </select><br><br>
15    <input type=submit value="과목별 성적검색"> <input type=reset>
16 </form>
```

- 1~4번 라인 : 학생 이름을 입력하는 텍스트 입력 폼. 성적검색 버튼을 클릭하면 action 속성의 search_student.php 파일 실행

- 5~16번 라인 : 과목명을 선택하는 선택목록 폼. 성적검색 버튼을 클릭하면 action 속성의 search_subject.php 파일 실행

○ 학생별 과목점수 : search_student.php

학생별 과목점수를 검색하기 위해서는 2개의 테이블을 이용한 쿼리문이 작성되어야 해야 원하는 결과를 얻을 수 있습니다.

condition_form.php 파일과 search_student.php 파일 간의 데이터 전송 관계는 다음과 같습니다.

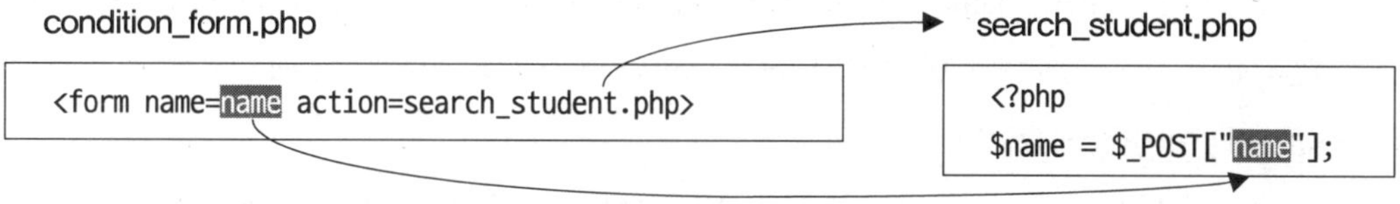

search_student.php

```
$name = $_POST['name'];
$host = "localhost"; $user = "root"; $password = "1234"; $db = "grade";
$link = new mysqli($host, $user, $password, $db);
$qry = "SELECT student_tbl.id, score_tbl.subject, score_tbl.point
FROM student_tbl, score_tbl
WHERE student_tbl.name='$name' AND student_tbl.id=score_tbl.id";
$result = $link->query("$qry");
$fld_num = $result->field_count;
$fld_name = $result->fetch_fields();
echo "<table border=1 cellspacing=0 cellspacing=5>
<caption>{$name} 과목 점수</caption><tr align=center>";
foreach($fld_name as $val)
   { echo "<td> $val->name </td>"; }
while ($data = $result->fetch_row()) {
   echo "<tr align=center>";
   for($i=0; $i<$fld_num; $i++)
      {  echo "<td>$data[$i]</td>"; }
}
$qry_avg = "SELECT AVG(score_tbl.point) FROM score_tbl, student_tbl
WHERE student_tbl.name='$name' AND score_tbl.id=student_tbl.id;";
$result_avg = $link->query("$qry_avg");
$data = $result_avg->fetch_row();
echo "<tr align=center><td colspan=3>평균 : $data[0]</td>";
```

- 1번 라인 : condition_form.php 파일에서 전달받은 학생이름 문자열(name)을 PHP 변수 처리
- 4번 라인 : 학생이름으로 과목 점수를 추출하는 JOIN 쿼리문을 작성하여 $qry 문자열 변수에 저장
- 5번 라인 : $qry 변수에 저장된 쿼리문을 실행하여 그 결과를 $result 객체 변수에 저장
- 6번 라인 : $result 객체 변수에 저장된 결과에서 필드 개수를 $fld_num 변수에 저장
- 7번 라인 : $result 객체 변수에 저장된 결과에서 필드명을 배열 형태로 $fld_name 변수에 저장
- 10~11번 라인 : $fld_name 배열을 $val 객체 변수에 저장하여 객체의 name 속성을 출력
- 12번 라인 : $result 객체 변수에서 fetch_row() 메서드를 이용하여 레코드를 추출하여 $data 배열 변수에 저장
- 14~16번 라인 : 필드 개수만큼 반복하면서 첨자를 이용하여 $data 배열 변수에 저장된 데이터를 출력
- 17번 라인 : 학생별 과목 평균을 구하는 쿼리문은 $qry_avg 문자열 변수에 저장
- 18번 라인 : $qry_avg 변수에 저장된 쿼리문을 실행하여 그 결과를 $result_avg 객체 변수에 저장
- 19번 라인 : $result 객체 변수에서 fetch_row() 메서드를 이용하여 레코드를 추출하여 $data 배열 변수에 저장
- 20번 라인 : $data 배열 변수에 저장된 데이터를 출력(평균값 데이터는 1개이므로 while 구문을 사용하지 않음)

○ 과목별 학생점수 : search_subject.php

학생별 과목점수를 검색하기 위해서는 2개의 테이블을 이용한 쿼리문이 작성되어야 해야 원하는 결과를 얻을 수 있습니다.

condition_form.php 파일과 search_subject.php 파일 간의 데이터 전송 관계는 다음과 같습니다.

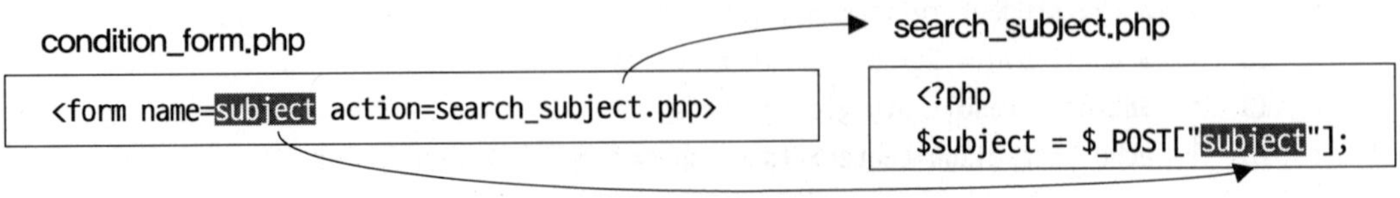

search_subject.php 파일과 search_student.php 파일의 처리과정은 쿼리문을 제외하고 동일하므로 소스코드를 직접 분석해 보세요.

search_subject.php

```
$subject = $_POST['subject'];
$host = "localhost"; $user = "root"; $password = "1234"; $db = "grade";
$link = new mysqli($host, $user, $password, $db);
$qry = "SELECT student_tbl.id, student_tbl.name, score_tbl.point
FROM student_tbl, score_tbl
WHERE student_tbl.id=score_tbl.id AND score_tbl.subject='$subject';";
```

2.2.5 데이터 추가

데이터 추가는 Primary Key 필드를 기준으로 하나의 새로운 레코드를 입력합니다. Primary Key 필드의 데이터는 중복될 수 없습니다. Primary Key는 학생 데이터(student_tbl)에서는 학번(id 필드), 과목 데이터(subject_tbl)에서는 과목명(subject 필드), 점수 데이터(score_tbl)에서는 연번(number 필드)입니다.

데이터 추가 입력 폼 파일들은 각각 insert_form_student.php, insert_form_subject.php, insert_form_score.php 이며 실행 결과는 아래 같습니다.

(1) 과목 데이터 추가

과목 데이터 추가에서는 과목명과 학점은 필수 입력항목으로 지정합니다. 이를 위해 input 태그에 required 속성을 설정했습니다. 과목명(subject 필드)은 Primary Key이므로 기존 데이터와 중복되지 않게 입력합니다.

『데이터 입력』 버튼이 클릭되면 insert_subject.php 파일에 입력한 데이터들이 전달되어 데이터 추가가 실행됩니다.

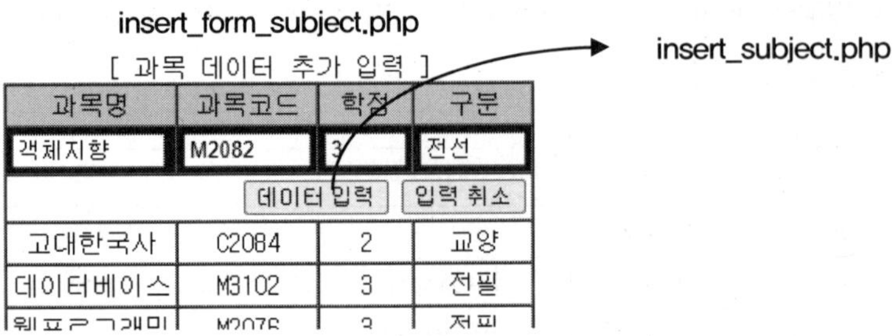

insert_form_subject.php

```
1  <form name="insert_subject" method="post" action="insert_subject.php">
2     <table border=1 cellspacing=0 cellpadding=3>
3       <caption>[ 과목 데이터 추가 입력 ]</caption>
4       <tr><td>과목명<td>과목코드<td>학점<td>구분</td>
5       <tr><td><input type="text" name="subject" required size=8>
6           <td><input type="text" name="code" size=6>
7           <td><input type="text" name="credit" required size=2>
8           <td><input type="text" name="classify" size=4>
9       <tr align=right>
10          <td colspan=4><input type=submit value="데이터 입력">
11 </form>
```

- 1~11번 라인 : 신규 과목 입력 폼. 데이터 입력 버튼을 클릭하면 action 속성의 insert_subject.php 파일 실행.

insert_subject.php

```
1  $subject = $_POST["subject"];
2  $code = $_POST["code"];
3  $credit = $_POST["credit"];
4  $classify = $_POST["classify"];
5  $host = "localhost"; $user = "root"; $password = "1234"; $db_name = "grade";
6  $link = new mysqli($host, $user, $password, $db_name);
7  $link->query("insert into subject_tbl value('$subject', '$code', '$credit',
   '$classify')");
8  include 'select_subject.php';
```

- 1~4번 라인 : insert_form_subject.php 파일에서 전달된 데이터들을 PHP 변수 처리
- 7번 라인 : insert 쿼리문을 이용하여 새로운 레코드 추가
- 8번 라인 : include PHP 키워드를 이용하여 select_subject.php 파일을 실행

(2) 학생 데이터 추가

학생 데이터 추가에서는 학생 이름과 학과는 필수 입력항목으로 지정합니다. 이를 위해 input 태그에 required 속성을 설정했습니다. 학생이름(name 필드)은 Primary Key이므로 기존 데이터와 중복되지 않게 입력합니다.

데이터 입력 버튼이 클릭되면 insert_score.php 파일에 입력한 데이터들이 전달됩니다.

과목 데이터 추가 파일들과 기본 동작은 유사하므로, 소스코드를 직접 분석해 보세요.

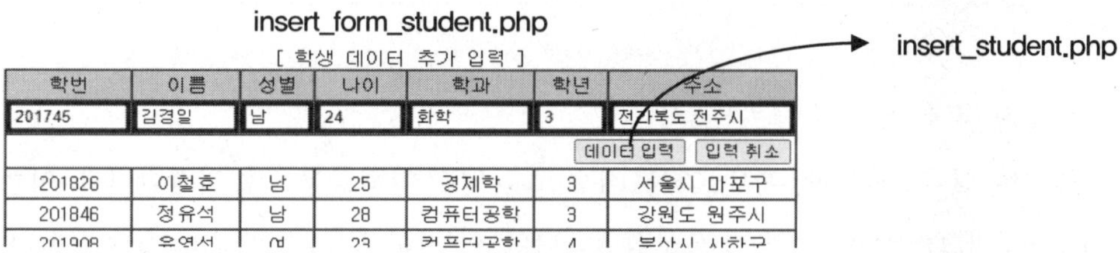

insert_form_student.php

```
<form name="insert_student" method="post" action="insert_student.php">
  <table border=1 cellspacing=0 cellpadding=3>
    <caption>[ 학생 데이터 추가 입력 ]</caption>
    <tr><td>학번<td>이름<td>성별<td>나이<td>학과<td>학년<td>주소</td>
    <tr style="background-color:#00f">
       <td><input type="text" name="id" autofocus required size=8>
       <td><input type="text" name="name" required size=6>
                         :         :
       <td><input type="text" name="address" size=15>
    <tr align=right><td colspan=7><input type=submit value="데이터 입력">
</form>
```

insert_student.php

```php
$id = $_POST["id"]; $name = $_POST["name"];
$gender = $_POST["gender"]; $age = $_POST["age"];
$depart = $_POST["depart"]; $year = $_POST["year"];
$address = $_POST["address"];
$host = "localhost"; $user = "root"; $password = "1234"; $db_name = "grade";
$link = new mysqli($host, $user, $password, $db_name);
$link->query("insert into student_tbl value('$id', '$name', '$gender',
'$age', '$depart', '$year', '$address');");
include 'select_score.php';
```

(3) 점수 데이터 추가

점수 데이터 추가에서는 학번, 과목, 점수 모두 필수 입력항목으로 지정합니다. 이를 위해 input 태그에 required 속성을 설정했습니다. 학번(id 필드)과 과목(subject 필드) 데이터는 Foreign Key 이므로 반드시 기존 학번과 과목명 데이터와 동일해야 합니다. 데이터베이스에 존재하지 않는 학번과 과목명의 점수를 저장할 순 없겠죠?

데이터 입력 버튼이 클릭되면 insert_score.php 파일에 입력한 데이터들이 전달됩니다.

과목 데이터 추가 파일들과 기본 동작은 유사하므로, 소스코드를 직접 분석해 보세요.

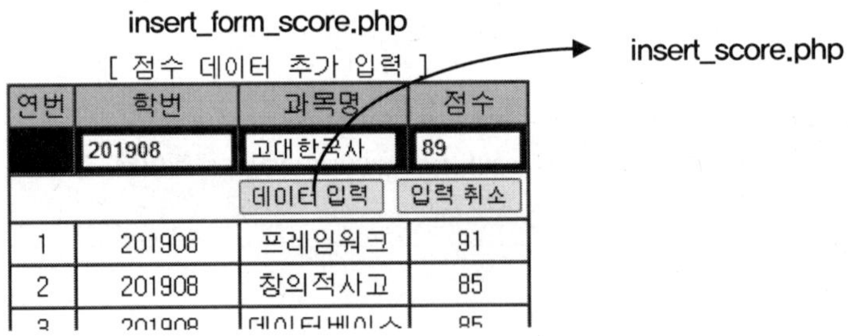

insert_form_score.php

```
<form name="insert_score" method="post" action="insert_score.php">
  <table border=1 cellspacing=0 cellpadding=3>
    <caption>[ 점수 데이터 추가 입력 ]</caption>
    <tr><td>연번<td>학번<td>과목명<td>점수</td>
    <tr><td>
        <td><input type="text" name="id" required size=8>
        <td><input type="text" name="subject" required size=8>
        <td><input type="text" name="point" required size=4>
    <tr align=right>
        <td colspan=4><input type=submit value="데이터 입력">
</form>
```

insert_score.php

```
$id = $_POST["id"];
$subject = $_POST["subject"];
$point = $_POST["point"];
$host = "localhost"; $user = "root"; $password = "1234"; $db_name = "grade";
$link = new mysqli($host, $user, $password, $db_name);
$link->query("alter table score_tbl auto_increment=1;");
$link->query("insert into score_tbl(id, subject, point)
value('$id', '$subject', '$point')");
include 'select_score.php';
```

● 13장의 프로젝트 소스코드 파일들은 객체중심 방식과 절차지향 방식으로 각각 제공합니다. 책에서는 객체중심 방식으로 설명하였지만, 절차지향 방식의 소스코드도 제공하니 다양한 유형의 코드를 분석해 보기 바랍니다.

각각의 경우에 접속하기 위한 URL은 아래와 같습니다.

○ 친구 주소록 관리(friend) 데이터베이스

구분	URL
객제중심 방식	http://localhost/source/13/friend/create_form.php
절차지향 방식	http://localhost/source/13/friend/proc/create_form.php

○ 성적 처리(grade) 데이터베이스

성적 처리 프로젝트에서는 2가지 방식의 화면 디자인을 추가로 제공합니다. HTML5 구조는 header, aside, section 등의 태그를 이용하여 화면을 디자인하는 방식으로 현재 주로 사용합니다. Frame 구조는 여러 가지 문제점들이 있어 요즘에는 잘 사용하지 않지만 이 프로젝트 수준에서는 잘 동작합니다.

프로젝트의 전체적인 동작을 이해하는데 중점을 두었기 때문에 디자인이 다소 투박해 보이더라고 양해 바랍니다.

HTML5 구조	URL
객제중심 방식	http://localhost/source/13/grade/index.php
절차지향 방식	http://localhost/source/13/grade/proc/index.php

Frame 구조	URL
객제중심 방식	http://localhost/source/13/grade_fr/index.php
절차지향 방식	http://localhost/source/13/grade_fr/proc/index.php

14.

클라이언트 프로그램과 GUI 소프트웨어

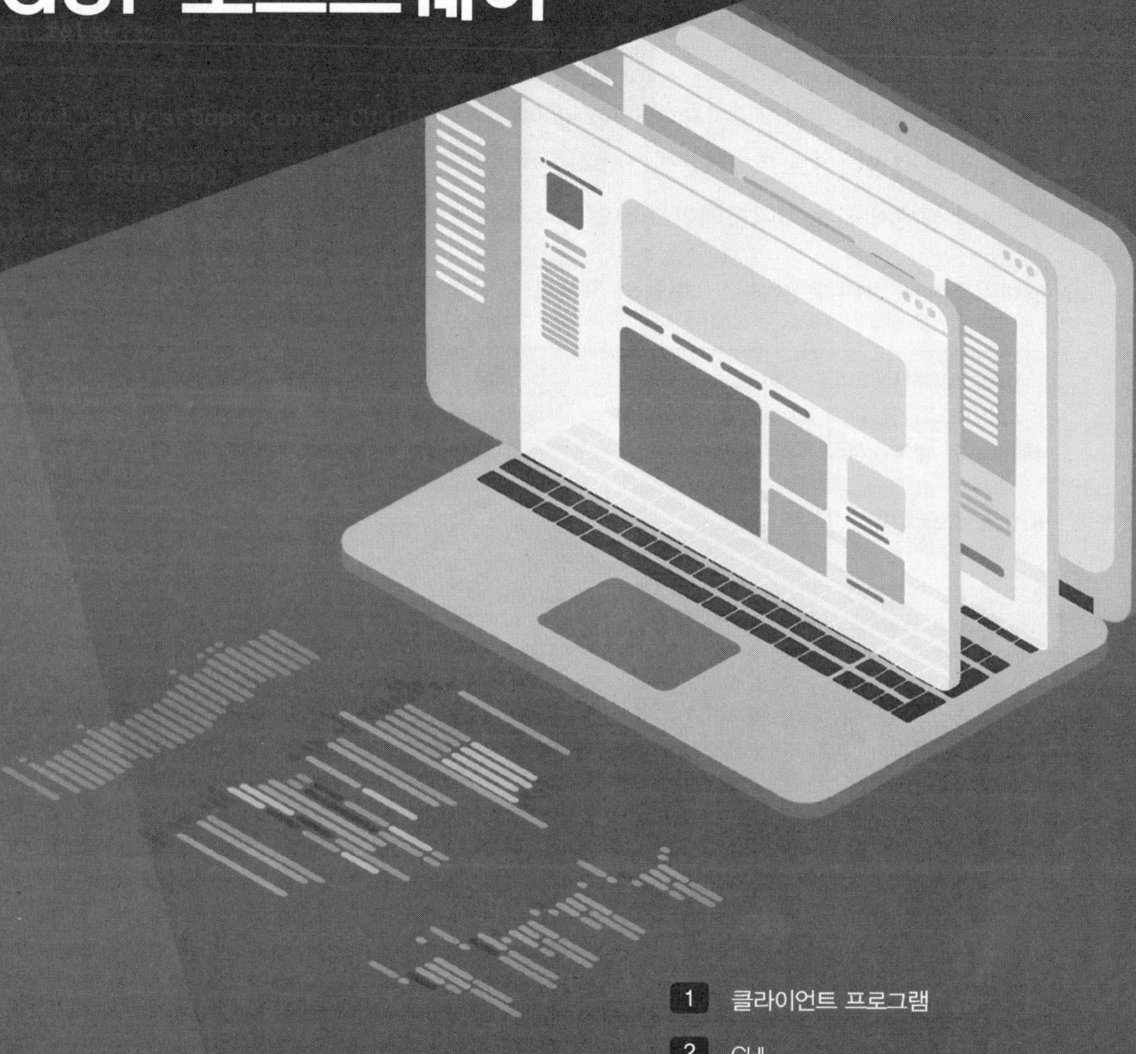

1 클라이언트 프로그램

2 GUI

14 클라이언트 프로그램과 GUI 소프트웨어

1. 클라이언트 프로그램

xampp 통합 패키지를 설치하면『\xampp\mysql\bin』폴더에는 다양한 응용 프로그램들이 있습니다. 이를 클라이언트 프로그램이라고 하는데 이것은 mysql 서버에 접속하지 않고 윈도우 명령어 셸에서 직접 데이터베이스 작업을 수행하기 때문입니다.

dir 명령어를 이용하여 응용 프로그램들의 목록을 확인하면 다음과 같습니다.

```
H:\xampp\mysql\bin>dir *.exe
 H 드라이브의 볼륨: 3_Education
 볼륨 일련 번호: 74ED-F20F

 H:\xampp\mysql\bin 디렉터리

2022-02-11  오전 05:53         4,372,656 aria_chk.exe
2022-02-11  오전 05:53         3,950,256 aria_dump_log.exe
     :            :                     :
2022-02-11  오전 05:52         3,790,000 mysql.exe
2022-02-11  오전 05:52         3,695,792 mysqladmin.exe
2022-02-11  오전 05:52         3,827,376 mysqlbinlog.exe
2022-02-11  오전 05:52         3,705,520 mysqlcheck.exe
2022-02-11  오전 05:52         3,779,760 mysqldump.exe
     :            :                     :
```

mysql에 접속하기 위해 mysql 응용 프로그램을 다음과 같이 명령 프롬프트 창에서 실행했던 것처럼 다른 용도의 응용 프로그램을 실행할 수 있습니다. 대표적으로 백업을 위한 mysqldump 응용 프로그램입니다.

```
H:\xampp\mysql\bin>mysql
H:\xampp\mysql\bin>mysqlamdin
H:\xampp\mysql\bin>mysqldump
```

몇 가지 응용 프로그램들을 살펴 보겠습니다.

1.1 mysql 클라이언트 프로그램

mysql은 mysql 서버에 접속하기 위한 기본 프로그램입니다. 이 프로그램의 옵션을 통해 추가적인 기능을 사용할 수 있습니다.

mysql 프로그램의 옵션은 상당히 많지만 몇가지만 살펴봅니다. 자세한 옵션은 MySQL 매뉴얼을 활용하기 바랍니다.

옵션은 대시 기호(-) 1개 또는 2개를 사용합니다.

1.1.1 --database(또는 -D) 옵션

이 옵션은 mysql에 접속과 사용할 데이터베이스 선택을 동시에 수행하기 때문에 mysql 콘솔에서 use 명령어 기능을 사용하지 않아도 됩니다.

다음 예제는 접속과 동시에 mysql 데이터베이스를 선택합니다.

```
H:\xampp\mysql\bin>mysql -uroot -p1234 --database mysql
Welcome to the MariaDB monitor.  Commands end with ; or \g.
Your MariaDB connection id is 17
Server version: 10.4.24-MariaDB mariadb.org binary distribution

Copyright (c) 2000, 2018, Oracle, MariaDB Corporation Ab and others.

Type 'help;' or '\h' for help. Type '\c' to clear the current input statement.

MariaDB [mysql]>
```

다만 이 옵션을 사용하지 않고 다음과 같이 데이터베이스 이름만 표기해도 동일한 기능을 수행할 수 있습니다.

```
H:\xampp\mysql\bin>mysql -uroot -p1234 mysql
Welcome to the MariaDB monitor.  Commands end with ; or \g.
Your MariaDB connection id is 17
Server version: 10.4.24-MariaDB mariadb.org binary distribution

Copyright (c) 2000, 2018, Oracle, MariaDB Corporation Ab and others.

Type 'help;' or '\h' for help. Type '\c' to clear the current input statement.

MariaDB [mysql]>
```

1.1.2 --pager 옵션

이 옵션은 mysql 명령어인 pager와 동일한 기능을 수행하며, 표준출력(콘솔화면)에 출력되는 내용이 많을 때 화면 단위로 출력하기 위해 사용합니다.

사용 방법은 —pager=more 형태로 작성합니다.

```
H:\xampp\mysql\bin>mysql -uroot -p1234 --pager=more
Welcome to the MariaDB monitor.  Commands end with ; or \g.

MariaDB [(none)]> use mysql
MariaDB [mysql]> desc user;
+----------------------+------------------------------+------+-----+---------+-------+
| Field                | Type                         | Null | Key | Default | Extra |
+----------------------+------------------------------+------+-----+---------+-------+
| Host                 | char(60)                     | NO   |     |         |       |
| User                 | char(80)                     | NO   |     |         |       |
| Password             | longtext                     | YES  |     | NULL    |       |
| Select_priv          | varchar(1)                   | YES  |     | NULL    |       |
| Insert_priv          | varchar(1)                   | YES  |     | NULL    |       |
| Update_priv          | varchar(1)                   | YES  |     | NULL    |       |
-- More --
```

1.1.3 --silent(또는 -s) 옵션

이 옵션은 표 형태의 출력을 사용하지 않기 위해 사용합니다.

다음 예제와 같이 show databases 명령문의 결과는 표 형태로 출력되지 않습니다.

```
H:\xampp\mysql\bin>mysql -uroot -p1234 --silent
Welcome to the MariaDB monitor.  Commands end with ; or \g.

MariaDB [(none)]> show databases;
Database
information_schema
mysql
performance_schema
phpmyadmin
```

1.1.4 --html(H) 옵션

이 옵션은 출력 형태를 html 태그로 표시할 때 사용합니다.

```
H:\xampp\mysql\bin>mysql -uroot -p1234 --html
Welcome to the MariaDB monitor.  Commands end with ; or \g.
Your MariaDB connection id is 32

MariaDB [(none)]> show databases;
<TABLE BORDER=1><TR><TH>Database</TH></TR><TR><TD>editdb</TD></TR><TR><TD>grade</TD></TR>
<TR><TD>information_schema</TD></TR><TR><TD>mydb</TD></TR><TR><TD>mysql</TD></TR><TR>
<TD>performance_schema</TD></TR><TR><TD>phpmyadmin</TD></TR><TR><TD>sales</TD></TR>
<TR><TD>test</TD></TR><TR><TD>test1</TD></TR></TABLE>10 rows in set (0.001 sec)
```

1.1.5 --xml(또는 -X)

이 옵션은 출력 형태를 xml 태그로 표시할 때 사용합니다.

```
H:\xampp\mysql\bin>mysql -uroot -p1234 -X
Welcome to the MariaDB monitor.  Commands end with ; or \g.

MariaDB [(none)]> show databases;
<?xml version="1.0"?>
<resultset statement="show databases" xmlns:xsi="http://www.w3.org/2001/XMLSchema-instance">
  <row>
        <field name="Database">editdb</field>
  </row>
  <row>
        <field name="Database">grade</field>
  </row>
```

1.1.6 --vertical(또는 -E)

이 옵션은 mysql 명령어의 ego(\G)와 동일한 기능입니다. --vertical 옵션으로 접속하면 mysql 콘솔에서의 출력은 수직 형태로 표시됩니다.

```
H:\xampp\mysql\bin>mysql -uroot -p1234 --vertical
Welcome to the MariaDB monitor.  Commands end with ; or \g.

MariaDB [(none)]> use mysql;
Database changed
MariaDB [mysql]> desc user;
*************************** 1. row ***************************
  Field: Host
   Type: char(60)
   Null: NO
    Key:
Default:
  Extra:
*************************** 2. row ***************************
```

1.2 mysqlshow 클라이언트 프로그램

mysqlshow는 mysql 서버에 접속하지 않고 데이터베이스, 테이블, 컬럼 등의 목록을 확인하는 프로그램입니다.

1.2.1 데이터베이스 목록 확인

mysqlshow 프로그램만 실행시키면 데이터베이스 목록을 확인할 수 있습니다.

```
H:\xampp\mysql\bin>mysqlshow -uroot -p1234
+--------------------+
|     Databases      |
+--------------------+
| grade              |
| information_schema |
| mysql              |
| performance_schema |
| phpmyadmin         |
+--------------------+
```

1.2.2 테이블 목록 확인

지정된 데이터베이스의 테이블 목록을 확인할 수 있습니다.

```
H:\xampp\mysql\bin>mysqlshow -uroot -p1234 grade
Database: grade
+-------------+
|   Tables    |
+-------------+
| score_tbl   |
| student_tbl |
| subject_tbl |
+-------------+
```

1.2.3 테이블 구조 확인

지정된 데이터베이스의 테이블 이름을 표시하면 테이블의 구조를 확인할 수 있습니다. 테이블명 뒤에 와일드 카드 % 기호를 지정합니다.

```
H:\xampp\mysql\bin>mysqlshow -uroot -p1234 grade score_tbl %
Database: grade  Table: score_tbl  Wildcard: %
+---------+--------------+--------------------+------+-----+ : --------+
| Field   | Type         | Collation          | Null | Key | : Comment |
+---------+--------------+--------------------+------+-----+ : --------+
| number  | mediumint(6) |                    | NO   | PRI | :         |
| id      | char(6)      | utf8mb4_general_ci | NO   | MUL | :         |
| subject | varchar(10)  | utf8mb4_general_ci | NO   | MUL | :         |
| point   | tinyint(3)   |                    | NO   |     | :         |
+---------+--------------+--------------------+------+-----+ : --------+
```

1.3 mysqladmin 클라이언트 프로그램

mysqladmin은 mysql 서버에 접속하지 않고 데이터베이스의 생성, 삭제 등을 수행하는 프로그램입니다.

1.3.1 데이터베이스 생성

다음과 같이 윈도우 명령어 셸에서 create 명령어를 이용하여 admindb 데이터베이스를 생성합니다.

```
H:\xampp\mysql\bin>mysqladmin -uroot -p1234 create admindb

H:\xampp\mysql\bin>mysqlshow  -uroot -p1234
+--------------------+
|     Databases      |
+--------------------+
| admindb            |
| grade              |
| information_schema |
```

1.3.2 데이터베이스 삭제

다음과 같이 윈도우 명령어 셸에서 drop 명령어를 이용하여 admindb 데이터베이스를 삭제합니다.

```
H:\xampp\mysql\bin>mysqladmin -uroot -p1234 drop admindb
Dropping the database is potentially a very bad thing to do.
Any data stored in the database will be destroyed.

Do you really want to drop the 'admindb' database [y/N] y
Database "admindb" dropped

H:\xampp\mysql\bin>mysqlshow  -uroot -p1234
+--------------------+
|     Databases      |
+--------------------+
| editdb             |
| grade              |
| information_schema |
```

1.3.3 mysql 서버 중지

다음과 같이 윈도우 명령어 셸에서 shutdown 명령어를 이용하여 mysql 서버를 중지합니다.

shutdown 명령어가 실행되면 mysql 서버에 접속되지 않으며, xampp 컨트롤 판넬에서도 중지되어 Start 버튼으로 변경됩니다.

```
H:\xampp\mysql\bin>mysqladmin -uroot -p1234 shutdown

H:\xampp\mysql\bin>mysql -uroot -p1234
ERROR 2002 (HY000): Can't connect to MySQL server on 'localhost' (10061)
```

1.3.4 비밀번호 설정

다음과 같이 윈도우 명령어 셸에서 password 명령어를 이용하여 접속 비밀번호를 재설정합니다.

```
H:\xampp\mysql\bin>mysqladmin -uroot -p1234 password "abcd"

H:\xampp\mysql\bin>mysql -uroot -pabcd
Welcome to the MariaDB monitor.  Commands end with ; or \g.
Your MariaDB connection id is 32
Server version: 10.4.24-MariaDB mariadb.org binary distribution

Copyright (c) 2000, 2018, Oracle, MariaDB Corporation Ab and others.

Type 'help;' or '\h' for help. Type '\c' to clear the current input statement.

MariaDB [(none)]>
```

1.4 mysqlimport 클라이언트 프로그램

mysqlimport는 mysql 서버에 접속하지 않고 데이터 파일을 이용하여 테이블에 데이터를 입력하는 프로그램입니다. mysql 콘솔에서의 Load Data 명령문과 동일한 기능을 합니다. 주의할 점은 데이터 파일의 이름(확장자 제외)과 테이블 이름은 동일해야 합니다.

성적처리의 grade 데이터베이스 예제를 이용해 보겠습니다. student_tbl 테이블의 데이터를 모두 삭제하고 데이터를 입력합니다.

우선 student_tbl 테이블의 데이터 파일명은 원래 student_tab.dat입니다. 테이블명과 동일해야 하므로 student_tbl.dat 이름으로 복사해 둡니다.

mysqlimport 프로그램의 사용 문법은 다음과 같습니다.

```
mysqlimport [options] db_name textfile1 [textfile2 ...]
```

- options : 필드 구분 기호, 라인 구분 기호 등을 지정합니다. 옵션의 위치는 명령문 뒤에 위치해도 수행됩니다.

```
--fields-terminated-by=\t
--lines-terminated-by=\r\n
```

- textfile : 테이블에 입력할 데이터 파일이며, 데이터 파일명과 테이블명을 동일해야 합니다.

다음과 같이 윈도우 명령어 셸에서 grade 데이터베이스의 student_tbl 테이블에 데이터를 입력합니다.

```
H:\xampp\mysql\bin>mysqlimport -uroot -p1234 grade student_tbl.dat
--fields-terminated-by=\t --lines-terminated-by=\r\n
grade.student_tbl: Records: 13  Deleted: 0  Skipped: 0  Warnings: 0
H:\xampp\mysql\bin>mysql -uroot -p1234 grade
Welcome to the MariaDB monitor. Commands end with ; or \g.

MariaDB [grade]> select * from student_tbl;
+--------+--------+--------+------+------------+------+----------------+
| id     | name   | gender | age  | depart     | year | address        |
+--------+--------+--------+------+------------+------+----------------+
| 201826 | 이철호 | 남     |   25 | 경제학     |    3 | 서울시 마포구  |
| 201846 | 정유석 | 남     |   28 | 컴퓨터공학 |    3 | 강원도 원주시  |
| 201908 | 윤영선 | 여     |   23 | 컴퓨터공학 |    4 | 부산시 사하구  |
```

1.5 mysqldump 클라이언트 프로그램

mysqldump은 데이터베이스를 백업하는 프로그램입니다. 사용법은 다음과 같이 백업을 위한 데이터베이스명과 백업 파일명을 > 기호로 표기합니다.

```
mysqldump db_name > dump.sql
```

1.5.1 데이터베이스 백업

dump.sql 백업 파일의 저장폴더는 윈도우 명령어 셸의 프롬프트의 디렉토리입니다. 예를 들어 다음과 같이 윈도우 셸 프롬프트가 『H:\xampp\mysql\bin』라면 이곳에 저장됩니다.

```
H:\xampp\mysql\bin>mysqldump db_name > dump.sql
```

다음과 같이 『H:\xampp\mysql』 프롬프트에서 grade 데이터베이스를 dump_grade.sql 파일

로 백업합니다.

```
H:\xampp\mysql>mysqldump -uroot -p1234 grade > dump_grade.sql
```

『H:\xampp\mysql』 폴더에 이동하면 dump_grade.sql 파일이 확인됩니다.

이 파일을 아스키 편집기 불러보면 다음과 같이 테이블 생성과 데이터 입력 쿼리문 등이 기록되어 있는 것을 알 수 있습니다.

```
-- MariaDB dump 10.19  Distrib 10.4.24-MariaDB, for Win64 (AMD64)
--
-- Host: localhost    Database: grade
        :                     :
CREATE TABLE `score_tbl` (
  `number` mediumint(6) NOT NULL AUTO_INCREMENT,
  `id` char(6) NOT NULL,
  `subject` varchar(10) NOT NULL,
        :                     :
INSERT INTO `student_tbl` VALUES ('201826','이철호','남',25,'경제학',3,'서울시 마포구')
        :                     :
```

1.5.2 데이터베이스 복원

데이터베이스의 테이블이나 데이터가 변경된 경우 백업된 파일을 이용하여 원래대로 복원할 수 있습니다. 사용법은 다음과 같이 mysql 프로그램으로 데이터베이스명과 백업된 파일명을 < 기호로 표기합니다. 이때 데이터베이스 이름은 반드시 존재해야 합니다.

```
mysql db_name < dump.sql
```

윈도우 명령어 셸의 프롬프트는 백업된 파일이 저장된 폴더와 동일해야 합니다. 예를 들어 백업된 파일이 『H:\xampp\mysql』 폴더에 저장되어 있다면 셸 프롬프트의 경로도 다음과 같이 동일해야 합니다.

```
H:\xampp\mysql>mysql db_name < dump.sql
```

앞의 백업 예제에서 dump_grade.sql 파일은『H:\xampp\mysql』폴더에 저장되어 있습니다. grade 데이터베이스의 테이블이나 데이터가 변경되었다고 가정하고, 이 파일을 이용하여 grade 데이터베이스를 복원합니다.

```
H:\xampp\mysql\bin>mysql -uroot -p1234 grade < dump_grade.sql

H:\xampp\mysql>mysql -uroot -p1234
```

2. GUI

우리는 지금까지 데이터베이스 관리 작업인 명령문, 쿼리문들의 수행을 MySQL 콘솔을 통해 진행했습니다. MySQL 콘솔을 통한 키보드 입력 작업은 불편할 수 있기 때문에 그래픽 환경에서 작업할 수 있는 도구들이 있습니다. MySQL 콘솔에서 하던 거의 모든 작업을 GUI(Graphic User Interface) 환경에서 진행할 수 있는데 대표적으로 phpMyAdmin, MySQL Workbench, Toad Edge, Navicat, 등이 있습니다. 본 도서에서 phpMyAdmin, MySQL Workbench 등의 GUI 도구를 살펴봅니다.

비록 GUI 환경으로 작업하는 것이 편리하다고 할지라도 MySQL 콘솔 작업을 수행하지 못하면 결코 편리하지도, 쉽지도 않습니다.

MySQL 콘솔 작업을 잘 수행하는 관리자가 GUI 환경도 잘 사용할 수 있습니다.

2.1 phpMyAdmin

2.1.1 접속 방법

phpMyAdmin는 XAMPP 패키지와 함께 설치되는 웹 기반의 MySQL 데이터베이스 관리 도구이기 때문에 웹을 통해 MySQL DBMS에 접속하게 됩니다. 기본적으로 비밀번호 없이 접속되지만, 만약 MySQL에 비밀번호가 설정되어 있다면 phpMyAdmin에 접속되지 않습니다.

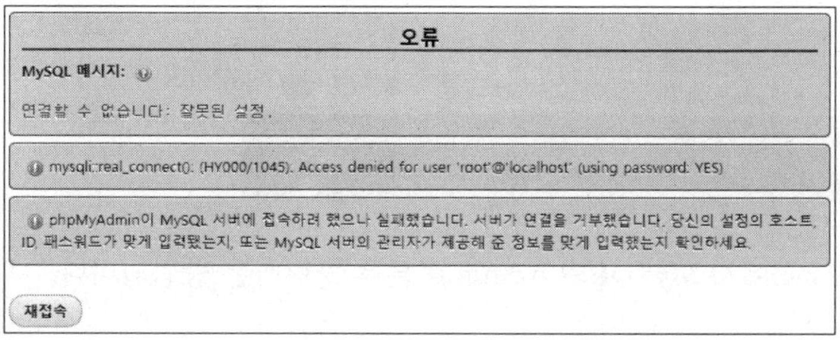

따라서 MySQL에 설정한 비밀번호를 phpMyAdmin 환경에도 반영시켜야 합니다. phpMyAdmin 환경은『config.inc.php』파일로 설정할 수 있는데 이 파일의 경로는 다음과 같습니다.

```
\xampp\phpMyAdmin\config.inc.php
```

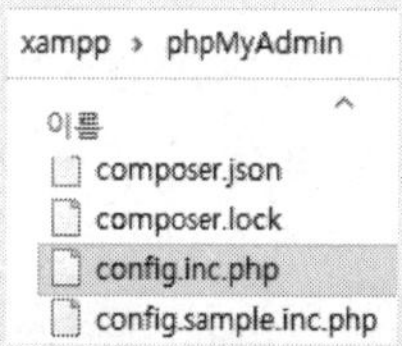

config.inc.php 파일을 아스키 편집기로 불러보면 21번 라인에 비밀번호를 설정하는 부분이 있습니다. 처음에는 빈칸인데 이곳에 MySQL에서 설정한 비밀번호를 설정하면 됩니다. 여기에서는 앞선 예제에서 설정한 비밀번호인 1234를 설정하고 저장합니다.

```
01  <?php
      :
18  /* Authentication type and info */
19  $cfg['Servers'][$i]['auth_type'] = 'config';
20  $cfg['Servers'][$i]['user'] = 'root';
21  $cfg['Servers'][$i]['password'] = '1234';
22  $cfg['Servers'][$i]['extension'] = 'mysqli';
```

이렇게 비밀번호를 설정하면 phpMyAdmin에 접속할 수 있습니다.

phpMyAdmin 도구에 접속하는 방법은 2가지가 있습니다.

첫 번째는 웹 브라우저 주소창에『localhost』를 입력하여 접속하는 방법입니다. 접속후 phpMyAdmin을 클릭하면 GUI 환경이 표시됩니다.

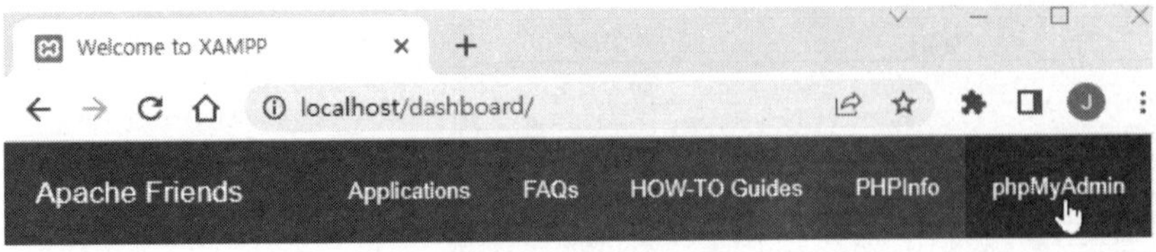

두 번째는 XAMPP Control Panel에서 MySQL의 Admin 버튼을 클릭하는 방법입니다.

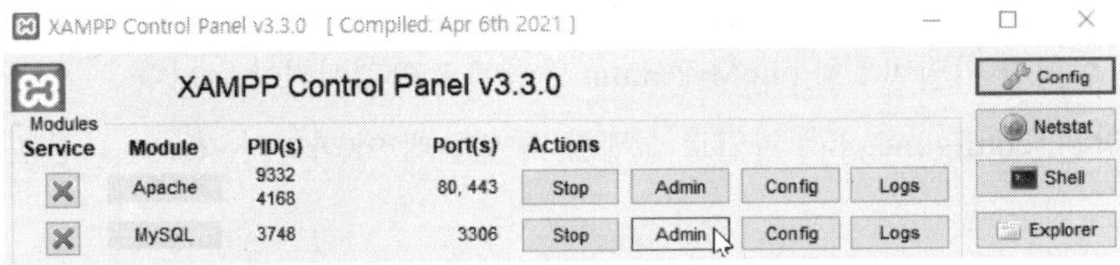

다음은 접속한 phpMyAdmin GUI 환경의 화면입니다. 화면 구성은 기본적으로 왼쪽은 데이터베이스 목록, 상단에 기능 메뉴, 하단에 콘솔창이 표시됩니다.

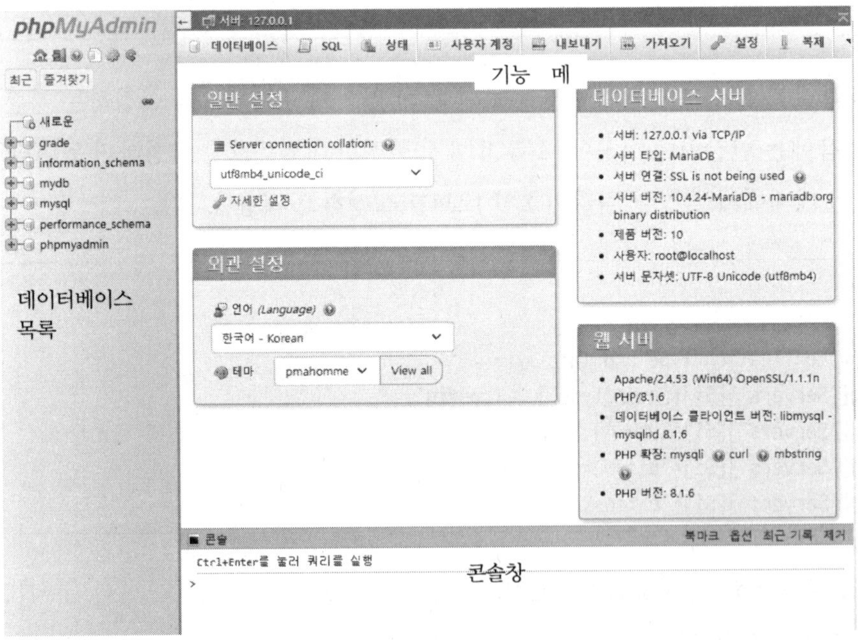

2.1.2 기존 데이터베이스 활용

예제에서 사용한 grade 데이터베이스를 이용하여 phpMyAdmin 도구의 사용법을 살펴봅니다.

데이터베이스 목록에서 grade를 선택하면 다음과 같은 화면이 나옵니다.

(1) 기능 메뉴의 『구조』 탭

grade DB에 생성된 테이블들의 목록이 제시됩니다. 『show tables』 명령어의 역할을 수행합니다. 각 테이블에는 보기, 구조, 검색, 삽입, 비우기, 삭제 기능이 있습니다.

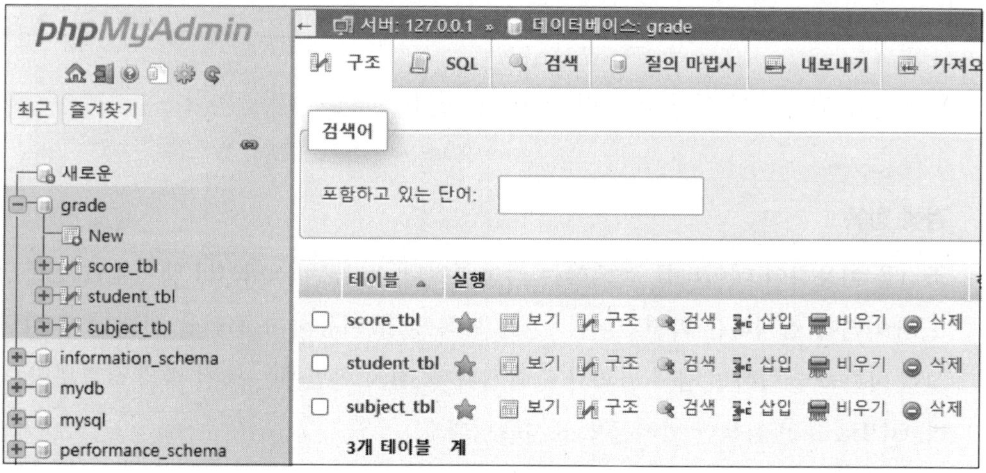

보기 항목

테이블에 저장된 데이터 레코드들을 보기 위한 기능입니다. 『select * from tbl_name』 명령어의 역할을 수행합니다. 다음은 subject_tbl 테이블의 레코드 목록을 표시합니다. 콘솔창에 보면 『SELECT * FROM 'subject_tbl'』 명령어가 표시됩니다.

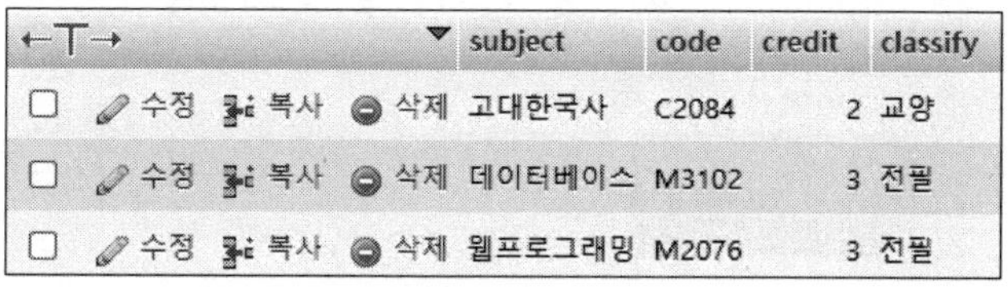

각 레코드의 필드 내용을 수정, 삭제하기 위한 기능이 있습니다.

구조 항목

테이블의 구조를 확인하기 위한 기능입니다. 『describe tbl_name』 명령어의 역할을 수행합니다.

#	이름	종류	데이터정렬방식	보기	Null	기본값	설명	추가	실행	
1	id	char(6)	utf8mb4_general_ci		아니오	*없음*			변경	삭제
2	**name**	char(4)	utf8mb4_general_ci		아니오	*없음*			변경	삭제
3	**gender**	char(1)	utf8mb4_general_ci		예	*NULL*			변경	삭제
4	**age**	tinyint(3)		UNSIGNED	예	*NULL*			변경	삭제

각 필드를 변경, 삭제하기 위한 기능이 있습니다.

검색 항목

조건을 이용하여 데이터를 검색하는 기능입니다. 다음은 score_tbl 테이블에서 조건으로 데이터를 검색하는 화면입니다. 선택 목록 등을 이용하여 조건을 선택한 후 하단의 실행 버튼을 클릭하면 검색 결과가 출력됩니다. 결과 화면에는 조건 검색 결과뿐만 아니라, GUI로 조건 검색한 쿼리문도 표시됩니다.

조건 검색 입력 화면

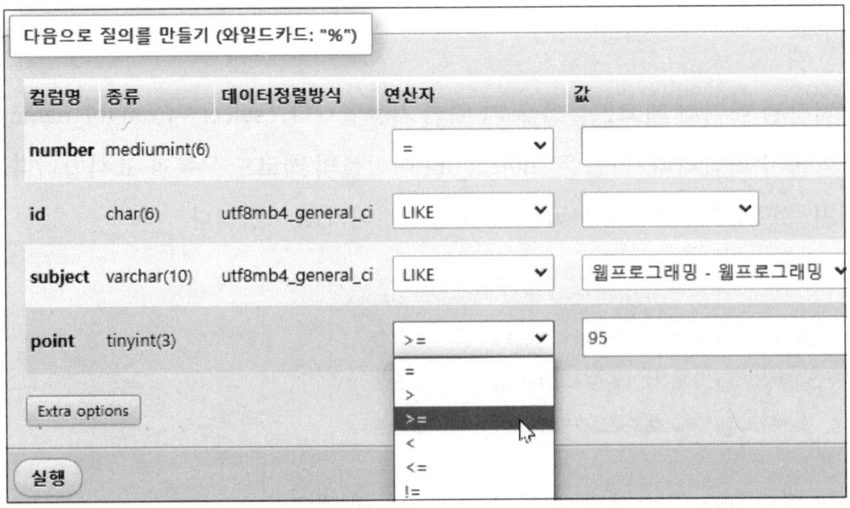

조건 검색 결과 화면

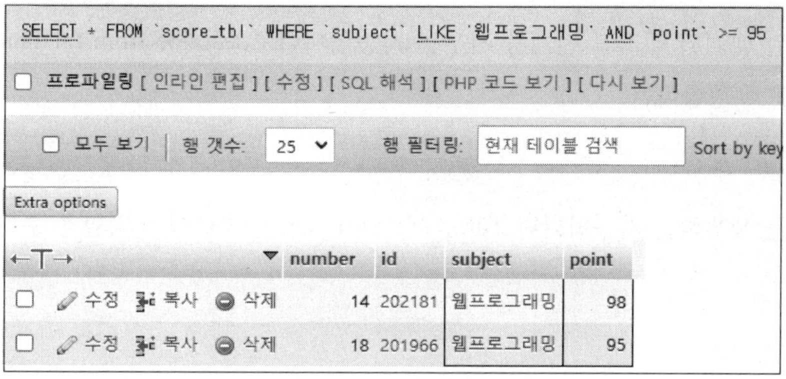

삽입 항목

신규 데이터 레코드를 추가하는 기능입니다.『insert into table_name ....』명령어의 역할을 수행합니다. 다음과 같이 각 필드(컬럼)에 데이터를 입력하고 실행하면 데이터 레코드가 삽입됩니다.

컬럼명	종류	함수	Null	값
subject	varchar(10)			데이터통신
code	char(5)		☐	M2048
credit	tinyint(2) unsigned			3
classify	char(4)		☐	전선

기능 메뉴의『삽입』탭을 클릭하면 다음과 같이 입력된 데이터 레코드를 확인할 수 있습니다.

←T→	subject	code	credit	classify
☐ 수정 복사 삭제	고대한국사	C2084	2	교양
☐ 수정 복사 삭제	데이터베이스	M3102	3	전필
☐ 수정 복사 삭제	데이터통신	M2048	3	전선

비우기 항목

테이블에 저장된 데이터 레코드 전체를 지우는 기능입니다. 『describe from tbl_name』 명령어의 역할을 수행합니다.

삭제 항목

테이블의 구조를 삭제하는 기능입니다. 『drop table tbl_name』 명령어의 역할을 수행합니다.

(2) 기능 메뉴의 『SQL』 탭

쿼리문을 입력하여 그 실행 결과를 GUI 환경을 출력하는 기능입니다. 쿼리문 입력후 Ctrl+Enter↵ 키를 입력하면 결과 다음과 같이 출력됩니다.

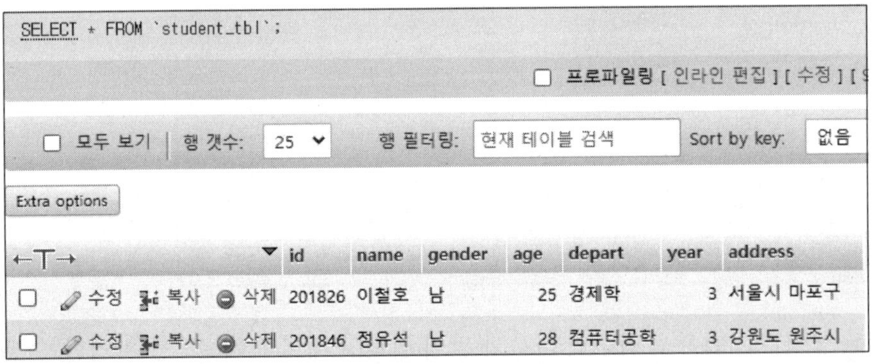

(3) 기능 메뉴의 『디자이너』 탭

기능 메뉴에서 이 탭이 보이지 않으면 『더보기』 탭으로 이동하면 보입니다.

디자이너는 테이블들 간의 Primary-Foreign 관계가 설정되어 있으면 도식화하여 출력합니다. 다음은 grade 데이터베이스의 3개 테이블 간의 Primary-Foreign 관계도입니다.

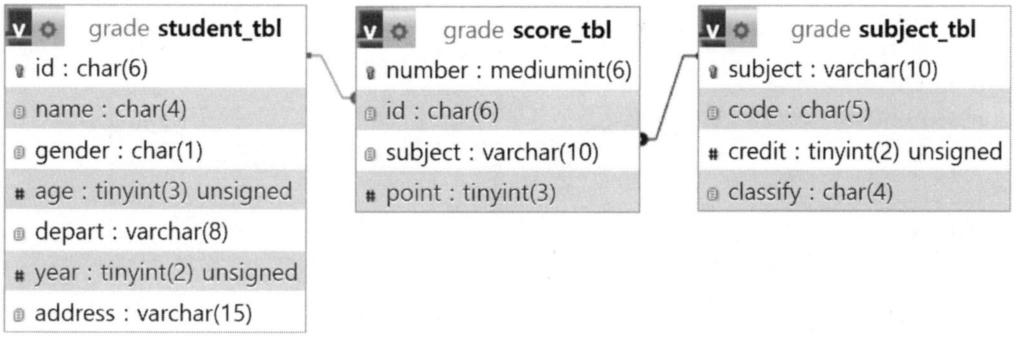

2.1.3 콘솔창

화면 구성의 하단에 다음과 같은 콘솔 윈도우가 있습니다. 『SQL』 탭과 동일한 기능을 합니다.

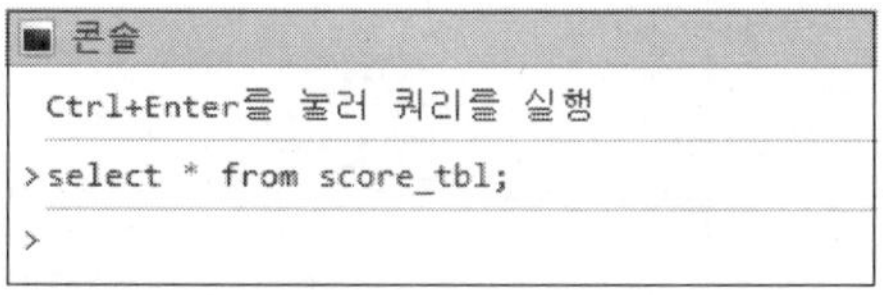

2.1.4 신규 데이터베이스 생성

다음과 같은 구조로 신규 데이터베이스 생성해 보겠습니다.

(1) 데이터베이스 생성

데이터베이스 목록창의 『새로운』 기능을 클릭하면 오른쪽에 새로운 데이터베이스 이름을 입력하는 텍스트 박스가 나옵니다. 이 텍스트 박스 sales라는 데이터베이스 이름을 입력하고 『만들기』 버튼을 클릭하면 목록에 추가됩니다.

(2) 테이블 생성

데이터베이스 목록에서 sales를 클릭하면 테이블 이름을 입력할 수 있습니다. 여기에 employee 라는 테이블 이름을 입력하고 『만들기』 버튼을 클릭하면 필드명을 입력하는 화면이 출력됩니다.

(3) 필드 생성

다음은 employee 테이블의 필드 구성입니다.

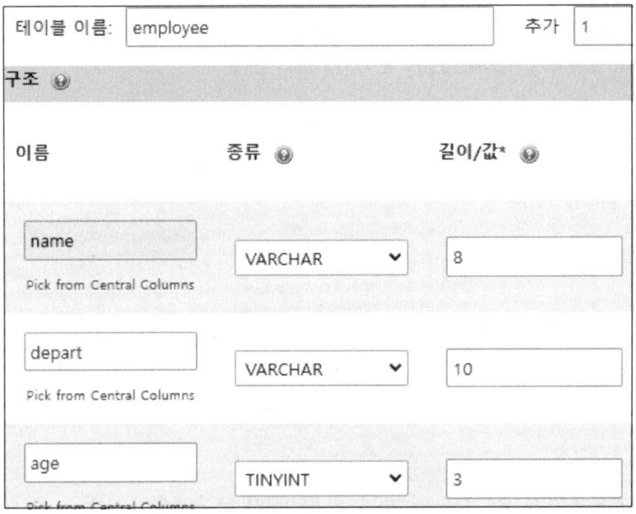

필드명, 데이터타입, 길이 등을 입력하고 하단의 저장 버튼을 클릭하면 테이블이 생성됩니다.

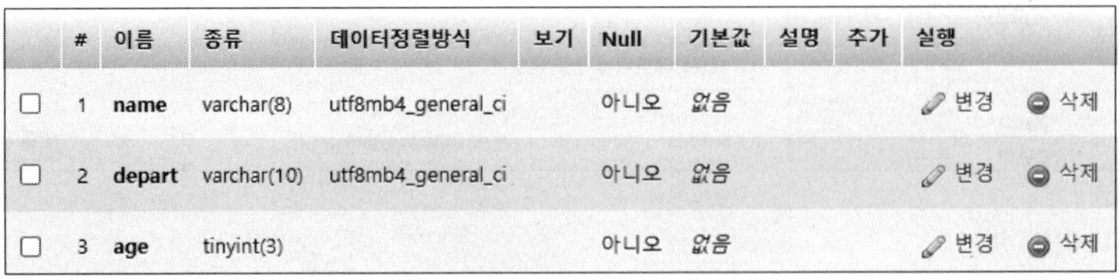

(4) 데이터 입력

employee 테이블이 선택된 상태에서 기능 메뉴의 『삽입』 탭을 클릭하면 다음과 같이 데이터를 입력할 수 있도록 텍스트 박스가 표시됩니다. 데이터를 입력하고 실행하면 하나의 레코드가 삽입됩니다.

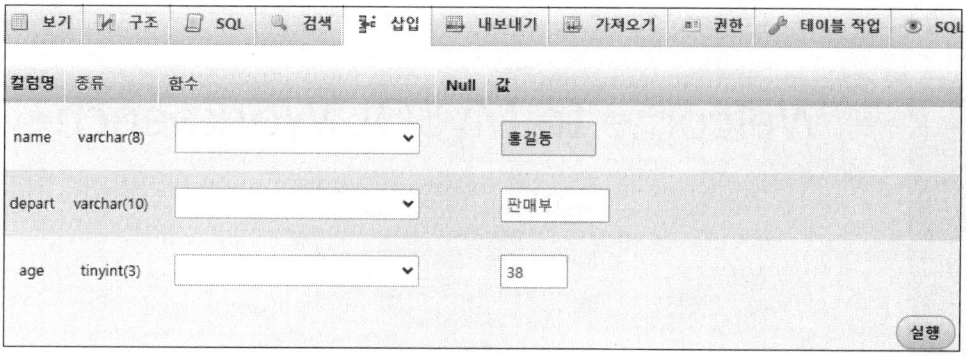

(5) 데이터 보기

기능 메뉴의『삽입』탭을 클릭하면 다음과 같이 입력된 데이터 레코드를 확인할 수 있습니다.

name	depart	age
홍길동	판매부	38

phpMyAdmin 관리 도구에는 이외에도 데이터베이스를 관리하는 많은 기능들이 있습니다. 세부적인 다양한 기능들은 여러분이 직접 사용해 보기 바랍니다. GUI 환경도 많은 사용 경험이 필요합니다.

2.2 MySQL Workbench

2.2.1 접속 방법

MySQL Workbench 도구는 데스크탑 소프트웨어이기 때문에 다음 URL에서 다운로드 받아야 합니다.

https://dev.mysql.com/downloads/workbench/

mysql-workbench-community-8.0.30-winx64.msi 파일을 다운로드 후 설치하여 실행하면

다음과 같은 초기화면이 나옵니다. 하단의 접속 목록에 마우스 오른쪽 버튼의 『Edit Connetion』 버튼을 클릭하여 접속 정보 관리를 설정합니다.

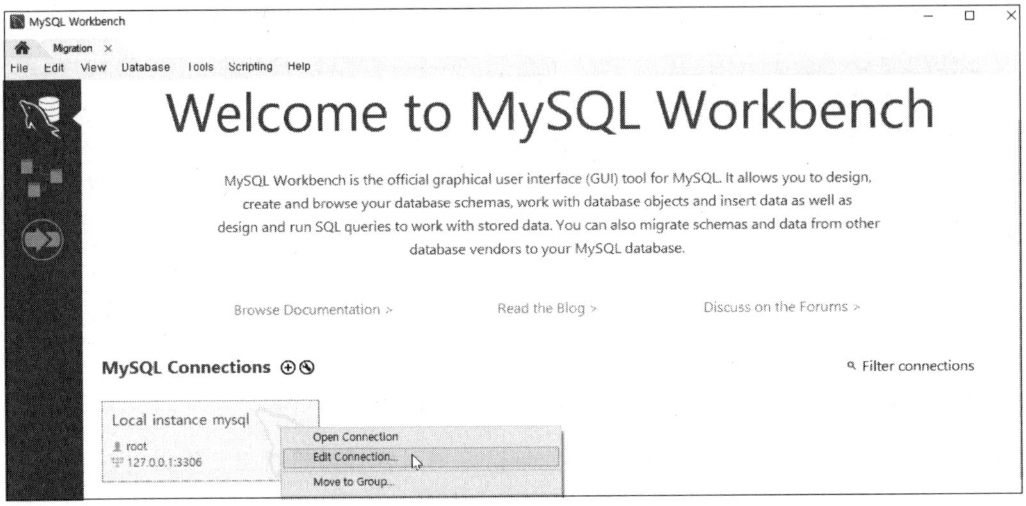

비밀번호 설정은『Store in Valult ..』 버튼을 통해 설정합니다.

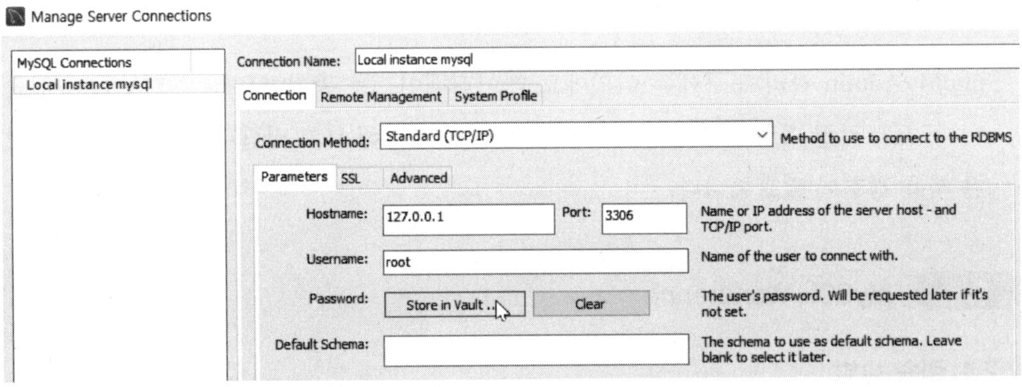

또한 다음과 같이 SSL 설정 때문에 접속되지 않는 경우가 있는데, SSL 탭에서 No 값을 설정하면 됩니다.

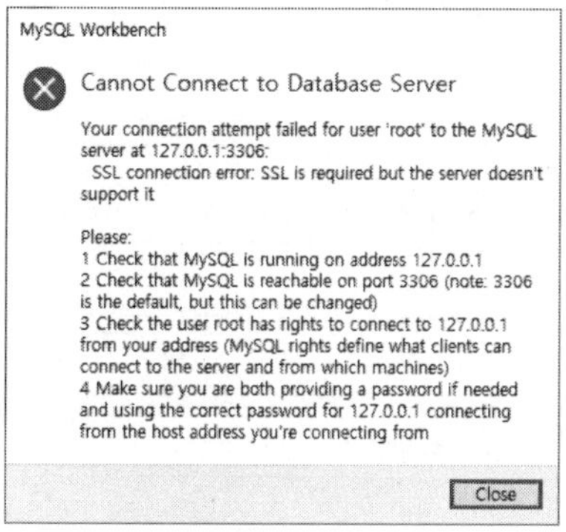

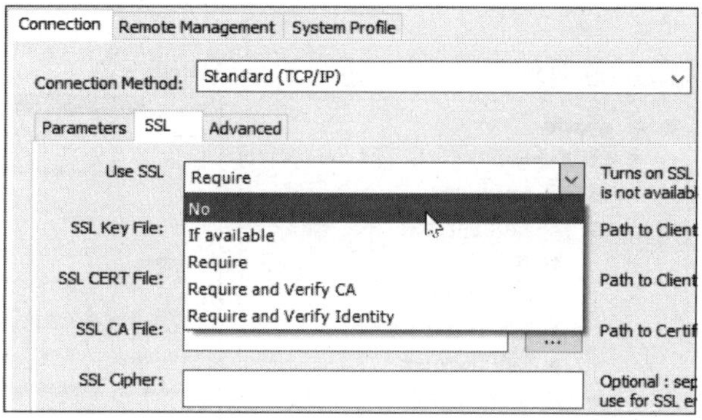

설정 완료 후 앞의 초기화면에서 접속 목록을 클릭하면 다음과 같은 MySQL DBMS에 접속화면이 나옵니다.

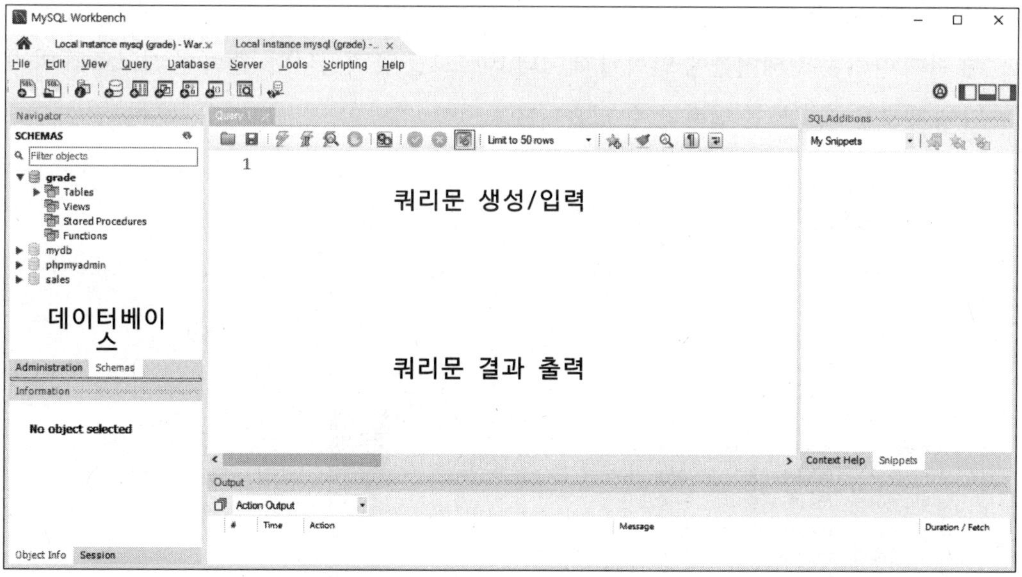

2.2.2 기존 데이터베이스 활용

(1) 테이블 목록 보기

SCHEMAS(데이터베이스 목록) 화면에서 grade 데이터베이스를 확장하고 테이블을 선택하면 오른쪽에 작은 아이콘 3개가 표시됩니다.

첫 번째 아이콘은 테이블 정보를 나타냅니다.

두 번째 아이콘은 테이블 구조를 나타냅니다. 여기서 필드들의 속성들을 변경할 수 있습니다.

grade DB 확장

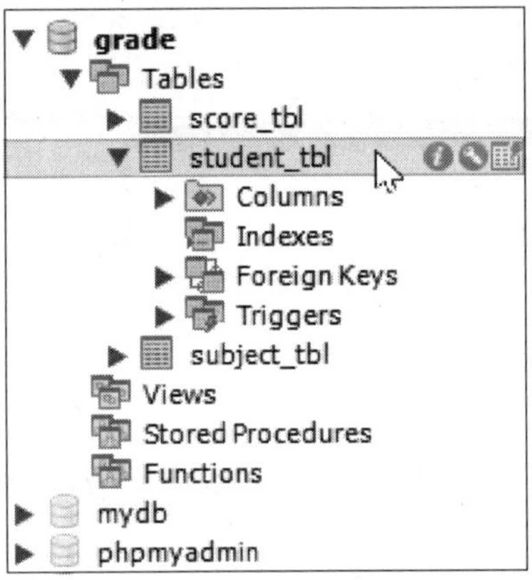

테이블 구조

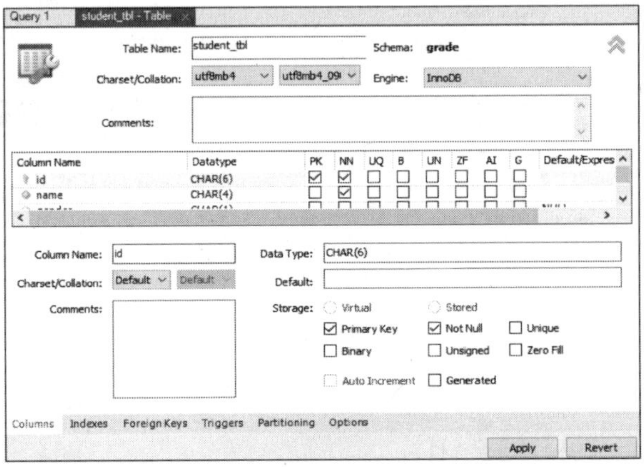

(2) 데이터 레코드 보기

세 번째 아이콘은 테이블에 입력된 데이터 레코드를 출력합니다. 출력된 레코드의 마지막에 새로운 레코드를 입력할 수 있습니다.

테이블의 데이터 레코드

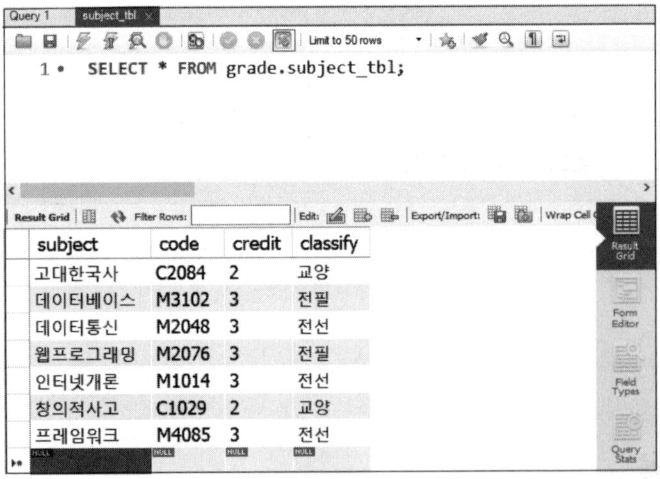

2.2.3 새로운 데이터베이스 생성

데이터베이스 생성은 여러 방법이 있지만, 상단의 툴바를 사용하겠습니다. 툴바의 아이콘을 클릭하면 다음과 같은 화면이 표시되고, 여기에 데이터베이스 이름을 입력하고 하단의 Apply 버튼을 클릭합니다.

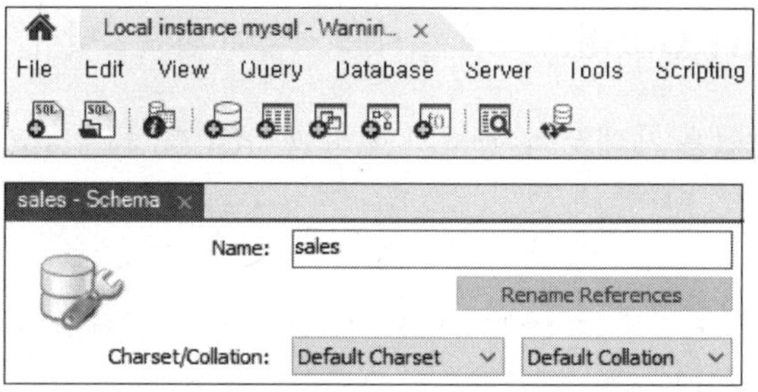

(1) 새로운 테이블 생성

sales 데이터베이스가 선택된 상태에서 아이콘을 클릭하면 다음과 같은 화면이 표시되고, 여기에 테이블 이름을 입력합니다. 테이블의 필드 속성을 입력하고 하단의 Apply 버튼을 클릭합니다.

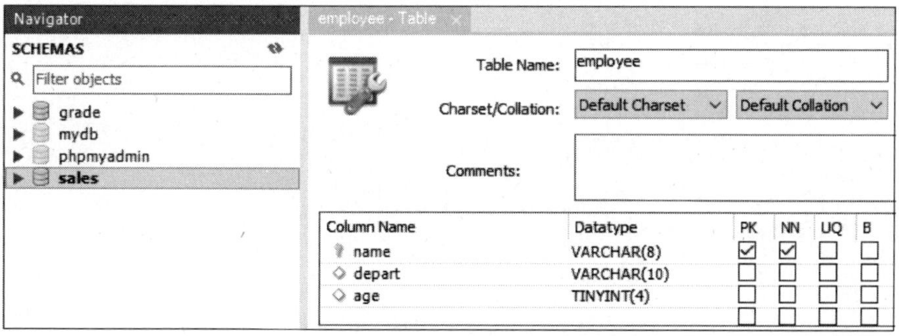

(2) 데이터 레코드 입력

테이블명을 클릭하면 3번째 작은 아이콘을 클릭하면 다음과 같이 데이터 레코드를 입력할 수 있는 화면이 표시됩니다.

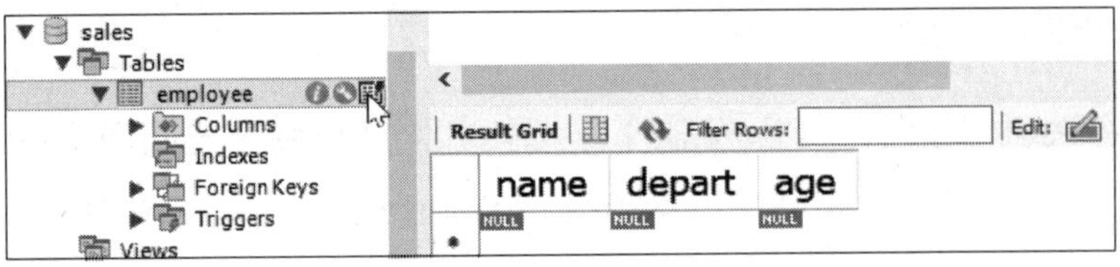

지금까지 MySQL Workbench 사용법을 간단하게 살펴봤습니다. 세부적인 다양한 기능들은 여러분이 직접 사용해 보기 바랍니다. GUI 환경도 많은 사용 경험이 필요합니다.

다시 한번 강조합니다. MySQL 콘솔 작업을 제대로 수행하지 못하면 GUI 환경은 결코 편리하지도, 쉽지도 않습니다.

이외에도 GUI 환경의 데이터베이스 관리도구에는 Toad Edge, Navicat 등이 있습니다. 이 도구들도 설치하여 사용해 보기 바랍니다.